# 船舶柴油机及安装

## （第二版）

王福根　编
钱斐斐　主审

哈尔滨工程大学出版社

## 内容简介

本书是根据中国船舶工业系统制定的《船舶工业专业课程教学大纲》要求而改编的。

全书共分为十一章,分别讲述船舶柴油机概述,船舶柴油机组成与原理,船舶柴油机主要系统,船舶柴油机主要装置,船舶柴油机增压与废气利用,船舶柴油机主要装置与操纵机构,船舶柴油机测试,船舶柴油机装配,船舶柴油机检修和拆卸,船舶柴油机装船工艺,船舶柴油机故障处理,船舶柴油机运行管理和试验等。

本书有较强的专业实践性和系统性,符合教学大纲的基本要求,突出专业技能训练的特点,力求做到符合理论联系实际的教学目的。

本书可作为船舶修造的企业和技校及职校教学培训教材,也可作为船舶专业的员工自学参考书。


**图书在版编目(CIP)数据**

船舶柴油机及安装/王福根编. —2 版. —哈尔滨:哈尔滨工程大学出版社,2011.5(2023.7 重印)
ISBN 978-7-5661-0121-1

Ⅰ.①船… Ⅱ.①王… Ⅲ.①船用柴油机
Ⅳ.①U664.121

中国版本图书馆 CIP 数据核字(2011)第 072764 号

---

**出版发行** 哈尔滨工程大学出版社
**社　　址** 哈尔滨市南岗区南通大街 145 号
**邮政编码** 150001
**发行电话** 0451-82519328
**传　　真** 0451-82519699
**经　　销** 新华书店
**印　　刷** 哈尔滨午阳印刷有限公司
**开　　本** 787 mm×1 092 mm　1/16
**印　　张** 15.25
**字　　数** 375 千字
**版　　次** 2004 年 7 月第 1 版　2011 年 6 月第 2 版
**印　　次** 2023 年 7 月第 7 次印刷
**定　　价** 27.00 元
http://www.hrbeupress.com
E-mail:heupress@hrbeu.edu.cn

# 前　言

船舶柴油机装置是现代船舶运行的最主要动力设备之一。而且它是一种应用得最广泛、最经济和最合理的船舶动力装置。为此，在编写本书过程中，作者力求满足国内外船舶与柴油机发展的需要，紧扣《船舶专业课程教学大纲》中课题的教学内容和要求，适应企业深化改革的需要。企业员工和同学可通过本书的学习掌握船舶柴油机的专业知识，成为合格的专业人才。

本教材的编写是以行业职工技术等级为依据，以企业的生产现状为基础，突出职业技能的培养，为求学用结合，亦为中国的经济腾飞，为中国从目前世界造船大国之一走向世界造船强国、造机强国提供一些帮助。

本书除了对船舶柴油机作基本知识讲述之外，还着重增设了柴油机装配、拆卸、实船吊装及性能测试等相关内容，以适应企业的实际需求和员工的动手能力的提高。

本书的再版发行是经过多年的实践和完善来完成的，作为教材，其课时为60～80学时。全书由高级教师钱斐斐女士主审。

在编写本书过程中，承蒙哈尔滨工程大学出版社及有关专家的支持和帮助，在此致以诚挚的敬意。

由于水平和时间所限，书中论述定有欠妥之处，恳请批评指正。

编　者

2011年4月于上海

# 前 言

# 目　　录

# 第一章　船舶柴油机概述

## 第一节　船用柴油机发展与应用

船舶柴油机动力装置，是以柴油机为船舶主发动机的动力装置。柴油机是这种动力装置的核心部分。

柴油机是以柴油作为燃烧原料的一种内燃机。它的优点显著，故得到了迅速的发展和应用。柴油机与其他热机相比，有着无可比拟的优越性，它的特点是其能够赖以生存和发展的主要原因。

柴油机的主要特点有：

(1)热效率较高，经济性较好；

(2)可采用低质的燃油作为燃料；

(3)功率范围较大；

(4)尺寸体积较小，质量较轻；

(5)操作管理较为方便；

(6)安全性能较好，并具有良好的机动性。

由于柴油机具有上述特点，特别是具有能源消耗率低、经济性能好的独特优越性而得到广泛应用。柴油机在现代船舶动力中已占有绝对优势，它是目前最经济和最合理的一种船舶动力装置。柴油机动力基本上可用在各类军用、民用船舶中。我国自行制造的“远望号”航天测量船，就是采用柴油机作为动力而远航各大洋，并圆满完成了对“神舟号”宇宙飞船的海上跟踪测量任务。

柴油机技术进步在很大程度上促进了船舶技术的发展和革命，也揭示了船舶动力机械化发展的新篇章。

### 一、船舶柴油机发展简史

柴油机问世已有百年历史。柴油机出现后，德国、瑞典、丹麦、瑞士等国相继获得该机的专利权。由于当时航运事业发展的需要，使许多人想方设法将它应用于船舶。1905 年，瑞士的苏尔寿公司建造了第一台直接反转式的二冲程柴油机。

瑞士人波希首先完成了废气蜗轮的增压试验，并于 1925 年安装在德国曼恩(MAN)公司生产的四冲程柴油机上。1951 年，丹麦的 B&W 公司生产的二冲程柴油机上，采用废气蜗轮增压，使该机功率提高 35%，而燃油消耗下降 13.6 g/(kW·h)。废气蜗轮增压的采用，为提高船舶柴油机功率和经济性，找到了有效的途径。

柴油机机体的制造，很大程度上受到蒸汽机所采用铸造技术的影响，20 世纪 30 年代后，世界上出现了焊接工艺结构，并在柴油机上得到应用。这对提高柴油机强度、刚度以及减轻质量起了重要作用。劣质重油远比柴油低廉，对船舶柴油机而言，能否采用劣质重油，是它在提高经济性方面与其他动力装置竞争的内容之一，所以人们开始对燃用重油进行了大量试验。随着以后许多技术问题如腐蚀、污染的解决，几乎所有低速柴油机均开始使用黏度很高的燃油重油，这对降低船舶航运成本起了很大作用。

第二次世界大战以来，柴油机在焊接结构、废气蜗轮增压以及使用劣质燃油等方面取得了多项重大技术成果，并逐步发展了船用柴油机系列。在这些技术成果中，废气蜗轮增压技术在船用二冲程柴油机上的成功使用，是船用低速柴油机发展中的重要里程碑。

20 世纪 60 年代到 70 年代，船用低速柴油机进入了黄金时代，它在船舶动力装置中，取得了明显的压倒优势。各船用柴油机厂之间竞争激烈，柴油机技术也趋于完善。

20 世纪 80 年代以来，各类节能型柴油机大量出现，机型更新周期大大缩短(甚至为 2 ~ 3 年)，各类柴油机均采用各种节能措施，降低油耗率，努力提高柴油机的有效热效率；同时，由于供给船用柴油机的燃油质量日益低劣，使得船用柴油机在使用劣质燃油的技术上，又有了新的发展。目前，现代船用低速柴油机的油耗率已降低到0. 155 ~ 0. 160 kg/(kW · h)，有效热效率可高达 55% 。

随着柴油机节能技术的发展，柴油机的可靠性也有了长足的发展。现代船用柴油机发展中的另一个特点是控制与操纵自动化，即对船用柴油机及其附属设备进行自动化控制及自动监视。20 世纪 60 年代初，人们曾在控制室内，对主机集中控制与集中监视。20 世纪 70 年代，电子技术开始在柴油机上使用。20 世纪 80 年代，柴油机的电子控制技术已有了很大发展，除可监视柴油机的运行工况外，还可保持柴油机各运行参数的最佳值，以求得柴油机功率、燃油消耗和其他有关性能的最佳平衡，并由此发展了对柴油机的故障诊断和未来趋势预报等技术。

经过多年来的发展，船用柴油机已经达到了一个较高的技术水平。当前柴油机的发展可以概括为以节能为中心，充分兼顾排放与可靠性的要求，全面提高柴油机性能。根据此发展目标，今后的研究趋势为：

(1)提高经济性，包括节能、增压、低摩擦、低磨损等；

(2)提高可靠性与耐久性；

(3)降低转速、提高推进效率以降低航运成本；

(4)提高船舶柴油机自动化及遥控技术；

(5)降低柴油机排放，减少对大气层的污染。

低碳排放是现代柴油机面临的严重挑战，随着对船舶柴油机排放的限制，使得经济性的提高更加困难，这也是船舶柴油机发展中的新课题。

## 二、我国研制船用柴油机经历

我国制造船用柴油机主要经历了以下几个阶段。

1. 早期技术引进阶段

解放初，我国从前苏联引进了几种船用机型，以此为生产对象，新建了一批船用机型制造厂，这为我国船用柴油机工业奠定了初步基础。通过对这些机型的设计、试制和使用，开始初步建立了我国船用柴油机的科研设计和工艺制造方面的技术队伍。

2. 自行研制阶段

20 世纪 60 年代初期，我国船用柴油机进入自行研制设计阶段。依靠自己的力量，我国造出了第一台 7ESDZ75/160 型船用低速大功率柴油机，安装在国产建造的第一艘万吨船“东风”号货船上。经过之后的多年奋斗，我国还造出了不少各种机型低速柴油机。

同时，为了加强国内船用柴油机的生产能力和科研力量，我国先后在诸多工厂充实了机械加工设备，增添了造机力量。中小型高速柴油机各机型和质量得到较大提高，并作为舰船的主辅机动力之用。例如采用较为先进的技术研制出的 G300 型等 17 种产品。

3. 引进先进技术和加速发展阶段

改革开放以来，我国在重视引进国外先进柴油机技术和实现国产化的同时，又进行了自行研制和改进提高机型开发工作。

生产柴油机的企业，相继从丹麦的 B&W、德国的 MAN、日本的大发、瑞士的 Snlzer 等公司引进柴油机的专利技术几十项，生产的船用柴油机早已出口到国际市场。20 世纪 80 年代联合研制成功了 6L25/32 型中速柴油机一类产品。这些机型的技术性能指标均达到了当时先进水平，零部件均立足于国内生产。

随着造船工业的发展需要，按中国船舶工业总公司下属各工厂分工的要求，我国先后引进 Sulzer 公司和 MAN—B&W 公司柴油机系列产品，最小缸径 6S26MC 机和最大缸径 7RTA84C 机均制造成功。该系列柴油机的国产化率已达到 90% 左右。

20 世纪 80 年代后期，中国船舶工业总公司系统的船用柴油机总产量中，引进机产量的比重（按功率）已占 70%，而小批量生产的引进机的零部件国产化率已达 80% 左右，例如 MAN20/27 型机已达到 94%。

中国的船用柴油机从制造配件开始，到生产柴油机单机功率达 2.28 万千瓦的 7RTA84EB 型机，这个变化是巨大的。中国已具备设计和生产高性能低速船用柴油机的能力，为我国航运事业和船舶出口打下了基础，并且为加强海军建设，不断提供新的动力。

## 三、各类柴油机在船舶上应用

柴油机是一种压缩发火的往复式内燃机。它使用挥发性较差的柴油或劣质燃料油作为燃料。它采用燃料与空气在其气缸内部形成可燃混合气，并采用空气压缩形成的高温而自行发火的方法来做功的。这种工作特点使柴油机在热机领域内具有最高热效率，一般可达到 65% 左右，而且适合作为船用发动机使用。

今天，柴油机应用相当广泛，尤其在船用动力中，柴油机已占有了绝对领先地位。据国外船级社的统计，20 世纪末，全世界制造的载质量 2 000 t 以上船舶应用柴油机作为推进动力的，几乎已经达到 100%。柴油机具有能量损失小、热效率较高及在尺寸和质量方面的明显优势，因而在与其他热机竞争中占有明显的领先地位。

目前世界上船用低速柴油机的制造，仅有 MAN—B&W，Sulzer 和 Miisubisbi 三家。这三家机型的功率总数，分别占世界的 53.42%，36.06% 和 10.52%。由于低速机的热效率已达 50% 以上，加上近年国际石油价格又较平稳，所以目前低速柴油机的发展重点在于增加可靠性、简化结构、降低造价和对船舶市场的适应性。

当前中速大功率柴油机发展也很活跃，为了与低速机争夺市场，各中速机制造厂竞相开发大缸径（$D \geqslant 400$ mm）的中速机。这些中速机的技术指标在燃油耗、寿命、可靠性、劣质油应用方面，已与低速机大致相当。如豪华客轮“伊利莎白皇后”号，就选用 9 台 MAN—B&W 的 9L58/64 大功率中速柴油机，用来作电力推进，其主机综合热量利用率达到 75%。

高速机一般均能水陆通用，且能主辅机通用，用途广泛，制造技术相对来说比较容易实现，所以发展迅速，机型很多。

在各种柴油机（高、中、低速）之间，各公司为求生存和发展，竞争激烈，因而推动了船用柴油机技术不断进步。图 1－1、图 1－2 及图 1－3 所示为船舶柴油机应用情况。

图 1－1　大型低速柴油机驱动的超级油轮

图 1－2　中速柴油机驱动的客船

**图 1-3　大功率高速柴油机驱动的导弹快艇**

# 第二节　船舶柴油机传动和布置

## 一、船舶柴油机的传动形式

船用柴油机在船舶上除了用作发电、应急动力及特殊用途之外，主要用来作为船舶动力，推动船舶实现前进或倒退。下面介绍几种常见的柴油机推进传动形式及设备，以供大家了解船用柴油机在船上的功用。为适应不同用途的船舶和不同航区要求，国际上常见的船舶柴油机推进传动形式主要有四种。

1. 船舶柴油机直接传动

柴油主机与螺旋桨之间只设有传动轴系，而无其他传动设备，这样的传动装置称为直接传动装置，如图 1-4 所示。

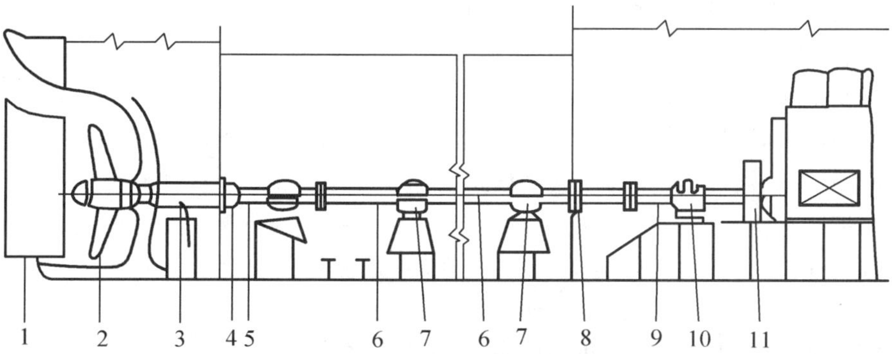


**图 1-4　直接传动装置示意图**

1—舵；2—螺旋桨；3—艉轴管；4—填料函；5—艉轴；6—中间轴；7—中间轴承；8—隔舱填料函；9—推力轴；10—推力轴承；11—主机、飞轮直接传动的特点是传动效率高，经济性好。目前，世界上许多船舶采用此类传动形式。我国船厂在制造万吨以上油、货轮时，也用这种传动方式，如图1－5所示。

**图1－5 采用直接传动的货轮**

此类船舶大多采用大功率、低速、中速柴油机，它耗油量低，可直接带动螺旋桨转动，是经济可靠性好的根本原因。但此类传动形式使主机的尺寸指标都很高，且螺旋桨自身直径通常比较大，故适用在海洋船舶中。

2. 间接传动

在主机与螺旋桨之间，除了传动轴系之外，还设置了减速齿轮箱和离合器等装置，我们称它们为间接传动装置，如图1－6所示。

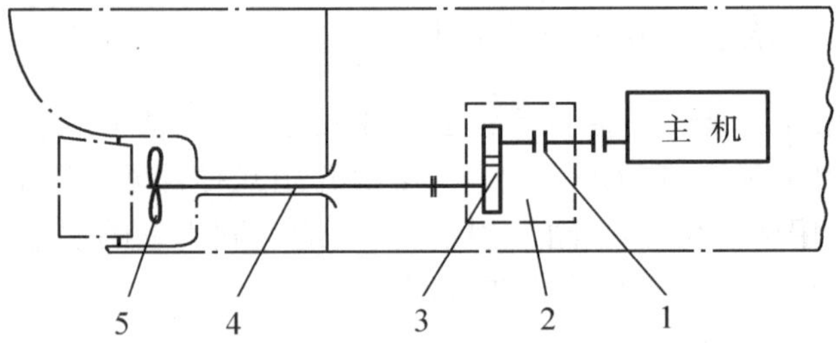


**图1－6 间接传动装置示意图**

1—离合器；2—传动设备；3—减速齿轮；4—艉管；5—螺旋桨

当采用高、中速柴油机作主机时，配合以减速比适宜的减速齿轮箱，可以降低螺旋桨的转速，提高推进效率。这类主机为不可逆式，免去倒车机构，其正倒车由离合器装置来实现。

由于高、中速柴油机的单位功率的质量和尺寸较小，因而易于布置。此种传动形式广泛应用于沿海及内河的中小型船舶上。

在船舶柴油机间接传动的推进装置中，为完成各种传动功能，必须设置传递设备，如中间齿轮减速箱、联轴器、离合器等。这些设备所起的作用有汇集（多机单桨）或分配（对单机带多桨或轴带发电机）主机功率；把主机转速改变为所需要的转速；使主机和螺旋桨离与合；使不可逆转的主机带动的螺旋桨实现正、倒转；减振和消除螺旋桨运转对船体和柴油机的冲击作用。采用间接传动的护卫舰如图1－7所示。

间接传动是主机和螺旋桨之间的功率传递除经过轴系外，还需经过某种特设的中间环节（离合或减速器等）的一种传动方式。

船用中间齿轮减速箱是通过齿轮系，将柴油主机的功率传递给螺旋桨的一种设备。这种齿轮减速箱可用于定距桨与可逆转主机所组成的推进系统中。螺旋桨的正反转向要靠齿轮箱来完成，这种能起着正倒转作用的减速齿轮箱称之为倒顺减速齿轮箱。如果这种齿轮

**图 1 –7　采用间接传动的护卫舰**

减速箱增加了离与合的功能，那么就称之为离合倒顺减速齿轮箱。

另外，在双台或多台机并车时使用齿轮减速箱，称为并车减速齿轮箱。

综上所述，目前的中间齿轮减速箱主要起到减速、倒顺、离合、并车与分车等功能。

如图 1 –8 所示为某艘 2 万 4 千吨散装货船所采用的双机并车齿轮机组装置图。

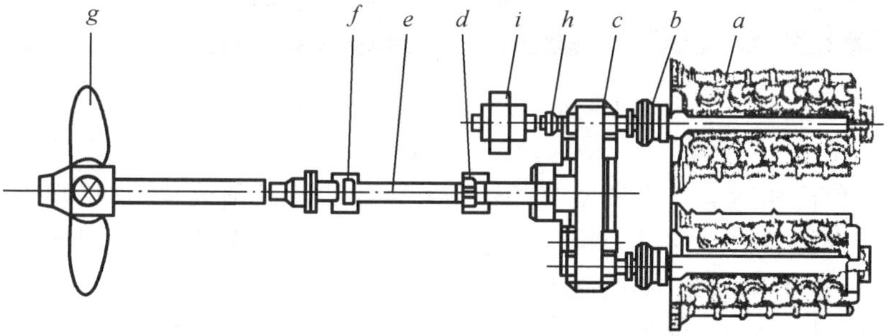


**图 1 –8　某 24 000 t 散装船双机并车齿轮机组装置图**

*a*—主机；*b*—高弹性摩擦离合器；*c*—并车减速机组；*d*，*f*—轴承座；
*e*—中间轴；*g*—调距桨；*h*——弹性联轴器；*i*—轴带发电机

该船的两台柴油主机是并列布置的，并采用两个高弹性摩擦离合器，通过两个输入小齿轮，经惰齿轮后把功率传递到大齿轮上，然后带动调距桨来推动船舶前进。

多机并车齿轮减速装置，增强了中速柴油机与低速柴油机竞争的地位，使中速柴油机在船舶机舱高度尺寸受到严格限制，且功率较大的集装箱船和滚装船及各类军舰等得到广泛的应用。

3. 电力传动

电力传动由发电机和柴油主机推进装置两部分组成。柴油主机带动主发电机，所发出的电能经配电板，供给该船另一船舱里的推进电动机，用以驱动螺旋桨旋转，如图 1 –9 所示。

电力传动装置的特点是主机的转速不受螺旋桨转速的限制，可采用高速或中速柴油机，且能在恒速下运转，转向不变。只需改变推进电动机的电流方向，就可实现螺旋桨的正反转，故主机可采用不可逆式柴油机操纵，简便、灵活。停航时，主机所发出的电力可供他用。

由于该传动装置具有操纵性能好、布置方便等优点，所以，在某些工程船舶和特种船舶上采用，如拖船、渡船、挖泥船、布缆船和破冰船等。采用电力传动的火车渡轮如图 1 – 10 所示。

4. 可调螺距螺旋桨传动

这种装置的结构特点是桨叶和桨毂分开制成。通过调距机构，可使螺旋桨的桨叶转动。改变桨的螺距，可以改变螺旋桨推力的大小，使桨及船的负荷相适应。当调整桨的螺距并使螺距为正值或负值时，则推力为正值或负值，船将开始前进或后退。这是一种较为新型的柴油机传动形式，其装置如图1 – 11 所示。

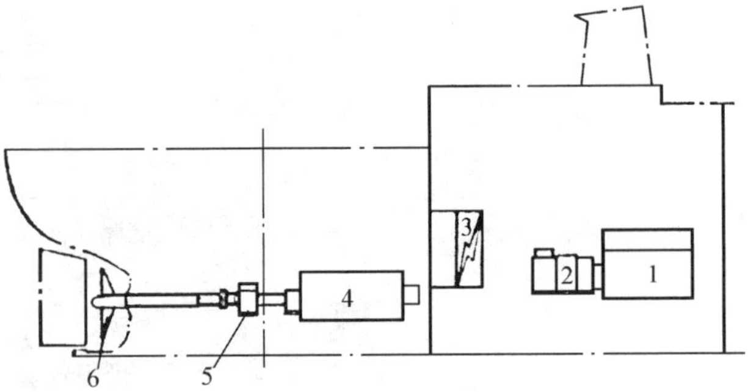


**图 1 – 9　电力传动装置示意图**

1—主柴油机；2—主发电机；3—配电板；4—螺旋桨推进电动机；5—推力轴承；6—螺旋桨

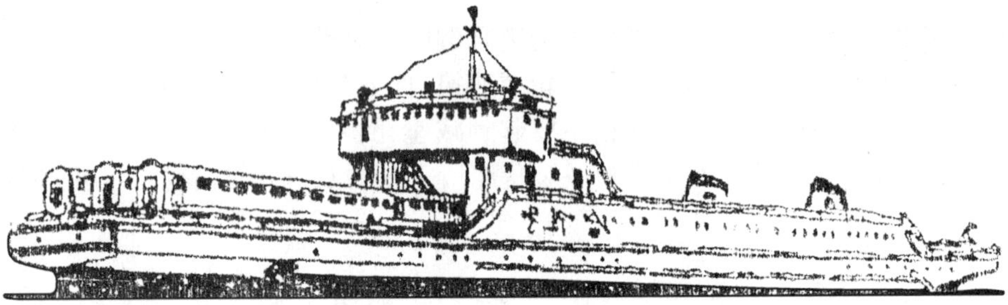

**图 1 – 10　采用电力传动的火车渡轮**

这种传动形式采用的是不可逆转的柴油机，使传动装置简化了许多。而且，通过调节螺旋桨的桨叶螺距角度，使柴油主机与螺旋桨之间获得良好的配合，改善了其经济性，增加了船舶的续航力。这种传动形式可适用于多种航行工况的船舶，如对机动性、操纵性要求较高或超低速航行的船舶。

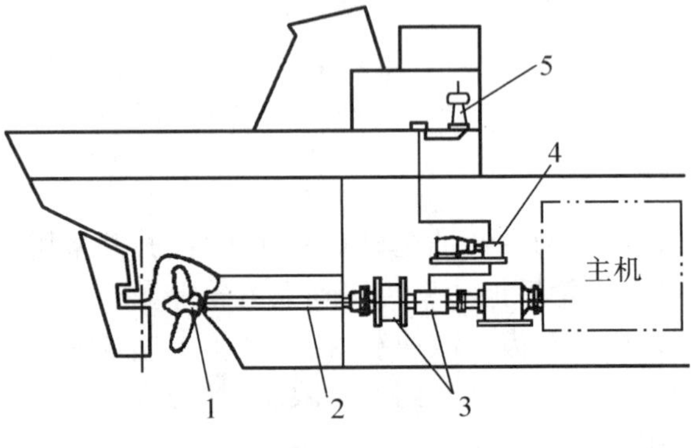


**图 1 – 11　可调螺旋桨装置示意图**

1—可调螺旋桨；2—传动轴；3—伺服器；4—液压能源；5—遥控装置

## 二、典型的船舶柴油机动力装置

如图 1 – 12 所示为一种典型的万吨级货船的柴油机动力装置布置图。布置图中编号 1 为一台二冲程增压船用低速柴油主机。它通过中间轴 2 带动艉轴 4 旋转，艉轴上装有螺旋桨，推动了货船的前进。布置图中编号 3 为三台中速柴油机组成的发电机组，供全船设备和生活用电。

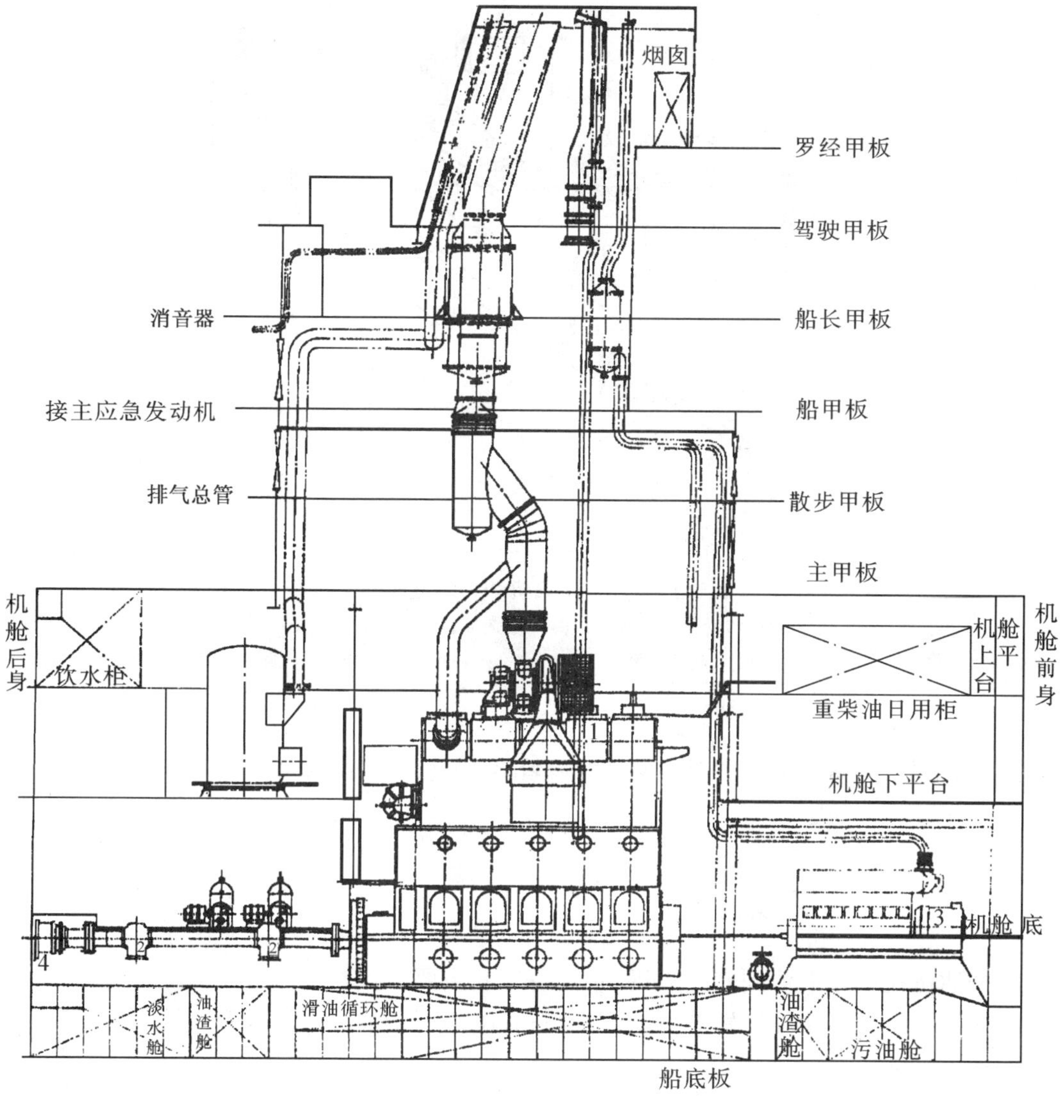


**图 1-12　万吨级货船的柴油机动力装置布置图**

1—二冲程增压船用低速柴油主机;2—中间轴;

3—三台中速柴油机组成的发电机组;4—艉轴

如图 1-13 所示为柴油机动力装置简图,图中柴油机是该动力装置的核心部分。

储存于燃油柜(舱)内的燃油,通过燃油输送泵 5 输入日用燃油柜 6 内,作为柴油机的供油源;燃料在柴油机内直接燃烧产生的热能,转变成使柴油机输出轴作旋转运动的机械能;通过推力轴、联轴节或减速箱等传动设备 2,带动传动轴 3,使螺旋桨 4 旋转,而螺旋桨旋转产生的动力,再通过传动轴 3 及推力轴承座,传给船体,使船舶前进。

为了保证柴油机能正常工作,柴油机中部分受热大的机件,必须用淡水冷却。从柴油机出来的热淡水,通过冷却器 11 用海水冷却,使热淡水变成冷淡水,再进入柴油机进行循环冷却。这样便构成了柴油机的淡水冷却系统和海水冷却系统。

柴油机的动力装置中,由于燃料直接在柴油机内燃烧,然后做功,因此,热损耗少。同时由于

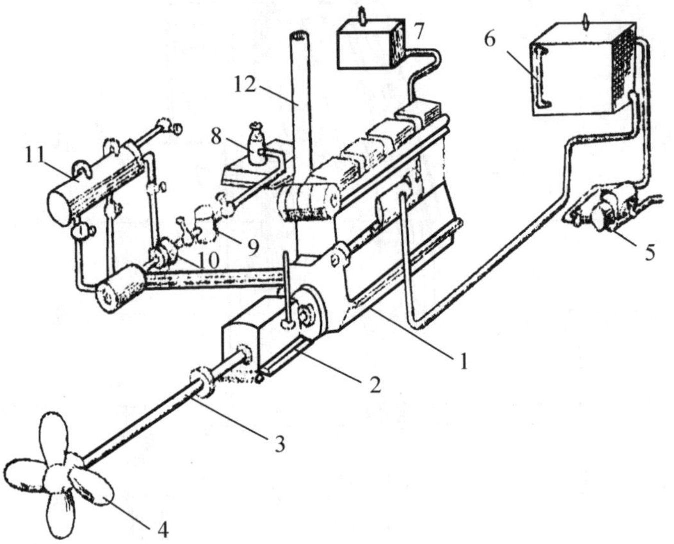


**图1－13　柴油机动力装置简图**

1—主机;2—传动设备;3—轴系;4—螺旋桨;5—燃油输送泵;6—日用燃油柜;7—膨胀水箱;8—海底阀;9—过滤器;10—海水泵;11—淡水冷却器;12—排气管

柴油机操纵简便,启动迅速,整个动力装置简单紧凑,因此,目前舰船大多采用这种动力装置。

## 习　　题

1. 柴油机在船舶上得到广泛应用,它具备哪些主要特点?

2. 扼要谈谈船用柴油机发展概况,并回答我国船用柴油机发展大致经历了哪些阶段,各阶段的特点如何。

3. 柴油机是一种什么样的发动机?

4. 船舶柴油机主要的推进传动类型有哪几种,特点是什么?

5. 船舶柴油机动力装置组成有哪些?

6. 谈谈你对学习船舶柴油机的初步认识或打算,并提出具体要求。

# 第二章　船舶柴油机组成与原理

## 第一节　船舶柴油机主要组成

柴油机是现代船舶航行的主要动力装置，是内燃机中的一种。它将液体燃料——柴油，以雾化形式喷入气缸中去，并与空气充分混合，迅速燃烧膨胀，放出大量热量并转化成机械能。这样，活塞的往复运动，由曲柄连杆机构，变成旋转运动输出，带动船舶推进器——螺旋桨的转动，以推动船舶前进。

为了保证柴油机能顺利地运转工作，柴油机自身必须具有一系列基本结构和相应系统。一台正常运转的柴油机，它的结构必须满足以下条件：

(1)要有足够的空气，并压缩到一定的值(即一定的温度和压力)；

(2)燃料(柴油)必须以高压雾化状态喷入气缸，并与空气充分混合；

(3)要有一整套专门机构(即活塞—连杆—曲柄机构)，以便将热能转化成机械能；

(4)必须能将做功后的废气及时迅速排扫出机外。

除此之外，燃料的燃烧需要在密闭环境中进行，许多机件需要固定，因此，还必须有坚固的固定的机件来承担。

为了使柴油机运转满足工况的需要，还得设置各种专门的功能系统和装置。如为减少机件磨损，需要有润滑油系统；为了源源不断地供应高压洁净的柴油，需要有燃油系统；为提供新鲜空气和排除废气，需要有进排气系统；为及时散热并带走不必要的热量，需要有冷却系统。另外，为使柴油机满足船舶航行的需要，船用柴油机都设有启动、换向、调速和操纵等装置。

综上所述，船用柴油机的基本结构是由固定部件、活动部件等主要部件及辅助机构两大部分所组成的。

柴油机的主要部件是指燃料室部分(活塞、气缸、气缸盖)、曲柄连杆机构(十字头、连杆、曲轴和轴承)、机架、机座和贯穿螺栓等部件。这些部件构成柴油机的主体，它们工作的好坏，不但直接影响柴油机的技术性能指标，而且还和安全航行密切相关。统计表明，船用柴油机主要部件发生故障的情况，占柴油机故障总数的90%左右，由此可见，深入了解主要部件并提高工作质量，是降低柴油机故障发生率的重要一环。

### 一、固定部件

柴油机的固定部件是组成柴油机的主体，固定部件主要由机座、机架、气缸和气缸盖、主轴承组成。这部件形成了柴油机的气缸工作容积及曲柄箱空间，并支承其他机件及各种附属装置，而且，通常用螺栓把它们紧密地连接在一起，组成一个坚固的刚性整体。在中、小型柴油机中，为了简化工艺和提高构造的刚性，往往把机座、机架合铸成一个整体，统称为机体。

固定部件的质量约占整台柴油机质量的70%左右。

## 二、活动部件

柴油机的活动部件是柴油机中极为重要的运动构件。活动部件主要由活塞组件、连杆组件和曲轴组件组成。这些部件是将热能转变为机械能,使活塞往复运动,通过连杆转变为曲轴的回转运动的主要部件。在大型柴油机中,还装有活塞杆、十字头和滑块等部件。

上述柴油机的固定部件和活动部件,是柴油机工作的主要受力部件。

## 三、辅助机构

柴油机的辅助机构主要由燃油系统、滑油系统、冷却系统、进排气系统、启动装置、换向装置、调速装置和操纵机构等组成。

另外,增压式柴油机上,还专门设置废气蜗轮增压器的装置。

如图 2 – 1 和图 2 – 2 所示分别为四冲程柴油机和二冲程柴油机的横剖视图。

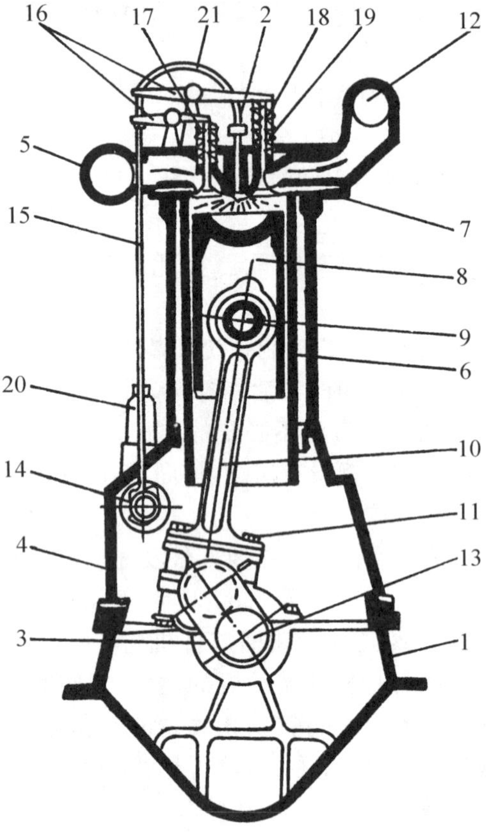


**图 2 – 1　四冲程柴油机的主要部件**

1—机座;2—喷油器;3—主轴承;4—机身;5—进气管;6—气缸套;7—气缸盖;8—活塞;9—活塞销;10—连杆;11—连杆螺栓;12—排气管;13—曲轴;14—凸轮轴;15—顶杆;16—摇臂;17—进气阀;18—排气阀;19—气阀弹簧;20—高压燃油泵;21—高压油管

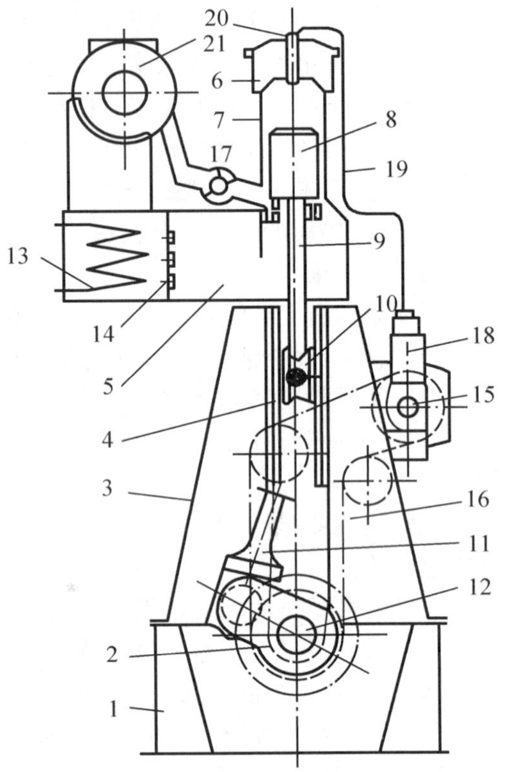


**图 2 – 2　二冲程柴油机的主要部件**

1—机座;2—主轴承;3—机架;4—导板;5—扫气箱;6—气缸盖;7—气缸体;8—活塞;9—活塞杆;10—十字头;11—连杆;12—曲轴;13—空气冷却器;14—口琴阀;15—凸轮轴;16—凸轮轴传动链;17—排气转阀;18—燃油泵;19—燃油管;20—喷油器;21—增压器

掌握柴油机的专门理论知识和技能，除了了解柴油机主要组成部分之外，还必须掌握柴油机的专用名称和含义，及其型号和类型的区别。

## 第二节　柴油机的名词和类型

### 一、柴油机的专用名词

柴油机有很多专用的名词术语，每一个名词术语都包含着一定的技术概念，现将常用的主要名词术语简述如下。

(1)气缸直径：指柴油机的气缸内径，以符号 $D$ 表示，单位为毫米或厘米。

(2)上死点：活塞在气缸中运动到的最上端位置，即活塞离曲轴中心线最远的位置，如图 2－3 所示。

(3)下死点：活塞在气缸中运动到的最下端位置，即活塞离曲轴中心线最近的位置。

(4)活塞行程(冲程)：上、下死点之间的距离，以符号 $S$ 表示，单位为毫米或厘米。行程等于曲轴之曲柄半径的两倍，即 $S=2R$。一个行程相当于曲柄回转 180°。

(5)压缩容积：活塞位于上死点时，与气缸盖底面之间的容积(亦称燃烧室容积)，以符号 $V_c$ 表示。

(6)工作容积：活塞从上死点运动到下死点之间的气缸容积，以符号 $V_s$ 表示。工作容积 $V_s$ 可用公式求出，即 $V_s=\frac{\pi}{4}\cdot D^2\cdot S$。

(7)气缸总容积：活塞位于下死点时，活塞顶上的全部气缸容积，以符号 $V_a$ 表示。

$$V_a=V_c+V_s$$

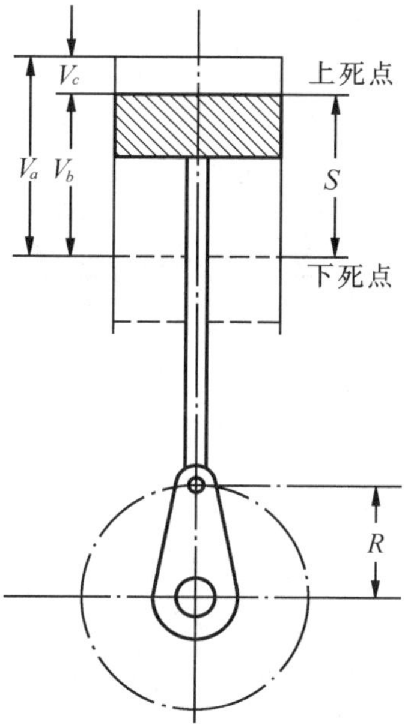

**图 2－3　柴油机的专用名称**

(8)压缩比：是气缸总容积与压缩容积之比值，以符号 $\varepsilon$ 表示。压缩比 $\varepsilon$ 可用下面的公式求出，即

$$\varepsilon=\frac{V_a}{V_c}=\frac{V_c+V_s}{V_c}=1+\frac{V_s}{V_c}$$

$\varepsilon$ 是柴油机工作性能好坏的一个重要技术参数。柴油机调整时应按其说明书的要求进行。$\varepsilon$ 值太大，则柴油机的应力增加，磨损严重；$\varepsilon$ 值太小，则柴油机的压缩压力和温度达不到额定值，从而造成燃烧恶化，启动困难。

高速柴油机的 $\varepsilon$ 值取 15～19；

中速柴油机的 $\varepsilon$ 值取 14～15；

低速柴油机的 $\varepsilon$ 值取 11～13。

(9)过量空气系数：每燃烧 1 kg 的燃料，实际需要的空气量 $L$ 与理论需要的空气量 $L_0$

之比值，以符号 $\alpha$ 表示，$\alpha=\frac{L}{L_0}$。

(10)压缩压力：压缩冲程时，活塞上行至上死点时的气缸内气体压力，以符号 $p_c$ 表示。测量 $p_c$ 值，可判断活塞和活塞环与气缸之间的气密性是否符合技术规定。一般柴油机的 $p_c$ 值取 3 ~6 MPa。

(11)爆发压力：做功冲程时，气缸内燃气的最大压力，以符号 $p_z$ 表示。

测定 $p_z$ 值，是判断柴油机的功能指标的一个极为重要手段。各种机型的柴油机，其 $p_z$ 值大小也不同，一般取 5 ~8 MPa。现今新型柴油机的 $p_z$ 值已超过 10 MPa。

(12)平均指示压力：以符号 $p_i$ 表示。$p_i$ 值的大小，是衡量各类柴油机先进性的标志。

(13)指示功率：是指柴油机实际产生的功率，以符号 $N_i$ 表示。指示功率 $N_i$ 可用下列公式计算，即

$$N_i=\frac{p_iV_snmi}{60\ 000}\quad(\text{kW})$$

其中 $p_i$——平均指示压力，MPa；

$V_s$——气缸工作容积，$m^3$；

$n$——柴油机每分钟转数，r/min；

$m$——柴油机冲程系数（四冲程机 $m=1/2$，二冲程机 $m=1$）；

$i$——气缸数。

(14)有效功率：又称为轴功率，将柴油机自身摩擦及附件消耗的功除去后，在飞轮端（输出端）测得的净功率，以符号 $N_e$ 表示。$N_e$ 值可在柴油机试验中，用水力测功器测得，即

$$N_e=N_i\cdot\eta_m\ (\eta_m\ 为机械效率)$$

(15)柴油机的扭矩：是指柴油机输出轴的转动力矩。

(16)耗油量：柴油机工作时，每发出 1 马力功率在 1 小时所消耗的燃油量。以符号 $g_c$ 表示，单位为克。$g_c$ 值大小是柴油机的主要经济性指标。

(17)柴油机的转向：船用柴油机的转动方向，是视其输出轴的转向而言的。其规定方法是由输出端（最尾的气缸）往自由端（第一缸）看，凡输出轴按顺时针方向转动的，称为“右转”，俗称“顺车”；逆时针方向转动的称为“左转”，俗称“倒车”。对于可直接正反转的船用柴油机而言，其旋转方向以船舶前进时的柴油机转向为顺车方向。

(18)柴油机的增压：是指柴油机采用提高进入气缸的空气压力来达到增加空气量的方法。它是提高柴油机功率和经济性的有效措施。增压装置就是用来提高空气量的全套设备。

(19)柴油机排气的污染指标：柴油机的排气中含有一定数量的有害排放物。其中主要是一氧化碳 CO（一般可达 0.05% ~0.3%）、碳氢化合物 HC（一般可达 $50\times10^{-6}$ ~$1\ 000\times10^{-6}$）、氧化氮 $NO_x$（一般可达 $200\times10^{-6}$ ~$2\ 000\times10^{-6}$）。

以上这些不完全燃烧的产物排入大气，污染环境并且有害于人体健康，会造成地球污染。

一氧化碳的形成主要受过量空气系数 $\alpha$ 的影响。在油气混合燃烧时 $\alpha<1$，则由于含氧不足生成一氧化碳。当柴油机在减速惰转时，就会有大量的碳氢化合物排出。氧化氮的成份主要与能否降低燃油燃烧温度、火焰前峰的浓度以及高温持续时间等有关。

有害的碳氢化合物、一氧化碳和氧化氢的浓度可用专门的仪器来检测。

## 二、柴油机的类型

目前国内外各类型柴油机很多，且应用极为广泛。为了从总体上了解和掌握柴油机的特点，现根据柴油机最基本特征，对其进行如下分类。

1. 按冲程数分

根据柴油机的工作循环，柴油机每四个行程（即曲轴回转两周）完成一个工作循环称为四冲程柴油机；柴油机每两个行程（即曲轴回转一周）完成一个工作循环，称为二冲程柴油机。

2. 按进气压力分

根据柴油机的空气进入气缸的压力，可分为非增压柴油机和增压柴油机两种。靠自然吸入空气的柴油机，称为非增压柴油机，进入这类柴油机的空气压力很低。用增压器来提高空气进入柴油机的压力，称为增压柴油机，此类柴油机的进气压力很高，一般为 0.12 ~ 0.15 MPa，高增压的可达 0.3 MPa 以上。

3. 按曲柄连杆机构的形式分

柴油机以构造特点可分为筒形活塞式柴油机和十字头式柴油机两种。

筒形柴油机的活塞直接与连杆相连，活塞的导向作用靠自身筒体部分来承担，在工作时产生的侧推力 $N$ 直接作用在气缸壁上。这种柴油机的结构较为简单、紧凑，适用于中小型高速柴油机，如图 2 -4(a) 所示。

十字头式柴油机的活塞，是通过活塞杆以及十字头与连杆相连接的，活塞的导向作用主要靠十字头来承担。当柴油机工作时，其十字头上的滑块在机架的导板上滑动，并将产生的侧推力 $N$ 直接作用在滑块与导板之间。这种把气缸与曲柄箱空间隔开的方式，可防止对其底部的滑油污染，对于可燃重油的柴油机来说是十分重要的。然而，十字头式柴油机的高度和质量也随之相应增大，构造也复杂，所以适用于大中型柴油机，如图 2 -4(b) 所示。

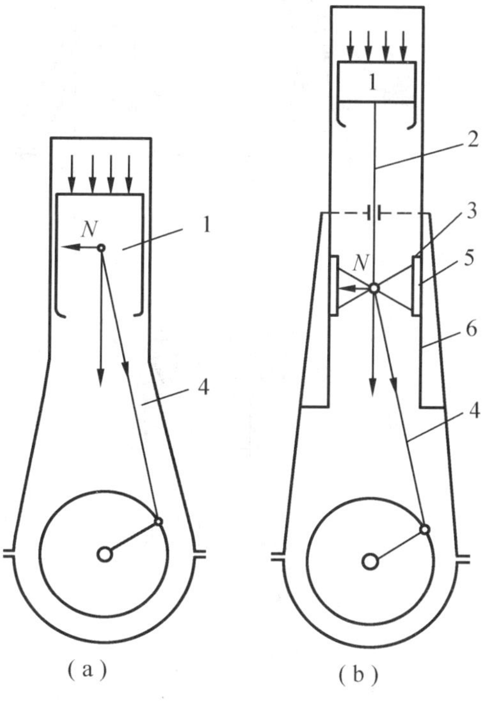


**图 2 -4　筒形活塞与十字头活塞柴油机的构造简图**

(a) 筒形柴油机；(b) 十字头式柴油机

1—活塞；2—活塞杆；3—十字头；

4—连杆；5—滑块；6—导板

4. 按扫气方式分

柴油机按其扫气方式可分为直流扫气柴油机和弯流扫气柴油机，其中弯流扫气柴油机又可分为横流扫气和回流扫气两种。

B&W 公司生产的船用低速大功率柴油机采用直流扫气方式。这种扫气方式较为合理，大有发展前途。

苏尔寿公司的船用低速柴油机以采用回流扫气方式而闻名。这种换气方式的结构较为简单，但换气质量没有 B&W 直流扫气方式好。目前该类系列机也改制出了直流扫气机型。

MAN 公司的船用柴油机采用横流扫气方式。该公司已与 B&W 公司合并，并生产了新型船用系列柴油机。

5. 按转速分

柴油机的速度可用活塞平均速度(m/s)和曲轴转速(r/min)两者来表示。

为适应船舶柴油机使用和实践，一般船厂仅以柴油机的曲轴的回转数来表示，故柴油机可分为：高速柴油机($n>1\ 000$ r/min)、中速柴油机(250 r/min $<n<$1 000 r/min)、低速柴油机(110 r/min $<n<$250 r/min)。

6. 按气缸排列方式分

柴油机根据其气缸的排列样式，可分为单列式柴油机和多列式柴油机。

单列式柴油机是目前应用最广泛的一种，尤其适用于大中型柴油机。多列式柴油机较适用于中小型及高速舰船，有 V 形、W 形、X 形和星形等多种气缸排列的样式，如图2－5 所示。

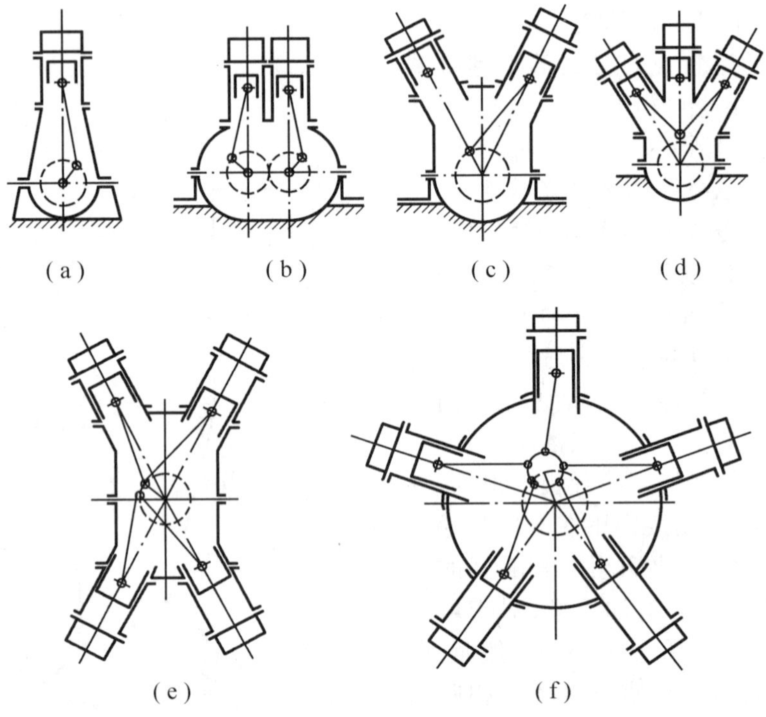

图 2－5　柴油机按气缸列数分类简图

(a)单列式；(b)双列式；(c)“V”形式；(d)三列式；(e)四列式；(f)“星”形式

7. 按柴油机的用途分

柴油机根据其用途的不同，有作为船舶推进的并直接带动螺旋桨工作的主机，有作为航行用发电机的原动机以及应急电机动力或其他船用动力。

## 三、船舶柴油机的型号

每种柴油机的型号各自不同。

各国生产的柴油机型号，其编制方法不尽相同，但大致包括两部分内容。其中数字部分主要是用来表示柴油机的技术规格,如气缸数、气缸直径、活塞行程等;字母部分则主要是用来表示柴油机的技术特性。

现将国产和部分国外生产的船舶柴油机型号的表示方法和意义,举例说明。

1. 国产船用柴油机型号的表示方法

我国开发的柴油机系列品种较多,使用面广泛,加上原来已有的柴油机型号比较杂乱,因此型号表示的方法和内容,尚未完全统一。现将已得到规定的型号表示方法列在下面。

型号示例:

| ① | ③ | ② | ③ | ④ | ⑤ | |
|---|---|---|---|---|---|---|
| 6 | | 135 | | | | 柴油机 |
| 12 | VE | 230 | ZC | | | 柴油机 |
| 6 | ESDZ | | | 43/82 | A | 柴油机 |

代号意义:

①——气缸数目;

②——气缸直径,mm;

③——技术特征,E 为二冲程(无 E 者为四冲程);
V 为气缸排列型式—V 型;
Z 为增压;
G 为高增压;
S 为十字头式;
D 为可逆转;
C 为船用(大型低速机),全部船用无代号;

④——气缸直径(cm)/活塞行程(cm);

⑤——改进型号。

2. 国外部分船用柴油机型号的表示方法

我国多种类型的船用柴油机的专利引进,以及国外部分船用柴油机的购入,使我们必须了解部分类型柴油机的型号,才能对船舶柴油机型号的掌握有一定帮助。

丹麦 B&W 公司柴油机的型号示例:

| ① | ② | ③ | ② | ④ | ⑤ | ⑥ | |
|---|---|---|---|---|---|---|---|
| 9 | 74 | VT | | B | F | 160 | 柴油机 |
| 8 | | K | 84 | E | F | | 柴油机 |
| 6 | | L | 67 | G | F | | 柴油机 |

代号意义:

①——气缸数目;

②——气缸直径;

③——结构特征,VT 为二冲程、十字头式;
K 为二冲程、十字头式、短冲程;
L 为二冲程、十字头式、长冲程;

④——增压状况(增压度的大小);

⑤——用途,F 为船用;

⑥——活塞行程，cm。

瑞士苏尔寿(Sulzer)公司柴油机的型号表示：

| ① | ② | ③ | ② | ④ | ③ | |
|---|---|---|---|---|---|---|
| 12 | R | N | D | 90 | M | 柴油机 |
| 5 | RL | A | | 56 | | 柴油机 |

代号意义：

①——气缸数目；

②——技术特征，R 为二冲程、十字头式、焊接结构；

D 为直接反转，有推力轴泵；

L 为长冲程；

③——改进代号，N 为新型；

M 为改进型；

A 为变型；

④——气缸直径，cm。

法国热机协会的柴油机型号表示：

| ① | ② | ③ | ④ | ⑤ | ⑥ | ⑦ | |
|---|---|---|---|---|---|---|---|
| 6 | P | C | 4 | V | 570 | | 柴油机 |
| 12 | P | A | 4 | V | 200 | VG | 柴油机 |

代号意义：

①——气缸数目；

②——设计师皮尔斯蒂克的名字第一个字母；

③——转速范围，A 为高速和中高速，C 为中速；

④——设计变型序号；

⑤——气缸排列，V：V 型；L：直列；

⑥——气缸直径，mm；

⑦——技术特征，VG 为可变容积预燃室。

## 第三节　四冲程柴油机工作原理

柴油机是一种压燃式的内燃机，它的做功过程必须具备以下要求：有足够数量的空气并被压缩到一定的程度，以达到柴油燃烧所需的自燃温度；能定时、定压、定量地将柴油喷入气缸中进行燃烧；能将做功后的废气迅速排出机外。

柴油机每做一次功，都必须经过进气、压缩、燃烧膨胀做功、排气等四个过程。这四个过程称为一个工作循环，此循环不断地进行，柴油机就能连续地运转起来。

活塞上下运动四个冲程(即曲轴回转两周)完成一个工作循环的柴油机，叫四冲程柴油机。

活塞上下运动两个冲程(即曲轴回转一周)完成一个工作循环的柴油机，叫二冲程柴油机。

## 一、四冲程柴油机工作原理及压容图

如图 2－6 所示，上方为四冲程柴油机的工作原理图，下方为柴油机的压容图，即 $p-V$ 图。它用来表示柴油机工作时气缸内的压力随着活塞移动（即气缸容积变化）而变化的情况。其纵坐标表示气缸内气体压力 $p$，横坐标表示活塞移动的气缸容积 $V$。

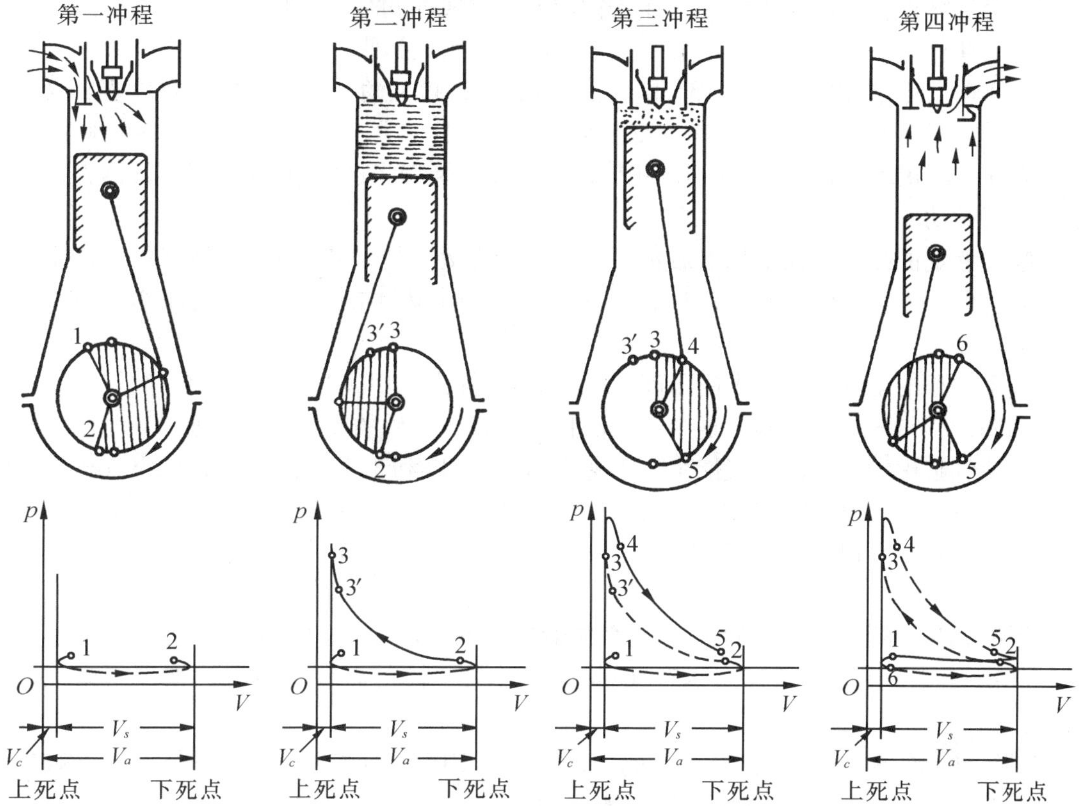


**图 2－6　四冲程柴油机工作过程示意图与压容示功图**

第一冲程——进气冲程。这一冲程的目的是使气缸内充满新鲜空气。

进气冲程开始时，进气阀开启，而排气阀和喷油嘴关闭着。活塞由上死点往下移动，气缸内容积增大，压力下降并产生真空度，外界新鲜空气在压力差的作用下经进气阀进入气缸。

由于外界新鲜空气在进入气缸过程中，需经过如空气滤清器、进气管和进气阀等部件，而存在流阻损失，所以进入气缸中的气体压力始终低于大气压力，其值约为 0.08～0.095 MPa。

为了使柴油机能发出较大的功率，必须在每个进气过程中更多地吸入新鲜空气。为此，整个进气过程是超过曲柄转角 180°的，即超过一个冲程时间。

图 2－6 中进气阀是在上死点前 1 点就开启的，其进气提前角度大小与柴油机类型有关。进气提前角的值一般约为 15°～18°。

进气阀的关闭时间是在下死点之后 2 点，其进气阀关闭延迟角的大小也同柴油机类型有关。进气阀关闭延迟角的值一般约为 20°～40°。

全部进气冲程所占的总角度 $\varphi_1 \sim \varphi_2$ 约为 215°～268°的曲柄转角。

第二冲程——压缩冲程。这一冲程的目的是提高热效率，并使气缸内的空气达到一定的温度和压力，以利于柴油自行着火燃烧。

当活塞从下死点上行时，进气阀已关闭，气缸内的容积随之逐渐变小，气体即被压缩，其压力和温度相应升高。在活塞到达上死点（3 点）时，缸内气体温度约为 600 ~ 700 ℃，压力达到 3.0 ~ 4.5 MPa。

整个压缩冲程所占的角度 $\varphi_2 \sim \varphi_3$ 约为 140° ~ 160°的曲柄转角。

第三冲程——工作冲程。这个冲程是柴油机的燃烧膨胀做功的过程。

活塞在上死点稍前约为 5° ~ 30°即 3′点（称为喷油提前角），柴油经喷油器以雾状喷入气缸中，并与高温高压空气混合后爆炸燃烧，使气缸内气体温度迅速上升到 1 400 ~ 1 800 ℃，压力增至 5 ~ 8 MPa，有的甚至高达 13 MPa 以上。在燃烧膨胀过程中，高温高压气体直接推动活塞下行做功。

喷油燃烧的终止约在上死点后 40° ~ 60°的 4 点处。燃烧终止后，燃烧产物的膨胀一直进行到排气阀开启为止（5 点），即做功完毕。在此冲程结束时，气缸内压力降到 2.5 ~ 4.5 MPa，温度降低到 600 ~ 700 ℃。

整个冲程的全部过程所占的角度 $\varphi_3 \sim \varphi_4 \sim \varphi_5$ 约为 120° ~ 140°的曲柄转角。

第四冲程——排气冲程。这个冲程的目的是将做功后的废气及时迅速排出气缸之外。

为使气缸中做功后的废气能全部迅速排出机外，以利于下一循环的新鲜空气进入气缸内，故排气在做功冲程结束前的 5 点就已开始，排气阀提前开启角约在下死点前 20° ~ 45°的曲柄转角。这时可以利用废气与大气的压力差进行排气，以降低活塞越过下死点时上行的背压力。

活塞越过下死点往上行的过程中，气缸容积变小，废气在压力差作用和活塞推动下排出气缸。排气阀在上死点后 10° ~ 15°（6 点）才关闭，这样可以利用气流的惯性将废气彻底排出。

排气冲程的全过程所占的角度（$\varphi_5 \sim \varphi_6$）约为 210° ~ 240°。排气冲程终了时气缸内的压力约为 0.1 ~ 0.115 MPa，温度降为 300 ~ 400 ℃。

柴油机经过进气、压缩、做功和排气四个过程，才完成一个工作循环。之后活塞继续转动，一个新的循环又按同样顺序重复进行，这样周而复始，连续不断，使柴油机不断运转。

为了使柴油机有效运转，在每个工作循环中，特设计柴油机的进气、排气的始终点，都不是恰在上、下死点开始和结束位置，而是有一定的提前和延迟角度。这就产生了重叠角，约为 25° ~ 60°。

上述就是四冲程的柴油机工作过程及原理。四冲程柴油机每完成一个工作循环，曲轴要回转两周，而每个工作循环只有第三冲程才是做功的，其他三个冲程都是为做功冲程服务的，而且都需要消耗一定的能量。多缸式柴油机的这三个冲程（进气、压缩、排气）所需要的能量主要由其他相邻做功的气缸供给，而单缸式柴油机则由飞轮所储存的能量来供给。

### 二、四冲程柴油机的定时图

柴油机在运转过程中，进气、压缩、喷油、燃烧做功和排气，都是在一定的时刻开始和结束的，都是在严格规定下进行的。

柴油机各过程的开始和结束的时刻叫做“定时”。

柴油机的定时用曲柄偏离上、下死点的角度来表示。把各种过程的定时集中反映在一个图上,这就构成了柴油机的定时图,如图 2 -7 所示。

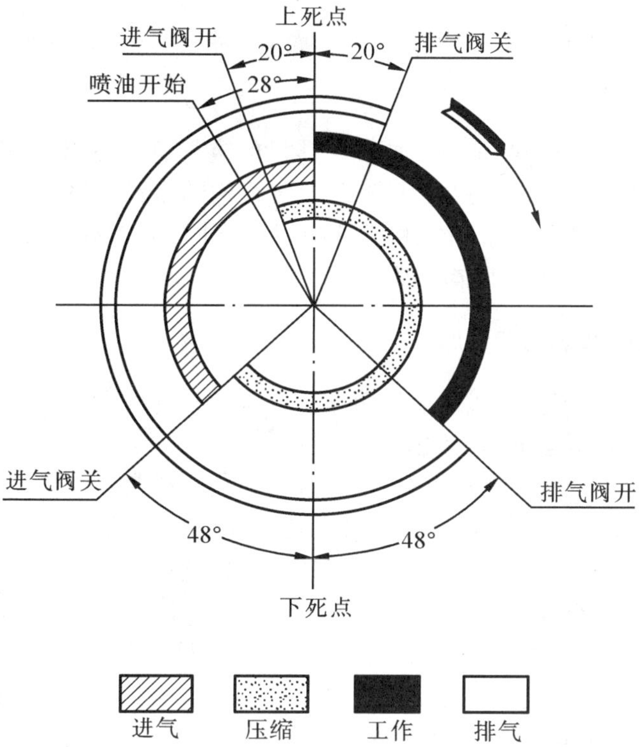


**图 2 -7　四冲程柴油机的定时图**

不同类型的柴油机都有各自的定时,当柴油机出厂时,其说明书上均附有定时图。如图 2 -7 所示为 135 系列四冲程柴油机的定时图,其定时情况如下:

进气阀开启　该曲柄位置在上死点前 20°;

进气阀关闭　该曲柄转到下死点后 48°;

排气阀开启　该曲柄位置在下死点前 48°;

排气阀关闭　该曲柄转到上死点后 20°;

喷油器开启(供油提前角)　做功冲程时,曲柄位置在上死点前 28°。

另外,用压缩空气启动的柴油机,除了上述定时规定外,还有启动空气阀的启闭定时的要求。

柴油机的飞轮轮缘上,一般均刻有 360°角度等分线,以检查该柴油机的各种过程的定时。该角度线规定以第一缸活塞的上死点位置作为 0°,若是多缸柴油机,则可按其发火次序便能找到各缸的定时位置。如某六缸四冲程柴油机,其发火次序为 1—5—3—6—2—4,相邻曲柄的夹角为 120°,柴油机按顺时针方向转动,则第五缸的上死点位置应在飞轮按顺时针转 120°的角度上。同样,按此方法也能找到其他各缸定时的相应角度。

## 第四节　二冲程柴油机工作原理

二冲程柴油机的工作过程，是将四冲程柴油机的进气、排气过程分别合并在压缩、燃烧膨胀做功这两个冲程之内完成，为此，其进气、排气机构的布置有很大的不同。

二冲程柴油机在结构上由于扫气和排气布置的不同，有直流扫气、弯流扫气等不同类型。现在就不同型式柴油机的工作原理分述如下。

### 一、直流扫气式柴油机的工作原理

如图2-8所示为直流扫气式柴油机简图。直流扫气的气流是沿着气缸中心线自下向上作直线运动的。

这种类型柴油机结构的主要特点是：在气缸盖上装有排气阀，排气阀的启闭动作由凸轮轴的偏心轮来驱动，而凸轮轴的转速与曲轴转速相等，气缸套下部设有一圈扫气口，扫气口外设有扫气箱并提供新鲜空气。

**图2-8　直流扫气式柴油机简图**

第一冲程——扫气、压缩冲程。柴油机的活塞处于下死点位置时，外界新鲜空气由专门机构吸入并经中间冷却后，经扫气口进入气缸，活塞自下向上运动，于下死点后约30°~40°，首先遮住扫气口（扫气结束），至下死点后约50°~60°，排气阀自行关闭，活塞自动上行并压缩缸内空气，压缩终了时的缸内空气压力达3.5~4.5 MPa以上，温度升至700~800 ℃以上。

第二冲程——做功、排气冲程。当活塞上行至上死点前10°~30°（喷油始点）时，高压燃油泵产生的高压柴油经喷油器以雾化状态喷射入气缸中，与高温高压的气体接触混合随即自行着火燃烧。此时气缸内的压力和温度急剧升高，爆发压力可达5 MPa或更高，燃烧温度可达1 800 ℃以上。高温高压的气体在燃烧、膨胀过程中推动活塞向下运动做功，活塞下行到下死点前70°~90°时，排气阀首先开启，废气经排气阀自行排出。活塞继续下行至下死点前30°~40°时，扫气口被开启，新鲜空气经两次增压和冷却后进入气缸，按直流方向清扫气缸中的废气，同时，新鲜空气充满整个气缸。

这样，柴油机的曲轴每回转一周，就完成了两个冲程，即一个工作循环。工作循环按上述程序重复进行，使柴油机不断运转。

图2-9所示为直流扫气式二冲程柴油机的压容示功图（$P-V$图）；图2-10所示为二冲程柴油机定时图。

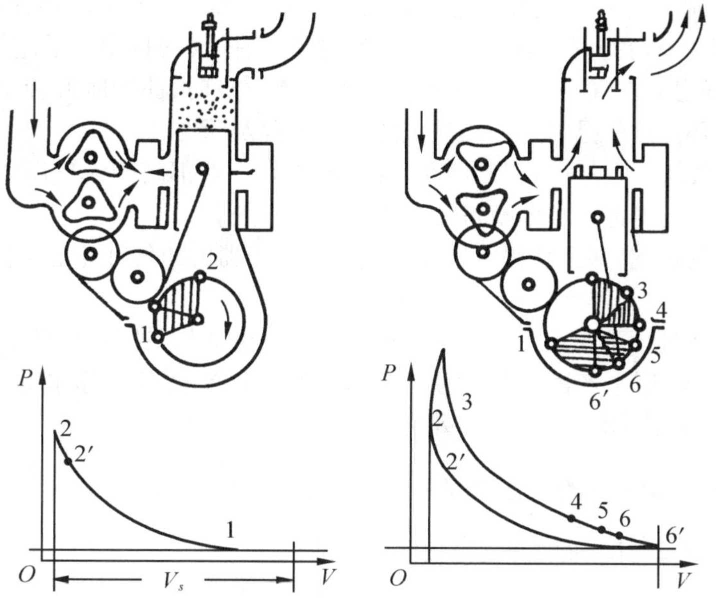


图 2-9　直流扫气式二冲程柴油机简图

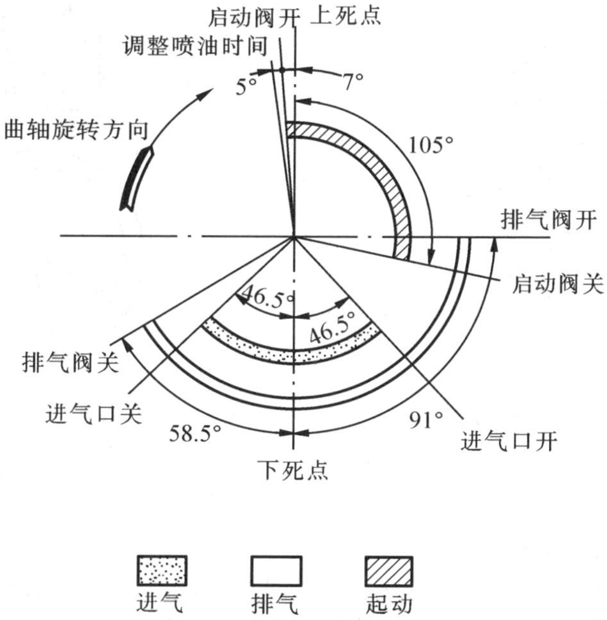


图 2-10　二冲程柴油机定时图

从图中可以看出在二冲程柴油机中气缸内气体压力和容积变化的情况。活塞从下死点上行时，先遮闭扫气口，使扫气终止。当活塞上行到 1 点时，排气阀自行关闭，排气停止而压缩开始。活塞继续上行压缩使气缸内气体压力、温度逐渐升高。当活塞到达 2′点时(上死点 2 之前),柴油喷入气缸,自行发火燃烧(2 点 ~3 点),燃烧膨胀的气体推动活塞下行做功(3 点 ~4 点),至 4 点时排气阀开启,做功完毕,废气经排气阀排出。活塞继续下行到 5 点时,扫气口又被开启并扫气、充气,当活塞回到下死点 6 点时,曲轴刚回转了一周,也就是完成了一个工作循环。这就是二冲程柴油机的工作过程及原理。

在二冲程柴油机中,扫气过程终结时,气缸内压力一般都高于大气压力,其值大小与扫气压力有关。这是与四冲程柴油机进气过程的不同之处。

柴油机的扫气过程,即是新鲜空气靠扫气泵或增压器的压气叶轮的工作,提高空气压力来达到增压目的,并将新鲜空气压入气缸中的过程。

我国船舶工业集团下属工厂生产的船用低速柴油机就是采用这种直流扫气形式。国外采用的有丹麦 B&W 厂生产的和国内引进的 B&W—MAN 机以及苏尔寿公司专利生产的 RTA 型系列机,还有日本的 UEC 型系列机等。

## 二、弯流扫气式柴油机的工作原理

如图 2－11、图 2－12 所示为弯流扫气式柴油机简图。

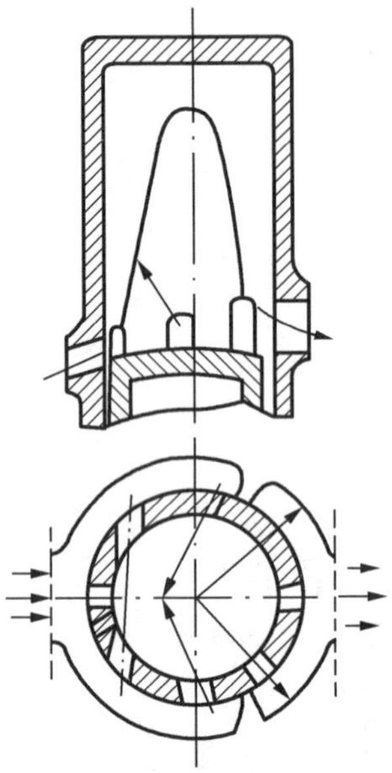

**图 2－11　横流扫气式柴油机**

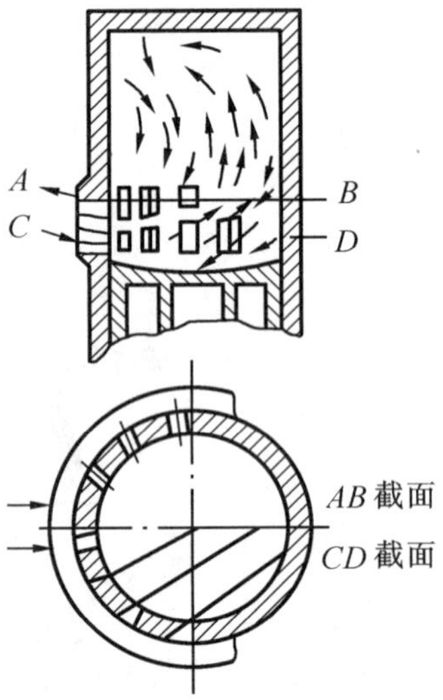


**图 2－12　回流扫气式柴油机**

弯流扫气式柴油机结构上的主要特点是:扫排气口均设在气缸下部相对的两侧,气缸盖上无排气阀,扫气口的启闭均由活塞来控制。

弯流扫气的气体在气缸内的流动路线由下向上,当气流到达气缸顶部后,又折回由上向下流动。弯流扫气又分为横流扫气和回流扫气两种。虽然直流扫气和弯流扫气柴油机在结构上扫排气方式不同,但工作原理相同。

弯流扫气柴油机具有结构简单、动作可靠的优点,但是弯流扫气的方式容易引起新鲜空气和废气的掺混,且存在死角,得不到可靠干净的扫气。所以弯流扫气的换气质量比直流扫气的换气质量差。因此，一向以弯流扫气为特点的苏尔寿大型低速柴油机，也都已转向生产气口—气阀式直流柴油机系列。

### 三、二冲程柴油机的定时图

二冲程柴油机与四冲程柴油机一样，也可以用定时图来表示各过程的定时时刻。前面提到的图 2 - 10 为一台直流扫气式二冲程柴油机的定时图。

扫气口开启　在下死点前 46.5°；

扫气口关闭　在下死点后 46.5°；

排气阀开启　在下死点前 91°；

喷油器开启　在上死点前 7°。

该柴油机的启动是采用压缩空气来实现的，故这种柴油机启动阀的开启时间在上死点前 5°，而启动阀的关闭点在上死点后 105°。

### 四、四冲程柴油机与二冲程柴油机的比较

二冲程柴油机与四冲程柴油机存在着构造上和工作原理的不同，各有其优缺点。以下将四冲程与二冲程柴油机的特点作相应的比较。

1. 四冲程柴油机的曲轴每转两周(720°)做一次功；而二冲程柴油机的曲轴每回转一周(360°)做一次功。在两类气缸直径、尺寸和转速相同的情况下，二冲程的柴油机似乎比四冲程的柴油机功率大一倍，但事实不是这样，因为二冲程柴油机在其气缸上开有排、扫气口，从而使工作容积有所减小，实际上功率只增大了 60% ~80%。因此，如果发出功率相同，则二冲程柴油机的单位功率所占的体积和质量均比四冲程柴油机小。

2. 二冲程柴油机曲轴每转一周，做功一次，因此转矩均匀。二冲程柴油机的运转要比四冲程柴油机平稳。

但是，四冲程柴油机也有其优点：

(1) 四冲程柴油机的进排气的换气完善，且热能利用较充分，热效率比二冲程柴油机高。

(2) 四冲程单位功率耗油量比二冲程柴油机小。

(3) 四冲程柴油机热负荷小，而二冲程柴油机受热较为严重，有易损坏的缺陷。

由于二冲程柴油机的换气不完善，新鲜空气易与缸内所残留的废气掺混，影响燃烧质量，柴油机的转速越高影响越明显。因此高速柴油机采用二冲程形式是不太理想的。目前在船舶上，大多将四冲程中高速柴油机用作发电机组的动力或推进动力，而将二冲程中低速的柴油机用作推动大中型船舶的前进或倒退的主机。

以上两种类型不同的柴油机结构各异，二冲程柴油机的组成部件与四冲程柴油机相比要复杂得多。

## 第五节　船舶柴油机的受力分析

柴油机是一种进行两次能量转换的热机。在柴油机中，先将柴油的化学能转变为热能，再将热能转换为机械能，这就是柴油机区别于其他热机的特殊本质。

柴油机要实现这两次能量的转换，必须得由一系列零部件的功能来保证。本章中所研究的对象就是柴油机构件中的主要部件，即气缸盖、气缸（气缸套）、活塞、连杆、曲轴、机架和机座等固定部件和运动部件。

船舶柴油机是水上航行的主要动力设备，它有别于陆地交通运输工具的动力设备。船舶柴油机除了受一般柴油机做功时的作用力之外，还得经受长期风浪等外力影响，故船舶柴油机的安全可靠性要求要比陆用柴油机高。下面将介绍柴油机受到的各种力。

柴油机燃烧做功时，所产生高温高压的力，主要作用在固定部件和运动部件之上，这种力有：

（1）气缸内的燃气压力 $\boldsymbol{P}_{\mathrm{I}}$；

（2）运动部件的往复惯性力 $\boldsymbol{P}_{\mathrm{II}}$。

如图 2－13 所示为柴油机的受力简图。

$\boldsymbol{P}_{\mathrm{I}}$ 是活塞在气缸内的任意一点位置时的气体压力。

$\boldsymbol{P}_{\mathrm{II}}$ 是惯性力，其方向是向上的。

$\boldsymbol{P}$ 为气体压力和惯性力之和，即 $\boldsymbol{P}=\boldsymbol{P}_{\mathrm{I}}+\boldsymbol{P}_{\mathrm{II}}$，合力方向沿着气缸中心线，而合力的大小随着活塞的移动而变化。

根据平行四边形法则，可将合力分为两个分力，即一个是垂直于气缸的侧推力 $\boldsymbol{N}$，另一个是沿着连杆方向的作用力 $\boldsymbol{S}$。侧推力 $\boldsymbol{N}$ 周期性地将活塞推向气缸的侧边，并造成气缸与活塞的磨损。作用力 $\boldsymbol{S}$ 通过连杆下端的中心点 $B$，可分解为两个互相垂直的分力——切向力 $\boldsymbol{T}$ 和径向力 $\boldsymbol{K}$。其中，切向力 $T$ 对曲轴中心的力矩 $\boldsymbol{M}=\boldsymbol{T}\cdot R$，产生对曲轴的旋转，以达到带动螺旋桨转动的目的；而侧推力 $\boldsymbol{N}$ 对曲轴中心点 $O$ 的力矩，等于旋转力矩 $\boldsymbol{M}$，但方向与其正好相反，此力矩企图将自身柴油机倾斜，因而称为颠覆力矩。

船舶柴油机推动船舶在水上航行时，时刻受到风浪等外力冲击所引起的摇摆震动等影响，严峻考验着其中的固定部件和活动部件。总之，船舶柴油机做功运行时，必将受到上述几种力的综合影响，这样就对船舶柴油机的主要部件有着特殊的要求。

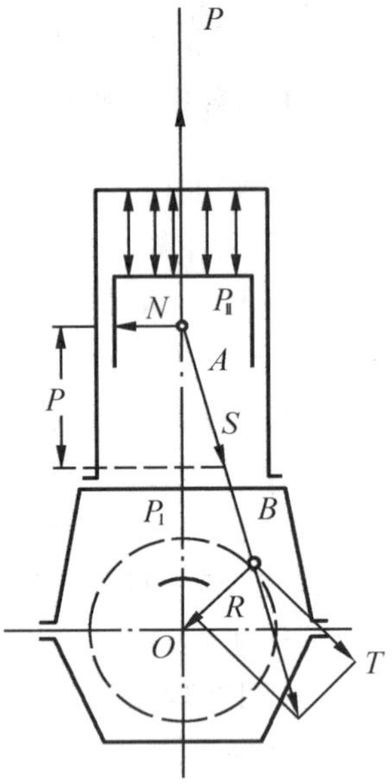


**图 2－13　柴油机的受力简图**

## 第六节　柴油机主要固定部件

如图 2－14 所示为中小型船用柴油机，此种柴油机多用来作为小型船舶主机以及发电机组的动力。这些柴油机中的固定部件体积小、结构紧凑，大多采用铸铁浇铸而成，气缸体与机架合铸成“机体”。这些主要固定部件用双头螺栓与其他件固定连接，形成一个坚固的刚性结构。

如图 2－15 所示为低速大功率船用柴油机，此种柴油机的气缸盖和气缸体为铸造结构，而机架、机座等则为钢板焊接结构。这些主要固定部件用特长的贯穿螺栓连接，组成柴油机的坚固刚性结构。这种柴油机多用来作为大中型船舶主机。

## 一、机座

机座是柴油机的基础，除了支承柴油机全部重力之外，还承受燃气压力及各活动部件的惯性力。遇到风浪颠簸时，还要受到额外作用力的影响。

机座还有着收集并储存柴油机润滑油的作用，因此机座有时称为油池或油底壳。

柴油机的曲轴、活塞等运动部件能否保持正确的位置，取决于机座是否有足够的刚性。刚性不足而产生变形，就会引起运动部件的失中，使柴油机不能连续的运转，因此要求机座必须有足够的强度和刚度。

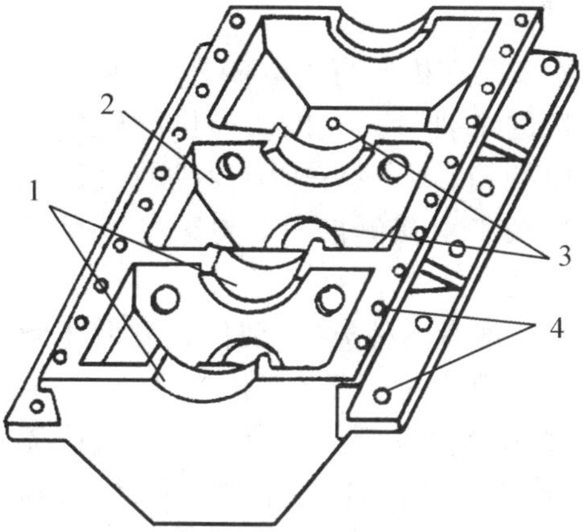


**图 2－14　铸铁机座**

1—主轴承座；2—横隔板；3—油孔；4—螺孔

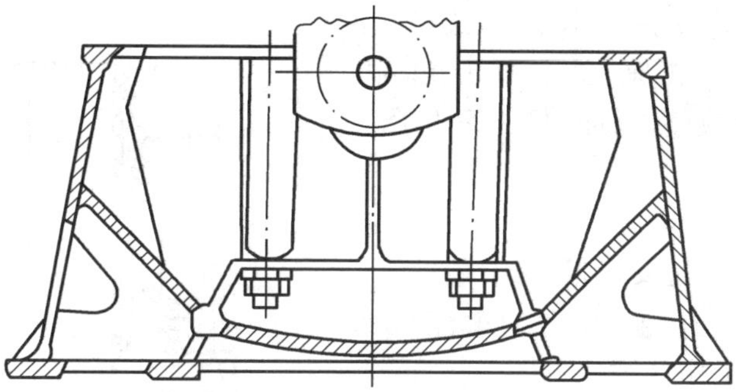

**图 2－15　平底焊接机座**

机座的结构按设计形式可分为凹底和平底两类。凹底机座如图 2－14 所示，适用于中小型尺度和质量均衡的柴油机。采用这种结构形式可适当降低机型高度。平底机座如图 2－15 所示，它可以很方便地安装在船体双层底的舱底板上，无须另设比较复杂的强固基础。大型低速柴油机均属这种结构，如图 2－16 所示。

机座的结构按制造方法可以分为焊接和整体铸造两类。中小型柴油机常用整体铸造机座，其材料为 HT15－33 或 HT20－40 等铸铁。而中低速大功率柴油机通常用焊接机座，一般用 20 号钢板焊接件或 ZG15，ZG25 等铸钢制成。

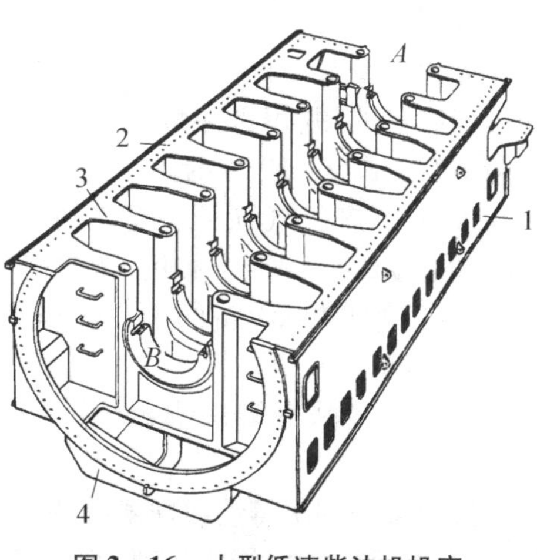


**图 2－16　大型低速柴油机机座**

1、2—纵梁；3—横梁；4—油底壳

*A*—功率输出端；*B*—自由端

## 二、机架

机架安装在机座与气缸盖之间，它是构成柴油机的主要骨架。机架与机座构成一封闭的曲柄箱。十字头式柴油机的机架上还装有导板来承受侧推力。机架要有足够的强度和刚度。

机架一般有两种类型：现代大型低速柴油机多采用焊接的“A”字形机架，中小型柴油机则多用箱式机架。箱形机架由铸铁浇铸而成，通常与气缸体合铸成一个整体，称为机体，如图 2－17 所示。如图 2－18 所示为一种气缸与曲轴箱组合式的机体。

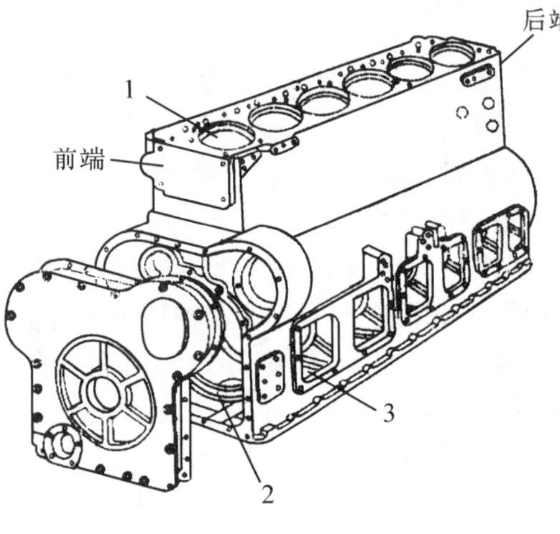


**图 2－17　机体**

1—气缸套座孔；2—轴承座孔；3—观察窗口

机架两侧设有供工作人员使用的道门和防爆装置。道门主要供拆装十字头、连杆、导板和轴承等部件使用。机座、机架和气缸体由特长的贯穿螺栓连接成整体，如图2－19所示。

## 三、气缸

气缸由气缸体和气缸套两部分组成。

一般柴油机气缸由气缸体、气缸套组合而成，这可使气缸有效工作且维修方便。

气缸体是气缸的外壳。它的下部与曲轴箱相连，上部安装气缸盖，内侧则用来安装气缸套。气缸体和气缸套之间有冷却水空间，用以冷却气缸套。中小型机一般将气缸体与曲轴箱铸成一体。大型柴油机中，气缸体与机架和机座是分开制造的，并用贯穿螺栓连接起来。气缸体与缸套如图 2－20 所示。

柴油机工作时，气缸不仅要受到气缸内燃气压力和运动部件侧推力作用，还要受安装在它上面的各种部件和设备的预紧力作用，以及热应力的影响。

气缸体大多采用铸铁或合金铸铁等材料制成。

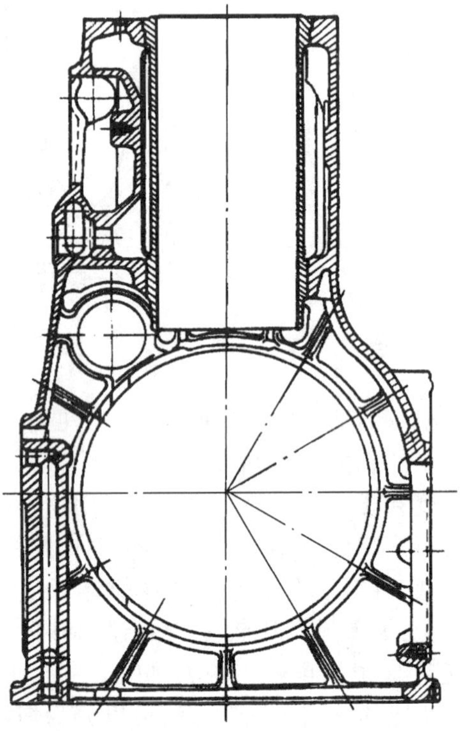

**图 2－18　气缸和曲辆箱组合式的机体**

气缸套多采用灰铸铁或球墨铸铁、耐磨铸铁等材料制成。高速大功率柴油机采用铬钼铝钢——38CrMoAl，经氮化处理，并在其内壁进行多孔性镀铬的处理制成。

1. 气缸套的功用与工作条件

气缸套的功用是：它与活塞、气缸盖之间组成气缸的燃烧空间；引导活塞作往复运动；把燃烧后的剩余热量传递给缸套外的冷却水，以保证柴油机的正常运转。

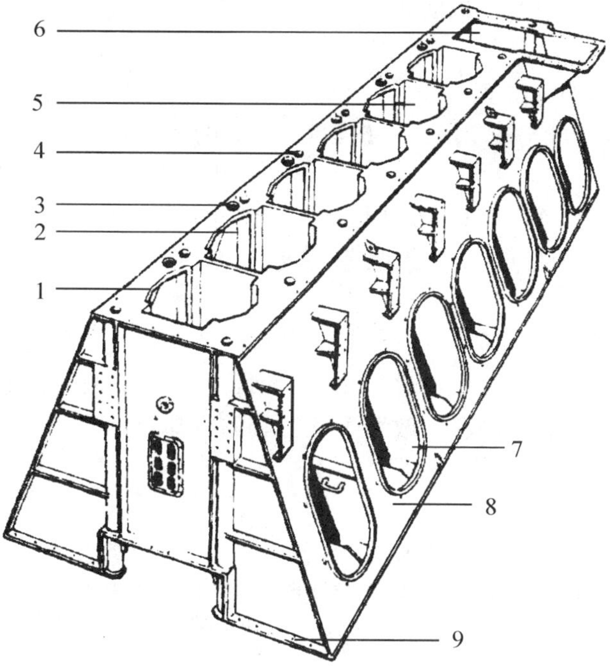


**图 2-19　机架**

1—面板;2—导板;3—工艺孔;4—螺孔;5—横隔板;
6—传动箱;7—检修通道;8—侧板;9—底板

气缸套均呈圆筒形,安装在气缸体内。在二冲程柴油机中,气缸套中部还开设有气口,供柴油机扫气和排气之用。

气缸套的工作条件较为恶劣,它直接与燃烧气体接触而产生侵蚀。同时它的工作表面还受到活塞和活塞环摩擦,随活塞运动所产生的侧推力会产生机械磨损。气缸套的外壁与冷却水接触会被腐蚀。由于内壁受到高温高压燃气的侵蚀,外壁又受到冷却水温差的影响,再加上气缸套工作时由于"上热下冷",会形成很大的温度差和热应力,这些对气缸套工作极为不利。

2. 气缸套的构造

(1)四冲程柴油机的气缸套

四冲程柴油机气缸套的构造较为简单,它一般有干式和湿式两种类型。

干式气缸套的构造特点是它的外壁不与冷却水直接接触,缸内的热量是通过气缸体传给冷却水的。这种结构只适用于一些小型柴油机。

湿式气缸套的特点是外壁直接与冷却水接触,因

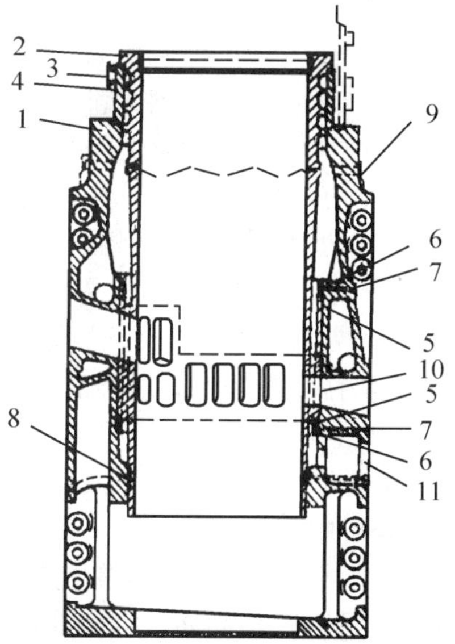


**图 2-20　气缸体与缸套**

1—气缸体;2—气缸套;3—排水口;4—顶圈;
5—紫铜密封圈;6—橡皮圈;7—检查孔;8—橡皮圈;9—注油孔;10—检修孔;11—进水口

此散热效果好,但结构较为复杂。这种气缸套的上端需加装一道铜质的水密压环,下端需要设置多道密封橡胶圈(O 型圈),以防止冷却水的流泄。目前湿式气缸套在各类柴油机中应用较为广泛。

(2)二冲程柴油机的气缸套

由于二冲程柴油机的气缸套均需开设扫气口,有的还开有排气口,故一般二冲程柴油机均采用水套式气缸套。

直流扫气柴油机的气缸套,其中部周围均开有一圈扫气口。扫气口径向有一定的斜度,以使扫气空气进入气缸内形成气流漩涡,起到改善扫气质量的作用。气缸套上部位置还设有多个注油孔。

弯流扫气柴油机的气缸套除了设有扫气口以外,还在扫气口稍高处设有排气口。

多年来,国内外生产的柴油机已进一步采用钻孔冷却式气缸套的新工艺,使冷却水根据气缸套的受热情况而得到合理安排,改善了气缸套的冷却效果。

## 四、气缸盖

气缸盖位于气缸的上部,用紧固螺栓与气缸体紧密地组合在一起。大多数柴油机还通过气缸盖与气缸之间的气缸垫片,来保持燃烧空间的气密和防止冷却水的泄流。

气缸盖的功用是:

(1)封闭气缸工作空间,形成一个密封的燃烧室;

(2)可安装喷油器、进排气阀、启动阀、安全阀和示功阀等零部件以及相应的管道等。

气缸盖长期受到周期性高温高压的影响,因而会产生较大的热应力和机械应力,同时还受冷却水的温差与腐蚀的影响。因此它与气缸套一样,是一个受力复杂、冷热不均的易损部件。

气缸盖的工作条件甚为恶劣,若管理操作不善或安装不妥,往往会使气缸盖产生裂纹、变形而作废。为此,气缸盖必须具有足够的强度和刚度,同时需要得到良好且均匀的冷却。所以,气缸盖的制造材料大都采用有足够强度、耐高温、膨胀系数小且铸造性能良好的铸铁。

船用中小型柴油机的气缸盖,一般采用经退火处理的 HT24 - 44 铸铁;大型柴油机的气缸盖的受热负荷极大,往往采用铸钢制成。现有低速大功率柴油机采用组合式结构,将气缸盖底部与其他部分分开,采用耐热的钼钢 ZG25Mo 或 ZG30Mo 制成,以承受热负荷为主的影响。在某些轻型高速柴油机中,也有以铝合金为材料的。

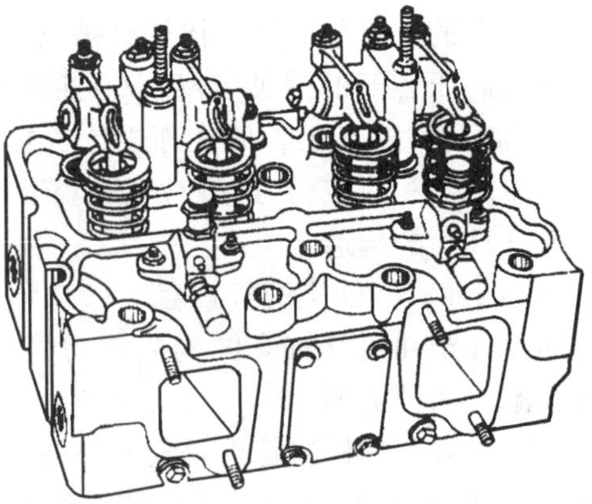

图 2 - 21　四气阀气缸盖

柴油机气缸盖的构造一般分为单铸式和合铸式两种。

小型柴油机往往采用整体式,即把相邻的气缸盖合铸在一起,如六缸柴油机。有的把两个或三个气缸盖合铸在一起,有的甚至将六个气缸盖都合铸在一起,因为这样可有效地缩短柴油机的长度,减轻质量和增强刚性。四气阀气缸盖如图 2 - 21 所示。

大中型柴油机大多采用单体式结构，它便于制造和拆装，又可减少紧固螺栓产生的扭曲变形，从而可提高气缸密封性。

如图2－22所示为RTA柴油机的单体式气缸盖。这类气缸盖属于直流扫气式柴油机的气缸盖。气缸盖上无进气阀阀座，只在其中央装置一排气阀，排气阀的两侧对称地安置有两个喷油器。

弯流扫气式柴油机中的气缸盖上无进气阀和排气阀，喷油器可单独地安置在气缸盖中央部位，其余各附件装置在它的周围。这类气缸盖的拆装管理工作较方便。

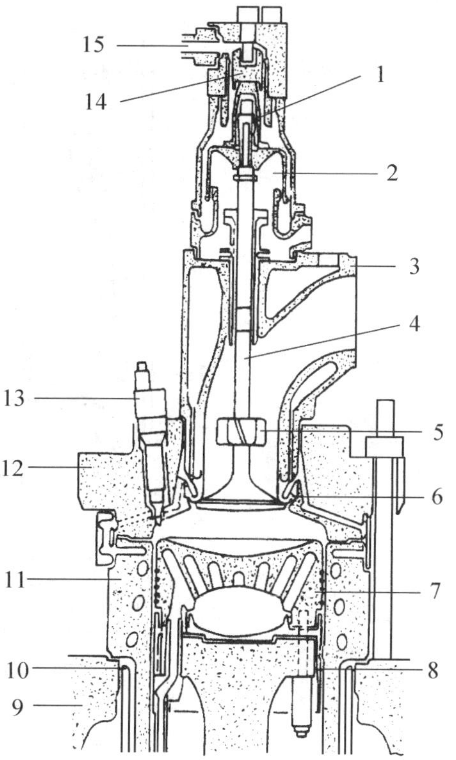


**图2－22　RTA系列气缸盖**

1—螺栓结合；2—气簧；3—阀壳；4—排气阀；5—旋转排气阀的叶轮；6—高效冷却的阀座；7—水冷活塞头；8—短活塞裙；9—缸体；10—水导套；11—钻孔冷却式气缸套；12—钻孔冷却式气缸盖；13—有燃油循环但无水冷的喷油器；14—液动活塞；15—液压顶杆装置的接管

## 五、主轴承

主轴承用来支承曲轴，并使其在主轴承中转动。主轴承一般装置在柴油机机座上。

当柴油机工作时，燃气的压力和运动部件的惯性力（包括其质量），通过曲轴作用在主轴承上，使主轴承受到冲击和磨损。严重的磨损会导致运动部件的失中，造成气缸套、活塞和活塞环等的迅速磨损，曲轴挠曲变形甚至折断等事故。因此，主轴承应有足够的强度和耐磨性能。同时，主轴承与曲轴主轴颈之间应有适当的油隙（一般为主轴颈直径的千分之一），以形成油膜，起到溢流润滑的作用，并带走主轴承上的热量。

柴油机一般采用滑动轴承，小型高速机也有采用滚动轴承作为主轴承的。

主轴承是机座或机体横隔壁上的一个组成部分。主轴承按结构形式不同分正置式轴承和倒挂式轴承两种。大型低速柴油机采用正置式，中小型高速机多采用倒挂式。近年来，有些大功率中速机也采用倒挂式轴承。

正置式主轴承（如图2－23所示）主要由上轴瓦和下轴瓦构成。轴瓦一般用钢制成，在轴瓦的内接触表面浇有耐磨合金。这种耐磨合金有白合金（又称巴氏合金）与铜铅合金等。白合金与轴的摩擦系数很小，耐磨性好，是一种较理想的轴承材料，多用于大中型柴油机。铜铅合金的质地硬、强度高，多用于小型柴油机。正置式按紧固方式不同又有螺栓紧固和支撑紧固两大形式。支撑式主轴承如图2－24所示。

如图2－25所示为倒挂式主轴承。它的轴承座

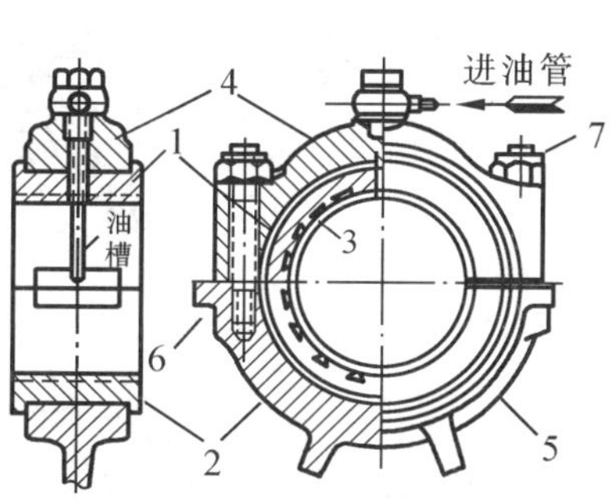


**图2－23　正置式主轴承**

1—上轴瓦；2—下轴瓦；3—减磨合金；4—轴承盖；5—轴承座；6—垫片；7—主轴承螺栓

布置在机架的横梁上，轴承盖刚度大，通过螺栓倒挂在机架上。这种轴承可以省去轴承座，结构较为紧凑，目前在中小型机上比较多见。

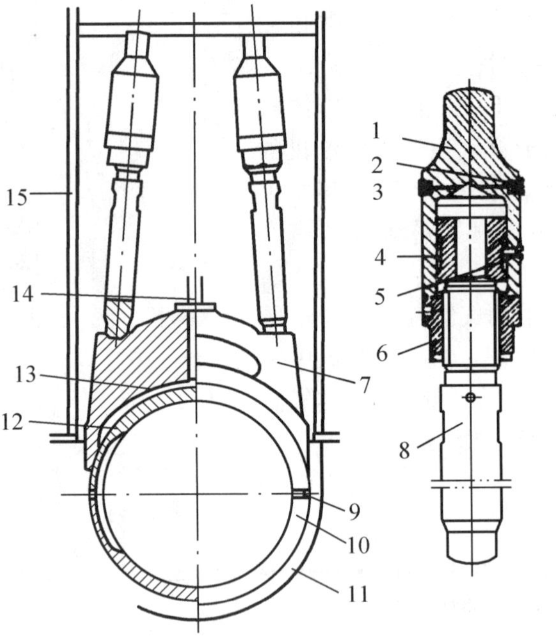


**图 2－24　支撑式主轴承**

1—液压油缸；2—放气阀；3—螺塞；4—液压活塞；5—螺栓；6—螺母；7—轴承盖；8—支撑螺栓；9—垫片；10—下轴瓦；11—机座；12—上轴瓦；13—输油槽；14—滑油管；15—机架

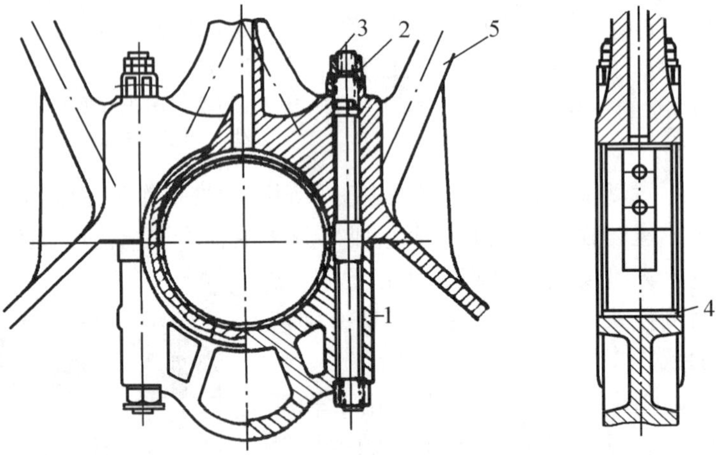


**图 2－25　倒挂式主轴承**

1—轴承盖；2—螺母；3—螺栓；4—轴瓦；5—机体

## 第七节　船舶柴油机主要活动部件

柴油机的活动部件，是柴油机中将活塞的往复运动转变为曲轴的回转运动的主要机构。它主要由活塞组件、连杆组件、曲轴组件等组成。柴油（燃料）在气缸内燃烧后所产生的热能，就是通过这些活动部件转变为机械能而对外做功的。

### 一、活塞组件

活塞组件的主要作用是承受燃烧、膨胀过程中的气体压力并把它传递出去。活塞组件在高温高压情况下，作高速的往复运动，它不但要在很大的压力和惯性力所引起的机械负荷下工作，而且直接与燃气接触，受热剧烈，另外还得承受高温气体的化学侵蚀。

柴油机的活塞组件可分为筒形活塞式和十字头活塞式两大类。前者多在中小型、中高速柴油机上采用，后者以十字头结构代替活塞销结构，多用于大型低速柴油机上。

如图 2－26 所示为筒形式活塞组件，它主要由活塞、活塞环、活塞销以及附件等组成。

如图 2－27 所示为十字头式活塞组件，由活塞、活塞环、活塞杆、十字头、滑块以及附件等组成。十字头式活塞组件要比筒形式活塞组件的构造复杂，构件也多。

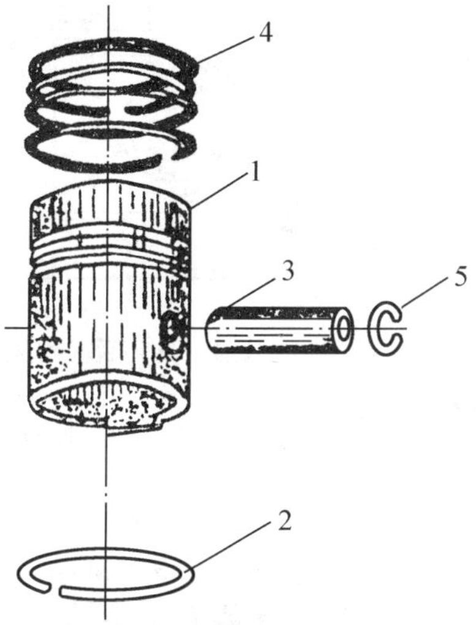


**图 2－26　筒形式活塞组件**

1—活塞；2—刮油环；3—活塞销；
4—气环；5—卡簧

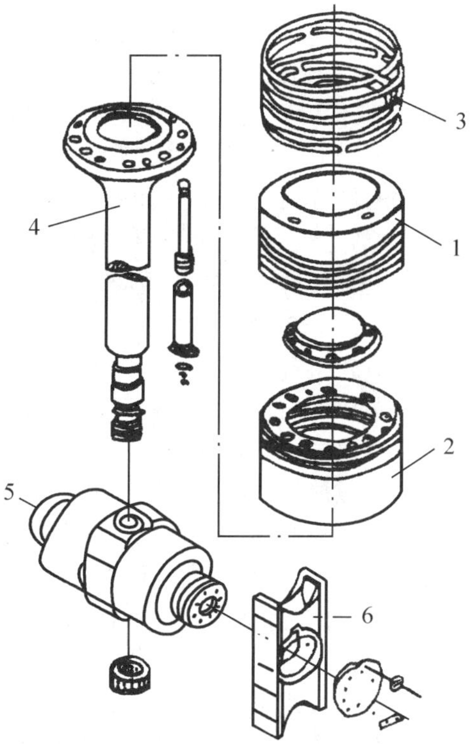


**图 2－27　十字头式活塞组件**

1—活塞头；2—活塞裙；3—活塞环；
4—活塞杆；5—十字头；6—滑块

1. 活塞

活塞是柴油机中的重要构件。它的功能是:与气缸盖、气缸套等组成一个燃烧空间,并将燃气作用力经连杆组件传递给曲轴组件。

在筒形活塞柴油机中,活塞还起到承受侧推力的作用。

在二冲程柴油机中,活塞还起到启闭扫、排气口的作用。

柴油机工作时,活塞要直接承受高温高压燃气的作用并作高速运动。因此活塞要受到很大的热应力、机械应力和惯性力的影响。

此外,活塞受所处工作环境的限制,对其进行冷却与润滑的条件均较差。

活塞一般均由活塞头、活塞裙两部分组成。

活塞头部直接与高温高压气体接触,并将吸收的多余热量经活塞环、气缸套壁传递给冷却水。由于这部件受热最剧烈,故制造时它的直径比裙部略小。为了活塞与气缸之间的气密及散热,所有活塞头部都设有多道环槽,且其内部安装有活塞环。

活塞裙部又称为活塞导向部分。它用来引导活塞作往复直线运动,并承受运动时的侧推力。

中小型筒形活塞式柴油机的裙部开有活塞销孔,其下端开有刮油环槽,槽底钻有油孔,可将多余的滑油由刮油环刮下,经油孔流回油底壳或曲柄箱内。

大型柴油机的活塞裙部,装有紫铜质减磨环(导向环),以减少活塞与气缸套壁之间的磨损。十字头式柴油机的活塞,是用连接螺栓与活塞杆直接组合在一起的。

在构造上,活塞有整体铸造的,也有活塞头部和活塞裙部分开铸造并组合而成的。

(1)整体铸造的筒形活塞

如图 2－28 所示的活塞常见于中小型四冲程柴油机上。

其顶部的形状多种多样,但基本上属于平顶和凹顶两种类型。它的形状因机型不同而不同,目的是让喷入燃烧室的柴油,充分与空气混合,进行有效地燃烧。而且,活塞顶部形状亦要与进排气阀的布置相适应,因此拆装时要特别注意。

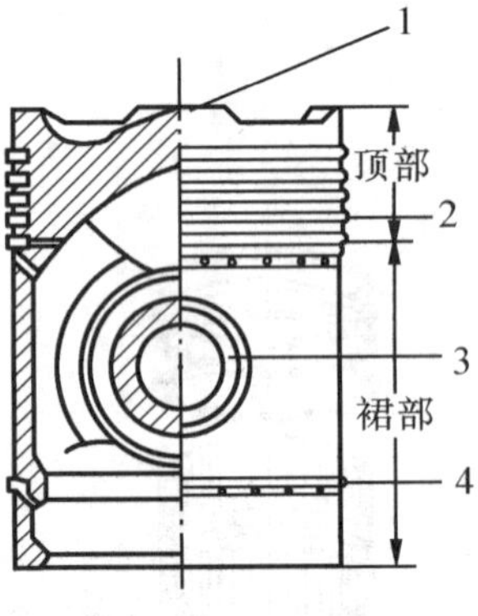

**图 2－28　活塞构造**

1—活塞顶;2—活塞环槽;3—活塞销座;4—油环槽

(2)十字头式的组合活塞

十字头式组合活塞常用于二冲程柴油机。组合活塞还有长裙部和短裙部两种活塞结构。这种组合活塞顶部所受的力直接传给活塞杆,并由十字头来承受侧推力,故此种活塞裙部的厚度可以减薄。水冷式活塞如图 2－29 所示。

十字头式短裙组合活塞,适用于直流扫气式柴油机。由于直流扫气式柴油机气缸的下部只设有扫气口,而排气阀是设在气缸盖上的,活塞即可用来控制扫气时间,因此它的活塞构造可短些。

十字头式长裙组合活塞,用在弯流扫气式柴油机的机型上。由于柴油机上的扫、排气口均需靠活塞来控制进排气时间,因此,它的活塞特意制造得长些才能满足柴油机工作的需要。

对活塞的材料要求是要有足够的强度和刚度、质量轻、导热性好、耐磨性好以及膨胀系数小等。

活塞的材料,一般为 HT24－44,HT28－48 牌号的铸铁。铸铁易于铸造且成本低,多用于柴油机中,也适用于整体铸造的活塞。

但是,在大中型柴油机中,活塞的热负荷及机械负荷很高,铸铁往往承受不了。因此,经常采用耐热合金钢铸锻的活塞头部,与铸铁制成的活塞裙部装配成一个组合活塞。这种组合式活塞具有钢的高强度耐热性、铸铁的耐磨性等优点,工作可靠。组合活塞的顶部为平顶和凸顶,与气缸盖之底部的凹形部位组成一个燃烧室空间。

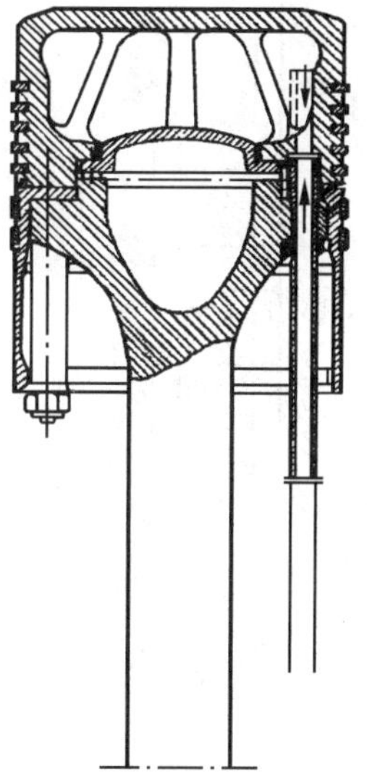

图 2-29　水冷式活塞

铝合金具有相对密度小、导热性能好的特点,应用越来越广泛。在中小型柴油机中,为了进一步提高转速和功率,多采用铝合金活塞来代替铸铁活塞。如 135 型高速柴油机就采用此种材料制造活塞。

另外,近年来在某些新型的中速柴油机中,常采用一种可自转式活塞。该活塞的构造特点是:活塞本体与活塞杆为球形连接(无活塞销),活塞在往复运动中可有小量的回转,以增加与气缸套的动配合,减少两者之间的磨损并消除"咬缸"现象。但此种活塞结构较为复杂,制造困难。

2. 活塞环

活塞环是柴油机中重要零件之一。它的工作性能对柴油机性能的影响十分明显。活塞环有密封环(气环)和刮油环(油环)两种。

活塞环的功用是:

(1)可密封燃烧室空间,使活塞有效地做功;

(2)将活塞吸收的热量通过气缸壁传递给冷却水;

(3)保证活塞的良好润滑,并防止过多滑油窜出气缸。

活塞环除了在高温、高压、高速和负载下紧贴气缸套壁作往复直线运动外,在环槽中还承受着交变弯曲和挠曲的影响,易磨损、折断。

密封环是活塞环中的一种,又称气环或气令,起密封的作用。密封环以一定的弹力与气缸壁紧贴,形成密封面。这样高温高压的燃气就不能从气缸套壁流过,只能通入密封环与环槽的空间,将密封环进一步推向环槽和气缸套壁并压紧,形成新的密封面。这样,在多道密封环的作用下,可大大加强气缸壁与密封环之间的气密性,如图 2-30 所示。

目前柴油机上应用最广泛的密封环是矩形断面的,这种密封环的加工工艺较为简单。

刮油环又称油环或油令。它的作用是将气缸壁上多余的滑油刮掉。刮油环的刮油方法是:当活塞下行时,气缸壁上附着的滑油被随之而下的刮油环的下边缘刮下,并通过活塞环槽内泄油孔流回曲柄箱;当活塞上行时,气缸壁上的剩余滑油,则会被刮油环的上边缘刮下,流回油底壳内。刮油环的工作原理如图 2-31 所示。值得注意的是,刮油环在装入时切勿反向安装,反向安装会将滑油经燃烧空间逸出机外。

活塞环中,密封环的数目一般为 4~6 根,刮油环一般为 1~3 根。

为了保证活塞环有足够的弹性,在自由状态时要有一段自由张口的距离,称为活塞环的搭口间隙,以满足热膨胀的需要。搭口的间隙大小按不同类型柴油机的要求确定,装配修理时要按技术文件进行。

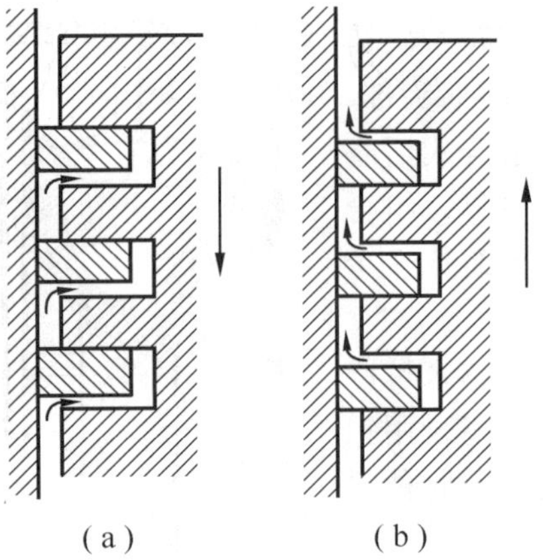

图 2－30　密封环的工作原理

(a)活塞上行时;(b)活塞下行时

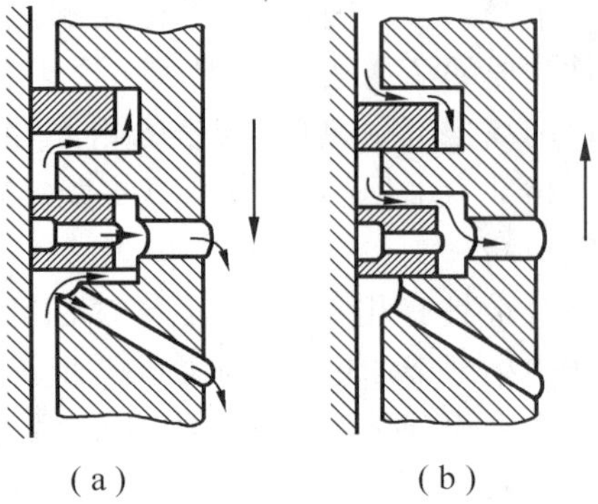

图 2－31　刮油环的工作原理

(a)活塞上行时;(b)活塞下行时

活塞环的搭口形状一般有三种形式:直搭口,它加工方便,搭口处强度较高;斜搭口,这种形状的搭口有利于减少燃气的漏泄程度;阶梯形搭口,它的密封性较好,但加工复杂且易折断。

活塞环的材料要求是:在高温高压下保持足够的强度、弹性、耐磨性和较小的摩擦系数。

活塞环通常采用含有细粒石墨的灰铸铁制成。考虑到活塞环比气缸壁更易磨损,故要求它的硬度比气缸壁高 HB10 ~ HB20,大约控制在 HB180 ~ HB300 之间。在有些高速柴油机的活塞上第一道活塞环,进行多孔性镀铬处理。实践表明,镀铬可提高其耐磨性。

3. 活塞销

活塞销是筒形活塞式柴油机中的机件之一,常见于中小型柴油机上。它作为柴油机的活塞和连杆之间的连接件,把作用在活塞上的力传递给连杆,作为连杆的摆动轴。

柴油机在工作过程中,活塞销要承受大小和方向不断变化的冲击力作用,而且它与连杆小端轴承之间存在着相对运动,润滑条件相当差,磨损较为严重。

对活塞销的要求是:其表面有较高的硬度以增加耐磨性,而内部则要有一定韧性,以承受冲击和载荷的双重作用。为此,制成活塞销的材料应有一定的抗疲劳强度,通常采用 15 号、20 号碳钢等优质低碳合金钢。活塞销的外表面还需渗碳、淬硬处理后再加以精磨。

柴油机的活塞销,一般为空心的圆柱体。活塞销与活塞、连杆的连接方式有固定式和浮动式两种。

浮动式活塞销的特点是:它可在活塞销座孔和连杆小端轴承中自由转动,且其磨损均匀、寿命长、拆装方便。因此,浮动式活塞销现广泛应用在各种机型的中高速柴油机上。浮动式活塞销的连接如图 2－32 所示。

4. 活塞杆

活塞杆是十字头式柴油机的活动部件之一,它位于活塞和十字头之间,将活塞上的作用力传递给连杆。

活塞杆工作时,承受着周期多变的拉伸应力和压缩力,因此活塞杆要用具有较高的强度和刚度的材料锻造而成。常用

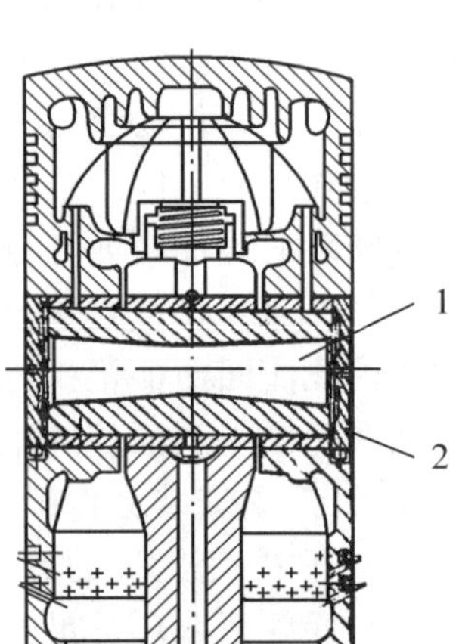


图 2－32　浮动式活塞销的连接

1—活塞销;2—盖板

材料有35号或45号优质钢。

活塞杆的杆身剖面呈圆形,其上端呈喇叭形并用螺栓与活塞相连接,下端置于十字头平面上并以齿形大螺母予以固紧。有些柴油机的连杆中心加工成孔道,作为活塞冷却液进出口的通道。

5. 填料箱

填料箱是十字头式柴油机的构件之一,它位于气缸底部的中央,功用是阻止活塞上的滑油进入气缸内,并防止燃烧后的杂质及废气进入曲柄箱内。

柴油机活塞杆的填料箱由两组密封环和一组刮油环组成。上层两组四道密封环,主要用来密封进入曲柄箱内扫气空气,同时也可刮去油污。下层一组三道刮油环,主要用来阻止滑油进入气缸。填料箱如图2-33所示。

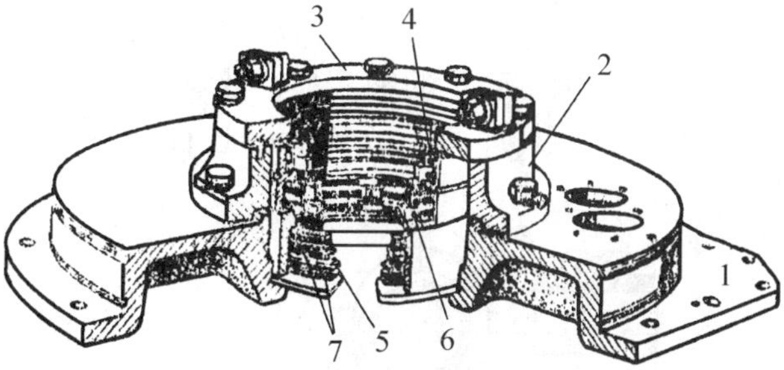


**图2-33 填料箱**

1—底座;2—上盖;3—压盖;4—密封圈;5—刮油圈;6—压环;7—弹簧

6. 十字头

十字头是十字头式柴油机中连接活塞、活塞杆和连杆的重要部件。它与筒形活塞式柴油机中的活塞销一样,将作用在活塞上的力传递给连杆,并将做功时产生的侧推力通过十字头上的滑块作用在机架的导板上。

每道密封环和刮油环都由三块带有弧度的金属片组成,并用压环和弹簧箍紧在一起。

十字头构件主要由十字头和滑块两部分组成。十字头的工作条件比较恶劣,十字头销与其轴承之间不易形成良好的油膜,加上其工作时受力变形导致其轴承负荷不均匀,因此它是低速柴油机中极为重要但条件最差的机件。

十字头上的十字头销一般用45号、60号钢制成,而滑块采用ZG15,ZG25铸钢制成。为改善滑块与导板之间的工作性能,均在滑块表面浇铸白合金减磨层。

目前船用低速柴油机采用单、双滑块式十字头两种,其中常见的为双滑块式十字头结构,如图2-34所示。

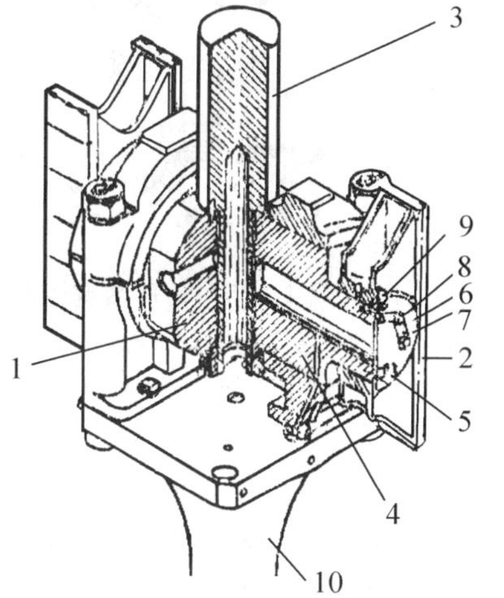


**图2-34 双滑块式十字头**

1—十字头销;2—滑块;3—活塞杆;4—内侧轴颈;5—外侧轴颈;6—盖板;7—锁紧片;8—螺栓;9—锁板;10—连杆

**二、连杆组件**

柴油机的连杆组件包括连杆本体、大端轴承、小端轴承和连杆螺栓等。连杆组件的功用是连接活塞(与十字头)和曲轴,并将活塞的往复直线运动变为曲轴的回转运动。

连杆工作时承受燃气压力和惯性力之合力。

在四冲程柴油机中,连杆受到合力的方向和大小,都是不断变化的。而二冲程柴油机中，连杆受力的方向不变，但受力的大小是时刻变化的。

低速柴油机的连杆本体材料一般采用中碳钢，中高速机则多采用合金钢。

柴油机的连杆是连杆大小端轴承与连杆本体的连接件。它受到周期变化的、冲击性很大的负荷，要求其具有很高的抗疲劳强度。连杆螺栓在安装时应有足够的预紧力和紧固保险措施。连杆螺栓一般采用40铬合金钢等材料制成。

筒形活塞式柴油机的连杆本体的断面常为工字形或圆形。连杆小端轴承与杆身连成一体，小端轴承衬套采用薄壁铜铝合金轴瓦，连杆大端轴承，通常制成上、下部结构，并用连杆螺栓连接。连杆大端轴承的轴瓦与主轴承的一样，其内表面浇铸有耐磨的白合金或铜铝合金层。筒形活塞连杆如图2－35所示，连杆杆身断面形状如图2－36所示。

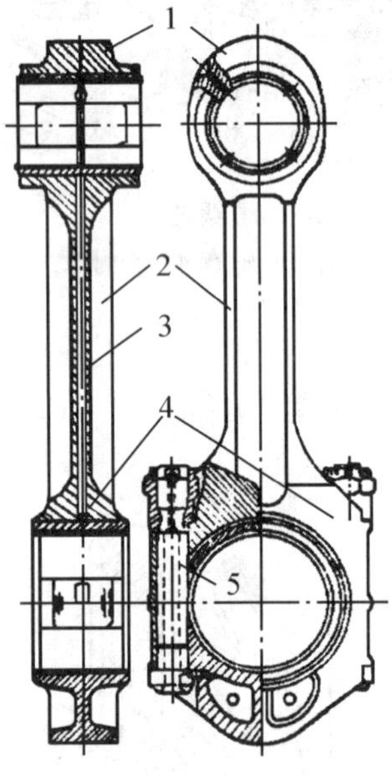


**图2－35　筒形活塞连杆**

1—连杆小端；2—杆身；3—油孔；
4—连杆大端；5—连杆螺栓

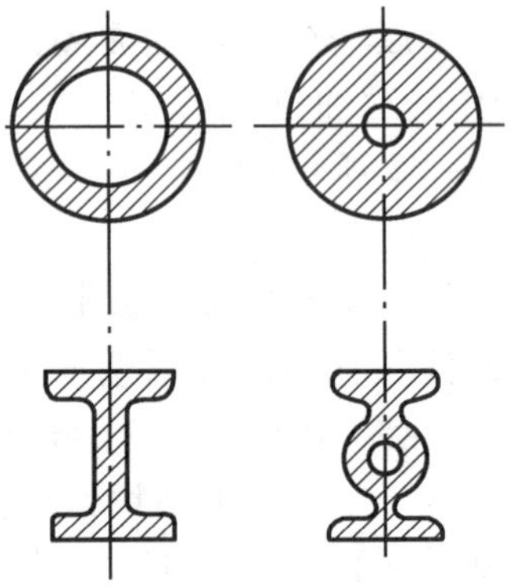

**图2－36　筒形活塞连杆杆身断面形状**

十字头式柴油机的连杆杆身一般为圆柱形。它的构造与上述的区别是，连杆小端轴承也制成剖分式，可用来安装连接十字头销。十字头式连杆如图2－37所示。

加强连杆小端轴承与十字头销之间的润滑和冷却效果，是提高小端轴承（亦称十字头轴承）工作可靠性的重要条件。因此，目前不少新型低速柴油机都采用专门的十字头滑油泵，对连杆小端轴承以较高的滑油压力进行润滑和冷却，为形成良好的油膜提供了有利条件。

**三、曲轴组件**

柴油机中的曲轴组件主要由曲轴和飞轮组成，如图2－38所示。

1.曲轴

曲轴形状复杂，制造技术要求高。它的质量占柴油机总质量的7%～15%，但其造价占整台柴油机的20%～30%左右，是柴油机中造价最高的部件。

曲轴的工作质量，直接影响柴油机运转的可靠性和使用寿命，故应加强管理维护，采取正确的技术措施，确保其工作正常。

(1)曲轴的功用与工作条件

曲轴的功用是：将活塞的往复运动转变为回转运动，并把各个气缸所做的功汇总起来，从输出端输出功率以带动螺旋桨或发电机等船用机械。同时也驱动柴油机本身的各种机械，以保证柴油机能连续正常的运转。

柴油机在运转过程中，曲轴受到来自气缸内的燃气压力和运动部件产生的惯性力及离心力的作用。在这些力的作用下，曲轴受着复杂的交变应力的影响。曲轴在旋转时，由于主轴颈和曲柄销颈与轴承之间的摩擦而造成磨损。为了保证曲轴在长期受力的情况下可靠地运转，要求曲轴有足够的强度、刚度和抗疲劳性能，而且耐磨性也要好。此外，还要求曲轴有较高的加工精度和表面粗糙度，以能得到良好的润滑。

(2)曲轴的材料

曲轴最常见的材料是锻钢，如45号优质中碳钢，并需对工作表面淬火以提高硬度和耐磨性。

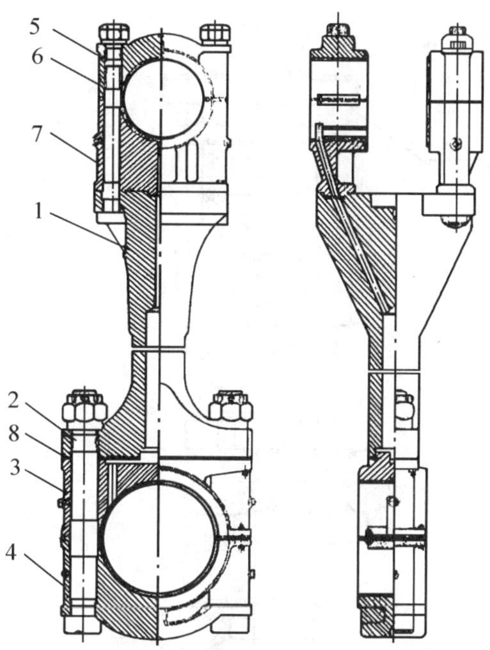


**图2-37　十字头式连杆**

1—连杆；2—螺栓；3—上轴承；4—下轴承；5—螺栓；6—小端上轴承；7—小端上轴承；8—垫片

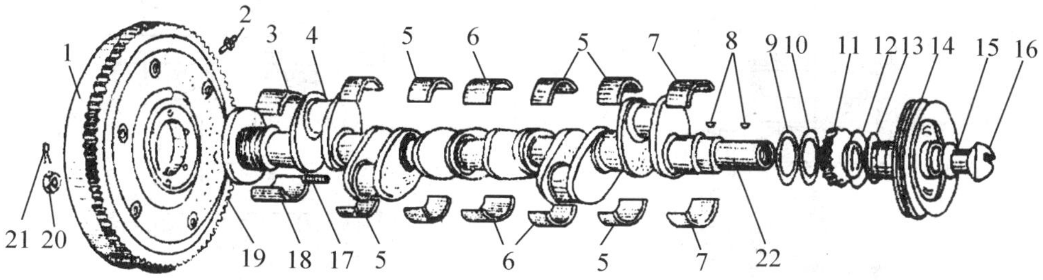


**图2-38　曲轴组件与飞轮**

1—飞轮；2—滑脂嘴；3,5,6,7,18—主轴承；4—连杆轴颈；8—半圆键；9—后止推垫圈；10—前止推垫圈；11—正时齿轮；12—挡油圈；13—曲轴油封；14—皮带盘；15—启动爪锁紧垫圈；16—启动爪；17—曲轴螺钉；19—飞轮齿圈；20—螺母；21—开口销；22—曲轴

船用大型低速柴油机，多数采用自由锻造方法并以组合构造的形式来制造。主轴颈用优质中碳钢制成，曲柄则采用铸钢制成，然后用“红套”技术加以连接。

船用中小型的中高速柴油机，曲轴均为整体式模锻制成。材料一般取碳钢、合金钢，也有的采用具有良好的减振性和加工性等优点的高强度球墨铸铁。

(3)曲轴的结构

曲轴均由自由端、功率输出端和若干个曲柄组合而成。曲柄主要由主轴颈、曲柄销和曲柄臂所构成。二冲程型柴油机曲轴和四冲程型柴油机曲轴的基本构造分别如图2-39和图2-40所示。

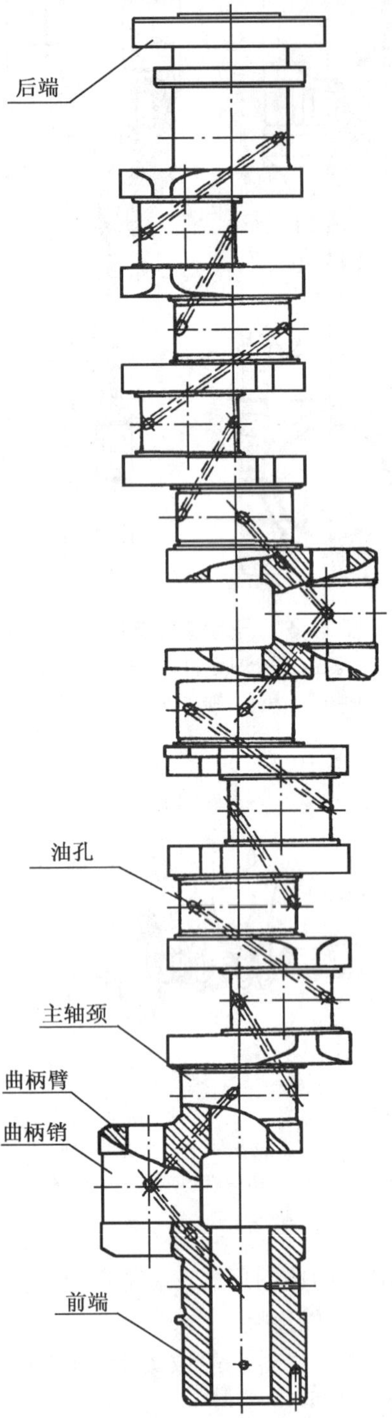


图 2－39　二冲程型柴油机曲轴

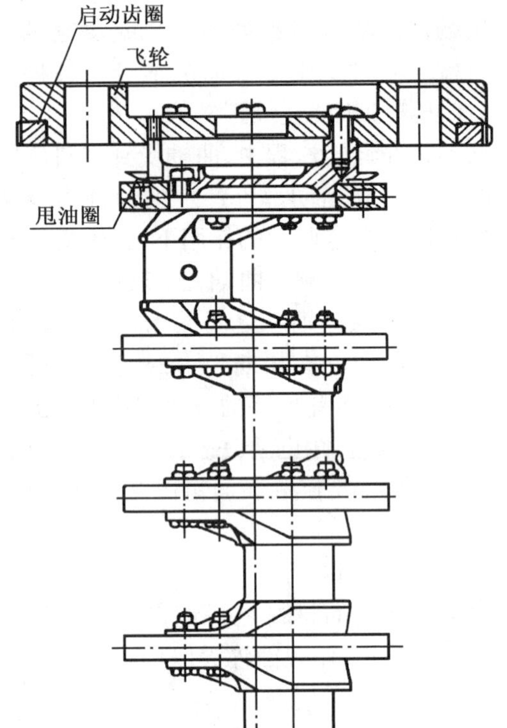


图 2－40　四冲程型柴油机曲轴

根据柴油机的气缸数目及气缸排列方式，按照一定的发火次序和要求，构成一根完整的曲轴。

①曲轴前端，又称自由端。它的主要用途是安装柴油机的正时齿轮及传动机构等。

②曲轴后端，又称功率输出端，用来驱动各种机械连接之用。

③主轴颈是曲轴的支承部分，并在主轴承内转动。

④曲柄销是与连杆大端轴承相连接的部分，主要用来传递动力矩。

⑤曲柄臂是主轴颈和曲柄销的连接部分，它承受着较大的弯曲力矩和扭转力矩。

有的柴油机曲轴上，还安装平衡块和各种减振装置，以改善曲轴平衡条件、减轻主轴承的载荷及柴油机的振动。

(4)曲轴的曲柄排列和发火顺序

为了保证柴油机受力均匀，并具有良好的平衡性和尽量减轻主轴承的负荷，要求曲轴的曲柄相互错开，这种按次序和夹角的组成，称为曲柄的排列。

曲柄排列对多缸柴油机，需要给气缸编号。习惯的做法是靠近自由端的气缸为第一缸，相应的曲柄即为第一曲柄，依此类推。曲柄排列次序取决于柴油机的冲程数、气缸数和发火顺序。

对于四冲程柴油机，各缸曲柄间的夹角为

$$\beta = 720°/i$$

式中　$i$——气缸数目。

对于二冲程柴油机，各缸曲柄间的夹角为

$$\beta_2 = 360°/i$$

二冲程柴油机的曲轴每转一周，各缸均发火一次。只要根据柴油机的转向，按各曲柄到达上死点位置的次序，就能确定柴油机的发火顺序。如图 2-41(a)所示，该柴油机的发火顺序为 1—6—2—4—3—5。

四冲程柴油机的曲轴每转两周各缸发火一次。这样，它的发火顺序不但与曲柄排列有关，还与柴油机凸轮轴的"正时"有关。为了保证柴油机有良好的平衡性能，相邻的两缸不可连续发火，一般选择为 1—5—3—6—2—4—1 的发火顺序，如图 2-41(b)所示。

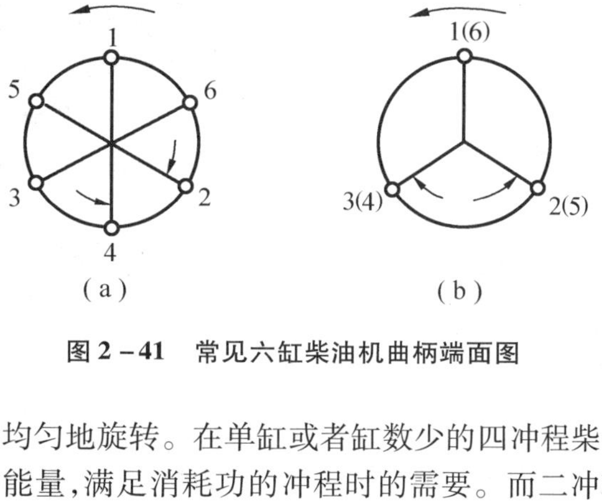

图 2-41　常见六缸柴油机曲柄端面图

2. 飞轮

飞轮是一个具有较大转动惯量的圆盘形部件，安装在柴油机曲轴的输出端，飞轮具有储存和放大的功能，使曲轴能平衡、均匀地旋转。在单缸或者缸数少的四冲程柴油机中，飞轮的体积应相对大些，以便多积蓄些能量，满足消耗功的冲程时的需要。而二冲程柴油机对飞轮的依靠程度较小，因而它的飞轮可以造得小些。

飞轮上还刻有指示各气缸在上、下死点位置和转角的刻度，供定时调整之用。在有些柴油机上，飞轮兼作联轴节之用。对于电动柴油机的飞轮，在飞轮外缘上装有齿圈，供其启动时用。对于用压缩空气启动的大中型柴油机的飞轮，飞轮还可用来作柴油机盘车之用。

飞轮在制造时，均做过动平衡的试验，故安装时或拆卸后重新装复时，要求使曲轴和飞轮的位置配合准确，以免破坏柴油机的平衡性和定时的准确性。

## 四、船舶柴油机的推力与推力轴承

船舶柴油机通过轴（推力轴、中间轴和尾轴）带动螺旋桨旋转。旋转的螺旋桨桨叶给水以圆周向的和轴向的作用，而水对螺旋桨桨叶也产生反作用力。螺旋桨上圆周向所受到的力形成的扭矩，就是柴油机动力矩所要克服的阻力矩。而作用在螺旋桨上的轴向力，就是使船舶前进的推力（或后退的拉力）。螺旋桨的这个推力（或拉力）通过尾轴、中间轴和推力轴作用到推力轴承上，并经过推力轴承作用到船体上。当推力轴与曲轴直接连接起来时，推力轴承起到轴向定位作用。这是船用柴油机与陆用柴油机在构造上的明显差别和要求之一。

1. 推力轴承的构造

如图 2－42 所示为大型柴油机单环式推力轴承构造图。推力轴承主要由正车推力块、倒车推力块、推力环和一些其他部件组成。正倒车推力块各八块，沿圆周方向排列成扇形面。柴油机运转时，螺旋桨的轴向推力通过尾轴和中间轴转到推力环，推力环通过推力块和推力盘将推力传给柴油机机座，又通过底脚螺栓传给船体，从而推动船舶克服水的阻力前进。推力环与推力块之间，由滑油润滑，滑油来自主轴承润滑系统。

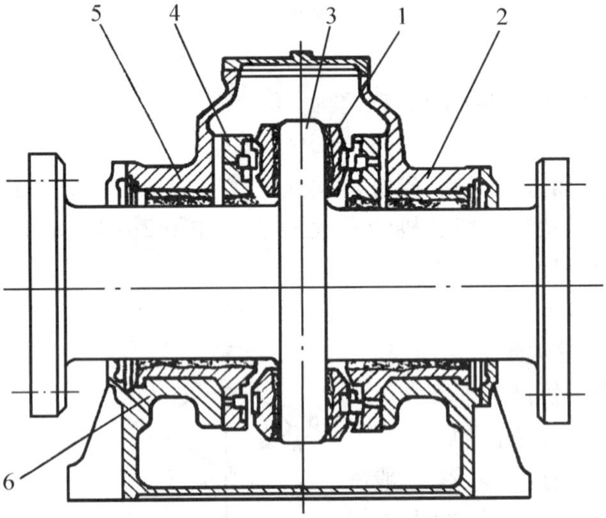


**图 2－42　单环式推力轴承构造图**

1—推力块；2—端支持轴承；3—推力轴上推力环；
4—销子；5—轴承盖；6—轴承座

2. 推力块的工作原理

推力轴承的关键部件是推力块。如图 2－43 所示为一种推力块的立体图，推力块为一个扇形块，在靠近推力环的工作面上，浇有白合金 5，并在进油边 2 处，制成圆角或斜面。在调节圈一侧有高、低位面 3 和 1，高低位面相交的棱边 *AB* 为工作时的支持刃。推力块两个侧面上都有凸台 4，起着推力块间支撑和定位的作用。

推力轴承在正常情况下，是在液体动力润滑下工作的。在工作中，如图 2－44(a) 所示，推力块 2 绕支持刃偏转一个小角度，使推力块与推力环 3 的工作面间形成楔形空间，滑油被推力环带入楔形空间,产生动力油压。推力环的推力通过动力油压传递到推力块上,再经过支持刃,传到调节圈1上。如图2-44(b)所示为推力块工作面上滑油的流动情况和压力分布情况。推力增大时,推力块与推力环间的间隙减小,滑油的动压增加,传递的推力加大。

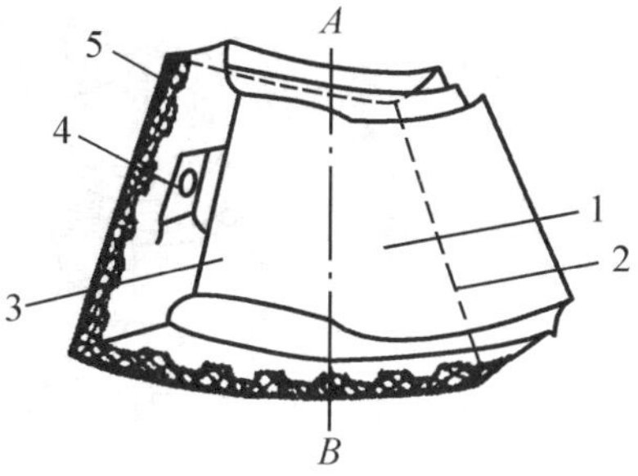


图2-43　推力块

1—低位面;2—进油边;3—高位面;4—凸台;5—白合金

3. 推力间隙的调整

正、倒车推力块靠在正、倒车调节圈上,正、倒车调节圈用来调整推力块与推力环间的间隙和曲轴与轴承之间的轴向相对位置。推力环压紧在正车推力块上时,用厚薄规在倒车推力块与推力环间,测量间隙。此间隙也可使轴处在不受轴向力的自由状态,用两个厚薄规在正、倒车推力环处测量,将这两个数值相加得出间隙值。这个间隙值的大小,要符合说明书的要求,否则要通过调节圈进行调节。在安装推力块时,调节圈应按下述要求进行调整:当推力环与正、倒车推力块之间各为1/2装配间隙时,靠近推力轴承最后一个曲柄的中心线,应向推力轴承方向偏移一个规定的数值。这样做是为了补偿曲轴在运转中的热膨胀,以尽可能地使各曲柄臂与主轴承之间的轴向间隙保持均等。

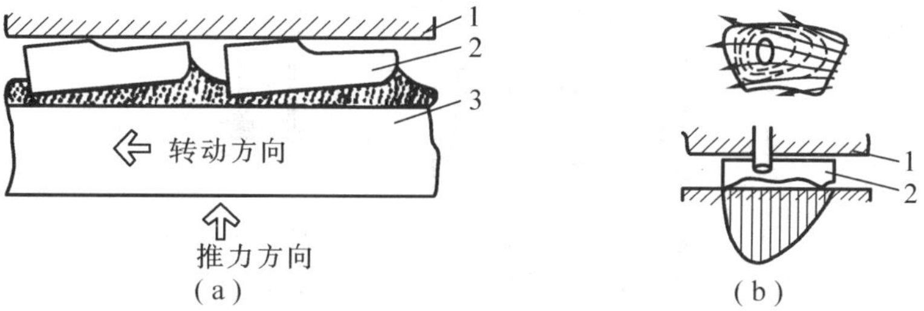


图2-44　推力块的工作原理

(a)工作中的推力轴承;(b)工作中的工作面细节图

1—调节圈;2—推力块;3—推力环

4. 新型的推力轴承介绍

船用推力轴承是船舶动力装置中不可或缺的重要组成部分。它承受螺旋桨转动所产生的轴向推力,并将其传递给船体,使船舶前进或后退。同时,它也承担部分径向负荷。

对于直接传动的新型低速柴油机主机,其推力轴承一般由主机附带,设置在其曲轴箱的后端。如图2-45所示为L-MC/MCE型柴油机推力轴承的构造。该机的推力轴承和曲轴组成一体,推力环的外圆凸缘上固定着传动凸轮轴的主动链轮。这种结构布置使柴油机轴向尺寸减小。

对于间接传动的齿轮减速箱推进装置,其推力轴承常设在齿轮减速箱之后。对于用中速柴油机作为船用主机的,因结构特殊,其推力轴承往往是单独设置的。

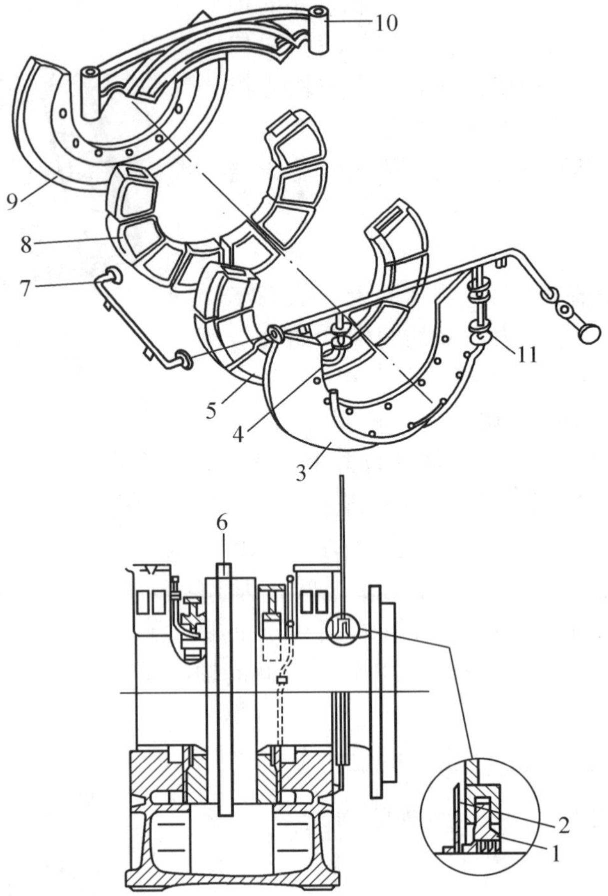


**图 2-45 推力轴承(L-MC/MCE)**

1—刮油环;2—甩油环;3—倒车推力盘;4,7,11—滑油管;5—倒车推力块;
6—推力环;8—正车推力块;9—正车推力盘;10—止动器

## 习　　题

1. 柴油机的运转应该具备哪些条件?

2. 一般柴油机包括哪些主要部件,其中有哪些固定部件和活动部件,要求用草图绘出图例,并注上各相应名称。

3. 一般柴油机具有哪几大系统和装置?

4. 解释柴油机的专用名称:上死点、下死点、气缸直径、活塞行程、压缩容积、工作容积、气缸容积、压缩比、压缩压力、爆发压力。

5. 测量柴油机之压缩比值 $\varepsilon$ 的意义是什么?

6. 船用柴油机的转向是如何确定的?

7. 常见的柴油机根据其类型不同,可分为哪些名称的柴油机?

8. 何谓四冲程柴油机,扼要地叙述其四冲程的作用及具体工作过程,并用图表示。

9. 识别四冲程柴油机示功图及每一曲线段的工作含义，并回答四冲程柴油机定时图上的各角度、各点的含义。

10. 何谓二冲程柴油机，叙述二冲程的作用及各具体工作原理，并用图表示。

11. 识别二冲程柴油机示功图，并回答二冲程柴油机定时图上的各角度、各点的含义。

12. 什么是二冲程柴油机扫气过程，回答直流扫气式与弯流扫气式柴油机的特点，并区分它们在扫气方式上和结构形式上有何不同。

13. 熟悉 135 型柴油机机型。

14. 叙述四冲程柴油机与二冲程柴油机的各自特点，并回答它们在构造上的明显区别。

15. 画出柴油机受力简图，并回答其受力情况。

16. 柴油机的机座、机架、主轴承、气缸套、气缸盖的功用是什么，各采用什么材料制成，它们分别有何技术要求？

17. 柴油机的活塞、活塞销、连杆、连杆螺栓、曲轴的功用是什么，分别用何种材料制成，它们分别有何技术要求？

18. 活塞环的作用是什么，对活塞环的制成有何要求？

19. 通过哪些办法可检验连杆螺栓的预紧力，在安装时应注意哪些问题？

20. 曲轴的曲柄销排列与柴油机发火顺序有何关系，试说明四冲程六缸柴油机和二冲程六缸柴油机的发火顺序，并用图例表示。

21. 柴油机上的飞轮有何作用，它有何技术要求？

# 第三章　船舶柴油机主要系统

## 第一节　进排气系统

柴油机在运转中，每一个工作循环都必须有足够的新鲜空气进入气缸，并能将上一个工作循环的废气排出。这个进气排气的过程必须严格地按照柴油机的定时要求进行，以保证柴油机在最佳的工况下正常运转。为此，人们在柴油机上专门设置一套机构和管道来完成上述目的，这套机构与附件和管道称为柴油机的进排气系统。

进排气系统的形式随着柴油机的形式不同而不同。在二冲程柴油机中，直流扫气的柴油机采用气口——气阀来进行换气，而弯流扫气的柴油机是采用全部气口来进行换气。在四冲程柴油机中，则是全部采用进、排气的气阀机构来完成换气。所以它们在结构上有一定的差异。

### 一、柴油机的配气机构

柴油机的配气机构是进排气系统中的重要组成部分，气阀式配气机构如图 3－1 所示。所有的四冲程柴油机都采用这样的气阀式配气机构。这种机构也适用于二冲程气口－气阀式直流扫气柴油机的排气装置。它由三部分组成，即气阀装置、气阀传动机构和凸轮轴与其传动机构。

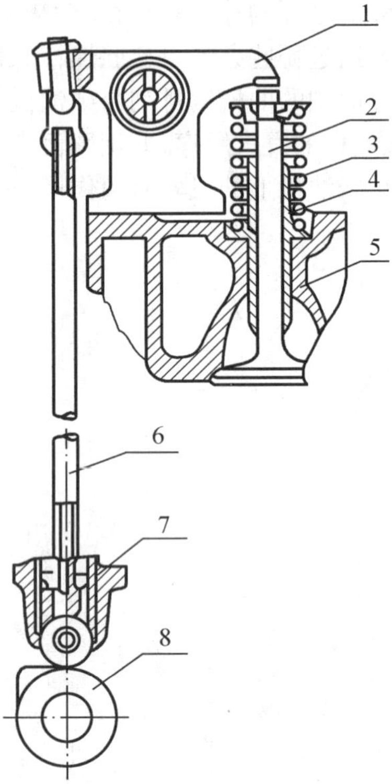

**图 3－1　气阀式配气机构**

1—摇臂；2—气阀；3—气阀弹簧；4—气阀导管；5—气缸盖；6—推杆；7—顶头；8—凸轮

它的基本动作原理是：曲轴转动时带动凸轮轴传动机构使凸轮轴转动，而凸轮轴上的凸轮就按一定的时刻顶动气阀传动机构，驱动气阀装置，使排气阀按定时启开，让新鲜空气进入气缸，并让工作后的废气排出去。为了让废气彻底排出，并尽可能多地吸入新鲜空气，配气机构必须具有足够大的气体流通面积，还必须保证适时地开启和关闭气阀。

1. 气阀装置

四冲程柴油机的进排气阀装置一般均安装在气缸盖上，它有气阀、阀座、气阀导管、气阀弹簧和连接件等，如图 3－1 所示。

(1)气阀

气阀是直接控制进排气管路启闭的零件，主要由阀盘与阀杆两部分组成。阀盘与阀座之间接合锥面的阀面角，有 30°和 45°两种，如图3－2所示。根据气体的流阻影响，一般进气阀采用 30°的阀面角为宜，而排气阀则采用 45°的阀面角为宜。另外，考虑到为了能吸入更多的新鲜空气,有些柴油机的进气阀盘面积要比排气阀大一些。

气阀的工作条件十分恶劣,特别是阀盘要与高温燃气相接触,为此,要求气阀材料在高温下保持良好的机械性能和耐蚀性。根据这些要求,排气阀常采用耐热的镍铬钢或硅铬钢,而进气阀则采用碳钢或铬钢。阀杆的顶部一般要经过热处理淬硬,以提高该部位的耐磨性。

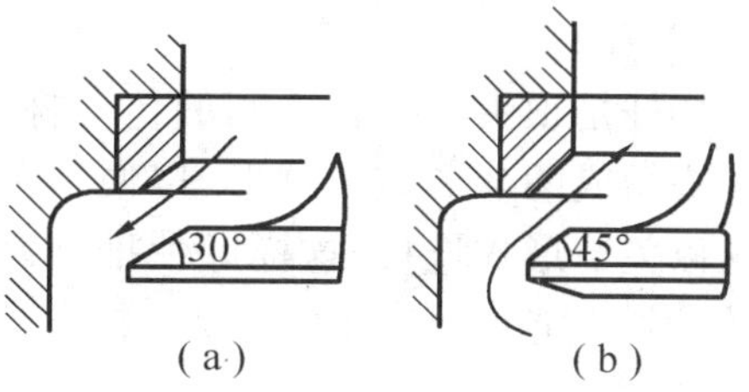


**图3-2　阀面角**

(a)30°阀面角;(b)45°阀面角

(2)阀座

目前,柴油机广泛使用的是座圈式阀座。它是特高强度金属材料制成的阀座圈,并用冷缩法压入气缸盖的凹槽中。当阀座损坏后,只需换其中一个座圈就可以,避免了更换整个气缸盖,因而具有一定的经济性。

进气阀座圈用35号铬钼钢制成,排气阀的座圈用40号硅铬耐热钢制成。

(3)气阀导管

气阀导管用来引导气阀作往复运动。为了磨损后易于更换,一般都制成单体的装于气缸盖的相应孔中。

气阀导管材料一般采用20~40号灰铸铁,铸铁耐磨性好,对钢质的阀杆摩擦系数小。

(4)气阀弹簧及其连接件

气阀弹簧的作用是加速使气阀关闭,并保持气阀与阀座紧密贴合而不漏气。

气阀弹簧套在气阀阀杆的外面,下端抵在气缸盖上,而上端则顶在其轴承盘上。安装时用两块锥形卡块将阀杆与弹簧连接起来。气阀弹簧在柴油机工作时,伸缩动作频繁,所承受的应力反复改变。因此要用较好的材料制造,如铬钡钢丝或硅钢丝,并经淬火、回火和弹力检验等工序。

有的柴油机在每个气阀上装置每个螺旋方向相反的较细软弹簧,使其工作时动作柔和,抗疲劳强度较高。

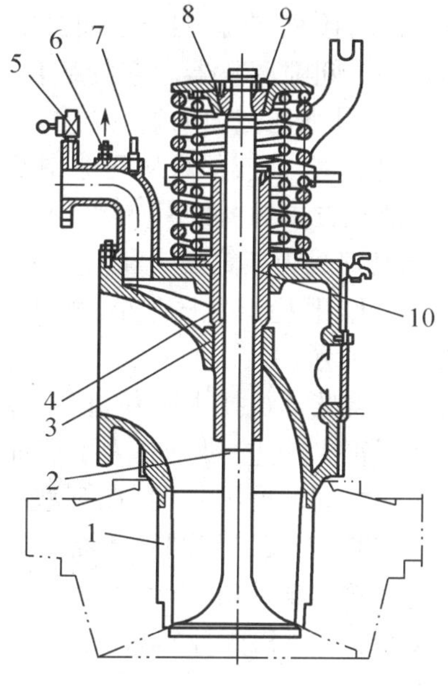


**图3-3　阀壳式气阀**

1—阀座;2—气阀;3—阀壳;4—导管;5—检查旋塞;6—管接头;7—温度计接头;8—上弹簧盘;9—锥形卡块;10—衬套

现在大型柴油机上普遍采用阀壳式结构,即将上述的气阀、阀座、气阀弹簧等组合成一体,然后再装到气缸盖上,这样对检修或研磨气阀非常方便,同时,在遇到故障时,可将备件迅速更换。此类阀壳式气阀常设有冷却水道,用以降低气阀的工作温度。阀壳式气阀如图3-3所示。

2. 气阀传动装置

气阀的启闭时刻和动作规律是由凸轮控制的,因此它们之间的机构称气阀传动装置。气阀传动装置的作用是把凸轮的运动传递给气阀。它包括顶头、推杆、摇臂等。

(1)顶头

它位于推杆与凸轮之间,并直接由凸轮推动。顶头的下端装有一小滚轮以减小顶头与凸轮之间的摩擦力和侧推力。

(2)推杆

推杆是顶头与摇臂之间的传动杆,它的两头做成凹球形或凸球形,以便顶头与摇臂以关节形式连接,这样即使推杆有一定的偏斜也能正常工作。

(3)摇臂

摇臂固定在摇臂座上,并围绕摇臂轴摆动,将推杆的作用传递给气阀。如图3-4所示为柴油机的摇臂图。

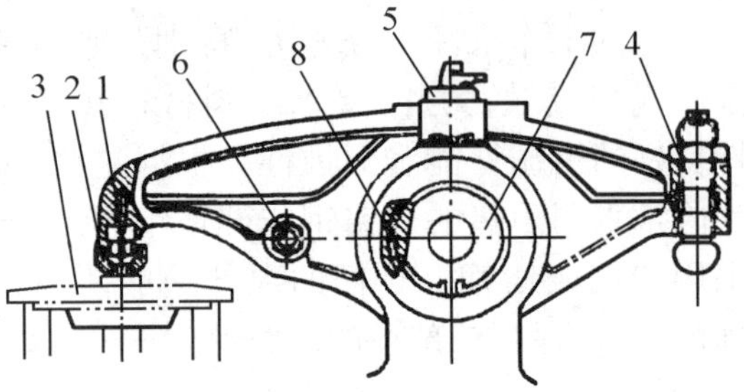


**图3-4 摇臂**

1—硬块;2—压帽;3—气阀上端部;4—调节螺栓;5—接头;6—支架摇轴;7—摇臂轴;8—衬套

在摇臂的后端设有调整气阀间隙的调整螺丝。在与摇臂轴接触处,通常加上青铜轴衬,并钻有润滑油孔。摇臂与气阀阀杆的接触处易磨损,需经表面硬化处理。

为了使气阀能够自由地胀缩,而摇臂与气阀杆又能保持良好的接触,在新型的柴油机中,往往在摇臂端或推杆端装置一个间隙调整器。它的工作原理是:当凸轮开始顶起顶头时,其液压缸内的油液被压缩,由于液压缸与液压活塞配合较精密,油液很难从间隙中挤出。于是,滚轮的动作便通过液压缸内的"油垫"传给顶头、推杆,经摇臂打开气阀,"油垫"则成为滚轮顶头和推杆之间的弹性连接物。它的优点是工作平稳、冲击力小、噪音低。气阀液压调整器如图3-5所示。

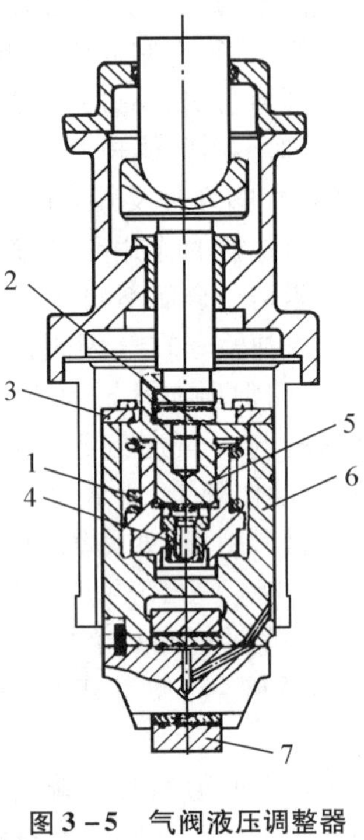


**图3-5 气阀液压调整器**

1—弹簧;2—导杆;3—受压板;4—止回阀;5—液压活塞;6—液压缸;7—滚轮

随着柴油机技术不断进步,现今对气阀装置和气阀传动作了很大改进。例如,为了保证气阀受力均匀,以及阀盘与阀座之间的磨损均匀,在某些大功率高速和中速柴油机中,气阀里安装了气阀旋转器。如图3-6所示为气阀旋转器的实例。柴油机在运动中,该气阀能绕自身的中心线缓慢旋转,使阀和阀座的相对位置不断变化。其工作原理如下。

当气阀处于关闭状态时,气阀弹簧的张力使气阀阀盘与阀座紧密结合。这时其上的钢球位于槽的浅端,碟形弹簧片也处于压缩变形状态。

当开启气阀时,气阀弹簧与碟形弹簧更进一步地受到压缩而变形,并迫使钢球朝深端方向滚动。于是作用在小弹簧上的推动阀座旋转,与此同时,气阀也跟着转动相同的角度,每分钟旋转5~15转。

当气阀关闭时,碟形弹簧片对小钢球卸载,于是钢球在小弹簧作用下,由深端滚到浅端处,并为下一次旋转气阀作准备。

在新型柴油机的气阀阀杆下部安装着叶片式气阀旋转器,如图3-7所示的13,这是气阀旋转的另一种形式。它由若干个轴流式旋转叶片组成,气阀开启时,气流产生的扭矩若大

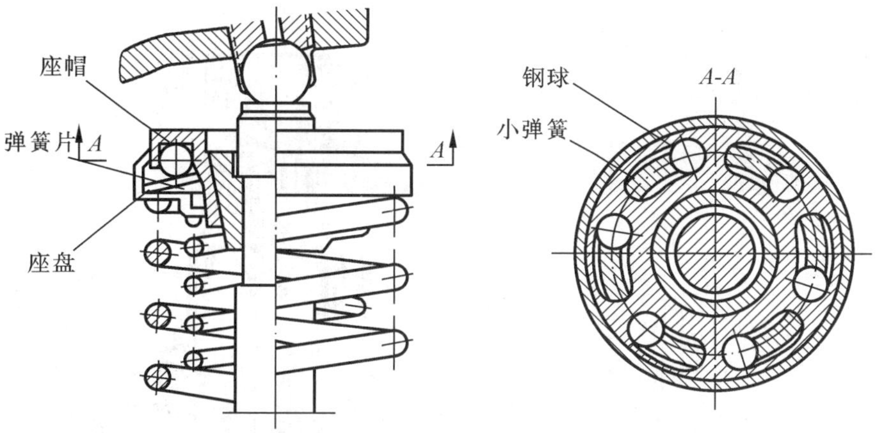


**图 3 -6　ZC 型柴油机气阀旋转器**

于机构产生的摩擦力矩,气阀便自行产生转动,同样达到气阀受热均匀和磨损均匀的目的。

为了克服上述气阀装置和其传动装置工作时因撞击严重而造成的过大噪音和磨损,以及受热影响气阀的正时,目前在大中型直流扫气柴油机的排气阀机构中采用液压传动机构来代替刚性传动机构。

液压式气阀传动装置目前在 B&W 型和 RTA 型低速直流式柴油机中获得应用。其主要优点是能消除气阀的侧推力,且气阀落座平稳、噪音低、寿命长、总体布置较自由。

如图 3 -7 所示为 RTA 型柴油机的气阀传动装置结构简图。该装置由柱塞式输油泵(由凸轮轴驱动)和工作油缸(靠油压通过活塞来传动气阀)两大部分组成,两者用高压油管相连,其工作原理如下。

输油泵的柱塞,与油缸套精密地滑动配合,进入输油泵 $A$ 腔的滑油来自十字头轴承的滑油系统。

工作油缸内装有活塞,当输油泵的柱塞被凸轮顶动上行时,从 $A$ 腔压出高压滑油进入 $B$ 腔,迫使气阀开启。当输出泵塞下行时,油压消失,气阀靠钢质螺旋弹簧张力将气阀关闭。RTA 型柴油机气阀机构的主要特点是采用“空气弹簧”,正常工作时,气室 $C$ 腔内充满压力为 0.6 MPa 的空气,通过活塞 9(活塞与阀杆成一体)使气阀关闭,这种结构使气阀落座时的冲击减弱。

3. 凸轮轴及传动

凸轮的作用是控制气阀开启和关闭的时刻。在四冲程柴油机中,凸轮轴上一般装有进、排气凸轮和喷油泵凸轮,有的还有空气分配器凸轮。在二冲程柴油机中,直流扫气式除了喷油泵凸轮之外,还装有控制排气的凸轮。一般凸轮可进行其角度的调整。

凸轮是凸轮轴的基本组成部分,它的外形如图 3 -8 所示。$R$ 是凸轮的基圆半径;$h$ 是凸轮的高度;$\theta$ 是凸轮的作用角,它决定气阀开启时间。

当凸轮按箭头所示的方向旋转,在 $a$ 点气阀开启,到 $c$ 点气阀开度为最大,过后开度逐渐减小,直到 $b$ 点完全关闭。

凸轮作用角的大小,根据柴油机进、排气的总时间要求来确定,与机型有关。在四冲程柴油机中,凸轮的转速为曲轴转速的一半,而二冲程柴油机凸轮的转速与曲轴的转速相同。

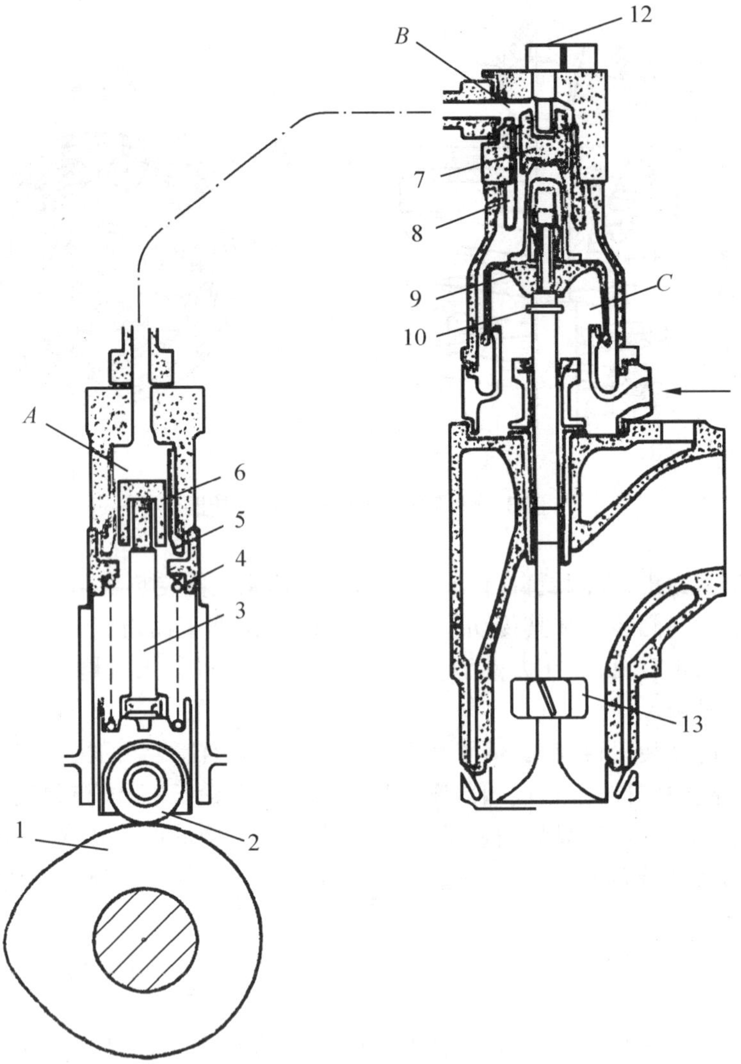


**图 3 –7　RTA 型柴油机气阀传动装置**

1—凸轮;2—滚轮;3—传动杆;4—弹簧;5—缸套;6—柱塞;7—活塞;
8—油缸;9—活塞;10—卡环;11—阀杆;12—减振销;13—气阀旋转器

为了保证柴油机各缸工作循环的顺利进行,每缸的凸轮与曲轴必须保持严格的位置,同时各缸的进气凸轮或排气凸轮的位置,必须与该柴油机的发火次序相对应。

凸轮工作时的外表面与传动装置之间为线接触。因此它的表面应具有较高的耐磨性和硬度。凸轮轴一般采用优质碳钢或合金钢锻制而成,并经淬火、渗碳处理。凸轮的工作面和轴颈要进行精加工。

整制式的凸轮轴,大多用于小型高速柴油机中,如图3 –9所示为 135 型柴油机凸轮轴。大功率柴油机往往采用分制式

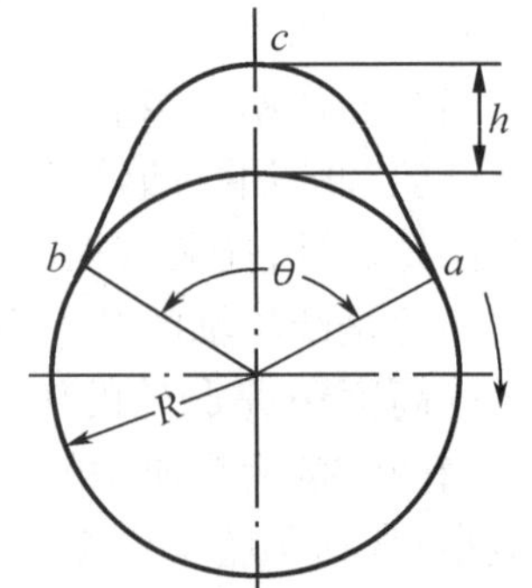


**图 3 –8　凸轮的外形**

凸轮轴。分制式凸轮在其轴上的安装方法，分有键和无键连接两种。无键连接要求凸轮的内孔与轴外径之间必须有一定的过盈量。在安装时采用如下措施：将凸轮加热后套在轴上，然后用专用工具将压力油输入凸轮内孔的环形槽内，将其内孔胀大，这样就可将凸轮方便地调整到规定位置，卸压后凸轮即可紧固在轴上。这是一种先进的技术，可保证凸轮的使用性能。

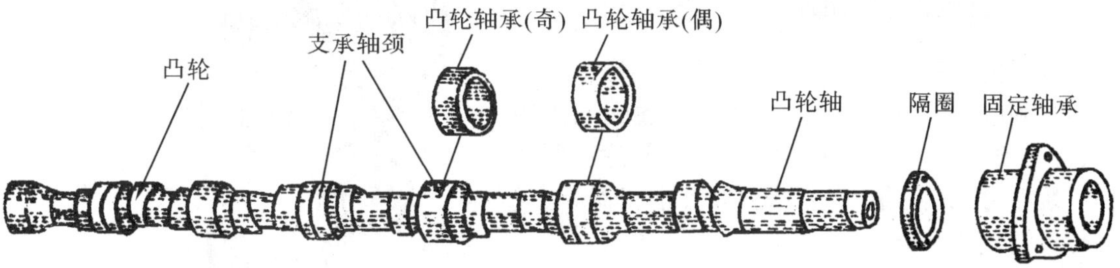


**图 3－9　135 型柴油机凸轮轴**

凸轮轴的转动是曲轴经齿轮或链条来带动的。

四冲程柴油机通常采用齿轮传动。它的凸轮轴的转速只是曲轴转速的一半。因此，凸轮轴上的定时齿轮的直径，比曲轴上的齿轮直径大一倍。

二冲程柴油机则既有采用齿轮传动的，也有采用链传动的。它们的凸轮轴与曲轴转速相同，因此，凸轮轴上的齿轮(链轮)直径与曲轴上的齿轮(链轮)直径相同。

齿轮传动的特点是工作可靠，结构与安装工艺较为简单。为保证齿轮系的正确连接和正时要求，相啮合齿轮之间应有定位记号。齿轮传动立体图如图 3－10 所示。

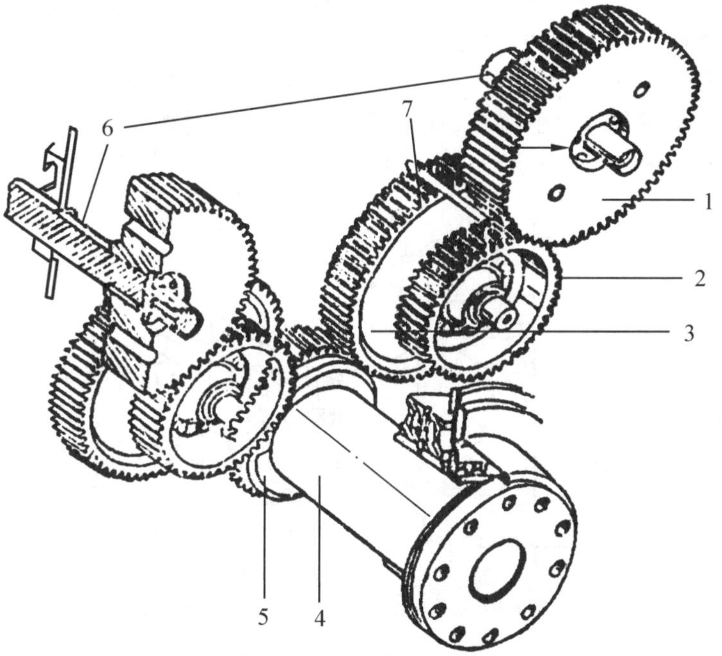


**图 3－10　齿轮传动立体图**

1，5—定时齿轮；2，3—中间齿轮；4—曲轴；6—凸轮轴；7—滑油喷嘴链传动的特点是结构较为紧凑,但易磨损松弛。因此在链传动中装有惰轮与张紧轮,用以减少链条的振动和调节链条的松紧。链传动不适于中、高速柴油机。链传动机构立体图如图 3 – 11 所示。

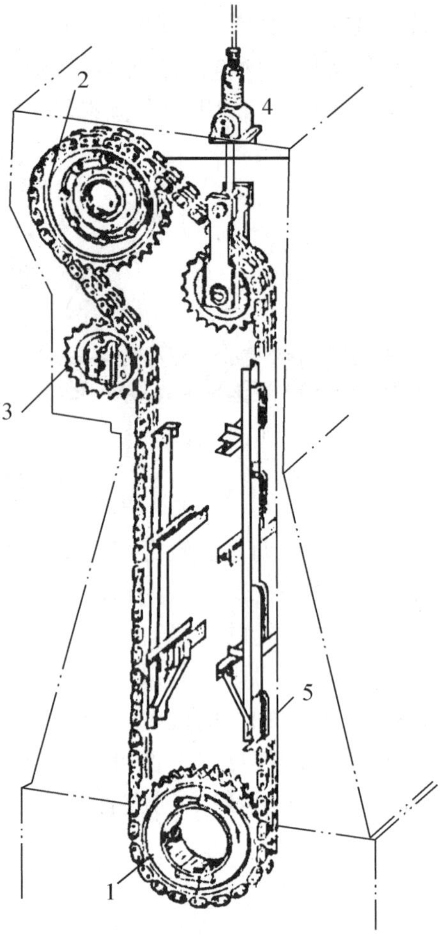


**图 3 – 11　链传动机构立体图**

1—曲轴链轮;2—差动机构链轮;3—惰轮;4—张紧机构;5—橡胶导轨

## 二、进排气管路和附件

为了把新鲜空气引入气缸和把废气排出气缸并经过利废设备排至大气中,除了上述配气机构外,还必须有进气管路中的进气管、空气滤清器和扫气装置,排气管路中包括排气管和消音器等。

1. 空气滤清器

空气滤清器是用来过滤进入气缸的新鲜空气中所附带的灰尘、杂质,以减少气阀、气缸套与活塞的磨损,如图 3 – 12 所示。

常见的空气滤清器为一种惯性油浴式空气滤清器,其中连有槽孔的两层金属夹层中绕以金属网作为滤料。这种空气滤清器多由对过滤要求不高的船用柴油机采用。

2. 进气管

进气管置于空气滤清器与进气阀之间,新鲜空气经进气总管与各支管进入气缸。在增压柴油机上,进气管与增压器的压气端出口相连接。常见的进气管由铁铸成。其内表面应尽量制成流线形,以减少行进阻力。

另外,为了提高进气空气的密度,在系统中设置了空气冷却器,如图 3 – 13 所示。

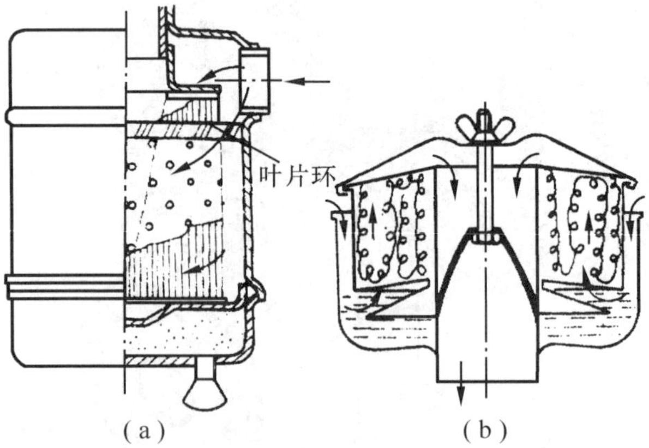


**图 3 – 12　空气滤清器**

(a)干式空气滤清器(叶片环粗滤及纸质细滤器);(b)湿式空气滤清器(单级油浴式)

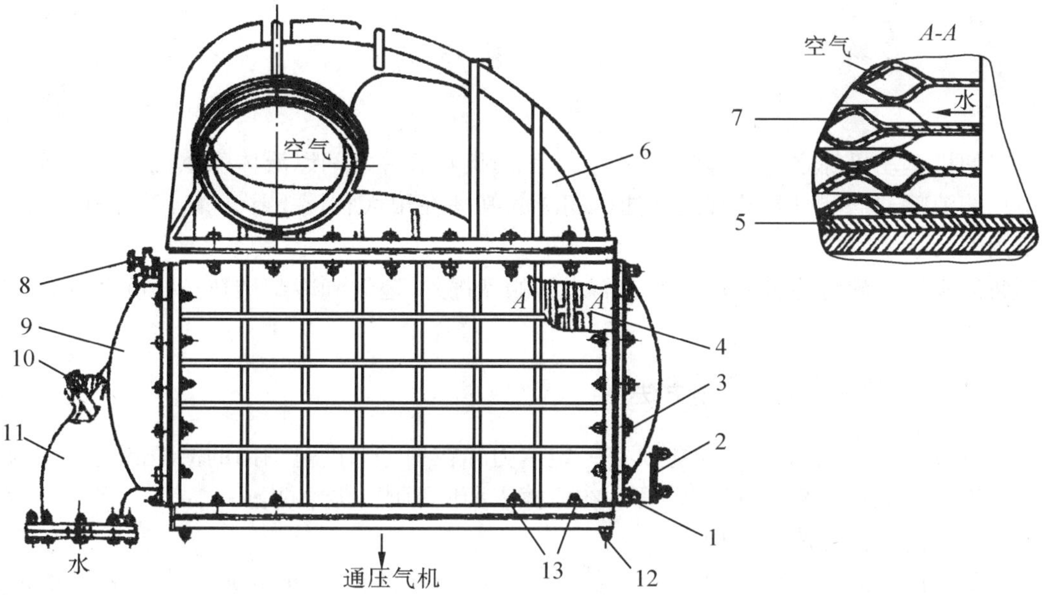


**图 3-13　空气冷却器**

1—壳体;2—排水孔;3—端盖;4—冷却元件;5—侧板;6—气道;7—波形板;
8—旋塞;9—端盖;10—锌棒;11—管接头;12—螺钉;13—螺钉

3. 排气管

柴油机的废气由各缸汇总排至排气管,然后再经消音器或利废装置(如废气蜗轮、废气锅炉)排入大气。

排气管在构造上有冷却式和非冷却式之分。冷却式排气管由铸铁浇成内外两层,内通废气,外连冷却水。为提高冷却效果,拆修时必须对其进行除水垢处理。对非冷却式排气管,为降低柴油机机舱内温度和避免烫伤人,需用绝热的石棉包扎。

4. 消音器

柴油机的高压高温废气经消音器后,可达到降低噪音、消除火星的目的,这对安全航行起了重要保证,所以柴油机的排气总管中应装消音设备。其工作原理是当废气经过消音器时,体积逐步胀大,温度、压力逐步降低,消除了废气中的火星直接冲出的危险。

船上所用的消音器有两种:一种是干式消音器,如图 3-14 所示;另一种是湿式消音器,如图3-15 所示。

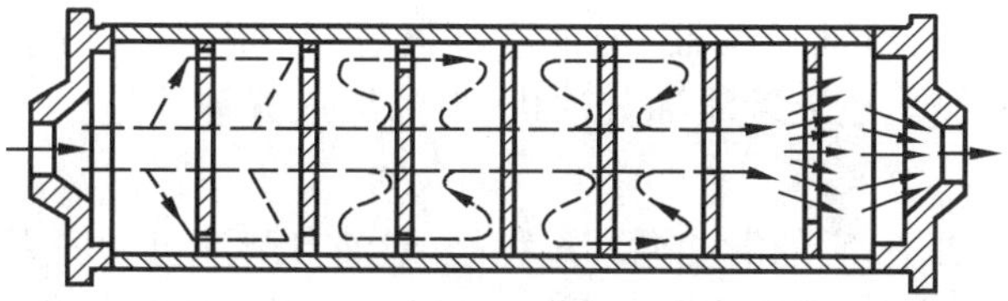

**图 3-14　干式消音器**

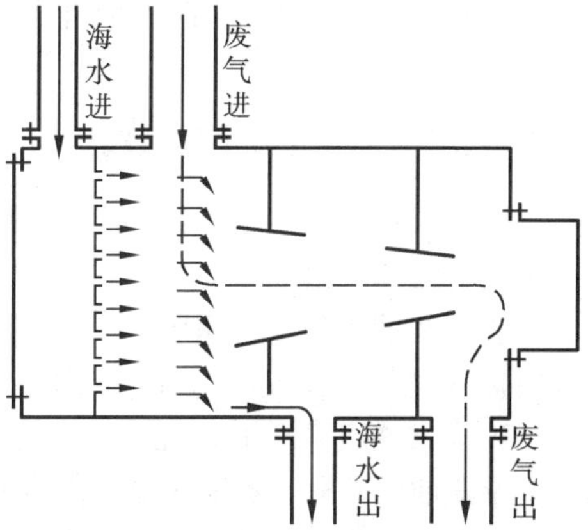


**图 3-15　湿式消音器**

## 第二节 滑油系统

柴油机运动机件之间实施润滑的目的,是使接触机件之间以液体摩擦代替干摩擦,从而减小功的消耗,减少磨损。因此,柴油机润滑的好坏在很大程度上影响着其经济性、可靠性和使用寿命。

柴油机滑油润滑除可减轻机件表面之间的摩擦外,还起到冷却散热、冲洗清洁和防止腐蚀的目的。

### 一、滑油系统的作用和润滑方法

柴油机滑油系统的作用,是把具有一定压力和在一定温度范围内的洁净润滑油,源源不断地输送到柴油机各零部件摩擦表面,在摩擦表面间形成一层油膜。

柴油机的润滑方法有三种:

(1)人工润滑法。人工润滑法是靠管理人员定时用加油器向各加油点注入润滑油,此法只适用于柴油机外部次要部位。

(2)飞溅润滑法。飞溅润滑法是以连杆曲柄机构的高速运动,利用抛溅出来的润滑油去润滑缸套、活塞和传动齿轮等机件。这种润滑方法适用于小型柴油机。

(3)压力循环润滑法。压力循环润滑法是利用滑油泵把润滑油强压循环输送到柴油机各润滑部件。小型柴油机的润滑油泵由柴油机直接驱动,大中型船用柴油机则由专门的滑油泵来供给润滑油。润滑油压力因机型不同而不同,一般在0.15~0.4 MPa之间。压力循环润滑的优点是:能保证滑油连续循环供应,工作可靠、安全,并可通过滑油系统上的压力表和温度表掌握控制滑油情况,便于实现自动控制。目前,压力循环润滑法在各类船舶柴油机中得到了广泛应用。

良好的滑油膜形成应具备以下条件:

(1)滑油具有一定黏度。若滑油黏度过小,则轴承间的楔形油压不易建立。

(2)应有一定的转速。若柴油机的转速较高,则在轴承间的楔形油膜压力较高。

(3)摩擦表面两者的粗糙度应符合一定的要求。

(4)适当的油隙。柴油机中各平面、曲面摩擦表面的间隙不得太小或太大。若油隙太小,滑油不易楔入,油膜不易形成;若油隙过大,则滑油易泄漏。

### 二、滑油系统的分类和组成

船用柴油机的滑油系统,根据其大量润滑油存放位置的不同,可以分为湿式和干式油底壳两类滑油系统。

船用柴油机的滑油系统,主要是由滑油泵、滑油过滤器、滑油冷却器、滑油储存柜、滑油日用柜、控制仪表和连接管系等组成。大型船上还装置滑油分油机、滑油加热器等设施。

1. 湿式油底壳滑油系统

湿式油底壳滑油系统的滑油存储于柴油机中,它的滑油循环过程是:滑油自柴油机的底壳经滑油粗滤器被吸入滑油泵,被加压后进入滑油粗、细滤油器和滑油冷却器,并进入滑油总管,然后分别由各滑油支管送至摩擦表面,经润滑后的滑油从各部位汇集回至油底壳中。这种系统常用于中小型柴油机中。图 3－16 所示为小型柴油机滑油系统的线路图,它的工作过程是:曲轴箱底(油底壳)的滑油经粗滤网 2 进入滑油泵 5,加压后进入滑油滤清器底部分成两路。一路进入离心式滤清器 6,将滑油进一步过滤后回到曲轴箱底部;另一路经细滤器 9,进入滑油冷却器 11 加以冷却。然后,又分成三路,主要一路经曲轴内油道分别通至各轴颈和曲柄销进行润滑;另一路对凸轮轴颈润滑后再进入气缸盖上部润滑配气机构各机件;最后一路滑油通过喷嘴去润滑各类传动齿轮。以上是采用压力循环的方法来达到良好的溢流润滑。而曲轴和连杆大端轴承溢流出来的滑油,在离心力作用下飞溅至气缸壁上,以润滑活塞和气缸套。从活塞刮油环刮下的滑油溅落至连杆小端顶部的油孔内,以润滑活塞销及其轴承。

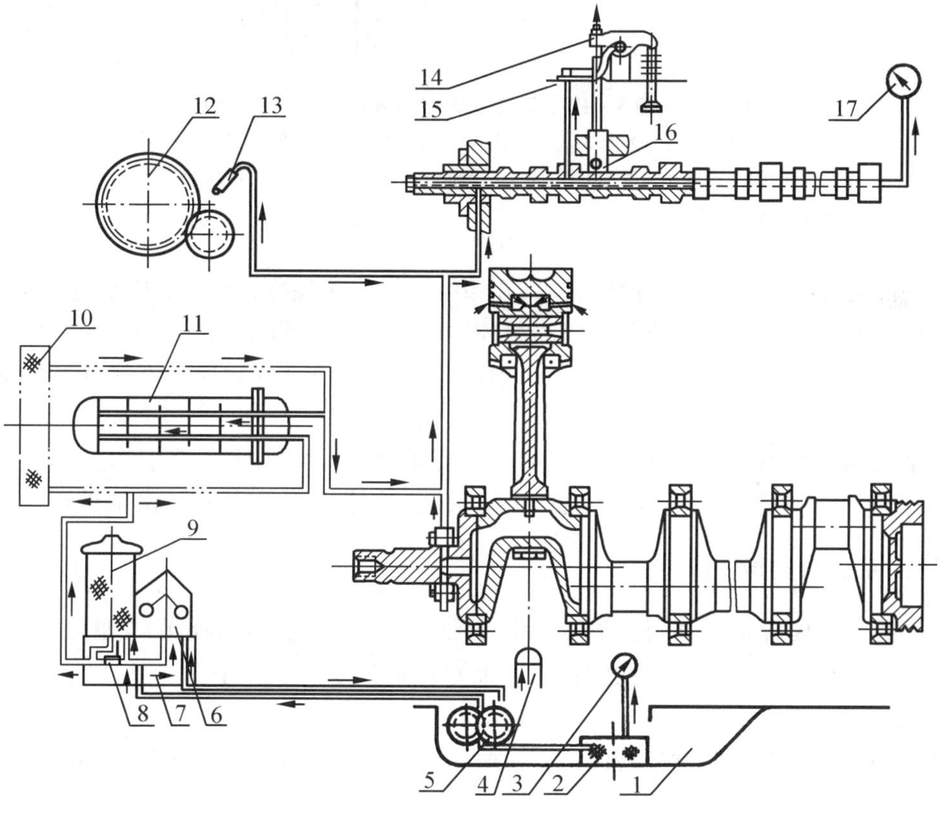


**图 3－16　小型柴油机润滑系统线路**

1—油底壳;2—粗滤网;3—油温表;4—加油口;5—滑油泵;6—离心式滤清器;7—调压阀;8—旁通阀;9—滑油细滤器;10—风冷式滑油冷却器;11—水冷式滑油冷却器;12—齿轮系;13—喷嘴;14—摇臂;15—气缸头;16—顶杆套筒;17—油压表

2. 干式油底壳滑油系统

干式油底壳的滑油系统常用于大中型柴油机上,如图 3－17 所示。它的特点是曲轴箱(油底壳内)不储存滑油,其工作过程是:滑油从柴油机底部外的滑油循环柜(舱),经滤油网及粗滤器进入滑油泵,加压后通过滑油细滤器和滑油冷却器输送到滑油总管中。滑油总管上设有很多支管,滑油经支管流至主轴承、十字头销轴承和凸轮轴轴承等处。润滑后的滑油从各轴承和滑块处流出,溅落至曲轴箱底部,最终汇集于滑油循环柜(舱)内。

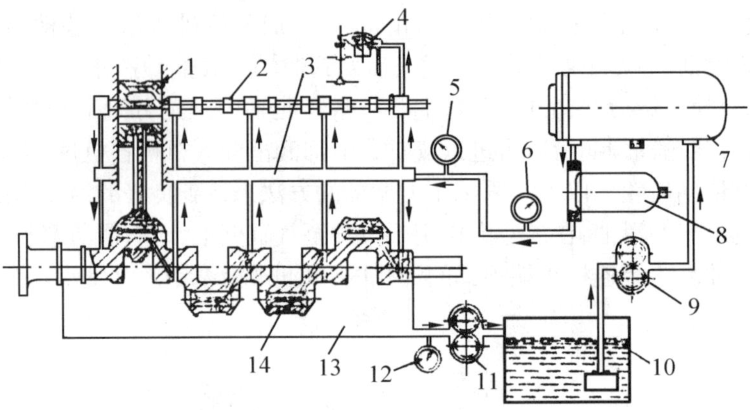


**图 3-17　干式油底壳润滑系统**

1—活塞连杆组;2—凸轮轴;3—主油道;4—气门摇臂;5—油压表;6,12—油温表;7—滑油冷却器;8—滑油滤清器;9—滑油泵;10—贮油箱;11—吸油泵;13—下曲轴箱;14—曲轴

为了保证柴油机的滑油符合使用要求,在系统中设有旁通净油装置,主要装置是滑油分油机。这种分油机所附带的吸油泵从滑油循环柜(舱)的低处将滑油抽出,经加热后送入分油机中分离出水分和杂质,再用排出泵送回到循环滑油柜(舱)内。这样可保证系统中滑油的使用质量。

大中型柴油机利用旁通装置净化滑油,一般要求在一天之内将系统中的全部滑油分油处理 1~2 次。小型柴油机没有净化装置,一般采用定期换油的方法进行滑油处理。

## 三、滑油系统的主要设备

滑油系统的主要设备包括:滑油泵、滑油粗细滤清器、滑油压力调节阀、滑油温度调节器、气缸润滑用注油器、压力表、温度表、压力报警器和滑油冷却器等。

1. 滑油泵

循环滑油泵用来提高润滑油的压力,并保证所需循环的油量。滑油泵常用的有齿轮泵和螺杆泵。

2. 滑油滤清器

柴油机常采用的滑油滤清器有:

(1)机械式滑油滤清器。这种滤器可分为粗滤器和细滤器两类。粗滤器的滤芯一般由金属网和金属叠片组成。它只能滤除较大的金属颗粒和杂质,滤芯的阻力小。粗滤器可串联于滑油系统,使进入柴油机的滑油全部经过粗滤器,以提高过滤效果。如图 3-16 所示的件 2 为金属网式滑油粗滤器。如图 3-16 所示的件 9 为金属薄片式滑油细滤器。

(2)离心式滑油滤器。这种滤器的工作特点是利用离心作用把混入滑油中的机械杂质分离出来,使滑油得以净化。如图 3-16 所示的件 6 为离心式滤清器,这种滤清器已在柴油机中广泛应用。

(3)磁铁式滤清器。这种滤清器的特点是利用磁铁的磁性将滑油中的铁屑吸引出来,使滑油净化。部分柴油机中的磁铁式滤清器,是用永久磁铁直接安装在普通金属网滤器之中得到的。

目前，在新型柴油机上，可配置现代化装置自清式滑油滤器，实行对滑油的不间断清洗，效果显著。

3. 滑油冷却器

滑油冷却器的功用是将滑油在循环工作中吸收的热量传递给冷却水，让滑油的温度保持在最适当的范围之内。

目前，船用柴油机的滑油冷却器，使用最广泛的是管壳式结构。工作时，滑油通过内管壁将热量传给冷却水。如图3－18所示为一种常用柴油机的滑油冷却器。

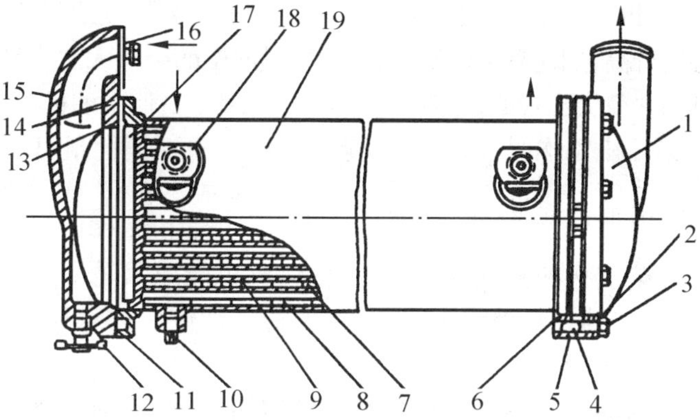


**图3－18　柴油机滑油冷却器**

1—前盖；2—弹簧垫圈；3—螺钉；4—芯子法兰；5—垫片；6—外壳法兰；7—冷却管；8—隔板；9—散热片；10—方头螺塞；11，16—垫片；12—放水阀；13—封油圈；14—封油垫圈；15—后盖；17—芯子底板；18—接头；19—外壳

## 四、滑油系统的管理与维护

柴油机的滑油系统工作是否正常直接影响着柴油机自身运转的可靠性、经济性和寿命。因此，船用柴油机在安装过程中对滑油系统格外重视，如彻底清除滑油管系和柜舱中的杂质，并予以认真检查。因为滑油中存在杂质，轻则使柴油机产生非正常磨损，重则损坏柴油机。通常采用的最简单办法是：在柴油机进出滑油处加装细滤铜丝网，并装上临时油管，使滑油先不经过柴油机的滑油系统和各活动部件，而进行若干小时的循环。直到杂质极少时，才允许滑油进入柴油机各活动部件。大中型柴油机在修理或安装后，船厂必须对其滑油（燃油）系统，进行专门、仔细地“投油”清洗工作，经有关部门检验、船东验收与认可再进行柴油机的运转试验，这样才能在柴油机运转中为管理维护打下基础。现将柴油机的管理维护要求简述如下：

1. 确保滑油压力在规定范围内

一般柴油机在运转中的滑油压力，应保持在0.15～0.4 MPa之间（或更高），以便克服滑油系统的阻力，确保有充足的滑油供应量。柴油机的滑油压力应高于冷却水压力，以防滑油冷却器泄漏时冷却水漏入滑油中。滑油压力可通过滑油压力调节阀来调节，若发现滑油压力在柴油机运转时急剧变化，应立即检查，甚至停车，找出原因并解决问题。

2. 确保滑油温度在规定范围内

运转中的滑油进入柴油机的温度一般应保持在30～50 ℃之间，不允许超过65 ℃。进出柴油机冷却器的滑油温差为10～15 ℃，各型柴油机滑油出机温度一般为80 ℃左右。若进机的滑油温度过低，黏度高，滑油供应量就会不足。反之，温度过高，黏度低，润滑油膜难以形成。滑油温度一般可通过滑油冷却器的旁通阀来调节。目前，在新型柴油机上，都用自动控制方法来使滑油处于适宜温度范围之内。

从热交换的角度来看，滑油温度偏高的原因，主要是滑油泵工作不正常、管系阻塞、冷却水流量不足或滑油冷却器阻塞等造成的。

3. 确保足够的滑油量

柴油机启动前和运转中应注意检查滑油液位，使之保持在规定范围内。若油量过少，会使滑油温度升高，加速氧化变质，而且会使滑油中的杂质无法充分沉淀；若油量过多，小型柴油机湿式曲轴箱中就会出现曲柄连杆机构滑油溢出现象，使柴油机功率下降且滑油消耗量增大。

柴油机工作时，滑油有一定的消耗。滑油消耗量可用下式计算：

$$\text{滑油消耗量(克/千瓦·小时)} = \frac{\text{滑油量(克)}}{\text{柴油机工作时间(小时)} \times \text{柴油机功率(千瓦)}}$$

若柴油机的滑油油位突然升高，则可能原因是滑油冷却器和气缸中的冷却水漏入滑油中，或是柴油漏入滑油中，遇此情况应立即停机排除故障，并更换滑油或净化处理滑油。

4. 确保滑油的质量

滑油的良好润滑作用是靠两摩擦面形成均匀而又牢靠的油膜来实现的。而油膜的好坏主要取决于润滑油本身的质量。

(1)滑油的主要性质

滑油的不少性质均与燃油相同，下面仅介绍与润滑性能密切相关的几项。

①黏度　滑油的黏度应该适当。不同牌号的滑油其黏度也不同，可按各机型所需来选择不同牌号与黏度的滑油。

②酸值　酸值是用中和1克滑油所需的氢氧化钾(以毫克为单位)来表示的。酸值增加，会使轴颈与轴承等处产生麻点和腐蚀。

③抗乳化度　抗乳化度为在规定条件下，将一定量的滑油和一定量的水混合形成乳化液，待静置后为达到滑油和水完全分离所需要的时间(以分计)。分离时间短，说明滑油的抗乳化度高，反之则低。柴油机工作时，海水或淡水会漏入滑油中使其乳化，如果漏入水量较多，经曲轴连杆运动的搅拌，乳化程度就会增加，并且生成泡沫使滑油压力降低，柴油机就会加剧磨损，并使滑油过早变质。

(2)滑油的选用

柴油机制造厂对所用的滑油都有推荐使用的规格和牌号，例如135型柴油机在冬季宜用HC-11，HC-8号滑油，夏季宜用HC-14，HC-10号滑油。

(3)如何确保柴油机用滑油质量

一般采用下列方法检验滑油的质量：

①擦研检验　取少量滑油用手擦研，凭经验判定它黏度的大小和其中机械杂质的多少。

②目击检验　观察滑油颜色，以判别是否浑浊，并可取样和沉淀，视杂质、水分的多少来判定。

③对比检验　分别将新油与所用滑油滴在滤纸上，对所得油渍进行比较，油渍愈黑说明滑油愈脏。

为了确切掌握滑油变质的程度和原因，应定期取出油样送给有关部门化验。

滑油使用过程中质量会逐渐变差，这种现象称滑油老化。为了确保油滑质量，在管理维护工作中应注意以下几点。

①保持滑油的清洁。滑油在加入机前，应经过长时间的沉淀、过滤或分油净化，以除去杂质与水分；定期清洗过滤设备，柴油机修理、装配后或滑油系统经解体拆修后，都必须用专门的“投油”这一工序来提高滑油质量。

②防止燃气漏入曲轴箱内，应及时更换活塞的密封环。柴油机上一般都设有曲轴箱的

通风设备，以减少燃气对滑油的污染。

③严防冷却水和柴油漏入滑油中。

④注意和消除滑油系统自身的泄漏现象。

## 五、典型的柴油机滑油循环系统介绍

柴油机的滑油循环系统由曲轴箱油润滑、曲轴箱油分油净化和废气蜗轮增压器润滑等支系统组成。

1. 曲轴箱油滑油支系统

曲轴箱油润滑油支系统是以滑油循环柜为中心的一种强制循环系统。如图3－19所示为RTA型柴油机滑油系统，这是一种典型的干式润滑支系统。主滑油泵1自循环油柜（图中未示出）吸油分两路：一路经升压泵4将压力提高到1.6 MPa后，送入十字头、换向伺服器等处，并经减压阀10减压为0.8 MPa送到排气阀液压传动机构8；另一路滑油压力为0.3 MPa，送到主轴承和推力轴承等处，各轴承润滑回油经油底壳流入循环油柜。

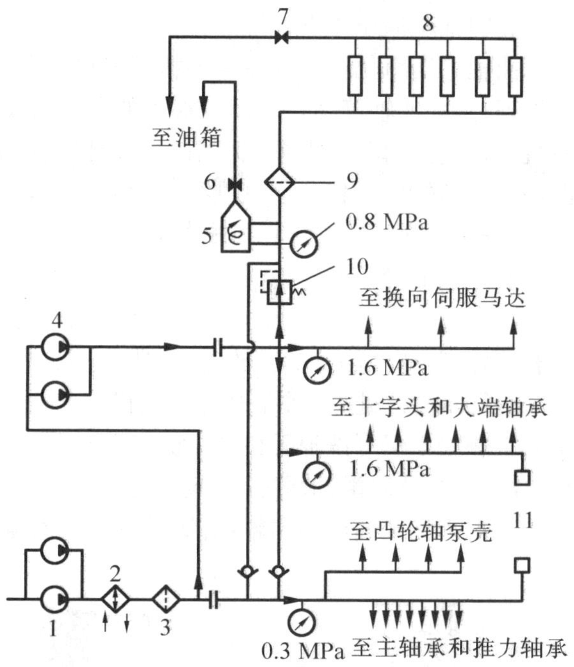


**图3－19 RTA型柴油机滑油系统**

1—主滑油泵；2—冷却器；3—滤器；4—升压泵；5—除气阀；6、7—节流阀；8—排气阀液压传动机构；9—滤器；10—减压阀；11—最低油位指示器

如图3－20所示为中速机滑油系统。在这个系统中，气缸润滑油由气缸注油器供给，采

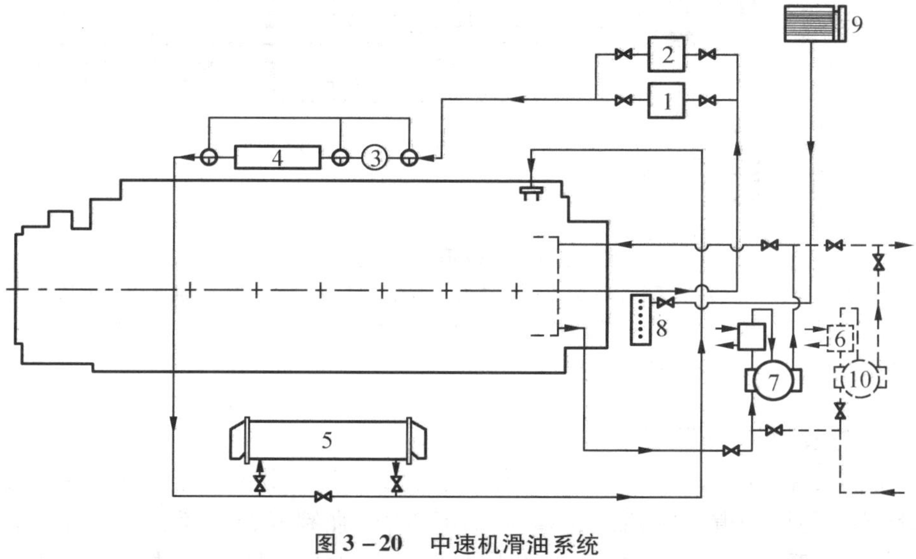


**图3－20 中速机滑油系统**

1—柴油机驱动的滑油泵；2—电动机驱动的备用滑油泵；3—自清式滤器；4—并联的自清式精滤器；5—滑油冷却器；6—加热器；7—备用燃油分油机临时用于滑油分离；8—气缸油注油器；9—气缸油柜；10—燃油分油机

用与曲轴箱相同的滑油品种。系统中的主滑油泵由柴油机驱动,备用泵由电机带动。

2. 曲轴箱油净化支系统

曲轴箱油净化支系统在柴油机运转中,可连续对滑油循环柜中的曲轴箱油进行分离净化处理,排除曲轴箱油在使用中混入的各种杂质和氧化沉淀物。如图3－21所示为某大型柴油机曲轴箱油的净化支系统。滑油分油机经污油吸入管2,从滑油循环柜中吸入曲轴箱油,经加热器预热后送到分油机进行净化处理,净油重新返回循环柜。滑油中分离出的水分和污渣,分别由14和15出口排出,污渣也可由污油泵排出。曲轴箱油的净化速率能保证在一天内的净化油量为循环柜油量的2～3倍。

净化措施除上述几点外,也可在停机期间,把全部滑油泵至滑油处理柜中,再视情况进行有关处理,如预热、沉淀、放水、放残、分添加剂等。处理完毕后,再用分油机送回循环柜。如需进行水洗法处理,需在滑油分油机入口处,加入相当于1%～2%滑油量的淡水进行净化。水洗法不仅可洗掉无机酸,而且还能浸湿小颗粒杂质,使之便于分离。因某些滑油添加剂也溶于水,故对滑油水洗时,应征得供油厂商同意。

对中小型柴油机的曲轴箱油,因其油量有限,一般采用全部滑油换新法。

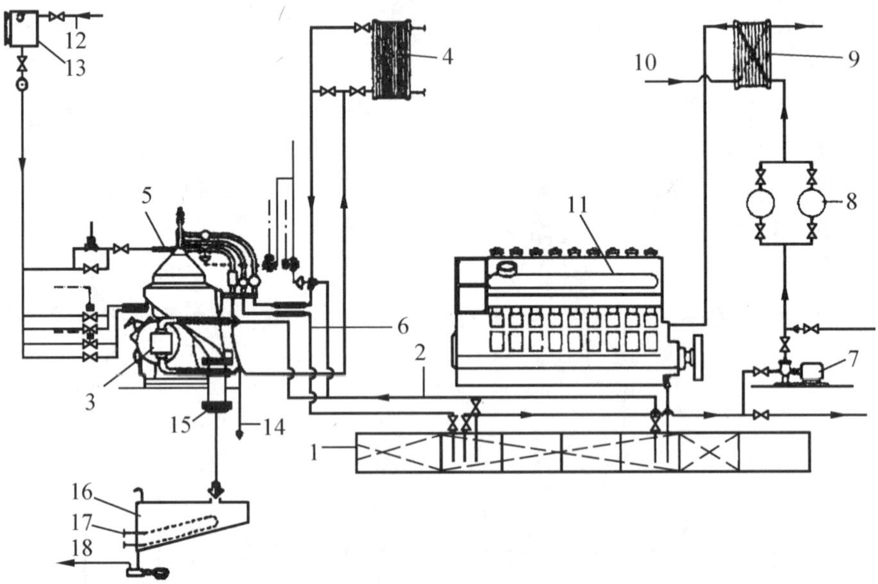


**图3－21　曲轴箱油净化支系统**

1—滑油循环柜;2—污油吸管;3—泵;4—加热器;5—分油机;6—净油;7—滑油泵;8—滤器;9—冷却器;10—冷却水出口;11—柴油机;12—冷水;13—工作水箱;14—水出口;15—污油出口;16—污油箱;17—加热管;18—污油泵出口

3. 蜗轮增压器润滑支系统

由于工作条件不同,增压器需使用气轮机油润滑。其润滑系统通常有两种方式:自身封闭式润滑(不需另设润滑系统);蜗轮增压器的重力－强制混合循环润滑系统,如图3－22所示。在此润滑系统中,设高置式重力透平油柜,由重力柜向增压器供油,重力柜上设低油位警报器和溢油管,当供油中断时,此重力油柜可保证向增压器短时供油并发出警报。

## 六、柴油机滑油的质量要求

1. 柴油机曲轴箱油的质量要求

船舶柴油机的润滑，按部位大体可分为两部分：一部分为十字头轴承、曲柄销轴承、主轴承、传动齿轮或链条及其他工作部件的润滑，起润滑作用的润滑油通常称之为曲轴箱油，它由专门的滑油循环柜储存，或直接储存于油底壳；另一部分为活塞与气缸套之间的润滑。在十字头式柴油机中，把气缸和曲轴箱隔开润滑。另设专用气缸油，并依靠注油器向气缸注油来实现。

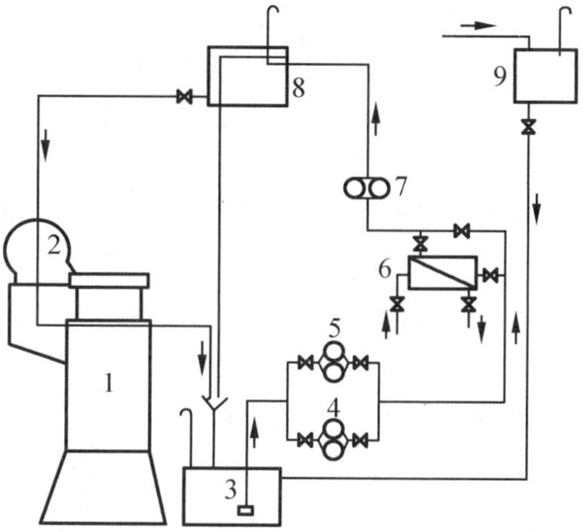

**图3-22　蜗轮增压器的重力-强制润滑支系统**

1—柴油机；2—蜗轮增压器；3—循环油柜；4,5—透平油柜；6—冷却器；7—双联滤器；8—重力油柜；9—透平油储存柜

十字头式柴油机的曲轴箱油，因为这类柴油机设有横隔板和活塞杆填料箱，将气缸与曲轴箱隔开，使燃气或燃烧产物不易漏入曲轴箱滑油中。因此，十字头式柴油机的曲轴箱油，只需用一般精炼矿物油或含有少量碱性添加剂的滑油即可。

对于筒状活塞式柴油机，它的曲轴箱与气缸相通。柴油机一般不设专用气缸油，活塞与气缸套摩擦面的润滑及活塞的冷却，靠曲轴旋转时将滑油向上飞溅（将滑油向上甩）而实现。其曲轴箱油除润滑轴承等转动机构外，还要冷却活塞和润滑气缸，即两大润滑部分都靠曲轴箱油，使它起气缸油和曲轴箱油的双重作用。虽然许多大功率筒状活塞式柴油机也装有注油器向气缸供油，但只是为了补充飞溅润滑的不足。因这类柴油机的曲轴箱与气缸相通，燃气和燃烧产物易漏入曲轴箱滑油中，并在曲轴箱底沉积出泥渣，所以筒状活塞式柴油机的曲轴箱油要比十字头式柴油机曲轴箱油具有更高的质量，它必须满足如下要求：

（1）有良好的抗氧化性能。

（2）有一定的总碱值，以中和燃烧产物中的酸。

（3）有清净性。使用中应向滑油中加入清净添加剂，以便沉淀物被清洗下来。

（4）柴油机的曲轴箱油应有合适的黏度。船舶柴油机通常采用美国汽车工程师协会确度的黏度等级 SAE20，SAE30，SAE40 的滑油。

（5）曲轴箱油必须抗乳化性好。滑油系统漏入水时，能在滑油循环柜中迅速沉淀。

2. 柴油机气缸油的质量要求

在低速十字头式柴油机中，专用气缸油是靠专设的气缸注油器泵送到气缸套内壁的。实现气缸的润滑是比较困难的，润滑油的工作条件最苛刻，这主要体现在如下两个方面。

首先是气缸温度。滑油在高温下降低黏度和加速变质，使缸壁上的气缸油蒸发而阻碍油膜形成。

其次是边界润滑条件。注入气缸的滑油经分布后，活塞环与气缸套之间的油膜非常薄，仅具有边界润滑条件。当活塞接近上死点时，运动速度接近于零，活塞环对气缸壁的径向压力也最大，此时的油膜更难形成。

为保证气缸的润滑，并同时考虑其他一些因素，柴油机气缸油应有如下主要质量要求：

（1）有足够的黏度，且黏温特性好。

(2)扩散力强,能迅速分布到整个气缸套表面,以形成边界油膜。

(3)抗氧化性好。不致于在高温下变质,而丧失润滑性能。

(4)清净性好。能洗掉气缸中的积炭,保持活塞环槽、活塞裙及气缸套气口的清洁。

(5)能与曲轴箱油互溶,并储存稳定。即使气缸油漏入曲轴箱内,也不会使曲轴箱油变质。

(6)有一定的总碱值,能中和燃油燃烧时产生的酸性物质。

实际上,各石油公司通常生产有高、中、低碱值的气缸油供船舶选用。柴油机烧船用柴油时,使用总碱值为 10 ~ 14 的低碱值气缸油;烧低质燃料油时,应使用总碱值为 65 ~ 70 的高碱性气缸油。

船用柴油机的气缸油和曲轴箱油,可根据要求选用国产 HC - 11,HC - 14 号或国外壳牌(she Ⅱ)公司、卡斯多(Castro Ⅰ)公司、英国石油(BP)公司、飞马(Mobil)公司生产的有关润滑油。

## 第三节 燃油系统

柴油机的燃烧过程,是一个复杂的物理和化学变化过程。该过程进行的完善程度,对柴油机的功率、经济性和使用寿命有着直接的影响。影响柴油机燃烧过程质量的因素很多,如柴油的品质、供油的时间和规律、柴油的雾化状态以及与空气混合质量等。为了保证柴油机在极短的时间里,完成柴油与空气的良好混合,并及时充分地燃烧,就需要有一套完善的燃油系统。燃油系统以环保低碳为主要要求。

### 一、燃油系统的作用与组成

燃油系统的作用是:有控制地向柴油机供应具有一定的压力、流量和雾化良好的燃油,以保证柴油机的燃烧能高效地进行,使柴油机能可靠地连续运转,正确发挥柴油机的功能。

船舶柴油机的燃油系统包括供应和喷射两个支系统。

供应支系统一般由日用燃油柜、燃油加热器、燃油滤清器、输油泵和燃油管路等组成(大中型船舶还设燃油舱),用来保证喷射支系统连续供给充分、优质和洁净的燃油(船用燃油有轻柴油与重柴油两类)。

喷射支系统一般由高压喷油泵、喷油器和高压燃油管路等组成,用来在最适当的时间内,将一定数量的良好雾化的燃油喷入气缸,使其与空气均匀混合而完全燃烧,并有效地转化为机械功。

柴油机的燃油系统的设备和布置,因其机型和所使用的燃油不同而不同。

如图 3 - 23 所示为一高速四缸柴油机的燃油系统。柴油从高位日用油柜柴油箱 1 中被输入柴油泵 2,并经 2 吸入,又经双联柴油机的柴油过滤器 3 压入到喷油泵 4,经喷油泵工作建立起高压,再经喷油器 6 喷入气缸燃烧室内。从喷油器泄漏出来的柴油沿回油管 5 流回柴油箱;供给喷油泵多余的柴油则流回到柴油泵的吸入口处。

如图 3 - 24 所示为低速柴油机的燃油系统。它由重柴油和轻柴油两套分系统组成,而且系统装设有分油机和燃油加热器等设备。

重柴油分系统:重柴油泵把重柴油从船底的重柴油舱吸出,输送到加热器,经加热后进

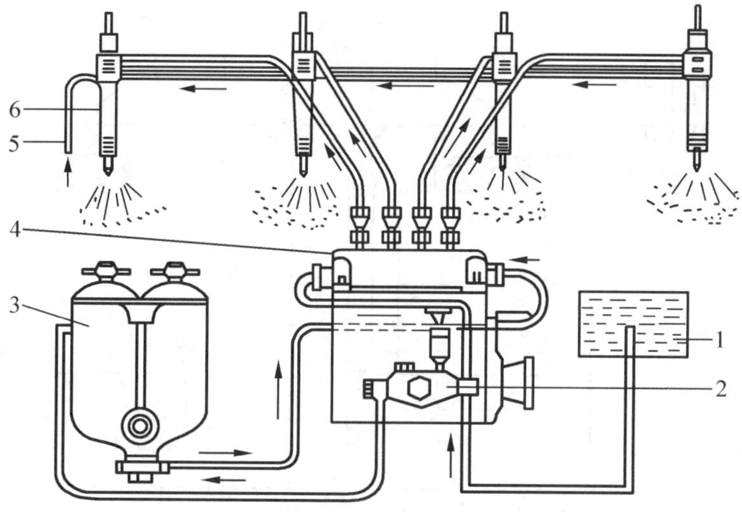


**图 3－23　高速四缸柴油机燃油系统**

1—柴油箱;2—柴油泵;3—过滤器;4—喷油泵;5—回油管;6—喷油器

入分油机里进行分杂和分水处理,然后送到重柴油日用柜 1 内。当柴油机需用重柴油时,重柴油经流量表、回油筒 2、过滤器 7 进入输油泵 5,再经重柴油加热器 6 加热后由转换阀 9 进入滤清器 12 内,而后被送入高压喷油泵 8 中,经加压后进入喷油器喷入燃烧室。

轻柴油分系统:轻柴油日用油柜 3 流出,经流量表进入回油集合筒。当需用轻柴油时,轻柴油经过滤器 7 进入输油泵 5,送入加热器,加热后经转换阀 10、滤器 12 进入高压喷油泵 8,加压后经过喷油器喷入燃烧室。当轻柴油无须加热时,可从其日用柜直接经滤器 12 送入高压喷油泵 8 中。

柴油机在启动和开始运转时(港口内航行)一般用轻柴油。

如图 3－25 所示为一台中速柴油机的燃油系统示意图。储存在主油柜 12(储存柜)中的燃油,通过柴油机自身带动的燃油输送泵 16,输送到日用油柜 7 内。比柴油机高置的日用油柜,为柴油机燃油系统提供衡定的供油压力,并为燃油中的空气排除提供了充分的条件。燃油经细滤器 13 到达各缸的喷油泵 1,燃油被提高压力后,正时地输送到装在气缸盖上的喷油器 5 内,然后,雾状燃油进入气缸内进行燃烧。由输送泵 16 提供的燃油量,必定大于柴油机的需要量,因此,日用油柜中的溢油,从回油管 10 回流到主油柜内。主油柜、日用油柜、输送泵、粗细滤器等,组成了燃油的供油系统;喷油泵、喷油器和连接二者的高压油管组成了燃油的喷射系统。柴油机初次工作前,必须排除供油管路及各组件内的空气,因此,在供油管末端设置了泄放阀 2。

## 二、燃油系统的基本要求

柴油机的燃烧过程对喷射支系统的基本要求如下。

1. 正确的喷油定时

柴油机一般都在活塞尚未到达上死点之前就已开始向气缸内喷油。此时曲柄相应的位置与上死点位置之间的转角,称为喷油提前角。喷油过早,气缸内气体的压力和温度不足,

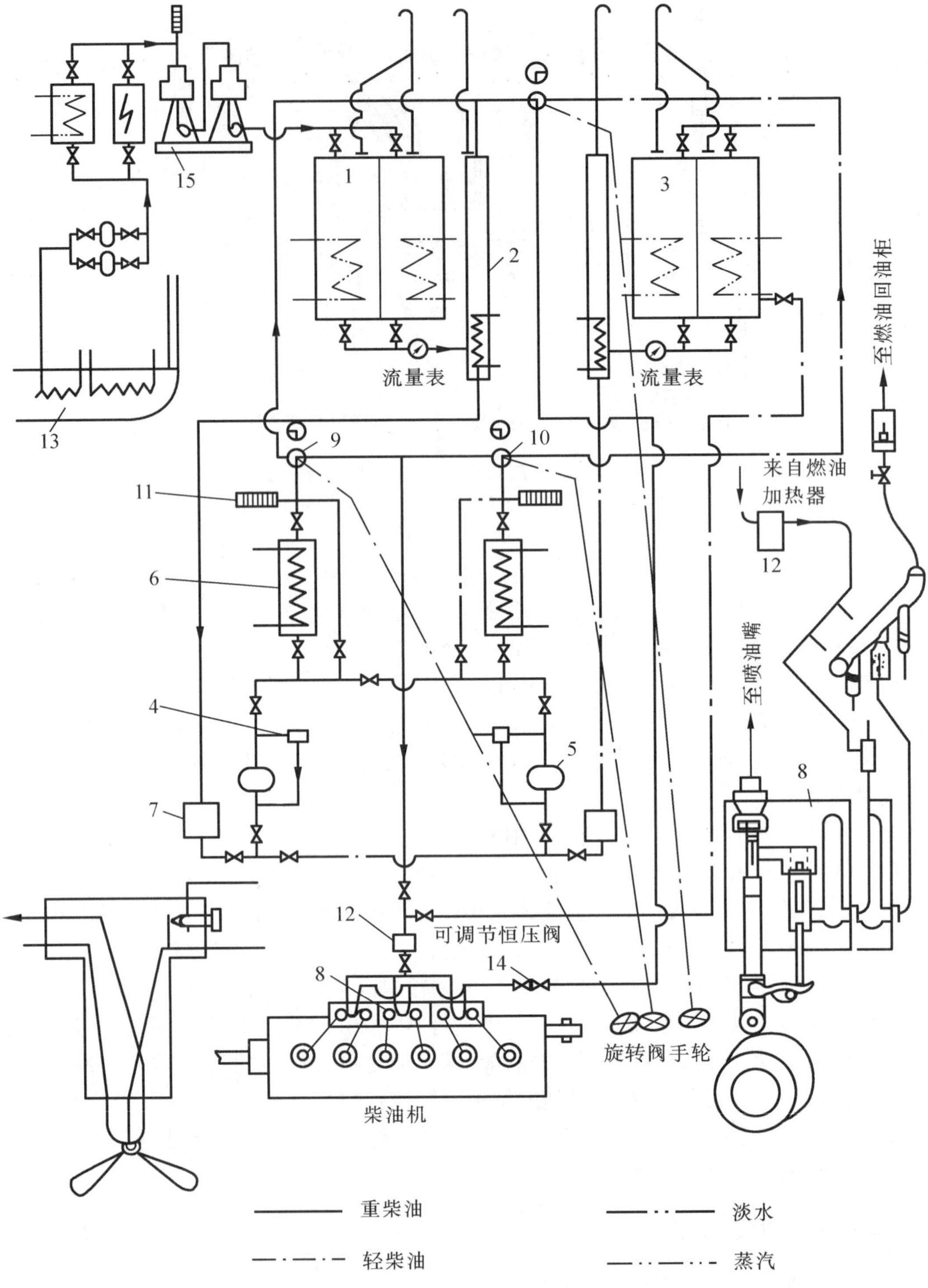


**图 3－24　低速柴油机燃油系统简图**

1—重柴油日用油柜；2—回油筒；3—轻柴油日用油柜；4—释荷阀；5—输油泵；6—重油加热器；77—过滤器；8—高压喷油泵；9，10—转换阀；11—恒温器；12—滤清器；13—重柴油舱；14—可调节恒压阀；15—分油机

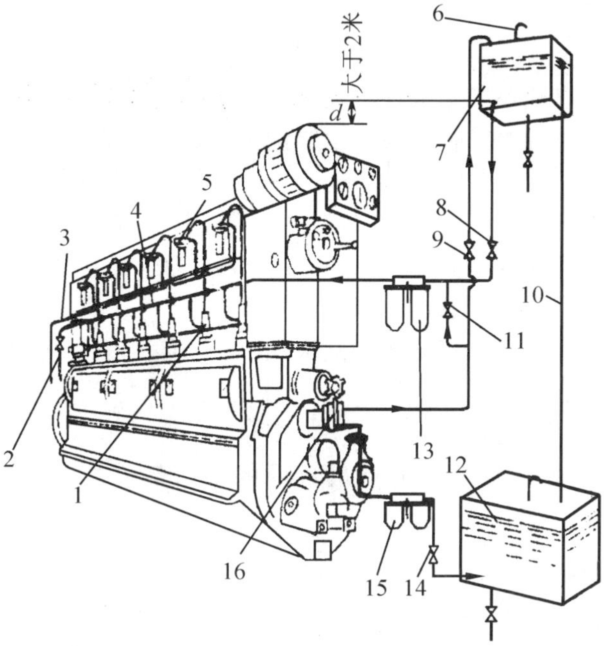


**图 3－25　中速柴油机燃油系统图**

1—喷油泵；2—泄放阀；3—回油总管；4—进油总管；5—喷油器；6—通气管；7—日用油柜；8，9，11—阀；10—回油管；12—主油柜；13—柴油细滤器；14—阀；15—柴油粗滤器；16—燃油输送泵；*d* 大于 2 米

使滞燃期增长。燃油一旦着火爆燃，柴油机易产生“敲缸”现象，机件易受损坏。喷油过迟，易使燃烧过程延迟，排温增高，功率下降而耗油率增加。

正确的喷油定时由最佳喷油提前角决定，即由喷油泵凸轮的安装位置来决定。

船用柴油主机是在变速情况下工作的，因而要求其最佳喷油提前角在变速时最好能相应地自行调节。因此要求多缸柴油机的各缸喷油定时能单独调节。

2. 适当的油量调节

柴油机每一次循环中喷入气缸的燃油量，决定着柴油机的功率大小。喷油泵应能根据柴油机负荷的变化来调节喷油量。对于多缸柴油机，各缸喷油量应均等，以便各缸负荷均衡和柴油机运转平稳。因此，要求各缸喷油量能够单独地进行调节，在额定负荷下，各缸燃油供应的不均匀度不超过 ±（1% ~1.5%）；在空载低转速时，其不均匀度不超过 ±（2.5% ~3.5%）。

3. 良好的雾化

喷入气缸的燃油应油粒匀细，有足够的穿透力，且雾化形状与其燃烧室相适应，使油雾能与空气很好接触，以利于燃油充分燃烧。良好的雾化是喷油泵在高压（10 ~30 MPa）的作用下，燃油通过喷油器狭小的喷孔以很高的速度（100 ~400 m/s）喷出，并利用它与空气分子间的摩擦扰动而形成的。所以，燃油获得必要的喷射压力是雾化良好的重要条件。各种机型的燃油喷射压力可见说明书。

## 三、燃油系统的主要设备

1. 输油泵

输油泵的功能是将燃油不断地输送给柴油机的高压喷油泵，以保证喷油泵正常供油。

一般的中小型船用柴油机的输送泵均由柴油机自身带动；大型柴油机的输油泵由专门的电动机驱动。

输油泵输送燃油的压力为0.1～0.5 MPa。如果使用重柴油机，压力可适当地提高些。输油泵的输油量一般为高压喷油泵需要量的1～5倍。为了防止燃油管路中的燃油压力过高，还在其管路中设有燃油旁通阀或安全阀。

输油泵类型很多，如柱塞式、齿轮式和刮板式等。一般大中型柴油机多采用齿轮泵和刮板泵，而小型柴油机则用柱塞泵。

2. 喷油泵

喷油泵又称高压油泵。它是柴油机最重要的精密部件之一，小型柴油机喷油泵如图3－26所示。

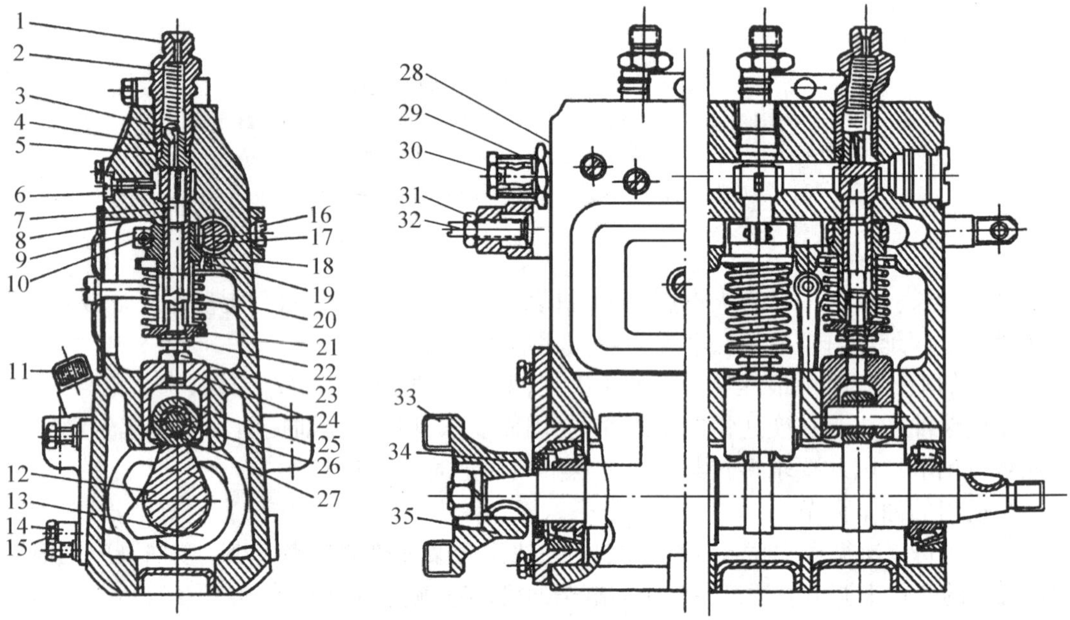


**图3－26　小型柴油机喷油泵**

1—管接头；2—弹簧；3—输油阀；4—输油阀座；5—密封环；6—止动螺钉；7—柱塞；8—柱塞套；9—齿圈；10—螺钉；11—油尺；12—凸轮；13—输油泵凸轮；14—套管；15—放油螺钉；16—止动螺钉；17—齿杆；18—调节套筒；19—上弹簧承盘；20—弹簧；21—下弹簧承盘；22—调节螺钉；23—锁紧螺母；24—传动部；25—滚轮；26—滚轮轴；27—衬套；28—放气螺钉；29—防护套；30—管接头；31—螺母；32—限制螺钉；33—联轴节；34—油封；35—轴承

喷油泵的功用是在柴油机工作时，按发火顺序和负荷大小，将自己产生的高压燃油在一定的时间内，以确定的数量和规律供给喷油器喷射到气缸中去。

柴油机喷油泵种类繁多，船用柴油机常见的高压油泵就其调节方法和构造不同可分为回油孔调节式喷油泵和回油阀调节式喷油泵两大类。这两类喷油泵均采用柱塞式的运动来获得燃油高压。

(1)回油孔调节式喷油泵

这种喷油泵又称波许泵。根据其结构,可分为单体式和组合式两种。单体式大都用于大中型柴油机上,组合式仅用于小型柴油机上。

如图 3 - 27 所示为一单体式回油孔调节式喷油泵。主要零件为柱塞 1、套筒 2,它们是精密配合的偶件,称为柱塞副,其配合间隙一般仅为 0.001 ~ 0.003 mm。柱塞上铣有立槽和斜槽,套筒上 180°方向设有进油和回油两个孔,孔与泵体内的低压油道相通。

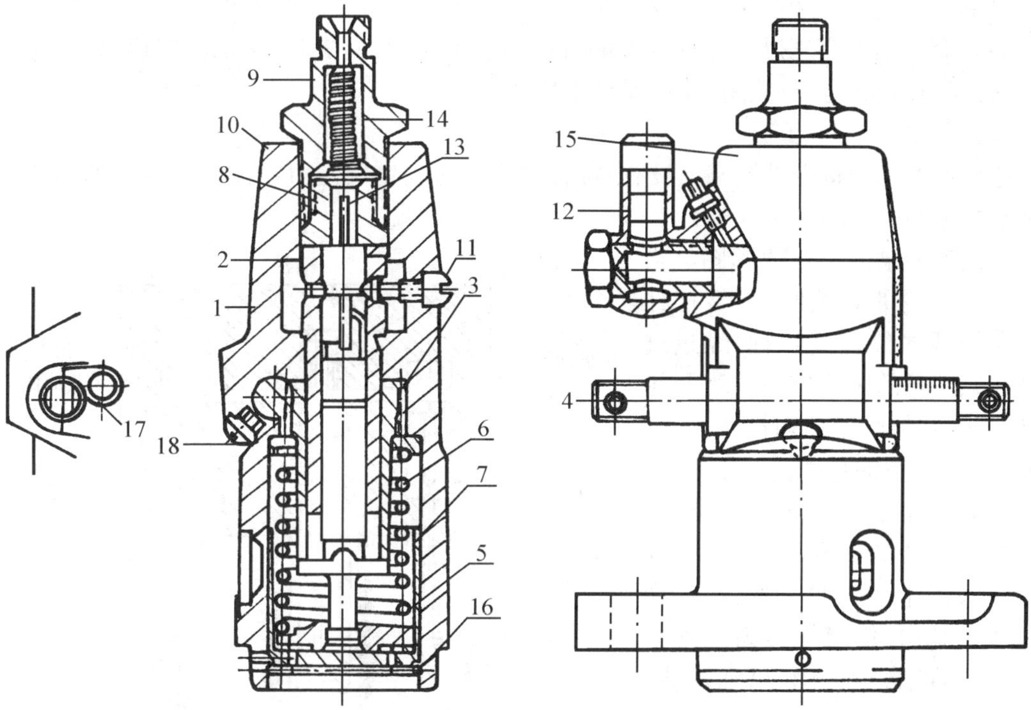


**图 3 - 27 回油孔调节式喷油泵**

1—柱塞;2—套筒;3—调节齿套;4—调节齿条;5—弹簧下座;6—弹簧;7—导筒;8—油阀座;9—出口管接头;10—油泵本体;11—定位钉;12—管接头;13—排油阀;14—排油阀弹簧;15—放气螺钉;16—卡簧;17—指示片;18—销钉

在套筒中部的外围,装有一个调节齿套,且与调节齿条啮合。移动调节齿条 4 就可以带动柱塞来转动,使柱塞上部的斜槽位置与回油孔的相对位置改变,从而调节柱塞的有效行程来改变对柴油机的供油量。

喷油泵的吸油和泵油过程,是由柱塞在其套筒内的往复运动来完成的,往复运动是指由通过凸轮轴上的高压油泵凸轮等顶动柱塞向上泵油,由弹簧将柱塞下压而吸油。

另外,柱塞上部装置的排油阀部件,主要是确保高压下不漏油,其阀芯与阀座偶件也需经过精密研磨,不能互换。

组合式回油孔调节式喷油泵是将多缸柴油机的各个单体泵及其传动机构制成的一个整体,并按各自编号用高压油管与对应的喷油器相连。

如图 3 - 28 所示为回油孔调节式喷油泵的泵油过程。当凸轮转动时,柱塞在套筒内由上到下往复运动。当柱塞在弹簧作用下向下移动并开启进油孔时，燃油进入套筒内，如图 3－28（a）所示。当柱塞在凸轮作用下向上移动并封住进、回油孔时，开始对燃油加压，如图 3－28（b）所示。当套筒内的燃油压力超过输出阀弹簧的弹力时，输出阀被开启，燃油经输出阀及高压油管进入喷油器，再喷入气缸。当柱塞继续上升到自身斜槽与左右油孔相通时，如图 3－28（c）所示，套筒内的高压燃油经柱塞上的直槽与斜槽由回油孔回到进油孔腔内，燃油压力迅速降低，其输出阀即自行关闭，喷油器停止喷油。

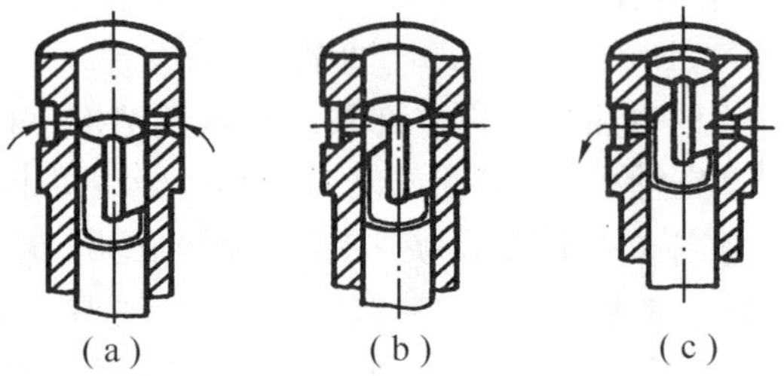


**图 3－28　泵油过程**

（a）燃油进入套筒；（b）对燃油加压；（c）停止喷油

（2）回油阀式喷油泵

这种喷油泵的特点是柱塞上没有斜槽，供油量的改变仅是由喷油泵内的回油阀的启闭时刻来决定的。如图 3－29 所示为回油阀式喷油泵的工作原理图。当滚轮位于凸轮的基圆时，弹簧把柱塞压向最低的位置，燃油便经过进油阀并充满泵的工作空间。当凸轮轴继续转动时，凸轮顶动柱塞上行，进油阀关闭，燃油压力速升并顶开输油阀，向喷油器供油，燃油喷入气缸。随着柱塞的上升，回油阀被顶开，高压燃油便通过回油阀泄流，回到进油空间内，使燃油压力迅速下降，输油阀便自行关闭，供油停止。（注：以上可参见 177 页图 8－3）。

由上述可知，这种泵的供油始点即柱塞上行起点，供油的终点是回油阀的开启时刻，柱塞有效行程就是柱塞上升的距离。

回油阀式喷油泵的构造比较复杂。因此，在大型低速柴油机上应用较多，例如在“苏尔寿”高增压柴油机上采用始终点同时调节的喷油泵较为广泛。它的最大特点是在柴油机运转过程中便于调整，使用寿命长。

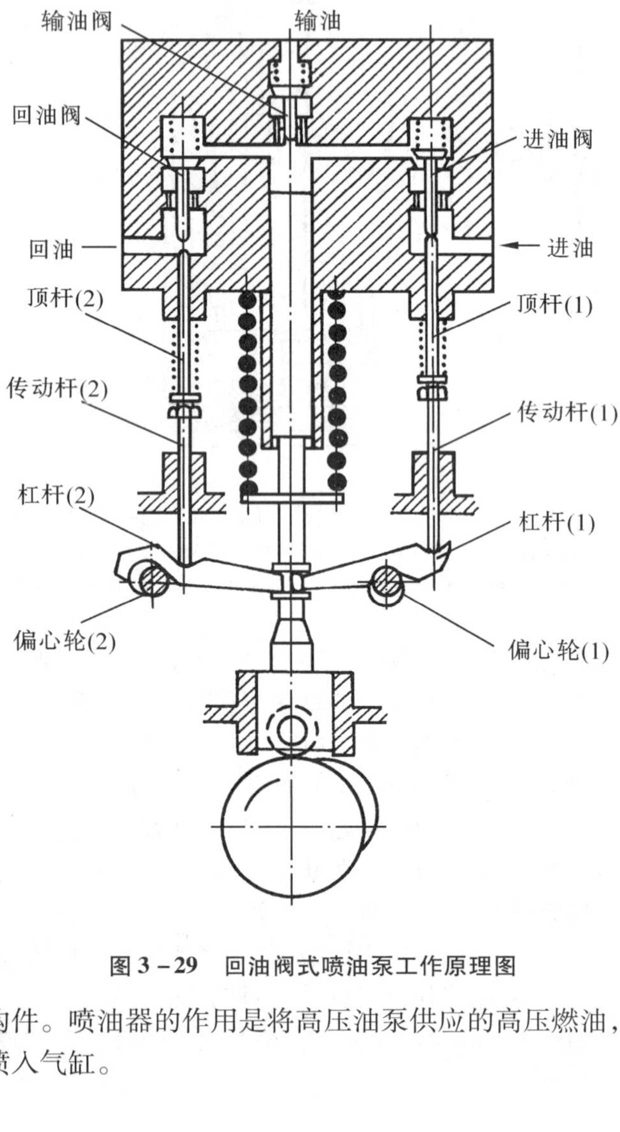


**图 3－29　回油阀式喷油泵工作原理图**

3. 喷油器

喷油器又称油头，是较为精密的构件。喷油器的作用是将高压油泵供应的高压燃油，以一定的压力、速度和方向呈雾化状态喷入气缸。

喷油器的种类很多,目前使用的喷油器绝大多数是液压启阀式。喷油器按喷孔的多少可分为单孔式和多孔式两种。

如图3-30所示为柴油机上常采用的多孔式喷油器。它主要由本体、针阀弹簧、针阀、针阀套和调节螺母等组成。它的工作原理是:从高压油泵出来的高压燃油经管路进入喷油器内,并经本体里的长孔通道和针阀中的斜孔,汇集于针阀套下部的环形腔内。高压燃油作用在针阀的锥面上,克服弹簧的压力而将针阀抬起。当针阀离开其阀座时,其承压面增大并加速了针阀的升起,减少了燃油的节流损失,高压燃油通过喷孔喷入气缸内。当高压油泵停止供油时,其针阀处的压力下降,针阀迅速在弹簧作用下重新关闭,燃油停止喷射。这种喷油器的启阀压力由弹簧的预紧力来调节。

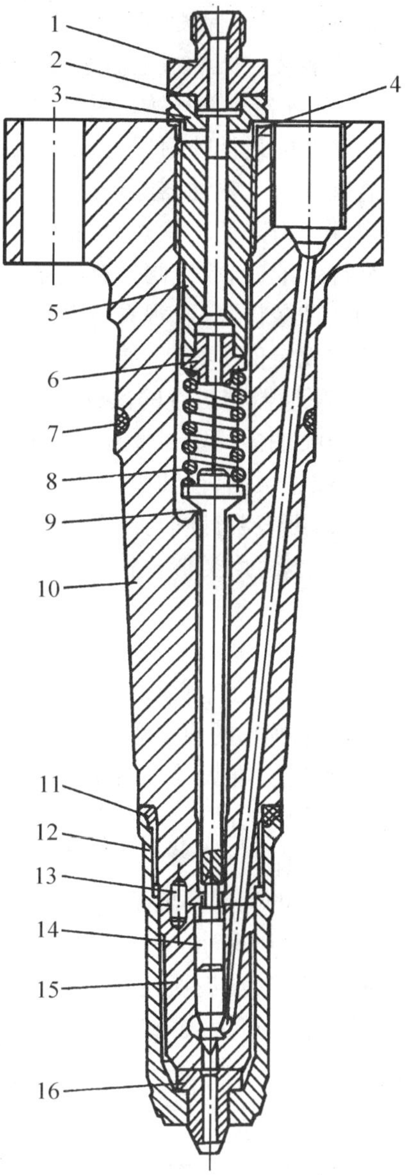


**图3-30 喷油器**

1—压盖;2—垫片;3—垫块;4—垫片;5—可调整螺母;6—弹簧承盘;7—密封圈;8—弹簧;9—压杆;10—本体;11—密封圈;12—喷嘴套;13—销子;14—针阀;15—针阀座;16—喷嘴

为了保证喷油器的工作可靠,大型柴油机的喷油器均采用柴油或淡水来冷却。而小型柴油机常采用单孔式喷油器,它是通过气缸盖冷却水的间接冷却作用和喷射较低温度的轻柴油直接冷却的。

4. 典型的多孔式喷油器介绍

所有开式燃烧室柴油机均采用多孔喷油器,因而多孔喷油有不同的形式,如非冷却式、冷却式、弹簧上置式、弹簧下置式等。船用柴油机使用单独设置的冷却系统,以淡水或柴油作冷却介质,对喷油器进行强制冷却。当代船用二冲程长(超长)行程柴油机使用了一种无冷却、尺寸小、质量轻的喷油器。如MAN/B&W公司MC/MCE型和Sulrer公司RTA型柴油机使用的喷油器。这两种机型使用的喷油器在具体结构上有所不同,但共同的特点是使燃油系统中的燃油经喷油泵进入喷油器本体内循环冷却,最后排至日用油柜。该缸喷射期间,高压的燃油首先使燃油循环回路中断,然后高压燃油进入针阀的油腔内,待达到启阀压力时,针阀开启进行喷油。供油结束,油压降低,针阀落座。当油压降低至某规定值,上述的燃油循环回路重新接通,喷油器本体的燃油循环重新恢复。此结构不但省略了单独的冷却系统,而且,此种燃油循环在柴油机备车期间,可对喷油器进行预热,在运转期间对喷油器冷却并兼有驱气作用。

在船用大型柴油机中,采用一种可控启阀压力式喷油器。此种喷油器的启阀压力可随负荷(转速)而自动调节。在此种喷油器弹簧上方增设一气动活塞,当降速时,通过控制信号，使气压作用于气动活塞，压下气动活塞，提高启阀压力，保证低速时的雾化质量。

5. 喷油器的检查

对喷油器应定期检查启阀压力、针阀偶件的密封性和燃油雾化质量。在正常情况下，每月检查一次，以确保喷油器始终处于最佳状态。喷油器被拆卸、清洁、修理后，也要经检查和调整后才能装在柴油机上。这些检查是在船上所设的喷油器试验装置上进行的。

(1)喷油器启阀压力的检查和调整

喷油器的最低喷射压力，对燃油的雾化质量影响很大，一般柴油机说明书中规定了喷油器的启阀压力。喷油器经长期工作后，可能因调节螺钉松动，喷油器弹簧力减弱或针阀磨损而使启阀压力降低。检查时，把喷油器安放在试验装置的支架上，接好高压油管接头，用手压动杠杆泵油，当放气阀处有油溢出时，关闭放气阀。急速泵油几次，让燃油冲刷喷孔等处，再压动杠杆缓慢泵油，观看压力表，喷油器开始喷油时的压力即喷油器的启阀压力。如果此压力值与规定值不符，可通过调节螺钉来调整弹簧的预紧力。

(2)喷油器密封性的检查

检查喷油器的密封性是指检查针阀与阀座、针阀与阀套的圆柱配合面的密封性。检查时，压动杠杆泵油，当油压达到一定数值时，停止泵油，从压力表观察油压降落的速度。若压力降太大，则表明针阀与阀套之间的间隙大，密封性不良，漏油严重。

此外，也可用类似检查喷油泵柱塞偶件密封性的简单方法，来检查喷油器针阀偶件的密封性。

(3)喷油器雾化检查

检查时，压动杠杆泵油，通过观察喷出的油束形状和燃油分布情况，来判断雾化的好坏。雾化质量好时，喷出的油应是雾状，并分布均匀。雾化质量不好表明针阀与阀座的密封性不好。

必须注意，在做喷油器试验检查工作时，操作者的手和眼睛应离喷油器远一些，否则喷出的几十兆帕的高压油束，会对人体造成伤害。另外，喷出的油雾易燃，务必要严防火灾。

(4)喷油器的主要故障及其处理方法

喷油器的工作环境条件较为恶劣，其针阀与阀座撞击，喷油嘴直接受高温高压燃气侵蚀，喷孔受高压燃油的冲刷。它常见的主要故障是针阀与阀座和针阀与针阀套的磨损，针阀卡紧或咬死，喷油嘴喷孔磨损、结炭、裂纹与针阀弹簧折断等。

当喷油器产生故障时，柴油机冒黑烟，功率不足，油耗上升。寻找有故障的喷油器时，应将柴油机慢速运转，逐一进行停油检查。若某缸停油后，冒出的黑烟停止，柴油机转速变化小或不变化，则该缸喷油器有故障。

### 四、燃油系统的管理和维护

1. 燃油的物理化学特性

燃油是柴油机发出功率的依据。燃油的物理化学特性有十多个指标，可以分别从不同方面来表示燃油的品质。这些指标根据其对柴油机工作的影响可分为以下三类：影响燃油燃烧性能的十六烷值、馏程、黏度和发热值；影响燃烧产物成分的硫分、灰分等；影响燃油管理工作的闪点、相对密度、黏度、凝固点、水分和机械杂质等。

十六烷值——衡量燃油自燃性能的相对指标。十六烷值愈高，燃油自燃性能愈好，燃烧过程愈平稳、安全。高速柴油机的十六烷值应在 40 ~ 60 之间，大型低速柴油机所用重油的十六烷值大约在 25 ~ 35 之间。

凝固点——当温度降低时，燃油中含有的石蜡和水分开始凝固而失去流动性，这时的温度称为凝固点。我国轻柴油的规格就是根据凝固点来编号命名的。

黏度——液体流动时，在液体分子间发生的阻力，称为黏度。由于采用的测量方法不同，黏度单位也不同，我国使用的是恩氏黏度和运动黏度单位。压力和温度对燃油的影响较大，当压力增大时，黏度亦增大；当温度增加时，黏度便降低。油的黏度过大，不利于柴油的雾化，会使柴油机的功率和经济性下降。

闪点——燃油蒸气与空气的混合气同火焰接触而发生闪火现象时的最低温度称为闪点。它是衡量燃油酿成火灾危险程度的指标。从船舶的安全性考虑，船舶柴油机所用的柴油闪点不应低于环境温度。重柴油比轻柴油闪点高，这表明船舶柴油机使用重柴油的火灾危险性较小。

发热值——1 kg燃油完全燃烧时所发出的热量称为该燃油的发热值。通常以4 100 kJ/kg作为柴油的标准发热值。

硫分——燃油中所含硫的质量百分数称为硫分。燃油中含硫是十分有害的，高速小型柴油机要求使用硫分不超过0.2%的轻柴油；大型低速柴油机可使用硫分在2%以下的重柴油。

2.燃油系统的管理与维护

燃油系统的工作质量直接影响着柴油机功率、耗油率、机件寿命和可靠性等。全面地掌控燃油系统的管理和维护，是维护好柴油机燃油系统的基础，燃油系统的管理要点有以下几点：

(1)确保柴油清洁

燃油中的机械杂质和灰粒，容易造成系统中滤器的阻塞、喷油泵的柱塞卡死、喷油器针阀关闭不严、喷油孔堵死。燃油中若有较多的水分喷入气缸，易造成柴油机熄火停车。为此，要做好燃油储藏工作，严防机械杂质落入和水分渗入，定期清洗油柜，定期装油、驱油和分油，并定期清洗燃油粗细滤清器。另外，还要对新建船舶中的燃油管道、机件、舱柜等进行清洗，做好投油工作。

(2)驱出系统中的空气

燃油系统的管路应确保不漏油、不漏气。若有气体进入系统中，其后果是使柴油机启动困难，或运转中突然停车。为了防止气体进入燃油系统，安装时要高度重视和正确施工。

(3)细致检查喷射支系统的温度和压力

若喷油泵温度过高，则表明喷油泵压力升高，可能是滤器堵塞、喷孔堵死所致。

(4)经常注意燃烧情况的变化

通常可根据排气温度、排烟颜色、爆炸压力示功图的变化来及时排除故障。如排气冒黑烟、排气温度升高，则可能是燃油雾化不良所致，应检查喷油器的工作情况。排温过高还会使耗油率增加和柴油机热负荷增加，所以不允许排温超过规定限度。若柴油机的功率和排温下降很多，则可能是某缸喷射系统有故障所致。

(5)倾听气缸内的声响，检查爆发压力

柴油机工作时，如爆发压力过高，气缸内又有过大且不规则的敲击声音，则表明该缸的喷油提前角(喷油始点)太大，这时必须对该缸按柴油机技术说明书进行调整，使其恢复规定技术要求。

## 五、燃油的牌号与选用

燃油的命名、牌号、级别和质量指标等均因各个国家和石油公司的不同而不同。

我国的柴油机燃油分为轻柴油、重柴油、内燃机燃料油和渣油四类。

国外船用燃油基本上分为四类,按通用的术语分别为 Marine gas oil, Marine diesel oil, Intermediate fuel oil 和 Marine fuel oil,分别相当于上述国产的柴油机燃油。下面就我国柴油机的主要用油介绍如下。

1. 轻柴油

国产轻柴油是由直馏(常压蒸馏)柴油馏分及二次加工的柴油馏分制成的。其主要性能及质量指标取决于原油品质与炼制方法。国产轻柴油按 GB252 - 81 分为 10 号、0 号、-10 号、-20 号和 -35号五个牌号,均以其凝点数值作为柴油的牌号。其质量指标如表 3 - 1所示。轻柴油为船舶上高速柴油主机、高速柴油发电机组、应急设备柴油机和救生艇柴油机等使用的燃油。

**表 3 - 1　轻柴油质量指标**

| 项　　目 | | 质量标准 | | | | | 试验方法 |
|---|---|---|---|---|---|---|---|
| | | 10 号 | 0 号 | -10 号 | -20 号 | -35 号 | |
| 十六烷值 | 不小于 | 50 | 50 | 50 | 45 | 43 | GB386 |
| 馏程: | | | | | | | |
| 50% 馏出温度/℃ | 不高于 | 300 | 300 | 300 | 300 | 300 | |
| 90% 馏出温度/℃ | 不高于 | 355 | 355 | 350 | 350 | — | GB255 |
| 95% 馏出温度/℃ | 不高于 | 365 | 365 | — | — | 350 | |
| 运动黏度/(20 ℃, $mm^2/s$) | | 3.0 ~ 8.0 | 3.0 ~ 8.0 | 3.0 ~ 8.0 | 2.5 ~ 8.0 | 2.5 ~ 7.0 | GB265 |
| 硫含量/% | 不大于 | 0.2 | 0.2 | 0.2 | 0.2 | 0.2 | GB380 |
| 机械杂质 | | 无 | 无 | 无 | 无 | 无 | GB511 |
| 闪点(闭口)/℃ | 不低于 | 60 | 60 | 60 | 60 | 50 | GB261 |
| 酸度/(mg KOH/100 mL) | 不大于 | 10 | 10 | 10 | 10 | 10 | GB258 |
| 凝点/℃ | 不高于 | 10 | 0 | -10 | -20 | -35 | GB510 |

2. 重柴油

国产重柴油由石蜡基原油炼制而成,凝点相对较高,按凝点数值分为 10 号、20 号和 30 号等三个牌号,其质量指标如表 3 - 2 所示。重柴油主要用于中低速柴油主机、发电柴油机以及中小型高速柴油机。

**表 3 - 2　重柴油质量指标**

| 项　　目 | | 质量指标 | | | 试验方法 |
|---|---|---|---|---|---|
| | | 10 | 20 | 30 | |
| 运动黏度(50 ℃)/($mm^2/s$) | 不大于 | 13.5 | 20.5 | 36.2 | GB265 |
| 残炭/% | 不大于 | 0.5 | 0.5 | 1.5 | GB268 |
| 灰分/% | 不大于 | 0.04 | 0.06 | 0.08 | GB508 |
| 硫含量/% | 不大于 | 0.5 | 0.5 | 1.5 | GB387 |
| 机械杂质/% | 不大于 | 0.1 | 0.1 | 0.5 | GB511 |
| 水分/% | 不大于 | 0.5 | 1.0 | 1.5 | GB260 |
| 闪点(闭口)/℃ | 不低于 | 65 | 65 | 65 | GB261 |
| 凝点/℃ | 不高于 | 10 | 20 | 30 | GB510 |

## 六、低质燃油的使用

1. 低质燃油的特点

(1)密度大。劣质燃油密度可高达0.94～1.06 g/cm³,由此造成燃油净化和雾化困难。

(2)黏度高。低质燃油黏度约在50～2000 mm²/s之间,由此造成燃油储存、输送、净化和雾化的困难。

(3)成分复杂。低质燃油的杂质加剧了柴油机喷油设备的磨损和腐蚀。

(4)发火性差。低质油CN值低,滞燃期长,排气温度值偏高,且燃烧不完全。

2. 低质燃油的使用

(1)使用低质燃油的意义

低质燃油的使用是船用柴油机发展中的一项重要技术成就。使用这种燃油可以大幅度降低船舶营运成本,同时,可以合理使用石油资源。由于柴油机燃油涨价,燃油费用支出约占营运成本的50%,使船用柴油机使用低质燃油成为一项普遍采用的技术。目前,不但船用低速柴油机主机使用低质燃油,而且船用中速柴油机(主机和发电柴油机)也使用低质燃油。

(2)柴油机使用低质燃油后出现的技术问题

①增加喷油设备的机械负荷和热负荷,引发喷油设备偶件过度磨损、腐蚀、喷孔结炭、变形等故障。

②低质燃油的自燃性差,爆发压力降低,后燃严重,排气温度高,缸内结炭严重。

③低质燃油中的灰分、机械杂质、结炭等,使缸套和活塞部件发生颗粒磨损;低质燃油中的高硫分、钠、钒等将使缸套、轴承、排气阀和阀座、蜗轮增压器等发生腐蚀磨损。

④低质燃油含硫氧化物的气体漏入曲轴箱内,使滑油迅速变质。

3. 低质燃油的管理技术要求

预处理指低质燃油进入喷油泵之前所进行的预热、净化、添加有关添加剂等技术措施。预处理的目的是改善低质燃油的使用性能以满足柴油机工作的需要。

(1)预热处理

采用分级预热方案可保证低质燃油在输送、净化和雾化等环节中的不同使用要求。预热温度应以满足其黏度要求为准,对不同黏度的低质燃油,其预热温度不同。如表3－3所示为燃油系统中各部位的预热温度推荐值。如重油储存柜中的预热温度以泵出为准,约为30～38 ℃。为保证雾化质量,喷油泵处的燃油黏度应为12～25 mm²/s,据此可从重油的黏温曲线上查出相应的预热温度值。

**表3－3　预热温度推荐值**

| 名　　称 | 预热温度/℃ | |
|---|---|---|
| | 180 mm²/s | 400 mm²/s |
| 重油储存柜 | 30 | 38 |
| 重油沉淀柜 | 60 | 60 |
| 重油日用油柜 | 70～80 | 80 |
| 分油机加热器 | 85 | 90 |
| 雾化加热器 | 90～115 | 110～130 |

2. 净化处理

燃油的净化包括沉淀、滤清和分离。沉淀应在沉淀柜中沉淀12 h,并在柜底定期排污以达初步净化的目的。滤清是燃油净化的重要环节,由分布在燃油系统中的粗、细滤器完成。在喷油器入口处还可设置高压缝隙式滤器,对燃油进行最后滤清。离心分油是净化燃油的主要有效手段,当净化低质燃油时,应使用两台分油机串联布置(第一级为分水机,第二级为分杂机),并正确选择密度环、分油预热温度、排渣时间以及最佳分油量(30% ~50% 标定分油量),以确保分油质量。

## 七、燃油黏度控制及轻/重油转换系统介绍

为减少船舶航行费用,船舶的柴油主机都燃用重燃油。船东要求主机能使用7 000 s 重油,习惯称渣油,它在常温为柏油状,价格比轻油要便宜很多。这里的"s"是燃油黏度单位,它的详细名称为"雷针 1#秒",符号为"secRW"。这里所讲的重油是指在 100℉温度下的黏度。另一种常用的黏度单位叫运动黏度,它的单位为 $mm^2/s$,所购商品油用 $mm^2/s$ 单位的是指在(摄氏)50 ℃下的黏度。油的物理特性是随着温度的升高而黏度变小。对柴油机来讲,流动性好、黏度低的燃油由高压喷油器喷入气缸才能雾化好,使燃烧完全而且发出功率的效率高。

使用7 000 secRW/100℉的的重油时,必须加热到约150 ℃;使用1 500 secRW/100℉重油时,必须加热到127 ℃,此时的燃油黏度为12 $mm^2/s$。燃油黏度自动控制系统的作用,就是不论使用何种重油,都可自动调节到符合燃油进口黏度设定值(12 $mm^2/s$)的要求。

如图3－31 所示为主机燃油黏度控制系统,采用日本中北公司(NAKAKITA)的气动调节系统。它的控制原理如下:

燃油经过黏度检测器4,由马达带动的油泵使油液通过毛细管,由于毛细管的阻力,油液在毛细管两端产生差压,此差压信号进入差压变送器5,使油液的差压信号变成气压信号,气动调节和控制的气压标准信号范围一般为20 ~100 kPa,在这里,对应于黏度0 ~40 $mm^2/s$。即气压20 kPa 代表黏度值为0;气压100 kPa 代表检测黏度的最大量程为40 $mm^2/s$。按比例法,可估算出黏度12 $mm^2/s$ 相当于气压44 kPa。

差压变送器发出的气压信号,通过起缓冲作用的气容9 至黏度控制器3,由黏度测量针指示出燃油黏度。当燃油黏度与设定值相符时,则系统稳定,即燃油加热器用的加热蒸气薄膜控制阀1 的开启度不变。

如果测量值大于给定值,则黏度控制器经过PID 的调节输出加大的气压信号,通过自动/手动选择器19 去控制薄膜控制阀,以增加蒸气量给加热器来降低燃油黏度,使测量值降回到给定值。

如果测量值小于给定值,说明燃油黏度低,通过黏度控制器的调节可使输出气压信号减小,蒸气薄膜控制阀关小,减少加热器的蒸气量使燃油黏度加大,使测量值上升到给定值,系统恢复稳定。

手动/自动选择器19,如图3－32 所示,它由面板1,双针压力表2,调压阀3,手动/自动转换旋塞4 及内部连接管组成。它的工作原理如下:

当要求燃油黏度自动控制时,将手动/自动转换旋塞放在"自动"位置,如图3－33(a)所示为手动/自动选择器的"自动"状态。由黏度控制器经调节后输出的控制气压信号,通过转换旋塞直接去控制薄膜控制阀,使阀门的开度对应于气压信号。当气压为20 kPa 时,控

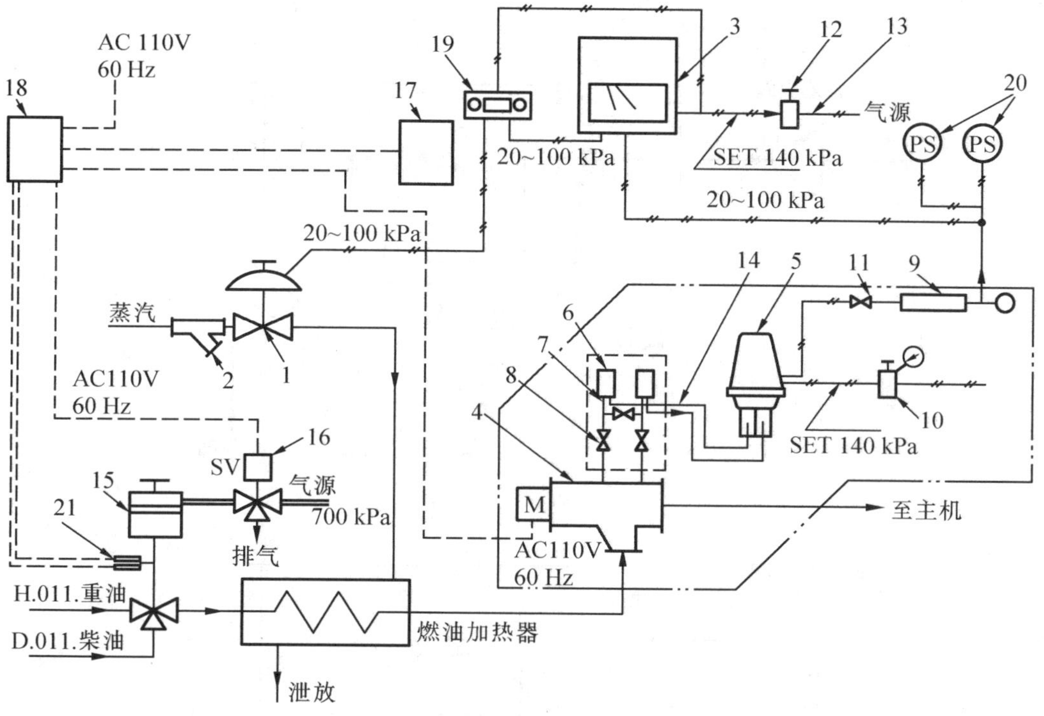


**图 3 - 31　燃油黏度控制系统图**

1—薄膜控制阀;2—蒸气滤器;3—黏度控制器;4—黏度检测器;5—差压变送器;6—油隔离器;7—平衡阀(常关);8—截止阀(常开);9—气容(缓冲作用);10—滤器减压阀(带压力表);11—针阀;12—滤器减压阀;13—空气管路接头;14—测量压力接头;15—三通活塞阀;16—三通电磁阀;17—柴油/重油转换开关;18—继电器箱;19—自动/手动选择器;20—压力开关(高/低黏报警);21—限位开关

制阀在全关位置。当气压为 100 kPa 时,控制阀在全开位置。此时阀门的开度位置由双针压力表上端的指针来表示。

船舶在起航时,主机的初次启动需要先用柴油启动再转入重油运转,主机用柴油运转,柴油不用加热。如果转换用重油,重油的油温要在 120 ~150 ℃。如温度突变,升温太快,将会发生喷油器与喷油泵咬死的故障。所以在转换前对柴油必须逐渐加温,加温的速度一般为 1 ~3 ℃/min,使喷油泵与喷油器油逐步加温预热。如图 3 -33(b)所示为手动/自动选择器的“手动”状态,此刻黏度控制器输出的气压信号与控制阀之间被隔开,由手动调压阀调定的气压信号通过转换旋塞去调节控制阀的开度,此时阀门的开度位置由双针压力表下端的指针来表示。这样可用手动来操作调压阀,使控制阀慢慢

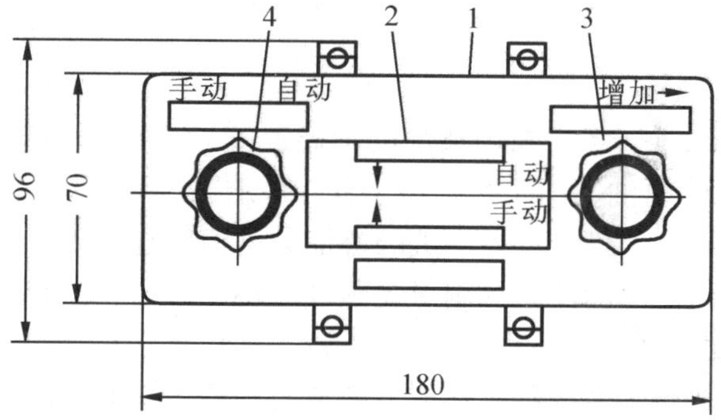


**图 3 - 32　手动/自动选择器(单位/mm)**

1—面板;2—双针压力表;3—调压阀;4—手动/自动转换旋塞

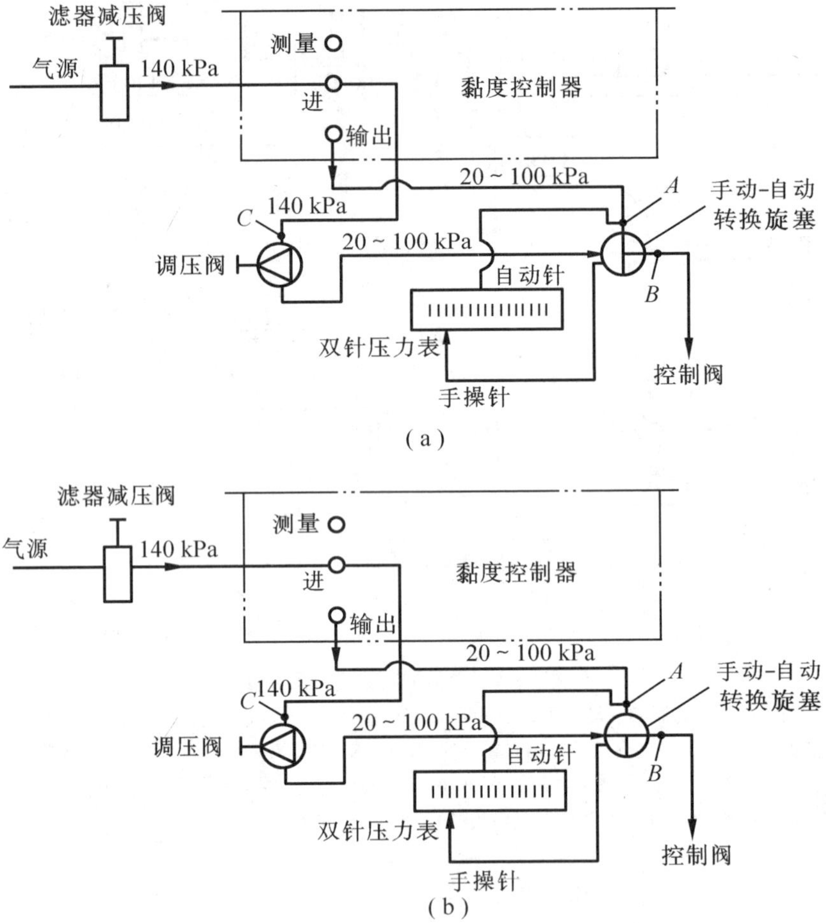


**图 3-33 手动/自动选择器原理图**

(a)自动状态;(b)手动状态

打开加热蒸气,控制柴油的加温速度。当柴油加温到 70 ~ 80 ℃,再操纵轻/重油转换开关 17 到"重油"位置,三通电磁阀 16 动作由控制空气使三通活塞阀 15 转换到重油通向主机燃油系统。之后,进入主机的燃油黏度值将逐步上升,当黏度控制器测量的黏度值超过给定值时,仍由手动操纵控制薄膜蒸气阀逐步开大,将重油柜中来的约 90 ℃的重油逐步加温,直至黏度控制器 3 的测量针接近给定针时,再将手动/自动选择器转到"自动"位置。

当船舶要停泊,在进港减速之前约一小时,先要将重油转入柴油运转,以使燃油系统中的剩余重油全部用完。此时,同样要使重油逐步降温,黏度控制也要由"自动"转入"手动"位置。

## 八、可变喷油定时机构介绍

当代新型船用超长行程柴油机在全负荷时,均有较高的经济性。为了提高常用负荷的经济性,就应该提高其最高爆发压力。根据燃烧理论,最有效的而且简易的方法是调节其供油定时，即在部分负荷时，随着循环油量的下降，自动调整（提前）其供油定时，保证其最高爆发压力基本不变。同时，在高负荷运转时，又要控制其最高爆发压力不超过标定值。为此，需要在喷油泵中，增设一套专门的供油定时调节机构，此机构在国外称可变喷油定时机构（Variable Injection Timing Unit，VIT），在国内称调喷器。

显然，VIT 机构将随着喷油泵的不同而有不同类型，但其工作规律都是相同的，即该机构受柴油机调速器输出油的控制，在调节喷油泵供油量的同时，自动地按最高爆发压力的要求调节其供油定时。目前，船用低速柴油机的喷油定时机构主要有以下三种。

1. MAN/B&W MC/MCE 柴油机的机构

LMC 柴油机的喷油定时机构如图 3－34 所示，该机构主要由位置传感器、位置伺服器和定时齿条组成。该机型使用回油孔终点调节式喷油泵，其喷油泵调节机构有两根齿条：其一在油泵下部，为油量调节齿条，其二在油量调节齿条上方，为定时调节齿条。这两根齿条均由调速器调节轴控制。当调速器输出调节动作时，在拉动油量调节齿条调节油量的同时，通过杆件改变位置传感器，控制空气输出压力（该控制空气由气源单独供应），该输出控制空气使位置伺服器（每缸一个）中的活塞运动，从而拉动定时调节齿条运动。定时齿条与油泵下部的齿套螺母外部啮合，齿套螺母内有梯形螺纹，与喷油泵套筒下部的梯形螺纹啮合。所以，在定时齿条移动的同时，通过齿套螺母使喷油泵套筒上升或下降，从而改变了供油定时。

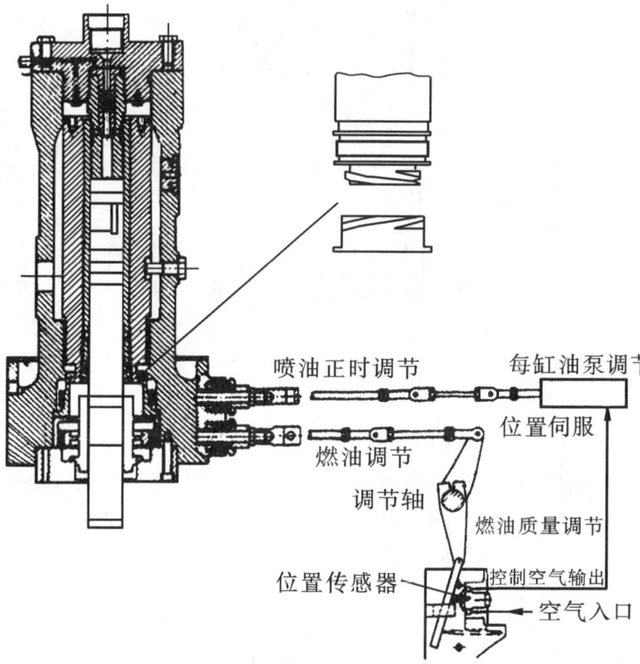


**图 3－34　LMC 柴油机的喷油定时机构图**

2. Sulzer RTA 型柴油机的喷油定时机构

该机型使用始终点调节回油阀式喷油泵，其机构主要由喷油定时凸轮和燃油质量调定杆组成，如图 3－35 所示。喷油定时凸轮设在以喷油泵进油阀偏心轴单臂端为支点的十字摇臂的一端，十字摇臂的另外三个端点分别与调速器油量调节轴、喷油泵回油阀偏心轴、拉伸弹簧相接。喷油定时凸轮设有曲线槽，且控制导销位置。柴油机负荷改变时，调速器油量调节轴带动十字摇臂转动，使喷油泵进、回油阀偏心轴同步转动，从而使供油始、终点受到叠加控制。当由全负荷降至低负荷时，在降低供油量的同时，通过凸轮使进油阀提前关闭，即供油定时提前，供油终点提前，使供油量减少。当降低至 85% 负荷时，供油提前角最大。此后负荷再降低，供油提前角相应减小。柴油机采用 VIT 机构，随着负荷的增加，柴油机的爆压上升得较快，提高又限制爆压是改善柴油机可靠性的重要措施。柴油机在常用负荷的 85% $P_b$ 下运行时，可获得最好的经济性。

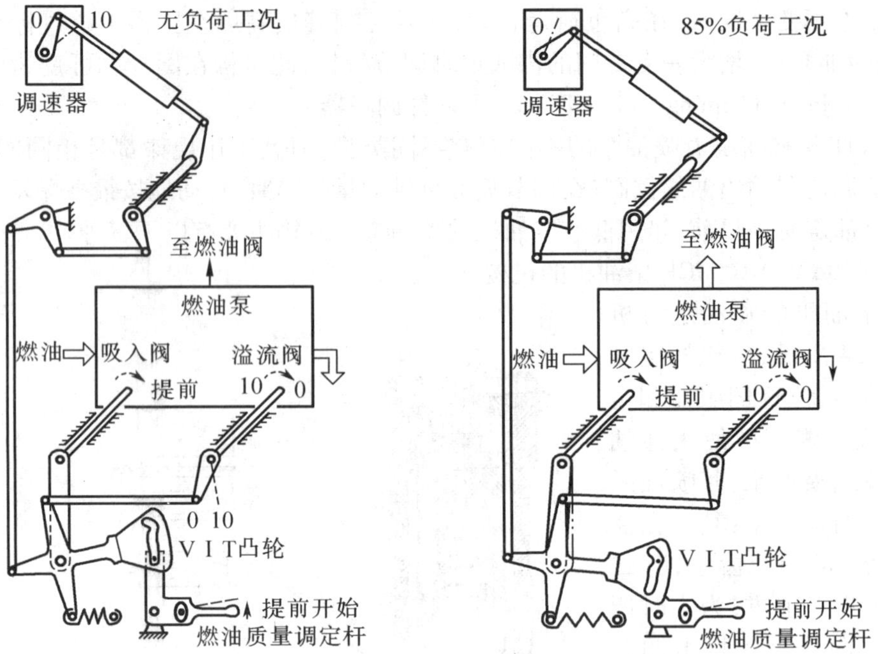


**图 3－35　RTA 型柴油机的喷油定时机构图**

3. 柱塞头部的特殊线形结构

船用低速柴油机的小缸径系列，均使用回油孔式喷油泵，为使设备简化，一般不采用单独的 VIT 机构，而在柱塞头部上边缘使用特殊的线形，使得在转动柱塞调节供油量的同时，改变供油定时，以满足 VIT 机构的需求。

## 第四节　冷却系统

柴油机工作时，气缸内燃烧气体的温度可高达 2 000 ℃，与高温燃气相接触的零部件有气缸套、活塞、气缸盖、排气阀等，若不予以适当冷却，这些受热的零部件，会产生严重后果：材料强度大大降低，配合机件之间产生拉毛甚至咬死现象；滑油黏度降低、氧化变质。综上所述，任何柴油机都需要进行冷却散热，并需有一整套相应的冷却系统来保证船舶柴油机正常工作。

柴油机需要冷却，但并非越冷越好。过分冷却也会带来不良后果，会使柴油机的功率和经济性降低。因此，柴油机冷却系统的主要任务是保证柴油机在最适宜的温度状态下，既能免除零部件损坏和减小其磨损，又能充分发挥它的有效功率。

柴油机采用的冷却介质不外乎是空气和水，船用柴油机主要采用水冷却。柴油机冷却系统可分为开式循环冷却系统和闭式循环冷却系统。

### 一、开式循环冷却系统

开式冷却系统一般是用水泵将舷外水（海、江河水）吸入，送至柴油机冷却部位，工作后直接排出舷外,这种系统结构与管路布置很简单,大多被江湖、沿海航行船舶上的小型柴油机所采用。

开式冷却系统的冷却过程是:海水从船底或船舷的通水阀,经过滤器进入海水泵。海水冷却泵先将海水送到滑油冷却器内,冷却流经该处的滑油,待水温提高 4 ~5 ℃后,引至冷却总管,并沿相应支管进入气缸冷却空间,将气缸盖冷却后进入排气管冷却空间,最后汇流排出舷外。

开式冷却系统一般都要设冷却水旁通阀,以通过控制旁通阀使进入柴油机的冷却水在各种负荷及不同自然环境下,保持冷却温差。

开式循环冷却的优点是结构简单,但有以下缺陷:

(1)水中含有的杂质和盐分较多,容易生成水垢;

(2)为防止水中盐分结成水垢,故出机冷却水温度限制在 55 ℃以下;

(3)冷却水温不宜过高,因此热效率降低。

如图 3 –36 所示为一中速船用柴油机的开式循环冷却系统线路图。

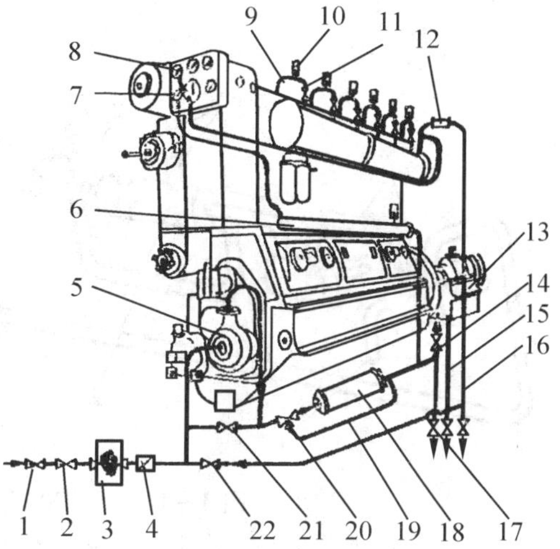


**图 3 –36　开式循环冷却系统线路图**

1—通海阀;2—进水阀;3—海水滤器;4—止回阀;5—离心式冷却水泵;6—进水总管;7—压力表;8—温度表;9—出水支管;10—温度计;11—调节旋塞;12—出水观察器;13—单环式推力轴承;14—调节阀;15—轴承出水管;16—出水总管;17—放水阀;18—滑油冷却器;19—旁通管;20—三通旋塞;21—调压阀;22—调温阀

柴油机前端盖板上装有可逆转离心式冷却水泵 5,由曲轴齿轮直接传动。海水经机舱通海阀 1、进水阀 2、海水滤器 3 和止回阀 4 由离心泵 5 吸入后,经三通旋塞 20 被输送至滑油冷却器 18,再经柴油机的进水总管 6 进入机体冷却水腔,然后由弯管接入气缸盖,最后经调节旋塞 11 转入排气总管的冷却水腔,汇集于出水总管 16 排出舷外。

## 二、闭式循环冷却系统

闭式循环冷却系统由两个部分组成,一是淡水冷却循环部分,二是海水冷却循环部分。在这个系统中,定量的淡水在柴油机的冷却空间与管路和淡水冷却水泵等之间形成一个封闭的循环回路;而舷外的海水只是用来冷却受热的淡水,以维持淡水的冷却效能。即柴油机把多余的热量传给淡水,淡水把吸收的热量传给海水,再由海水带出舷外,海水只对柴油机起间接冷却作用。

大中型船舶柴油机多采用闭式循环冷却系统。它可以使柴油机在冷却水温度较高的状态下运转,提高柴油机的经济性。另外,船舶在寒冷航区时,还可以利用这个系统对柴油机进行预热保温,保证船舶正常航行。

如图 3 –37 所示为闭式冷却水循环系统中的淡水循环系统。它的冷却过程是:淡水由淡水循环泵 4 送进柴油机内,经冷却气缸套和气缸盖后排出,经过淡水温度调节器 7 到淡水冷却管2，被海水冷却降温后，再进入滑油冷却器5，然后又被淡水循环泵吸入。这样不断循环冷却，使柴油机维持在适宜温度范围内。

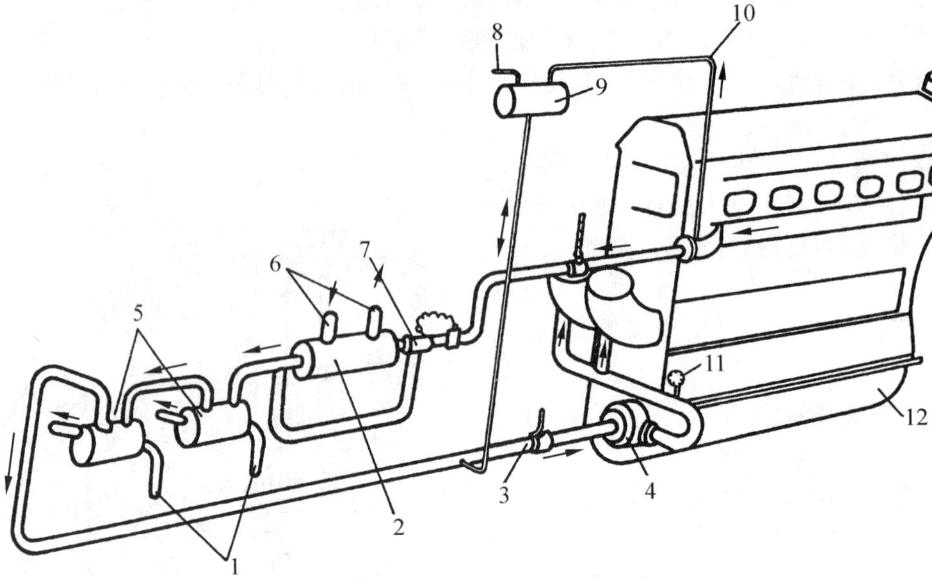


**图3-37　闭式冷却水系统中的淡水循环系统**

1—润滑油管；2—淡水冷却管；3—温度表；4—淡水循环泵；5—滑油冷却器；6—海水管；7—温度调节器；8—通气孔；9—膨胀水箱；10—通气管；11—压力表；12—柴油机

大型低速柴油机的冷却系统，除了对气缸套、气缸盖冷却外，有的还设有废气蜗轮增压器、活塞及喷油器的冷却回路。

闭式循环冷却回路有以下优点：

(1)淡水中含杂质和盐分少，能保持良好的冷却散热效果；

(2)冷却水出机温度可高达75～90 ℃，且不受自然环境的影响，还可以自动调节。

## 三、冷却系统的设备

冷却系统的设备主要包括淡水循环泵、海水泵、滤器、淡水冷却器、淡水加热器、自动调温器、压力表、温度计、膨胀水箱以及阀门和管路等。

1. 淡水循环泵

淡水循环泵的作用是使冷却水产生一定的压力，并把它输送到柴油机各个需要冷却的部位，保证冷却水不断循环。柴油机冷却系统的淡水泵、海水泵多用离心式水泵。

2. 淡水冷却器

淡水冷却器与滑油冷却器的结构及原理相同。

3. 自动调温器

柴油机运转时，冷却水的热量随转速和负荷的增加而上升。为使冷却水温度保持在规定范围内，一般柴油机都设有调温器。调温器的作用是根据柴油机工况的变化，自动地调节进入到淡水冷却器的淡水量，从而控制柴油机的冷却水进机温度。

4. 淡水膨胀水箱

小型柴油机的结构紧凑，常将膨胀水箱、淡水冷却器、自动调温器布置在一起；而中大型柴油机的淡水膨胀水箱则单独安置在柴油机最高处。

淡水膨胀水箱的作用是：

(1)补充系统中泄漏或蒸发了的淡水；

(2)排除系统中的空气，改善冷却效果；

(3)可使系统中的冷却水受热后有膨胀余地，避免机件与管路的损坏；

(4)可保证淡水循环泵有一个稳定的吸入压头。

## 四、冷却系统的管理维护

柴油机工作中，只有确保其冷却系统各设备、管路的正常工作，才能使柴油机处于良好的运转状态。因此，冷却系统在使用中必须注意以下几点。

(1)检测冷却水的温度和压力，并确保其正常。冷却水的温度大小取决于柴油机的燃烧、冷却水的流量、环境温度和循环等因素。而冷却水流量是通过其压力大小来反映的。通常，淡水压力约为 0.2 ~0.3 MPa，进出机冷却水温差不大于 20 ~25 ℃，而出机温度不超过 90 ℃。规定海水压力要低于淡水压力，约为 0.1 ~0.2 MPa，出机温度不超过 55 ℃。当柴油机出现冷却水过热现象时，应先减小柴油机负荷或降低转速，使冷却水温度逐渐下降，判明系统设备中是否发生故障或气缸中热负荷情况是否正常，如有故障，应迅速予以消除，但切不可立即停止运转，更不能将低温冷却水补充到系统中，以免产生更多问题。

(2)检测并保持膨胀水箱的水位。

(3)检查冷却系统的密封情况，并对水泵等定期检查，加注滑油，检查调温阀的工作可靠性。

(4)定期清洗冷却系统的水垢，以保证冷却效果。

## 五、典型的中央冷却系统介绍

现代化船舶采用了一种新型的柴油机冷却系统，即中央冷却系统。这种冷却系统的基本特点是：使用不同工作温度的两个单独的淡水循环系统，即高温的热淡水（约 80 ~85 ℃）和低温的温淡水（约 30 ~40 ℃）闭式系统。前者用于冷却主机，后者用于冷却热淡水和各种冷却器。受热后的温淡水在一个中央冷却器中，由开式的海水系统进行冷却。如图 3 -38 所示为 MAN/B&W 柴油机中央冷却系统，主机缸套冷却水为热淡水循环系统，发电副机缸套水为温淡水系统。温淡水由中央冷却水泵 3 泵出，分别冷却主机滑油冷却器 4、空气冷却器 5、主机缸套水冷却器 8，其回水总管汇集后，流至中央冷却泵 3（共三台）的入口处。此温淡水同时兼作发电副机缸套水，其出口水在航行时（阀 A 开启，阀 B 关闭）流至单设的中央冷却泵 3 的入口处。在港泊期间（阀 A 关闭，阀 B 开启），发电副机缸套冷却水可用来给主机暖机。受热后的温淡水可在中央冷却器 2 中，由主海水泵 1 泵出的海水进行冷却。由此，简化了船舶海水管系，使海水管系最短。此外，系统中装有多个温度传感器 10，以及相应的热力控制阀 9，可根据水温的变化，调节旁通水量大小。

中央冷却系统比传统的冷却水系统有以下明显优点：

(1)海水管系及中央冷却器的维修工作减至最低限度；

(2)气缸冷却水温度稳定，不受工况变化的影响，使柴油机始终在最佳冷却状态下运转；

(3)淡水循环可多年保持清洁，维修工作量极少。

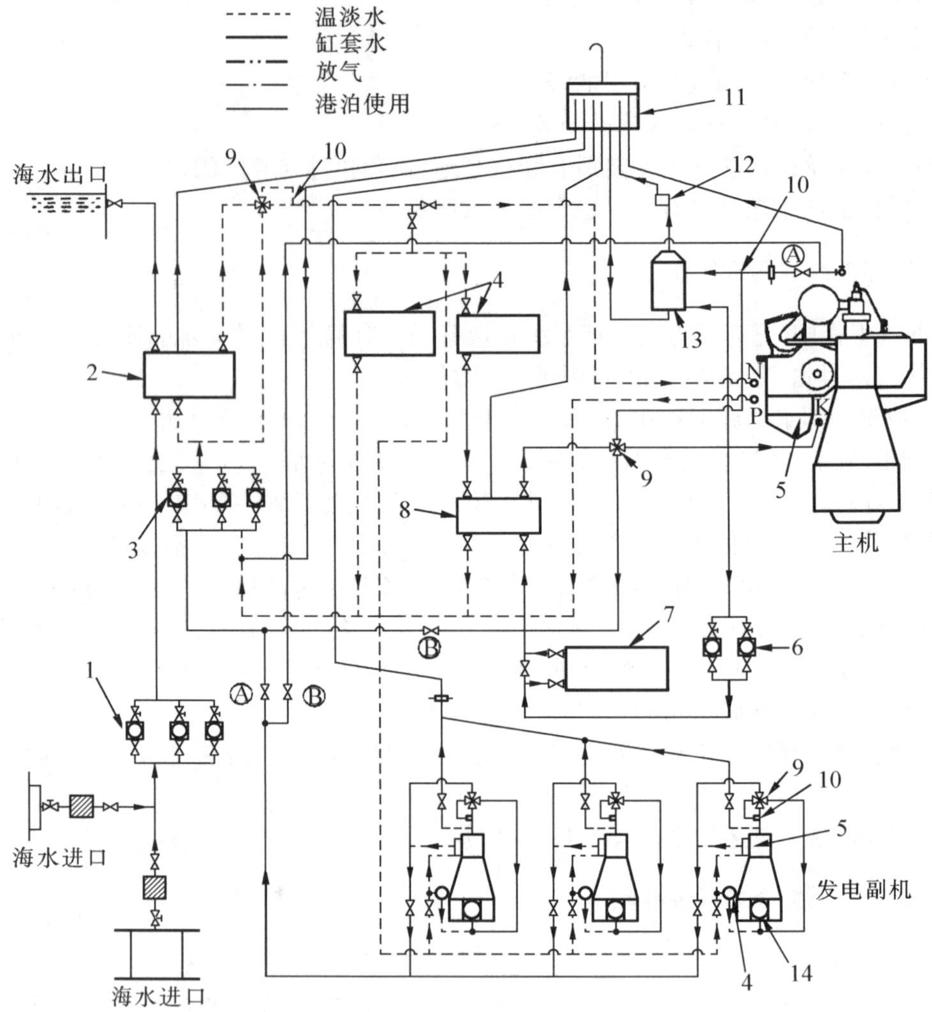


**图 3-38　MAN/B&W 柴油机中央冷却系统**

1—主海水泵;2—中央冷却器;3—中央冷却泵;4—滑油冷却器;5—空气冷却器;6—缸套冷却水泵;7—制淡水机;8—缸套水冷却器;9—热力控制阀;10—温度传感器;11—膨胀水箱;12—空气分离器报警器;13—空气分离器;14—机带淡水泵

中央冷却系统存在的缺点是增加了中央冷却器及其辅助设备与管系,投资费用较高。

该冷却系统的维护管理要求是:

(1)首先调整冷却系统的工作参数,确保正常。

①淡水温度应根据说明书的规定调整至正常工作范围。对于中高速柴油机,一般出口温度可控制在 70~80 ℃,低速机可控制在 60~70 ℃,进出口温差不大于 12 ℃。一般淡水出口温度以接近允许上限为宜。

②淡水泵出口压力调整在正常工作范围。通常淡水压力应高于海水压力,以防止冷却器泄漏时,海水漏入淡水中,引起变质。

③海水出口温度不超过 50 ℃,以免盐分析出而沉积成垢,影响传热。

④淡水温度可以通过调节进入淡水冷却器的海水量,或者通过调节进入淡水冷却器的

淡水量来控制。现代新建的船舶多装设淡水和滑油温度自动调节装置，以控制进入冷却器的淡水量和滑油量。

⑤检查各缸冷却水的情况，如需调整冷却水的流量，应调整淡水泵的出口阀，淡水泵的进口阀应始终处于全开位置上。

⑥气缸冷却水波动而调节无效，通常是系统中存在气体造成的。应尽快查明原因并排除故障。

(2)定期检查膨胀水箱和淡水循环柜的水位变化。如果水位降低过快，应迅速查明原并排除故障。

(3)在备机时，应开动淡水泵进行冷却系统驱气，使淡水在系统内循环15～30 min，进行暖缸，使水温达到45 ℃左右。

(4)在进出港机动操纵时，要控制海水系统，保证淡水温度而不产生过大波动。停机后，应让冷却水继续在系统内循环20～30 min。

(5)应定期(最好每周一次)检查冷却水质量，水处理添加剂(如缓蚀剂)的浓度应在其说明书规定范围内，pH值为6.5～8，氯化物浓度不大于$50\times10^{-6}$。通过这些指标的变化，可大致判断冷却系统的工作状态。

## 六、柴油机冷却水处理

由于淡水的水质稳定，传热效果好并可采用水处理方法来解决其腐蚀和结垢的缺陷，因此淡水是目前使用广泛的一种较好的冷却介质。

柴油机闭式和中央冷却系统中，都采用淡水作为冷却介质。在自然界中，没有纯净的水，仍需对系统中的淡水进行处理，以防在冷却腔中结垢和造成腐蚀。船舶上处理冷却水的方法有两种：一种是加入无机缓蚀剂。目前使用以亚硝酸盐与硼酸盐为主的水处理剂，其价格便宜，保护效果好，其缺点是在船上，必须定期化验其浓度变化。另一种是加入乳化防锈油，由于环境保护的要求，目前较少使用乳化防锈油。

1. 无机缓蚀剂

无机缓蚀剂(防锈剂)的种类很多，但目前国内外所使用的无机缓蚀剂多以亚硝酸盐和硼酸盐为主要成分，前者具有很好的防垢和防锈双重作用；后者为碱性物质，可提高冷却水的pH值，有利于保护膜的形成。只要按使用说明应用，两者都能取得良好效果。加有这种药剂的冷却水，可用作造水机的热源，制得的淡水可供饮用。

使用时，这种药剂的用量控制及浓度根据亚硝酸盐浓度而定，如表3-4所示为无机缓蚀剂用药量控制表。对原来积有水垢和沉积物的冷却腔，用药量应加倍，且经常从系统中放水，以排出水垢、铁锈和泥渣。

我国交通部推荐的柴油机水处理的药剂为亚硝酸钠和四硼酸钠的混合物，其处理步骤可参见有关说明书。

2. 乳化防锈油

乳化防锈油品种很多，由有机防锈添加剂、乳剂和基础油三部分组成。采用防锈油处理冷却水，除有防蚀作用外，还有一定的润滑作用，因此常用于活塞的冷却水处理。我国船舶常用的防锈油有国产乳化防锈油和壳牌“壮马吉B”(Shell Dromus B)防锈油。

表 3-4　无机缓蚀剂用药量控制表

<table>
<tr><th rowspan="2">亚硝酸盐值<br>($10^{-6}$)</th><th colspan="3">用药量(每吨水投药量)/kg</th></tr>
<tr><th>蒸馏水</th><th>淡水</th><th>海水</th></tr>
<tr><td>200</td><td>2</td><td>6</td><td>6.5</td></tr>
<tr><td>400</td><td>1.5</td><td>4.5</td><td>6.0</td></tr>
<tr><td>600<br>800</td><td>1.0</td><td>4.0</td><td>5.5<br>5.0</td></tr>
<tr><td>1 000</td><td>0.4</td><td>3.5</td><td rowspan="2">4.5</td></tr>
<tr><td>1 200</td><td rowspan="9">控制范围</td><td>3.0</td></tr>
<tr><td>1 400</td><td>2.5</td><td>4.0</td></tr>
<tr><td>1 600</td><td rowspan="2">2.0</td><td>3.5</td></tr>
<tr><td>1 800</td><td rowspan="2">3.0</td></tr>
<tr><td>2 000</td><td>1.5</td></tr>
<tr><td>2 200</td><td>1.0</td><td>2.5</td></tr>
<tr><td>2 400</td><td rowspan="6">控制范围</td><td>2.0</td></tr>
<tr><td>2 600</td><td>1.3</td></tr>
<tr><td>2 800</td><td rowspan="2">1.0</td></tr>
<tr><td>3 000</td><td rowspan="6"></td></tr>
<tr><td>3 200</td><td>0.5</td></tr>
<tr><td>3 400</td><td rowspan="4">控制范围</td></tr>
<tr><td>3 600</td><td rowspan="3"></td></tr>
<tr><td>3 800</td></tr>
<tr><td>4 000</td></tr>
<tr><td>初次投药量</td><td>2.4</td><td>5.4</td><td>6.7</td></tr>
</table>

## 第五节　柴油机运行参数的自动控制和自动化

为了实现对柴油机运行工况变化的控制,必须对其参数进行正确的调节和控制。自动控制技术的采用,不仅可以改善操作人员的工作条件,而且能提高控制精度和预测故障的发生,由此大大提高船舶运行的安全性和经济性。目前,大多数船舶不同程度地采用了自动控制,有的采用集中监测控制及柴油机的遥控,有的已实现“无人机舱”和全船自动化。因篇幅有限,这里仅对柴油机运行参数中的燃滑油及冷却水温度的自动控制和压力的自动控制粗略介绍。

### 一、冷却水温度控制

如图 3-39 所示为柴油机冷却水温度控制系统图。从柴油机吸热后排出来的高温冷却水,经淡水冷却泵 5 加压后分为两路:一路经淡水冷却器 7,由海水冷却降温(称为低温水)后,再送至气动三通温度调节阀 6;另一路则不经冷却直接送至调节阀 6(又称高温水)。这两种温度不同的淡水在调节阀 6 中,经混合后供入柴油机气缸套、气缸盖等冷却水空间。

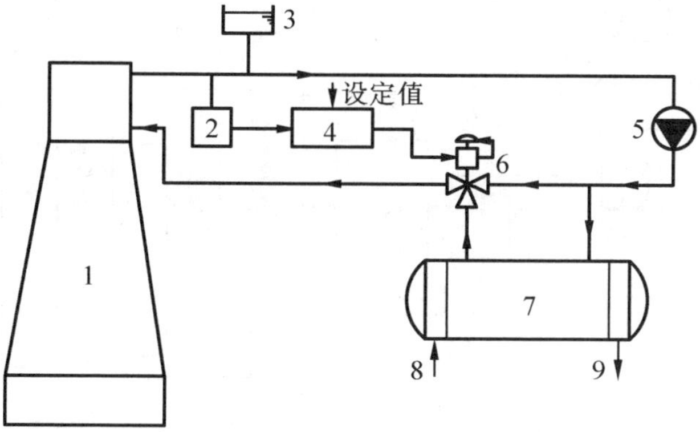


**图 3 - 39　柴油机冷却水温度控制系统**

1—主机;2—温度传感器;3—重力水柜;4—比例积分温度控制器;5—淡水冷却泵;
6—气动三通温度调节阀;7—淡水冷却器;8,9—海水进出口

柴油机冷却水的出口温度,会因柴油机的负荷改变或冷却器出口淡水的温度变化而变化。该控制系统是以柴油机冷却水出口处的实际温度为控制信号的。

温度传感器 2 感受此温度信号,并将此信号传递给比例积分温度控制器 4。在这里将此信号与设定温度值进行比较,得到实际温度与设定温度的偏差,并根据此偏差的数值和偏差对时间的积分,向气动三通温度调节阀 6 发出动作指令,使其作出相应的调节动作,从而调节“高温水”与“低温水”的混合比例,改变进入柴油机气缸套冷却空间的冷却水温度,以保持柴油机冷却水出口温度与设定值基本一致。根据柴油机的不同要求,可人为地调节温度控制范围。

## 二、滑油压力控制

如图 3 - 40 所示为滑油压力与温度控制系统图。其中,压力传感器 15 感受到滑油泵 17 的排出压力,并把该压力信号传递给压力变送器 5。由压力变送器将此信号进行适当的转换,并经比较机构 4 将上述测得的压力信号与所设得的压力值相比较,将比较所得的偏差信号传递给比例积分调节器 3。此调节器 3 根据偏差信号发出相应的控制信号,并由放大器 2 把此信号放大,然后向滑油压力调节阀 1 发出指令(即放大 3 控制信号),通过调节控制滑油泵 17 的输出滑油的回油量,使该柴油机的滑油系统的滑油压力保持在适当的数值上。柴油机上的燃油压力的控制,也可采用上述调节方法,可确保柴油机在不同负荷工况下保持燃油压力的恒定。

如图 3 - 40 右半部分所示为滑油温度控制系统,其控制原理与图 3 - 39 的冷却水温度控制系统原理基本相同。

## 三、柴油机的自动控制基本原理

船舶动力装置应用自动控制技术,是现代船舶发展的主要方向之一。也是当前造船科学技术进步的重要技术指标。船舶动力装置自动化的实现可把操作人员从高温、高压、易爆易燃的岗位上解脱出来,并可使复杂动力设备的运算过程处于最佳的条件。从而降低动力能源的消耗,实现低碳排放与绿色环保,延长动力设备使用寿命,降低航运成本。自动控制

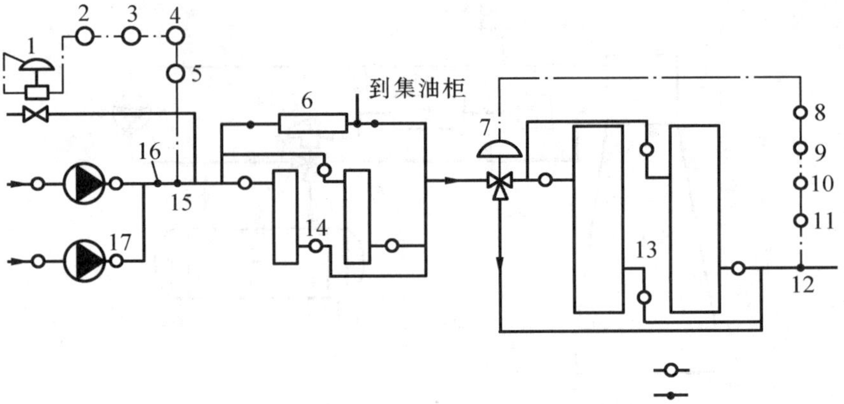


**图 3-40　滑油压力与温度控制系统**

1—压力调节阀;2、8—放大器;3—压力调节器;4、10—比较机构;5、11—变送器;6—压差计;7—温度调节阀;9—温度调节器;12—温度传感器;13—冷却器;14—过滤器;15—压力传感器;16—启动备用泵的压力传感器;17—滑油泵

就是对动力设备运用中的重要技术参数,如温度、压力、流量、液位等,通过一定专门的装置,使其能自动地保持或按恒定的规律变化,以满足动力设备正常运行的要求。

用自动控制新技术可代替常规的手动调节繁杂操作,如用温度变送器来代替人的眼睛对温度值观察,并用显示仪表来自动指示和记录,用调节器来代替大脑处理其温度偏差,最终发出指令来控制执行机构动作,这便构成了普通的温度自动控制调节系统。

自动控制基本原理如图 3-41 所示。

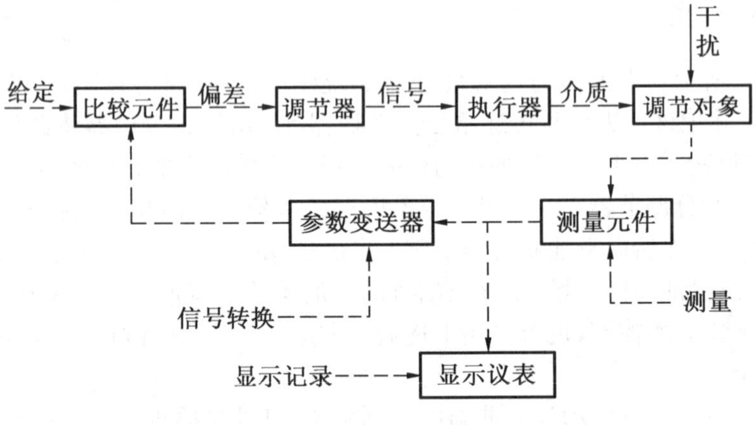


**图 3-41　柴油机的自动控制基本原理图**

图中的各方块的含义如下:

调节对象——被调节参数。如柴油机冷却水的温度、滑油压力等。

测量元件——用来测量被调节参数的元件。如气、电动自控设备中的变送器,它可将检测参数转换为标准的气压或电流信号。

显示仪表——将检测的量值进行指示和记录。如在自动调节系统中起着发出信号、切换或遥控等作用。

调节器——将变送器的气电信号与给定值进行比较后得到偏差,经计算单元实现多种运算规律后的比例、积分及微分调节信号,去控制操纵机构。通过计算后的自动调节,可大大改善柴油机主要参数的调节质量。

执行器——根据调节单元信号,通过执行器机械向被控制的柴油机动力装置中的调节对象发出反应动作。

自动控制调节过程是根据操作人员在柴油机设备运行时的手动调节规律来模拟人工调节的。它的调节规律主要以下三种情况:

1. 按偏差值的大小进行比例调节

船舶柴油机动力装置设备的操作人员,根据调节对象的测量值与给定值之间偏差的大小,按比例决定其执行器的开度状况实现控制调节。此调节规律虽经比例调节,但仍有残余的偏差存在,常用比例调节器进行调节。

2. 消除偏差的再调节

柴油机设备的操作人员根据调节对象的残余偏差值的大小,进行多次调节,直至偏差值消除为止,这第二次以及其后的多次调节称为再调节。使用此种再调节的调节器,主要是根据偏差,在发出或比例关系输出信号的同时,还输出与时间成比例并加以积分来实现的信号。它的特点是只要有偏差存在而且不论偏差有多么小,都会有输出调节信号,它能消除残余偏差的存在,常用比例积分调节器进行调节。

3. 超前调节

由于柴油机设备中的被调对象总是存在惯性,因此,有经验的操作人员在调节对象时,使调节作用比参数的变化超前一步,也就是按偏差变化的速度来进行调节,所以叫超前调节。它的调节器除了能完成比例积分动作之外,还能根据偏差变化速度,也即使偏差对时间的微分。

## 四、船舶柴油机的自动化基本概念

目前,柴油机大多配置自动化装备,以实现其操纵、维护和调整的自动化。柴油机自动化技术的日益发展,可以使柴油机在启动、加载、机组同步、系统维护、添加燃油和滑油及停车等方面均实现自动化。柴油机上愈来愈多采用各种逻辑控制系统,自动选择和确定最合理的自动化程序。

采用自动化手段可以提高柴油机的可靠性,消除由于未及时采取预防措施而造成的故障和损失。目前国际上已采用自动化标准规定。

柴油机的自动信号系统一般由测量装置、传感器、放大装置和信号传达与指示装置等组成。为及时发现柴油机参数的变化,可利用传感器来监测温度、压力、转速、液位和流量以及燃烧情况等。传感器可以分为温度传感器、压力传感器、转速传感器、液位传感器、流量传感器以及完全燃烧程度传感器等装置。如温度传感器用来测量冷却液、滑油、气体和柴油机零部件的温度,当温度达到极限值时,预警机构就起作用。传感器的结构是多种多样的。

故障预警信号通常起着柴油机故障停车作用。当故障发生时,可使柴油机停止运转,切断燃油供给和关闭进气通道。

自动化系统中的声、光信号可及时告知操作人员动力装置工作中出现的异常及故障。声、光的信号应明显区别柴油机在工作时发出的声响和照明光源。

自动化系统中采用的执行机构，因所采用的能源不同，可分为电力、气动、液压及复合式等多种。对于低速大功率装置来说，其机构的操纵需要较大的能量，故常应用构造紧凑的气动或液压式设施。

为了适应船舶的现代化，使柴油机和整个机舱达到自动化，应用新技术和新型材料的开发，对于节能低耗、降低营运成本是绝对必要的。为了确保柴油机的性能，目前正推进电控喷射、自动调节控制检测等自动化技术的发展，其中包括故障预测诊断技术的推广应用。未来的技术将向船舶高综合经济化方向前进。

## 习　　题

1. 柴油机的排气系统的功用是什么，四冲程柴油机的进排气工作原理是什么？

2. 柴油机凸轮轴用什么材料制成，凸轮轴上的凸轮位置方向与何有关，凸轮轴是通过哪个机构来运转的？

3. 柴油机燃烧系统的功用是什么，一般分哪两个支系统，支系统的作用与组成各是什么，对支系统的要求有哪些？

4. 柴油机正确喷油定时是怎样确定的，喷油过早或延迟将会产生哪些问题？

5. 喷入气缸内燃油的良好的雾化与哪些因素有关？

6. 试述回油孔调节式喷油泵（波许泵）产生高压燃油的原理，并用油泵过程原理图表示。

7. 何谓终点调节油量法，何谓始点调节油量法？

8. 试述回油阀式喷油泵的结构、特点及其产生高压燃油的工作原理。

9. 喷油器的作用是什么，它一般分为哪些常见类型？

10. 柴油机的滑油系统作用是什么，压力循环式的润滑特点是什么？

11. 达到良好的润滑应具备哪些条件？

12. 什么叫滑油黏度，黏度与滑油牌号呈何关系，船用柴油机滑油有哪几种牌号，其含义是什么？

13. 柴油机冷却系统的作用是什么，什么叫开式循环冷却系统，什么叫闭式循环冷却系统，中央冷却系统有何特点？

14. 试述柴油机冷却水温度和滑油压力的自动控制过程，并用其原理图分别表示出来。

15. 柴油机的燃油黏度是如何来控制的？

16. 柴油机的轻、重柴油是如何来转换的？

17. 使用低质燃油的意义是什么，使用低质燃油会产生哪些问题？

18. 船舶柴油机自动控制技术的调节规律主要有什么，各自的特点是什么？

# 第四章　船舶柴油机主要装置

船舶柴油机的启动、换向和调速是船舶操纵的重要环节，是船舶安全航行的基本保证。船舶需要在各种情况下航行，例如：船舶在正常航行时，要求定速前进，在进出港口或离靠码头时，要求迅速改变航速和航向。为了满足这些要求，船舶上的柴油机就得进行启动、停车、倒车以及快慢车等各种操作。

此外，当船舶在风浪中航行时，由于船体自身摇摆起伏，柴油机随时可能超速、超负荷或飞车，这时应采取措施，限制柴油机的转速和负荷，防止事故的发生。

在紧急情况下，要求柴油机能迅速刹车、停车或倒转。为此，船用柴油机上必须设置启动、换向和调速装置，以及便于操纵和管理的操纵机构。

## 第一节　启 动 装 置

### 一、启动装置的使用

燃油在柴油机内燃烧做功的工作循环，需要专门的一套启动装置使之运转起来，并保证柴油机的初次发火，同时必须满足气缸内压缩终了时的温度大于柴油的自燃点与良好的雾化；这时需要一个动力来推动活塞及连杆机构，产生往复运动，使进入气缸的空气被压缩升温，柴油喷入气缸内发火燃烧，膨胀做功，排气，周而复始地使柴油机在启动装置的作用下，正常运转起来；当柴油机转速达到启动转速时，启动装置即自行停止工作，这就是启动装置的作用。

柴油机的启动转速，随着柴油机的类型、环境条件（大气温度、压力）、燃油品质的不同而有所差别。大型柴油机最低启动转速为 40 r/min 左右；中高速柴油机为 80 ~ 150 r/min；小型柴油机为 200 ~ 250 r/min。

### 二、启动的类型和特点

柴油机的常用启动方式按其启动外力能源分为电力启动和压缩空气启动两种。

电力启动是用电动机来代替柴油机的旋转，从而达到启动目的。这种装置较为简单，使用方便，常用于高速柴油机中。它的缺点是柴油机的启动能力受蓄电池工作能力的限制。

压缩空气启动是利用压缩空气及相应机构来启动大中型可逆转的柴油机。它直接利用压缩空气推动活塞，从而使柴油机启动起来。它的特点是启动的能量较大，但结构较为复杂。

### 三、电力启动装置

1. 电力启动装置工作原理

如图 4 －1 所示为电力启动装置，直流电动机由蓄电池供电，通过同轴上的小齿轮带动柴油机的飞轮齿圈。当启动时按下按钮，电路被接通，启动电动机随即带动小齿轮与柴油机上的飞轮齿圈相啮合，并使曲轴旋转。当柴油机发火自行运转后，立即松开按钮，停止供电，此时小齿轮即自动与飞轮齿圈脱离。如图 4－2 所示为小型柴油机的电力启动装置原理图。

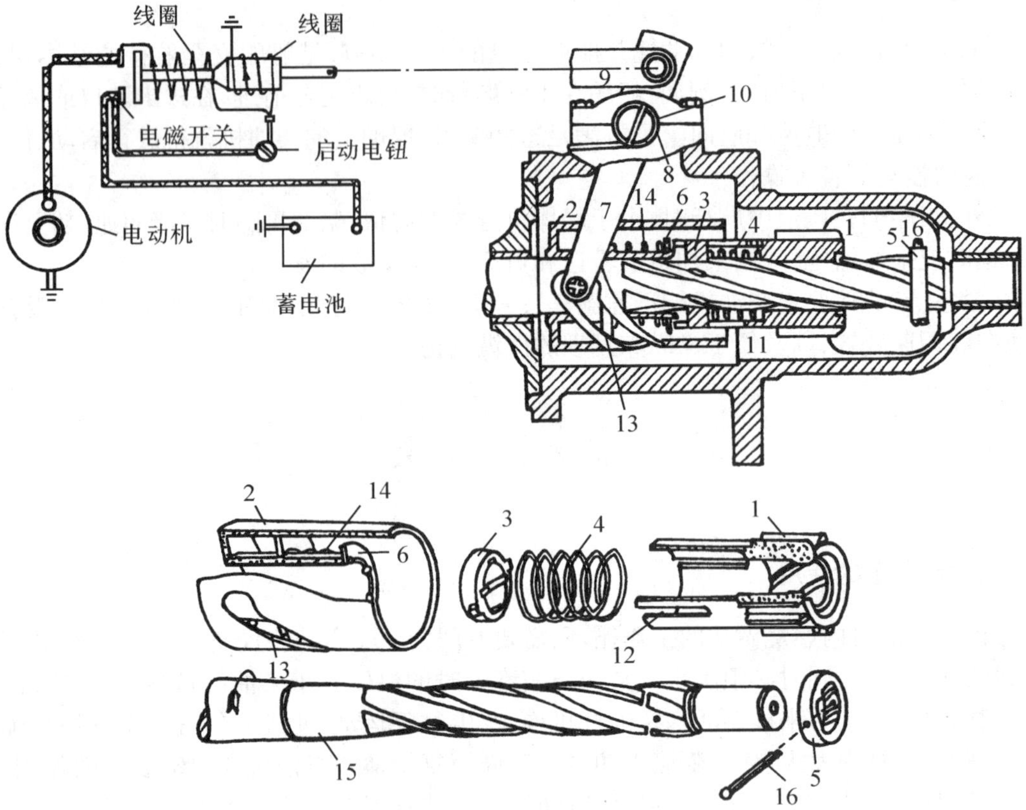


**图 4－1　电力启动装置**

1—齿轮；2—套筒；3—转动滑块；4—弹簧；5—挡圈；6—圆环；7—杠杆；8—支点；9—传动杆；10—扭力弹簧；11—缺口；12—直槽；13—螺旋槽；14—弹簧；15—轴；16—开尾销

2. 电力启动传动装置的要求及工作过程

电力启动传动装置的要求是：当柴油机启动时，启动电动机上的小齿轮能迅速自动地与柴油机的飞轮齿圈相啮合，并能顺利带动其转动，使之启动；柴油机启动后，小齿轮必须能迅速而自动地退出啮合，并停止转动。

小齿轮与启动电动机转轴之间，用大螺距的螺纹连接（即螺旋形花键的装配形式），当拉动启动电动机上的传动杆时，推动移动套筒并压缩弹簧及小齿轮导套，通过小齿轮弹簧使小齿轮以螺旋形向前移动，直至与飞轮齿圈啮合为止。

电力启动传动装置的工作过程，可按以下四步进行。

（1）啮合

启动柴油机时，首先按下启动按钮，使磁力线圈通电并产生磁力使铁芯移动，拉动传动杆，使小齿轮与飞轮齿圈啮合。

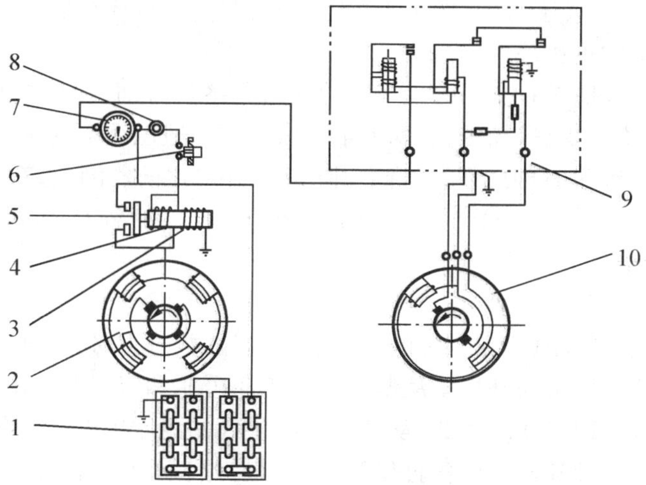


**图 4-2　小型柴油机的电力启动装置原理图**

1—蓄电池;2—启动机;3—吸引线圈;4—保位线圈;5—铁芯动触头;
6—按钮;7—电流表;8—电钥开关;9—调节器;10—充电发电机

(2)启动

当小齿轮与飞轮齿圈啮合时,磁力开关内的铁芯也移动到启动电机触点闭合的位置,从而使线圈断电,启动电机与蓄电池直接接通,使电动机转动,带动柴油机启动。

(3)退出啮合

柴油机启动后,飞轮的转速升高,从而使小齿轮的转速升高。由于螺旋花键的作用,使小齿轮产生与启动时反向的轴向移动,致使小齿轮退出啮合,避免了电动机由于反传动产生超速而被损坏。

(4)启动结束

在正常情况下,启动按钮按下数秒后,或听到气缸内有做功声,柴油机即启动,这时应立即松开按钮,使线圈断电,传动杆复回,启动电动机的电路断开而停转,使启动装置恢复到启动前位置。

## 四、压缩空气启动

船舶大中型柴油机绝大多数采用压缩空气启动。因为大功率的船用柴油机活动部件的质量大,启动惯性力大,所以采用电动启动装置是不合适的。压缩空气启动能够适用柴油机发电机组和柴油主机的频繁、快速和直接正倒转的要求。

1. 压缩空气启动的原理

压缩空气启动的原理是:将压力为 1 ~ 3 MPa 的压缩空气,按柴油机的发火顺序,定时地在各缸的做功冲程内引入气缸,以压缩空气来推动活塞运动,带动曲轴旋转。当柴油机转速达到启动转速后,燃油喷到气缸内便自行发火燃烧,使柴油机启动旋转。

2. 压缩空气启动的要求

为了实现压缩空气启动并保证可靠性,必须满足以下条件。

(1)压缩空气具有一定的压力和容量

为很快地达到一定的转速以求启动迅速，并保证连续多次实现启动。要求空气瓶具有一定的容量和一定的空气压力（一般为 1 ~3 MPa），并能保持连续启动 12 次。

（2）启动定时必须准确

所谓启动定时，就是压缩空气送入气缸的开始和终了时刻（用曲柄角表示）。合适的启动定时以最利于启动并使空气消耗最少为主要依据。一般压缩空气进入的开启时刻在上死点前后约 5°左右，而终了时刻应在排气阀（排气口）开启之前。因此，对于四冲程柴油机，其供压缩空气延续时间一般小于 140°曲柄转角；对于二冲程柴油机，供气延续时间小于100° ~120°曲柄转角。

（3）必须保证最少启动缸数

由于启动供气的延续时间在一定的范围之内，当缸数过少时，各缸启动供气时间不能衔接，柴油机的启动就不能顺利进行。从柴油机的工作可靠和航行安全出发，要求柴油机的曲轴在任何位置，均能立即启动。为此，从各缸连续供气的角度出发，就要保证最少启动缸数。对于二冲程柴油机，曲轴旋转一周各缸供气一次，最少启动缸数不应少于 4 缸；对于四冲程柴油机，最少启动缸数不应少于 6 缸。

3. 压缩空气启动的方式

船用柴油机按其气缸盖上启动阀开启的方式，启动装置可分为气压控制式（间接控制式）与单向阀式（直接控制式）两种。

（1）气压控制式启动装置与方法

如图 4 -3 所示为气压控制式启动装置的示意图。这种间接控制式的特点是：用两路压缩空气配合完成启动工作。由空气分配器控制的一路压缩空气用来控制气缸启动阀的闭启，另一路压缩空气在气缸启动阀开启时间内进入气缸，以推动活塞做功使之启动。

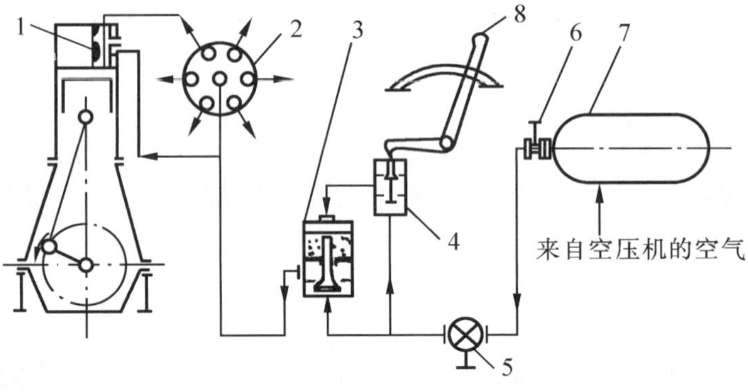


**图 4 -3　气压控制式启动装置**

1—启动阀；2—空气分配器；3—主启动控制阀；4—启动控制阀；
5—截止阀；6—出气阀；7—空气瓶；8—启动手柄

启动时，将储气瓶上的出气阀 6 和截止阀 5 开启，当启动手柄推到启动位置时，同时顶开启动控制阀 4，控制空气进入主启动控制阀 3 内的活塞上部，并将主启动阀开启。这时启动空气一路到达气缸启动阀 1 处等候作为动力之用；另一路至空气分配器 2，空气分配器按柴油机的发火次序，把压缩空气分配到气缸启动阀上方，将其打开，并使等候在气缸启动阀内的启动空气进入气缸，推动活塞运动达到启动目的。

柴油机启动后,启动手柄复原,启动控制阀 4 关闭,并使主启动阀活塞上的压缩空气泄放掉,即自行关闭,启动工作即告结束。

由于这种经空气分配器的压缩空气仅用于控制,而不是直接进入气缸作为动力,因此称这种启动装置为间接控制式或气压控制式启动装置。这种启动装置广泛应用在船舶中大型主机上。

(2)单向阀式启动装置与方法

这种单向阀式(直接控制式)的特点是:只有一路气体进入气缸启动阀到气缸内,而且这路气体是由空气分配器直接控制的。

该装置由启动控制阀和操纵阀、空气分配器、单向式的气缸启动阀等组成。

启动时,先打开空气瓶上的截止阀,压缩空气通过管路到达启动控制阀和操纵阀处,当操纵阀手柄处在启动位置时,压缩空气便通过操纵阀和启动控制阀到达空气分配器,并按发火次序顶开气缸单向启动阀进入气缸推动活塞做功、启动。这种气缸启动阀是单向阀结构,而不是气控式启动阀结构,因此受节流影响而压力损失。但该结构较简单,多用在中小型柴油机上。

柴油机启动后,立即将操纵阀手柄复位到原来位置,切断压缩空气的供应,至此,启动完毕。

4. 启动装置的主要部件

(1)主启动阀

主启动阀是压缩空气启动系统中的总控制阀,如图 4 -4 所示。主启动阀采用气压和液压来控制,能使主启动阀操纵省力、方便,并可实现远距离的控制,所以一般中大型柴油机设

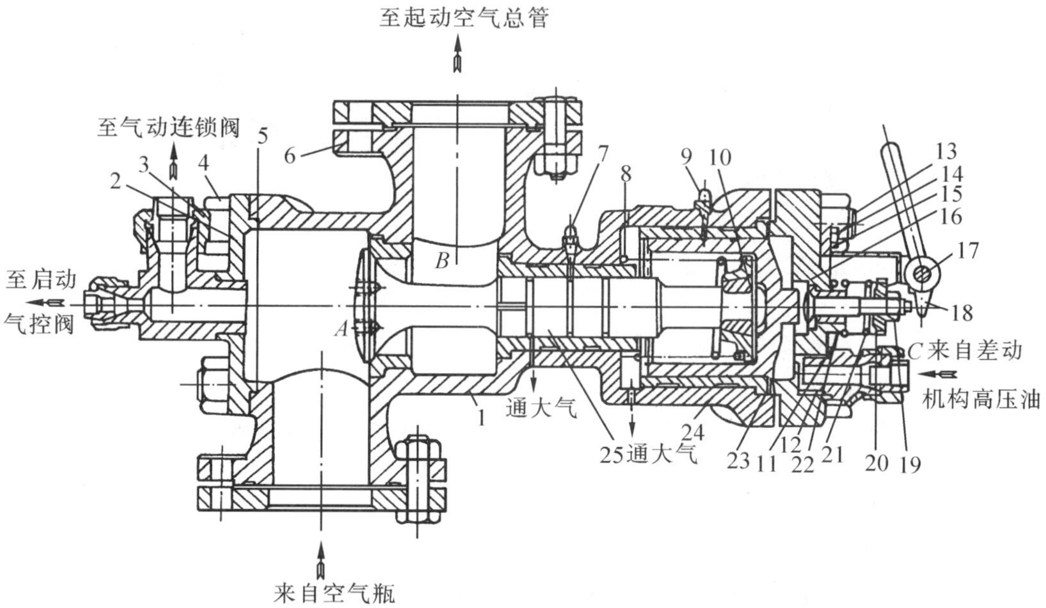


**图 4 -4　主启动阀**

1—阀体;2—下盖;3—接头;4—螺母;5、6—垫片;7—油嘴;8—弹簧;9—油嘴;10—卡环;11—垫片;12—接头;13、14—螺母;15—支架;16—上盖;17—轴;18—手柄;19—螺母;20—托盘;21—弹簧;22—顶杆;23—垫片;24—活塞;25—起动阀

有主启动阀。当启动操纵装置内的控制空气进入活塞顶部时，便推动活塞24并压缩弹簧顶开启动阀25，使空气瓶中的压缩空气进入柴油机的启动空气总管。当控制空气泄放时，活塞在弹簧作用下复位，使启动阀重新关闭。当这种主启动阀咬死或动作不灵活时可以用手柄来实现应急的手柄控制。

主启动阀按其开启动作原理可分为两类：一类是充气使阀开启，另一类是泄气使阀开启，大型柴油机多采用后一类。

(2)气缸启动阀

气缸启动阀按其结构的不同，可分为单向阀式气缸启动阀和气压控制式气缸启动阀两种。

单向阀式的气缸启动阀是一种结构简单的单向阀件，它应用于单向阀式启动装置中。这种单向阀式启动阀依靠空气分配器分配来的启动空气自动开启，如果切断启动空气，阀在弹簧作用下自行关闭。

气压控制式气缸启动阀，如图4－5所示，它是依靠控制空气来推动活塞达到开启目的的，而关闭则是靠弹簧力的作用。这种气压控制式启动阀的特点是采用一般压力空气来实现间接控制启动。由于开启阀的作用力大，能满足速启、速闭的要求，且当气缸内压力大于控制空气时，启动阀仍能开启。所以这种启动阀已被许多柴油机采用，特别是大型低速柴油机。

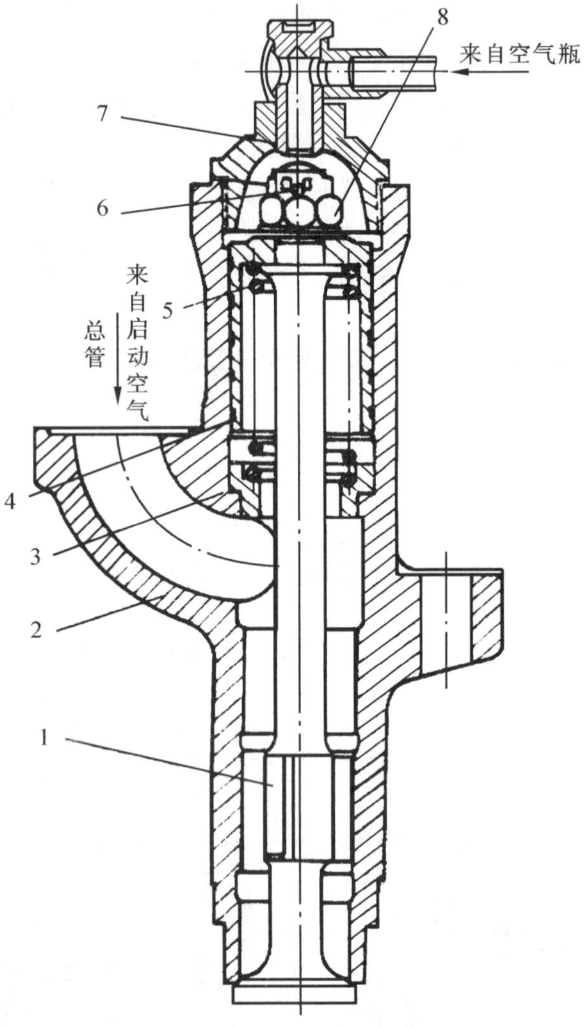


**图4－5　气压控制式气缸启动阀**

1—启动阀；2—阀壳；3—弹簧座；4—导套；5—弹簧；6—开口销；7—空气管接头；8—螺母

(3)启动空气分配器

空气分配器的作用是按照柴油机启动定时将启动空气分别送至各缸的气缸启动阀中，并定时启闭气缸启动阀，使柴油机启动运转起来。空气分配器的空气分配是由其内机件的动作经凸轮轴传动来达到的。启动空气分配器按其结构在各柴油机上的不同可分为滑阀式空气分配器和转盘式空气分配器。

为与气缸启动阀相配，滑阀式空气分配器又有单气路和双气路两种。单气路与单气路气缸启动阀相配；双气路与双气路气缸启动阀配合使用。双气路控制式气缸启动阀有两路控制空气，因而它的分配器必须有两个供气点分别与启动阀的开启管 $H$ 和关闭管 $J$ 相连接。如图4－6所示为双气路控制式空气分配器的剖视图。启动空气分配器的各控制滑阀3

是按各气缸的发火次序绕凸轮轴中心线径向布置的，滑阀是由一个启动凸轮7控制的。

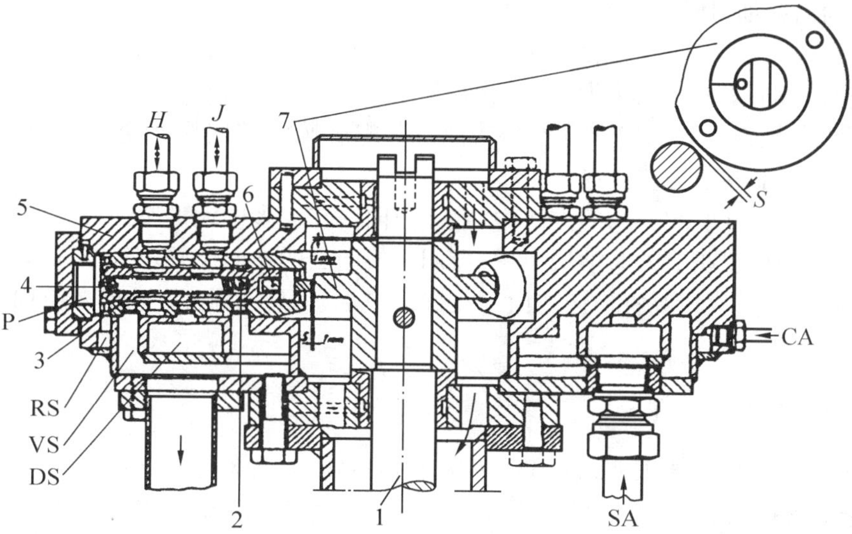


**图4-6　双气路控制式空气分配器剖视图**

1—轴；2—滑阀套；3—控制滑阀；4—弹簧；5—外壳；6—滚轮；7—启动凸轮；CA—控制空气管；SA—供气管；DS—分配器空腔；VS—放气空腔；RS—空腔；P—压力空腔

5. 改善柴油机启动的措施

柴油机往往会由于环境温度较低，而使启动困难。为了使柴油机在任何情况下，特别是冬季都能迅速可靠地启动，可采用以下措施：

（1）适当加热冷却水和滑油，使柴油机在适宜的条件下启动。

（2）启动时采用低燃点的柴油，用重柴油的柴油机在启动时改用轻柴油。使用黏度低、蒸发性好的轻柴油容易着火启动。

（3）保证启动装置的能量，要求压缩空气的压力或电瓶的电能保持在规定范围内。

## 第二节　换向装置

### 一、柴油机的换向

为了使船舶在水上航行时，能迅速灵活地、安全可靠地实现前进或后退，必须在柴油机上设有动作灵活且可靠的换向装置。

柴油机的换向装置用来改变螺旋桨轴向推力的方向，使船舶既能前进又能倒退。目前，船用柴油机大多采用直接反转式柴油机的换向装置，来改变螺旋桨的转向。其原理是：先使柴油机停转，然后通过柴油机的换向装置使曲轴转向改变，同时使喷油定时、配气定时及启动定时都相应发生改变，以适应气缸内工作循环过程的需要。这种直接反转式柴油机的换向，所要解决的中心问题就是怎样保持和调整凸轮位置与曲轴位置的相互配合关系，以保证柴油机在任何转动方向下都能正常运转。

船舶除了由柴油机带动螺旋桨进行直接换向外,还有以下三种形式。

(1)间接换向。它是通过柴油机与螺旋桨之间所设换向机构,来实现船舶上螺旋桨的顺转或者倒转,柴油机转向则不变。

(2)“Z”型换向。它的特点是螺旋桨可360°平面旋转,使螺旋桨的推力随之变化,柴油机的转向则保持不变。它又称为“旋转艉管”型换向法。

(3)可调桨换向。它的换向特点是柴油机和螺旋桨的转向均不变,而改变桨叶之间的螺距角来实现船舶的前进或倒退。

以上所述的四种船舶换向的方法中,直接换向法在大多中大型柴油机的船舶中应用;间接换向法适宜小型船舶上的柴油机应用;可调桨换向法的换向装置较复杂,故只在特种船舶和军舰上应用较多;旋转艉管换向法由于其操纵灵活、回转性能好,近年来应用在港口作业船和拖船上。

## 二、柴油机可逆转条件

柴油机直接换向法要求实现正倒车相互转换运转,必备条件如下:

(1)柴油机换向前后,工作循环的过程均需按进气、压缩、喷油燃烧和膨胀做功、排气等顺序进行,因此在换向时必须改变进排气凸轮和喷油凸轮与曲轴的相对位置。

(2)柴油机换向前后,柴油机本身驱动的附属设备,如水泵、滑油泵、燃油输送泵等,无论柴油机处在任何转向下,都得确保空气、水和燃滑油的输送方向不变,但无定时要求。

从上述分析条件得知,实现柴油机的换向必须改变其进排气阀、喷油泵和空气分配器的凸轮与曲轴的相对位置。

这里介绍两种改变凸轮定时的方法:

(1)双凸轮法

双凸轮法的特点是每个气缸有两套凸轮,一套控制正转,另一套控制倒转,且安装在同一凸轮轴上,这种结构多用在四冲程柴油机上。换向时用轴向移动凸轮轴的方法来实现其定时变向。

(2)单凸轮法

单凸轮法的特点是每缸只有一套凸轮。换向时凸轮可相对于凸轮轴(或凸轮轴相对于曲轴)旋转一定角度,使该凸轮既适宜正转的要求又满足倒车的要求。该法多用在二冲程柴油机上。对弯流式二冲程柴油机,只需改变喷油凸轮和空气分配器的定时,所以结构简单。

控制凸轮进行定时变换时采用的动力主要有:人力、气力、液力、机械力等。

## 三、双凸轮换向装置

如图4-7所示为一种双凸轮换向装置的工作原理图,它是利用压缩空气压力和滑油压力来实现凸轮轴移动的。图中所示为正车位置,进行柴油机换向操作时,利用操纵换向手柄使压缩空气进入倒车液缸,并将油液压入控制活塞右端,使控制活塞推动凸轮轴向左移动。与此同时,液缸左端的油液被控制活塞压入正车液缸中,而正车液缸内的原有压缩空气则被排入大气。当控制活塞移动到左端倒车位置(凸轮轴也移动一定距离)时,各倒车凸轮正处于传动液轮的下方,换向动作即告完成。由倒车变为正车的过程则与此相逆。

在双凸轮换向装置中,正倒车的同名凸轮的构造形式有两种:一种是正、反转凸轮做成

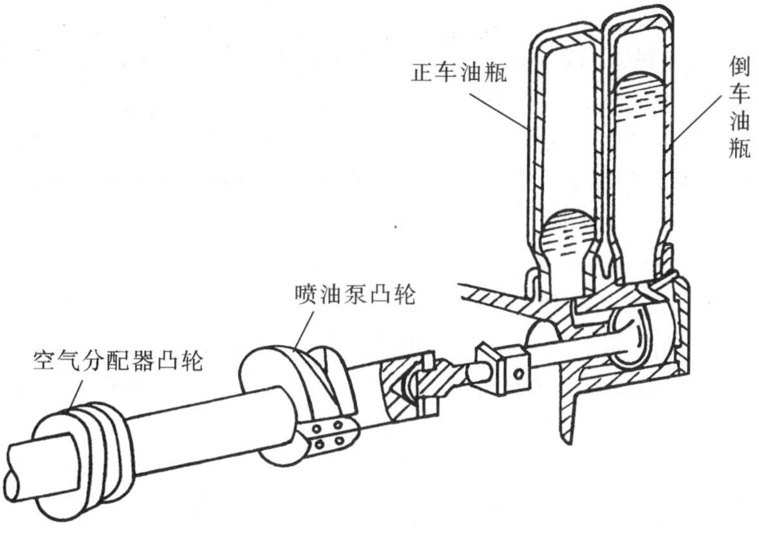


图 4 -7　双凸轮换向装置

整体,两凸轮尖之间采用斜弧面过渡连接。在换向时,凸轮轴轴向移动过程中,正转凸轮可顺利沿着斜弧面移动到从动部分滚轮的下方。另一种是正、反转凸轮各做成单体,在换向前必须将从动部分的滚轮抬起,以保证凸轮轴顺利移动,变换动作完成后,再将滚轮放下。

## 四、单凸轮换向装置

1. 液压差动换向装置及原理

如图 4 -8 所示为液压差动换向装置原理图。图中表示一个需要换向的(如排气阀、高压喷油泵和空气分配器)单凸轮,它装置于凸轮轴 4 上,并随轴转动而顶动滚轮。伺服器中的转板 7 也用键固定在凸轮轴 4 上,伺服器壳体 3 的外周镶有齿轮或链轮 2,并通过齿轮或链条 1 由曲轴带动回转。图示位置为该柴油机的正车回转位置,曲轴带动伺服器壳体进行顺时针方向回转,伺服器壳内的扇形凸块就带动转板 7 一起回转,整根凸轮轴由曲轴带动进

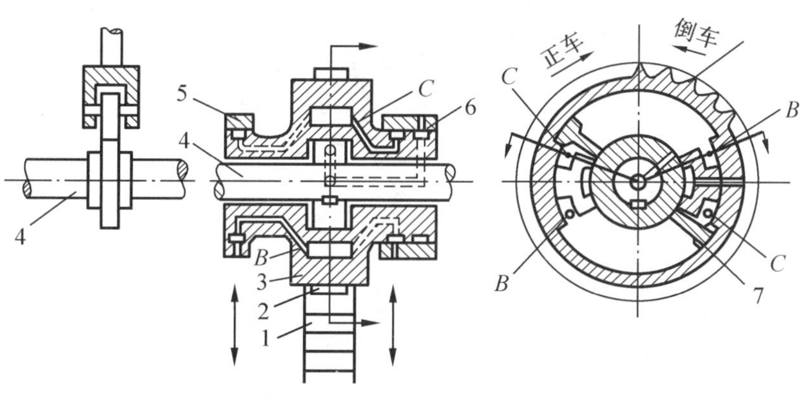


图 4 -8　液压差动换向装置原理图

1—链条;2—链轮;3—伺服器壳体;4—凸轮轴;5—左轴承;6—右轴承;7—转板

行正车方向的转动。

当需要使柴油机倒车时，首先使柴油机停止供燃油，使其停车，然后操纵倒车手柄，使压力油液通过孔 $B$ 进入伺服器内腔，同时孔 $C$ 被打开向外泄油，这时转板就被进入孔 $B$ 的压力油液推动，并顺时针方向转动，直到碰到另一端的扇形凸块为止。由于转板的转动，凸轮轴即被带动沿顺时针方向转过一个角度，各凸轮的位置得到改变，并适应各缸倒车工作的需要。这时再启动柴油机，曲轴就会按倒车方向转动，达到柴油机换向的目的。

2. 机械差动换向装置及原理

如图4－9所示为机械差动换向装置。凸轮轴右面用键固接着带摇臂的轮壳2，中间滑套着马鞍形套件，左面用键固接着锁紧凸轮7。带摇臂的轮壳2中间套装着一个链轮（两个半块），摇臂端装有差动曲轴3，曲轴端装着小齿轮4，差动曲轴3的曲柄销上套有滑块，可在轮壳两摇臂之间的槽内滑动。马鞍形套件右面为大齿轮5，左面镶接着制动轮6，大齿轮5

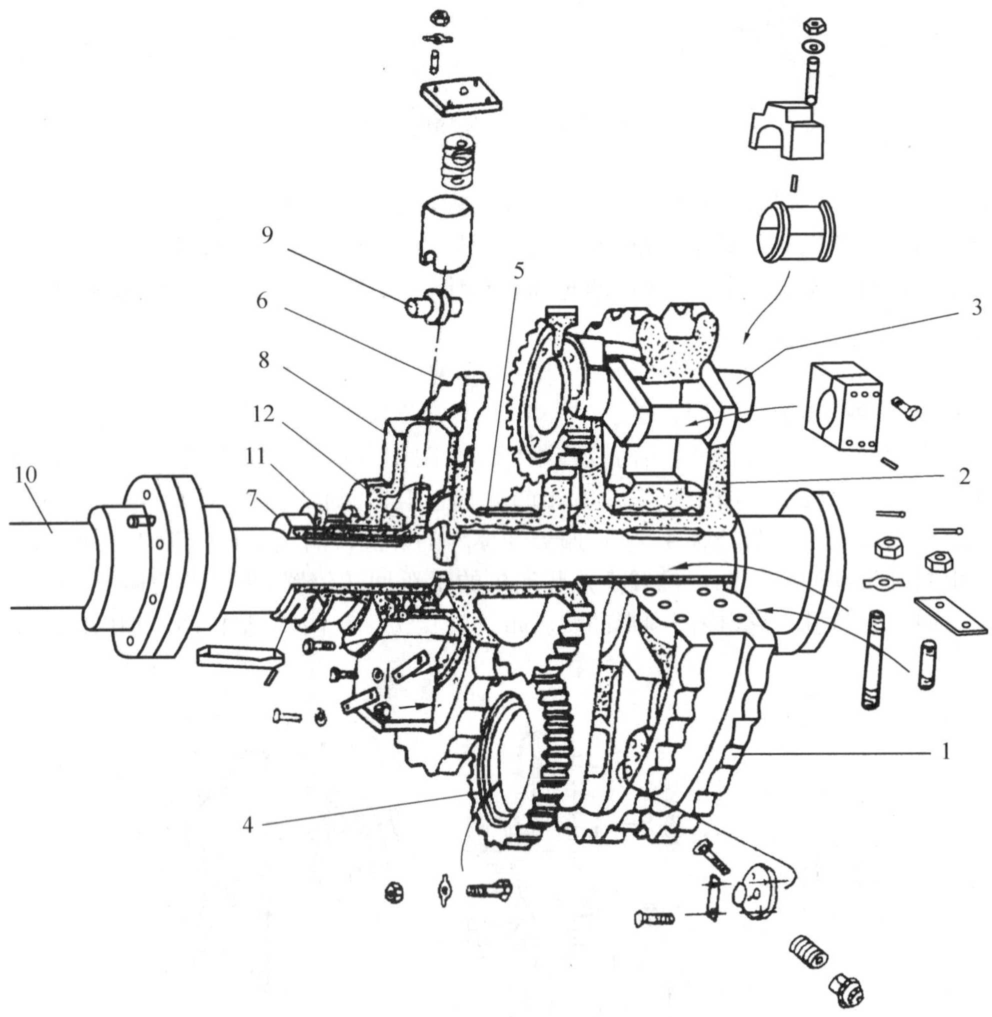


**图4－9　机械差动换向装置**

1—链轮；2—轮壳；3—差动曲轴；4—小齿轮；5—大齿轮；6—制动轮；7—锁紧凸轮；8—罩壳；9—滚轮；10—凸轮轴；11—反锁螺旋套；12—螺母

与小齿轮4互相啮合。马鞍形套件左端由棘爪与锁紧凸轮7及右端的棘爪相嵌接，但周向有130°间隔。锁紧凸轮上，用滑键连接着螺旋套11，与它相啮合的螺母12用螺栓固接在罩壳8中，罩壳内设有两个用弹簧压紧的滚轮9，滚轮9压在锁紧凸轮7凹部的上端，7，8，9等构成锁紧装置。

柴油机正常运转时，链轮1带动凸轮轴10等整套机构回转，齿轮间无相对运动，锁紧凸轮7的棘轮也靠紧。

柴油机转速降低时，马鞍形套件、大齿轮5等有脱离锁紧棘爪的趋势，但由于弹簧压紧而未脱开。

换向时，大齿轮5及马鞍形套件被刹住（另有制动件未画出）。若从正车换倒车，链轮1将被柴油机曲轴带动反向回转，由于大齿轮5被刹住，小齿轮4在随差动曲轴3绕凸轮轴10中心线回转的同时，还要沿大齿轮5的圆周转动，带动差动曲轴3绕自己的轴线按逆时针方向回转。正车运行时，轮壳2的摇臂中心线超前链轮1导槽的中心线15°曲柄转角。现在差动曲轴3绕自己的轴线逆时针回转，使滑块在链轮1的导槽中，作向心移动，摇臂中心线与导槽中心线作相对转动，重合后，反向超前导槽中心线15°曲柄转角，这样就使轮壳2比链轮1多转了30°的差动角（即链轮转100°，轮壳转130°），使排气阀的凸轮由正车定时，改为倒车定时。

在差动换向的过程中，大齿轮5、罩壳8、弹簧压紧滚轮9、螺帽等都被刹住不动，而锁紧凸轮7则随同凸轮轴10逆时针转动130°，将滚轮9顶起。待转过130°后，滚轮9又落在另一凹部的上端面，将大齿轮5等锁紧，与此同时，螺旋套11也相对于螺母12转动130°，使螺旋套11沿滑键作轴向移动，并通过有关杆件将信号传给控制闸阀，将控制空气放入大气，大齿轮5以及所有转动件又随凸轮轴10一起倒车回转。

3. 新型换向装置

近年来，MAN/B&W公司采用了一种更加简易且新颖的气动机械换向装置。换向时，曲轴与凸轮均无差动动作，通过改变每缸喷油泵传动机构中的滚轮在凸轮轴上的角度位置完成动作。MAN/B&W新型换向装置如图4－10所示，图示位置为正车位置，换向时，使用压缩空气拉动滚轮连杆的顶头，使滚轮连杆的倾斜方向发生变化，即改变滚轮与凸轮的相对位置，从而完成超前差动换向动作。

### 五、换向装置的常见故障及排除

换向装置的常见故障主要是柴油机不能换向，即换向手柄（轮）已从正车位置移至倒车位置，但柴油机未能换向或未能倒车（或由倒车换成正车）。此时，应根据柴油机换向装置的特点以及船舶所处的工作条件综合分析。

1. 换向装置自身故障

（1）有关阀件咬死；

（2）液压换向伺服器故障，如油管堵塞、漏泄；检修时，控制油管装错，使伺服器转板无法正常转动，或伺服器转板在某极端位置

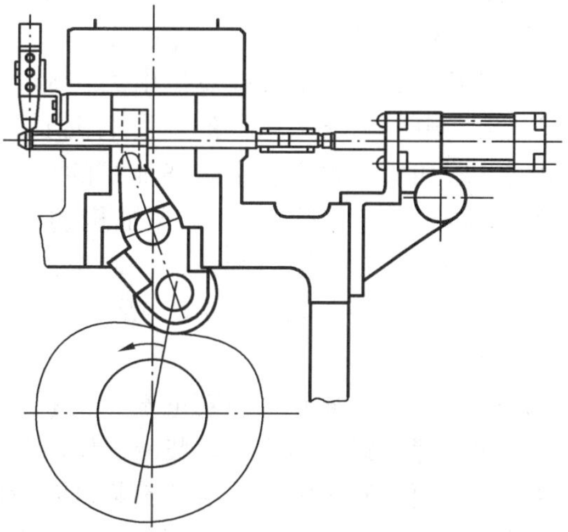

**图4－10　MAN/B&W新型换向装置**

咬死,或不能到达另一极端位置;

(3)拉动喷油泵滚轮的拉杆螺栓松脱使喷油泵无法完成换向动作;

(4)空气分配器不能换向。

2. 操作不当

(1)换向手柄虽已到位,但操作过快,凸轮轴尚未换向完毕,就急于启动,致使换向失败;

(2)换向手柄虽已到位,但由于水流作用,使螺旋桨仍按原转向以较高转速转动;

(3)在紧急刹车时,过于性急,在主机转速未有较大降低时,就强制制动,因时机不当,而使换向失败。

### 六、换向装置的检修

换向装置是保证柴油机主机准确无误地进行正倒车的一个机构,这个机构必须按时进行检修,检修必须严格按其说明书的工艺流程进行。

(1)认真阅读该柴油机说明书的换向部分内容,弄清动作原理和结构特点;

(2)了解该装置的运转情况,特别是故障及修理情况;

(3)注意各接头、盖板必须气密和油密;

(4)装妥后,必须进行试验,确保换向动作迅速、准确、可靠。

## 第三节　调速装置

### 一、船舶柴油机运转工况

在船舶上,柴油机可用来作为推进主机和发电原动机,也可用来作为应急发电机、空气压缩机和消防泵的原动机。柴油机作为一种动力机械来驱动各种机械时,其功率和转速是按机械所需的功率和转速而变化的。这些变化的工况称为柴油机运转工况。船用柴油机在船上应用的条件不同,一般存在有以下两种主要工况。

1. 发电机工况

用来发电的船舶副机或用来电力传动的船舶主机的工况是按发电机工况来运行的。发电机工况的要求是保持电网电压和电流频率稳定。柴油机的功率随着船舶用电量或航行条件的变化而变化,柴油机的转速是不变的。柴油机的功率和转速是由调速器控制柴油机来满足发电机工况的。如图4－11中的直线 2 所示。

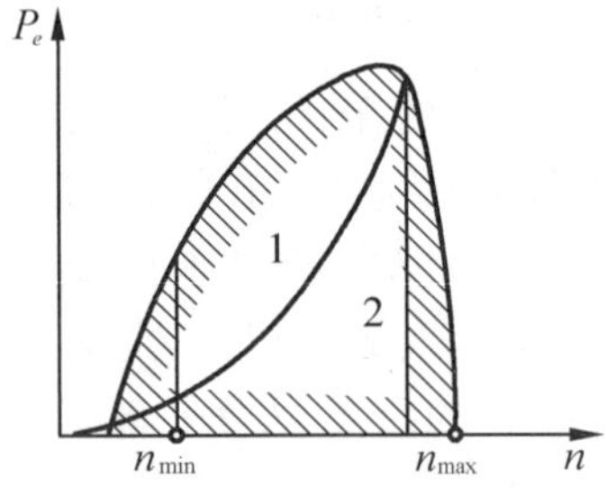

**图 4－11　船用柴油机的各种工况**

2. 螺旋桨工况

用来直接带动螺旋桨做功的船舶主机是按螺旋桨工况运行的。螺旋桨工况要求是柴油机发出的功率和转速都是可改变的。柴油机按一定的转速将其功率通过船舶轴系传给螺旋桨,使之在水中旋转产生推力克服船体航行阻力并保持船速,螺旋桨的吸收功率等于主机发出的功率。柴油机功率 $P_e$ 与转速的关系,可用公式 $P_e = cn^3$ 表示。按此关系运转的工况,称为柴油机的螺旋桨工况,如图 4－11 中的曲线 1

所示。

## 二、调速装置的作用

船舶柴油机作为主发动机带动螺旋桨，或作为发电机组的动力，都需设置专门的调速装置，这种装置的主要设备是调速器。

调速器的作用是保证柴油机在各种工况所给定的情况下的转速，能随柴油机的负荷变化而自动调节喷油量，保证柴油机在所需的转速和负荷下稳定、可靠地运转。

柴油主机在驱动螺旋桨推进船舶时，一般是根据船舶航速的需要来操纵燃油量的控制机构，以改变其供油量达到所需的转速。要使柴油机在给定转速情况下运转，就得依靠调速器来调节供油量，这是调速器作用之一。若遇到风浪的影响，船上螺旋桨会露出水面，使柴油机的负荷突然卸去，这时如不及时减少供油量，柴油机的转速会急剧上升并产生较大的惯性，甚至产生飞车使机件严重损坏，因此船用柴油主机必须配备调速装置。

柴油发电机组发电时，电压和频率应稳定，因此要求柴油机的转速要稳定，并要求负荷变化时能迅速恢复稳定。特别是当两台或多台柴油机并联运行时，需要在任何负荷时，都能均匀地分配负荷。因此，对船用柴油发电机来说，必须装设调速性能较好的调速器，才能满足要求。

船舶对柴油发电机调速器的性能有严格的要求，因为它的性能好坏直接影响到供电系统的电压变化，影响并联机组的运行。此外，柴油机的调速性能还影响着柴油机的运转可靠性。所以调速器装机后，应进行突加或突卸负荷试验，同时用转速记录仪记录柴油机转速与时间变化的曲线，并依此来分析调速器的性能，如图4－12所示为柴油机调速过程的转速变化曲线。

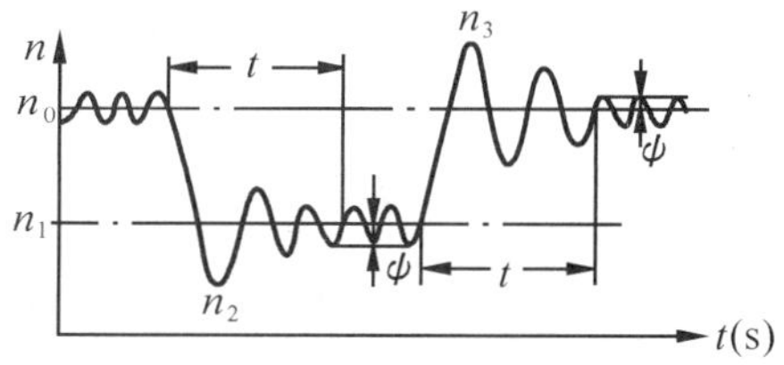


**图4－12　调速过程的转速变化曲线**

最初，柴油机在空负荷的某一转速 $n_0$ 下运转，实际上转速并非绝对恒定，而是存在着微小的波动。突加全负荷后，转速下降到 $n_2$，由于调速器的作用而相应增加了喷油量，转速又回升，经过一段时间 $t$ 后，稳定在 $n_1$ 下运行（这时仍然存在着微小的转速波动）。再突卸负荷，柴油机转速迅速上升到 $n_3$，由于调速器相应减少了喷油量，转速又下降，经过一定时间后，又稳定在原来的转速 $n_0$ 下运行。根据转速变化的曲线，可得出调速器的一系列性能参数。

此外，船用柴油主机常要求能在慢速和低负荷下运行，因此也需要调速器使它能保持在最低稳定转速时稳定地运转。

## 三、调速器的基本原理

船用柴油机常用离心式调速器，其基本原理是利用飞重和调速弹簧组成一个基本机构，如图4－13所示为一种常见的机械式调速器的结构简图。

这种调速器是利用飞重，根据转速变化产生的离心力进行调速的。一对飞重3利用支点安装在座架2上，而转盘又通过传动装置与凸轮轴、曲轴一起转动。滑动套筒4套在转轴1上，上端压有调速弹簧5，而弹簧的张力由调整螺钉7来控制。环槽内装有杠杆9的一端，而另一端与燃油量调节的机构相连接。

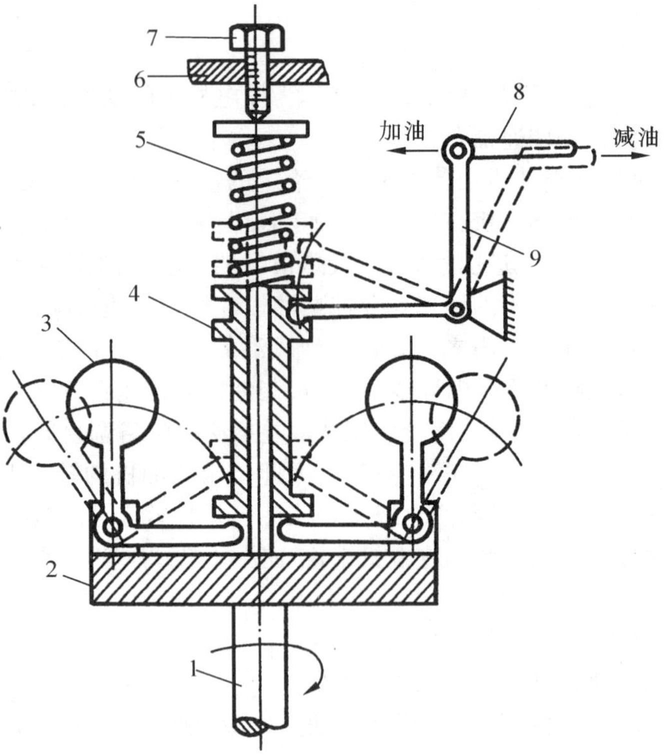


**图 4-13 机械式调速器简图**

1—转轴;2—飞铁座架;3—飞重;4—滑动套筒;5—调速弹簧;
6—固定部分;7—调整螺钉;8—油量调节机构;9—杠杆

当喷油量和柴油机的负荷相适应时,柴油机转速保持稳定,飞重所产生的离心力与弹簧张力平衡,传动机构就稳定在一定的位置上。当负荷降低时,柴油机转速上升,飞重的离心力增大并大于弹簧张力,迫使滑动套筒上升,传动机构被带动,喷油量被减小并与负荷相适应,转速便会重新稳定下来。当负荷增加时,其动作情况相反。

除此之外,调速器还可以根据船舶柴油机的不同转速的需要,利用其操纵机构使调速张力增加或减小,实现对柴油机转速的调整。

### 四、调速器的分类

1. 按调速范围分

(1)定速调速器。它的功用是在任何负荷下直接调整喷油量,保持柴油机在预定转速下稳定运转。这种调速器应用在要求转速固定不变的柴油发电机上。

(2)全制式调速器,又称变速调速器。它可以保证柴油机在任意选定转速下都能稳定运转。这种调速器常用于柴油主机上,并可实现自动控制。

(3)限速调速器。它用于只需限制柴油机的最高转速和最低转速,并防止"飞车"的柴油机上,一般用在军舰柴油机上。

2. 按作用原理分

(1)机械式(直接作用式)调速器。它是直接利用飞重和调速弹簧感应转速变化所产生的力，是经过机械传动装置去移动供油调节机构来调整柴油机转速的。

（2）液压式（间接作用式）调速器。它的特点是转速感应也是直接利用飞重和调速弹簧来达到的，所不同的是它是通过控制一个功率元件，并利用其液压作用所产生的更大动力去移动供油量调节机构，调整柴油机转速。

现今，新型柴油机上已应用了电子调速器，它可把转速变化转换成电量变化，并经放大后控制执行机构。

## 五、常用调速器的类型

### 1. 机械调速器

如图 4－14 所示为机械调速器的构造图。这种调速器的特点是可通过调速手柄来调整调速弹簧的预紧力，使柴油机在任意给定的转速下运转。此外还可以限制最高转速和最低稳定转速，实现柴油机可靠安全地运转。机械式调速器构造简单、维修方便，缺点是速度传感元件的力有限，且不能很好地恢复保持原来的转速。这种机械式调速器大多用在小型高速柴油机上。

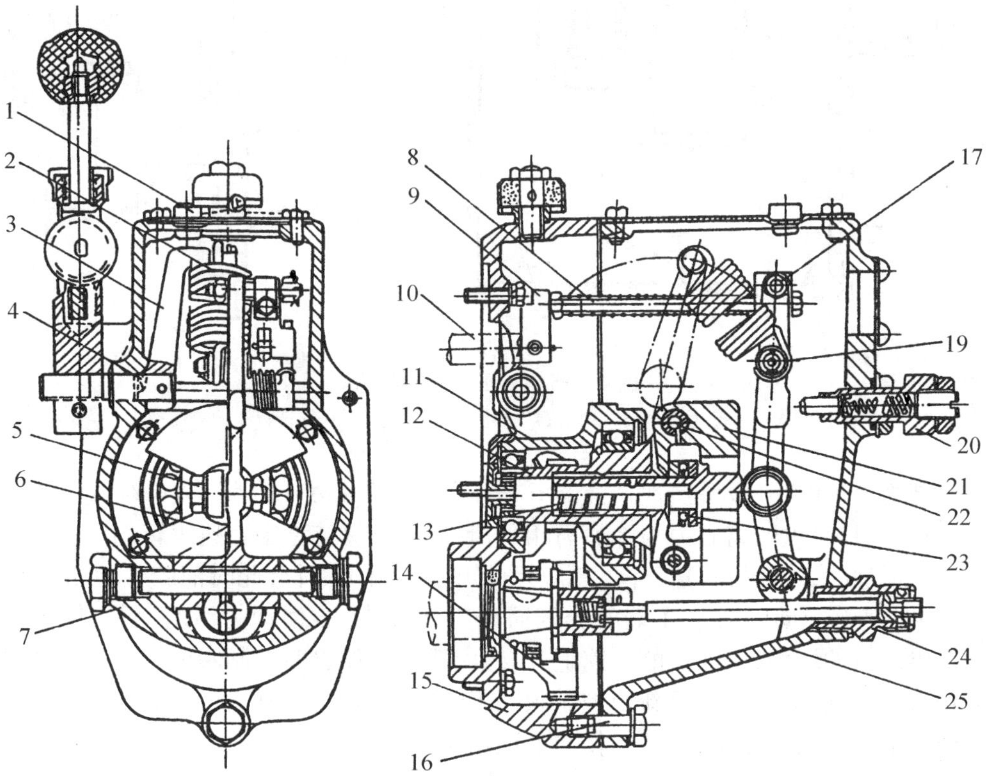


**图 4－14　机械调速器构造图**

1—油塞；2—调速弹簧；3—摇杆；4—操纵轴；5—滚轮；6—调速杠杆；7—杠杆轴；8—拉杆螺钉；9—拉杆接头；10—调节齿杆；11—托架；12—座架；13—伸缩轴；14—齿轮；15—前壳；16—螺钉；17—拉杆销；19—销子；20—低速稳定器；21—飞重；22—销子；23—推力轴承；24—转速表接头；25—后壳

2. 液压调速器

液压调速器的特点是:感应零件不直接传动供油量控制机构,而是装设一个液压放大元件——液压伺服器。这种调速器既具有轻巧紧凑的结构,又能获得足够大的工作能力,故在大功率柴油机中得到广泛的应用。

液压调速器简图如图 4－15 所示。液压伺服器主要由控制阀 1 和动力活塞 2 两部分组成,控制阀是控制元件,与感应元件直接连接。动力活塞是执行元件,与供油量调节机构相连。控制阀控制连通液缸的液路,从而控制动力活塞的位置和动态。

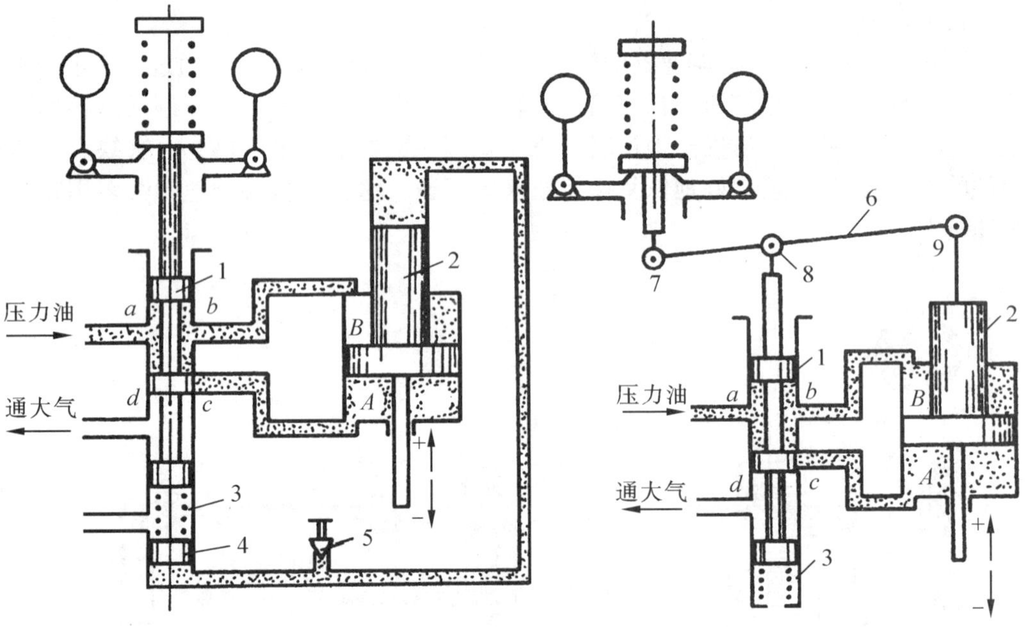


**图 4－15　液压调速器简图**

1—控制阀;2—动力活塞;3—弹簧;4—小活塞;5—针阀;6—杠杆;7,8,9—连接点

当控制阀处于图中所示位置时,液路 *C* 被堵住,油腔 *A* 处于封闭状态,这时喷油量与柴油机负荷相适应,飞重的离心力与弹簧力相平衡,柴油机保持稳定转速运转。

当负荷增加时,柴油机转速下降,感应元件迫使控制阀下行,此时液腔 *A*,*B* 腔内同时通入压力油液,但由于动力活塞 *A* 端的受压面积比 *B* 端大,会使动力活塞上行,使供油量增加。随着供油量的增加,柴油机的转速上升,感应元件动作迫使控制阀上行。当供油量与新的负荷相适应时,感应元件又重新使控制阀处于图中所示的原来位置,动力装置也稳定在一个新的位置上。当负荷减小时,其动作与上述相反。

## 六、反馈液压调速器工作原理

提高调速器调节过程的稳定性,改善其动态特性,必须具有性能良好的反馈机构。反馈液压调速器具有转速调节范围大、调节精度和灵敏度高、稳定性及通用性好的特点,广泛用于船舶大中型柴油机上。

1. 弹性反馈液压调速器工作原理

如图 4－16 所示为弹性反馈液压调速器原理图,它的反馈形式是在刚性反馈调速器的基础上，增加了一个弹性环节，它由缓冲器5、补偿活塞6、补偿弹簧7、节流针阀8组成。缓冲器是由充满工作油的油缸和补偿活塞组成的。油缸两空间通过管道及针阀8而接通，当缸体受力后，缸内液体从一空间流向另一空间。由于针阀的节流作用，使补偿活塞的移动受到缓冲作用。

当柴油机负荷减小时，转速增大，飞重1的离心力增大，同样，滑阀右移，而伺服活塞4左移，减少喷油泵的供油量。但当调速过程接近终了时，滑阀已回到原来位置，遮住了通往伺服缸的油路，此时，缓冲器5和伺服活塞4已停留在新负荷相应的位置上。被压缩的弹簧7有弹性复原的作用，使$A$点带动补偿活塞6相对于缓冲器油缸移向右方，回到原来位置。补偿活塞右方油缸中的油经节流针阀8流到左方。于是弹簧及杠杆$AB$回到原来位置，即调速器的速度杆也回到起始位置。这样，调速过程结束后，柴油机的转速仍能保持不变，稳定调速率$\delta_2$可为零。当负荷增加时，动作相反。

2. 双反馈液压调速器工作原理

当柴油机并车运行时，除了要求调速器应有良好的稳定性外，还应按正确的比例分配各机承担的负荷。由此，调速器应具有弹性反馈机构，以保证调节稳定性；同时，还应具有刚性反馈机构，以使调节过程具有一定的调速率，保证各机按比例分配负荷。这种具有双反馈的液压调速器如图4－17所示。图中刚性反馈杠杆$EFC$和弹性反馈机构（缓冲器$K$、补偿弹簧、节流针阀）由动力活塞杆带动。当外界负荷降低，柴油机转速升高时，飞重向外飞开，带动杠杆$AB$以$A$点为支点逆时针转动，使滑阀杆$D$上移，工作压力油进入伺服器动力活塞的下方，而由其上方泄回低压空间。由此，动力活塞上行减油，一方面使刚性反馈杠杆$EFC$绕$G$点顺时针转动，由$F$点增加弹簧预紧力，使其稳定后，转速较原速稍有提高（$\delta_2>0$）；另一方面通过弹性反馈机构保证恒速稳定调节。通常在这种双反馈调速器中，可通过反馈中节流针阀的开度大小调节稳定性。通过刚性反馈$EFG$的两臂比例调节稳定调速率$\delta_2$的大小，如使$F$与$G$重合，则$\delta_2=0$。这种双反馈液压调速器在船用柴油机中得到广泛使用。

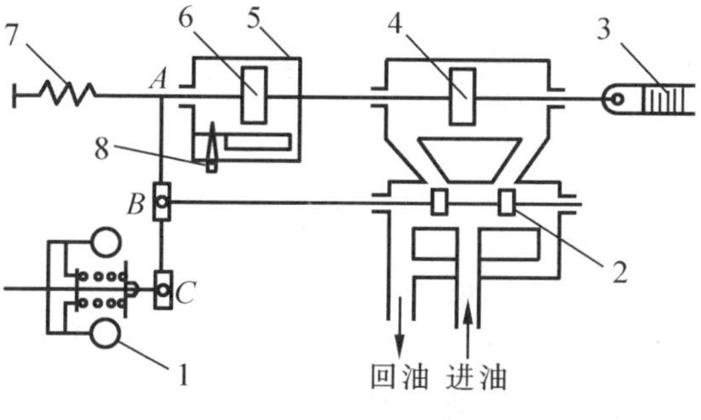


**图4－16　弹性反馈液压调速器原理图**

1—飞重；2—滑阀；3—油泵齿条；4—伺服活塞；5—缓冲器；6—补偿活塞；7—补偿弹簧；8—节流针阀

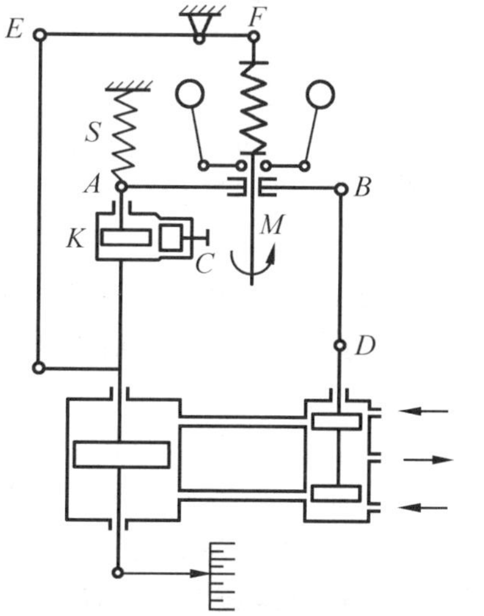


**图4－17　双反馈液压调速器原理图**

$K$—缓冲器；$C$—节流针阀；$S$—补偿弹簧；$E,F,G$—反馈杠杆

## 七、典型的 UG－8 型液压调速器介绍

UG－8 表盘式液压调速器的输出调节力矩（工作能力）为 8 英尺磅，输出轴转角为 42°，它广泛用在发电柴油机上，具有良好的工作性能。

这种调速器的外形如图 4－18 所示，在表盘上置有四个旋钮：调速旋钮、静速差旋钮、负荷限制旋钮、转速指示器。它的结构如图 4－19 所示。

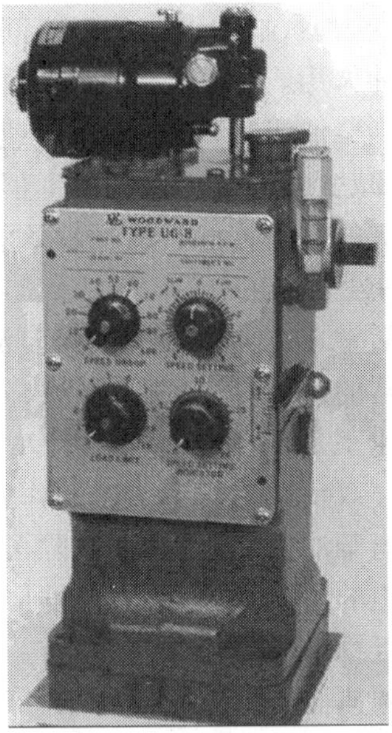

**图 4－18　UG－8 表盘式调速器外形图**

（1）驱动机构

驱动轴 28 由柴油机凸轮轴经伞齿轮传动，通过油泵齿轮 22、弹性轴 37、传动齿轮和飞重架等使飞重 39 等转动，从而将柴油机的转速信号传给感应机构。

（2）转速感应机构

由飞重 39、调速弹簧 8、调速杆 38 组成，用以感受和反映转速的变化。锥形调速弹簧 8 的下端作用在调速杆 38 上，调速杆的下端与浮动杆 35 相铰接。浮动杆的右端与小反馈活塞铰接，中间与控制阀 36 的杆端铰接。这样，当转速变化时，飞重张开或合拢，并通过调速杆和浮动杆，使控制阀上下移动。

（3）伺服放大机构

它由控制阀 36、控制阀套筒 34、伺服活塞 23 以及有关油路组成，用来放大感应机构的输出能量。控制滑阀套筒 34 由驱动轴 28 带动回转。柴油机稳定运转时，控制阀正好将控制阀套筒 34 的控制孔 27 封闭。当转速升高时，飞重飞开，控制阀上移，伺服活塞下部空间通过控制孔 27 与低压油路沟通，伺服活塞 23 下移；转速降低时，上述动作相反，伺服活塞上移。

（4）调节机构

它主要由伺服活塞 23、输出轴 12 及油量调节杆 13 组成。伺服活塞上下运动，通过杠杆机构转动输出轴 12，操纵油量调节杆，以调节供油量。

（5）恒速反馈机构

它主要由大反馈活塞 33、小反馈活塞 30、上下反馈弹簧 29、补偿针阀 31、反馈杠杆 45 和杆 40、活动支点 47、反馈指针 46 以及反馈油路等组成，其作用是保证调速过程中的转速稳定。

（6）静速差机构（速度降机构）

它是由旋钮 2、凸轮 1、顶杆 4、拉紧弹簧 3、支持销 6、静速差杆 7 和静速差指针 5 组成的，它是一种刚性反馈机构，不仅能使调节过程稳定，而且能调节稳定调速率 $\delta_2$，使调速器能产生一定的静态速差，以满足柴油机稳定性和并联工作的需要。

（7）速度设定机构

该机构可通过调速弹簧 8 的预紧力来改变柴油机的稳定转速。它是由两部分组成的，一部分是调速旋钮 42、传动齿轮 41、43 和调速齿轮 44，当转动表盘上的调速旋钮 42 时，通过传动齿轮使调速齿轮 44 转动，并上下移动，以改变调速弹簧预紧力，从而改变柴油机的给

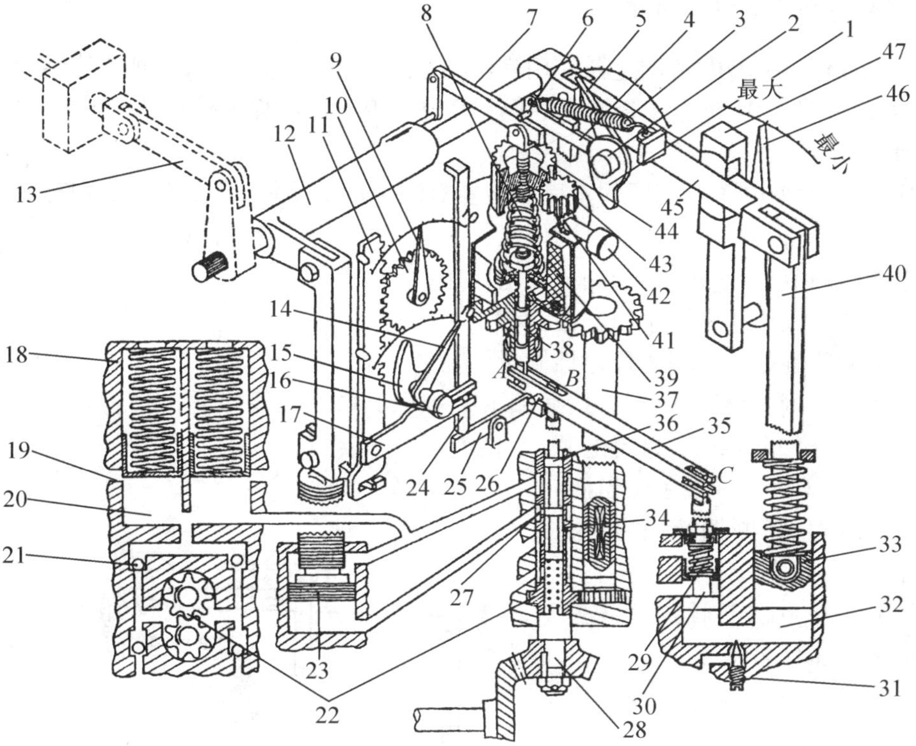


**图 4－19　UG－8 表盘式调速器结构图**

1—静速差凸轮；2—静速差旋钮；3—拉紧弹簧；4—顶杆；5—静速差指针；6—支持销；7—静速差杆；8—调速弹簧；9—负荷指针；10—齿轮；11—齿条；12—输出轴；13—油量调节杆；14—负荷限制指针；15—负荷限制凸轮；16—负荷限制旋钮；17—控制杆；18—稳压油缸；19—溢油孔；20—蓄压室；21—球阀；22—油泵齿轮；23—伺服活塞；24—紧急停车杆；25—限制杆；26—限制销；27—控制孔；28—驱动轴；29—反馈弹簧；30—小反馈活塞；31—补偿针阀；32—补偿空间；33—大反馈活塞；34—控制阀套筒；35—浮动杆；36—控制阀；37—弹性轴；38—调速杆；39—飞重；40—杆；41—传动齿轮；42—调速旋钮；43—传动齿轮；44—调速齿轮；45—反馈杠杆；46—反馈指针；47—活动支点

定转速，达到全制调速的目的。

（8）负荷限制机构

它由负荷限制旋钮 16、负荷限制指针 14、负荷限制凸轮 15、控制杆 17、紧急停车杆 24、限制杆 25、限制销 26、齿条 11、齿轮 10、负荷指针 9 等组成。当外界负荷继续增大时，控制阀 36 的下移不受限制，动力活塞也可继续上行，增加供油量。当动力活塞上移到最大供油量时，负荷指针 9 也转到刻度“10”处，动力活塞（即供油量）也被限制在刻度“10”处。

如需紧急停车，按下紧急停车杆 24 即可。柴油机启动时，为防止加速过快，应将负荷限制旋钮 16 置于刻度中间位置；待运转正常再逐渐将旋钮 16 转至刻度“10”处或相应的位置。

（9）液压系统

它由低压油池、油泵齿轮 22、稳压油缸 18 及油缸中的稳压活塞和有关油路组成。液压系统用来产生推动伺服活塞 23 运动的高压油，齿轮泵 22 从油池中吸油加压后排送到稳压油缸 18 和有关空间。

## 八、典型的电子调速器简介

Wood ward 2301 型电子调速器使用广泛，它属于电－液调速器，其测速传感器采用磁电式，控制单元采用 2301 型电子控制器，控制机构采用 EG3P 液压执行器。它有单脉冲和双脉冲两种。

单脉冲 2301 型电子控制器的正面面板上有四个调节旋钮，自左而右分别有：

怠速调节旋钮——用于调节滑油低压，保护运转时的最低转速；

设定转速调节旋钮——用于调节设定转速；

稳定度调节旋钮——用于稳定性调节；

增益量调节旋钮——用于稳定性微量调节。

在上述四个调节旋钮下方，有接线端子 1～16，其端子接线如下：

1 和 2——接 12～40 V 直流电源；

3 和 4——速度失灵保护（当测速传感器损坏时，切断调速信号，柴油机停车）；

5 和 6——2301 控制器输出（去执行器调速电压信号）；

7 和 8——电磁式测速传感器测速电压信号输入（1～1.5 V）；

9 和 10——怠速调节电位计（与怠速调节旋钮相连）；

11 和 12——转速设定电位计（与设定转速调节旋钮相连）；

13 和 14——稳定调速率调节电位计（调节范围 0～13%）；

15 和 16——机组加速时间调节电容器（调节由低速到标定转速的加速时间）。

EG3P 液压执行器如图 4－20 所示，由齿轮泵产生的高压油（最大压力 2.47 MPa）始终作用在负荷活塞 21 的下方，使它上行减油，但它的上行受动力活塞 3 下方的油压制约。

永久磁铁 4 固装在滑阀柱塞 16 的上方，并通过中央弹簧 6 与复位弹簧 7 把永久磁铁悬挂在电磁线圈 5 内的磁场中。在滑阀柱塞上有两个作用力：其一，中央弹簧的向上弹簧力与复位弹簧的向下弹簧力，其合力方向始终向上而大小随输出轴的

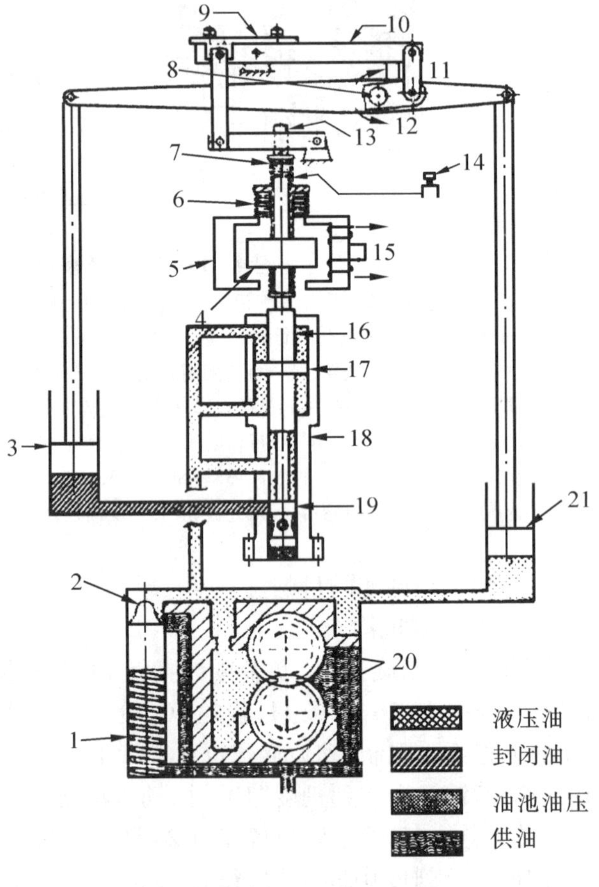


**图 4－20　EG3P 液压执行器**

1—安全阀弹簧；2—安全阀柱塞；3—动力活塞；4—永久磁铁；5—电磁阀线圈；6—中央弹簧；7—复位弹簧；8—输出轴；9—可调滑动支架；10—复位杆；11—加油；12—减油；13—可调弹簧座；14—中央螺钉；15—去电子控制器；16—滑阀柱塞；17—补偿环带；18—滑阀套；19—控制带；20—齿轮泵；21—负荷活塞

位置不同而不同；其二，电磁线圈产生的电磁力，其方向始终向下，大小与输出轴的转角位置成正比。这两种力的作用决定了滑阀柱塞移动的方向。

当柴油机在设定转速 $n_b$ 下稳定运转时，测速传感器产生的交流电压信号经 2301 电子控制器内的频率转换器调质整流成直流电压信号，并以负值输送到控制器内的输出运算放大器的输入端与设定转速正值电压进行比较。其差值 $\Delta U=0$，于是输出运算放大器便输出一个向下的电磁力。此电磁力在数值上恰与前述的弹簧合力相等，而使滑阀柱塞在中央平衡位置保持不动，控制带 19 封闭动力活塞 3 的下方空间，动力活塞不动。输出轴 8 静止不动，油门不动。柴油机在设定转速 $n_b$ 下稳定运转。

当外界负荷减少时，柴油机转速升高，测速传感器产生的直流负电压在输出运算放大器输入端与设定转速正值电压比较后，其差值 $\Delta U<0$，使控制器的输出调速电压减少。电磁线圈产生的向下电磁力降低，滑阀柱塞在弹簧合力作用下上移。动力活塞下方与低压油相通，负荷活塞上行，动力活塞下行，输出轴逆时针转动而减油。在减油的同时，复位杆 10 绕可调滑动支架 9 的支点逆时针方向摆动，增加复位弹簧的向下作用力，使滑阀柱塞下行，提前复位，实现负反馈作用，使调速过程稳定。柴油机在较低供油量情况下，重新稳定运转。

当外界负荷增加时，柴油机转速降低，测速电压信号差值 $\Delta U>0$。因而输出运算放大器的输出调速电压信号值增大，在电磁线圈中的电磁力增大。在多余的电磁力作用下，滑阀柱塞下移，动力活塞下方与高压油相通，使动力活塞上行，负荷活塞下行，顺时针转动输出轴使柴油机加油。最后，柴油机重新稳定运转。

## 九、调速器的故障与维护管理

柴油机的调速器是一种精密且重要的设备，它会直接影响柴油机的运转性能。若其发生故障可导致柴油机转速不稳、熄火甚至“飞车”等事故，对其予以正确的维护和管理是十分必要的。当对调速器进行检查调整时，为防止失控，应当准备好柴油机的应急停车装置，以确保安全。

1. 调速器的常见故障

当调速器的性能差时，通常从柴油机自身的工作性能恶化和调速器及附件的失常等方面来考虑。当由柴油机转速变化的异常情况表现出其调速器的故障时，应先进行以下的检验：

（1）确认柴油机的负荷变化是否超出其标定负荷；

（2）检查柴油机各气缸发火状况与燃烧情况，各缸负荷是否相差很大；

（3）检查喷油泵与调速器之间的杠杆传动机构的工作是否正常；

（4）检查调速器的负荷指针是否与喷油泵的零位一致；

（5）检查调速器的设定机构与控制气压等是否正常。

当上述检验未发现问题，或将问题消除后，如果调速器的工作仍然失常，则可确认为调速器本身的故障。

调速器本身常见的主要故障有以下几种。

（1）柴油机的转速有节奏的变化

其故障原因是：

①调速器的反馈机构有故障，应重新进行稳定调节；

②调速器内的滑油不洁、起泡或液位过低；

③调速器内的滑阀卡住,飞重和轴承磨损,补偿弹簧弹性失效。

(2)调速器输出轴高频振动

其故障原因是:

①调速器内的传动齿轮磨损、啮合差,凸轮轴传动机构松动而造成的输出不稳定;

②飞重的弹性驱动机构有故障;

③调速器在其支座上固紧不均。

(3)柴油机达不到全速全负荷状态

其故障原因是:

①调速器输出轴与喷油泵油门刻度匹配不当;

②控制气压或扫气空气压力太低;

③设定转速过低;

④调速器内的动力活塞受阻;

⑤液压系统油压太低。

2. 调速器的维护管理

柴油机的调速器维护管理应遵循其技术说明书上的规定进行。

(1)应按其说明书上的规定来选用调速器的滑油。滑油既作为润滑之用又作为液压油来使用,所以它必须达到以下几个要求:

①具有适当的黏度指数,以保证在工作温度范围内黏度的变化。

②不会产生腐蚀作用。

③含有适当的添加剂以保证其工作性能稳定。

(2)防止调速器内的滑油油温过高。必要时可换用抗氧化能力强的滑油或采用冷却方式。

(3)防止调速器的滑油受到污染,应定期检查滑油。

在正常情况下,半年换油一次。换油时先将污油放尽,然后充入清洁的轻柴油,把补偿针阀旋开两转以上,启动柴油机让调速器波动大约 30 s 进行自行清洗。停车后把清洗用的轻柴油彻底排出,换上新滑油至规定油位并调整好补偿针阀。

(4)防止调速器内部油道混入空气。油道内存在空气,会影响油流的连续性和补偿动作的敏感性,引发柴油机转速的不稳定。

排除油道内空气的方法是:先使柴油机怠速运转,然后将补偿针阀旋松几转,人为使柴油机作较大的转速波动,迫使空气从油孔中挤出。这样的转速波动至少应持续 2 min,然后缓缓关小补偿针阀,直到转速波动完全消除为止。

(5)防止调速器内滑油油位过高与过低。

如发现油位降落太快,说明调速器内有泄油问题,应立即解决。滑油减少会导致调速器内机构的故障和柴油机发生“飞车”的事故。

## 第四节　船舶柴油机操纵机构

随着科学技术的发展,从船舶航行管理的实际角度出发,人们将船舶柴油机的启动、换向、调速等装置的操纵设施有机地组合成一个操作简便、工作可靠的操纵机构。

船舶柴油机的操纵机构类型较多,但都必须完成柴油机的停车、换向、启动、调速等基本动作。为了保证操纵时各种动作都能按程序连续完成,防止失误和意外事故发生(例如:柴油机未下降到规定转速不换向;换向工作没完成时,不能启动柴油机;滑油、冷却水失压时会自动停车等),操纵机构中设置了许多连锁保险装置。

## 一、船舶柴油机操纵机构的概念

按船舶驾驶者、轮机管理人员的指令和规定的程序,迅速可靠地控制柴油机及推动装置工作的所有机构、设备、管路,总称为操纵机构。

由于船用柴油机与陆用柴油机构造和功用的不同,船用各类柴油机的机型和装置组成的不同,其操纵机构的控制程序也不同。可倒转的船舶柴油机的基本控制程序是:换向→启动→调速→停车。不可倒转的船舶柴油机的基本控制程序是:启动→离合→换向→调速→停车。

小型船用柴油机的操纵控制距离较小且连锁装置较少,为简化结构,故常予以分别设置。近些年来,随着造船技术的发展,也有将它们安装于机舱操纵台或在驾驶室直接操作的情况。

对于大中型船用柴油机,为使操作方便和工作可靠,常将各操纵控制装置有机地联系和集中起来,以便于集中控制或远程自动控制。

## 二、操纵机构各部分的任务

1. 换向及连锁控制部分

船舶柴油机上的换向控制部分的任务是执行换向指令,保证柴油机的发火次序和各种定时要求,否则连锁装置将阻止柴油机运转。

2. 启动及连锁控制部分

启动控制部分的任务是打开主启动阀,并在柴油机达到启动转速时,关闭该阀。其连锁部分的装置用以控制燃油调节杆,并保证空气和燃油进入气缸的顺序。

3. 调速控制部分

调速控制机构的任务是按指令压缩或放松调速器上的调速弹簧,或直接移动燃油量调节杆,以增减柴油机的转速,满足任何海况下船舶航行的安全。要求调速部分调速可靠、迅速、安全、灵活。

4. 停车控制部分

停车控制机构的任务是能按指令将燃油调节杆拉回到“零”供燃油位置,以保证柴油机熄火停车。

5. 滑油保安连锁装置

滑油保安连锁装置的任务是在滑油压力下降至下限值时,把燃油量调节杆拉回“零”位,使柴油机停车,避免事故发生。大中型机除了滑油失压停车外,还设有冷却水失压保安装置。

6. 应急辅助操纵管理装置

应急辅助操纵管理装置的任务是在正常使用的操纵机构失灵时,能完成换向、启动、调速的程序控制,以提高柴油机推进的生命力。

## 三、典型柴油机操纵系统

如图4－22所示为典型柴油机操纵机构原理图,其操纵系统的特点为:

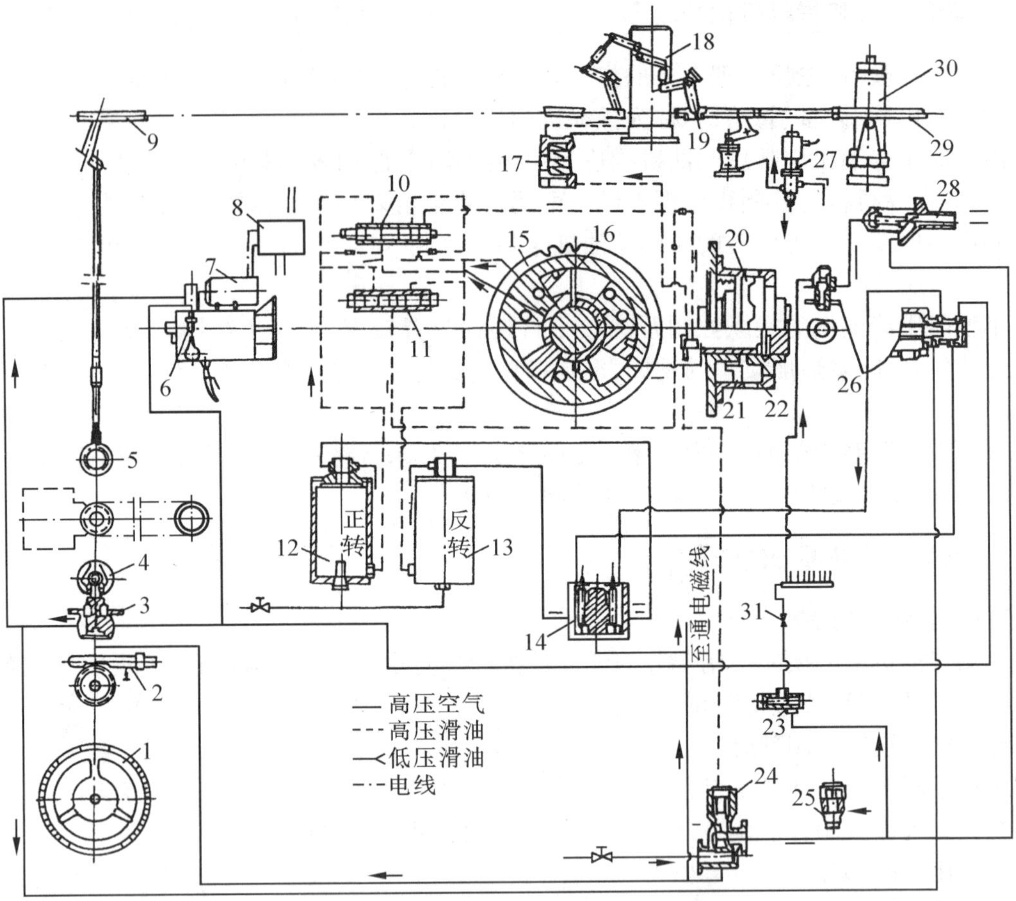


**图4－22　典型柴油机操纵机构原理图**

1—操纵手轮;2—锁紧和微调机构;3—启动控制阀;4—启动控制凸轮;5—偏心轮;6—换向指示器;7—测速发电机;8—超速保安装置;9—调速拉杆;10—分配器滑阀腔;11—分配器双路止回阀腔;12—正车换向油瓶;13—倒车换向油瓶;14—气动联通阀;15—链轮;16—转板;17—调速器的升压器;18—调速器;19—断油伺服器;20—轴套;21—离合活塞;22—齿形联轴节;23—转车机连锁阀;24—主启动阀;25—安全阀;26—空气分配器;27—两位三通电磁阀;28—气缸启动阀;29—油量调节杆;30—喷油泵;31—截止阀

(1)具有单气路气缸启动阀的启动装置;

(2)采用单轴鸡心凸轮液压－机械差动的换向装置,利用液压伺服器来改变差动角度,再借助齿形联轴节传递动力;

(3)具有液压全制调速器的调速装置。

## 四、船用柴油机操纵机构的基本要求

(1)必须能迅速而准确地执行换向、变速、停车和保护等动作,并应满足船舶规范上的相应要求；

（2）要有必要的连锁装置，以避免操作差错或事故；

（3）必须设有必要的监视仪表和安全保护、报警装置；

（4）操纵机构中的零部件，必须运行灵活、可靠，不易损坏；

（5）操作、调整方便，维护简单；

（6）便于实现遥控和自动控制。

**五、船舶柴油机的遥控**

按柴油机遥控操纵所使用的功能和工质，其遥控系统可分为以下几种：

1. 电动式柴油机遥控机构

该机构以电作为能源，通过电动遥控装置，在集控室里对柴油机进行操作。它具有如下优缺点：

优点是该机构控制性能好，可实现准确的控制，不受信号传递距离的限制，有利于远距离控制；无液、气泄漏的缺陷；便于实现高程度的自动化，是实现柴油机遥控的最佳途径。缺点是电动式遥控系统的管理技术水平要求较高，需配备具有电子技术较熟练的操作管理人员。

2. 气动式柴油机遥控机构

该机构是采用压缩空气作为能源，并通过气动遥控装置对柴油机进行遥控的。

压缩空气经过减压和净化后取得。其压力信号传递在 100 m 以内可满足系统的控制要求；其信号传送基本不受温度、振动、电干扰等的影响；其动作可靠、维护方便，故被操作人员大量采用。但气压信号传递没有电动式柴油机遥控机构快，另外它对气源的净化处理要求较高，净化处理不好会使气动元件失灵。

3. 液力式柴油机遥控机构

该机构的主要优点是结构牢固、工作可靠、传递力大。缺点是液力传动有惯性影响；油液的黏度受到温度影响等，会使传动的灵敏性和准确性受到影响；因此它不适合远距离的信号传递和应用。

4. 混合式柴油机遥控机构

利用上述几种机构的优点，产生了混合式遥控系统。如电—气混合式和电—液混合式系统，即从船舶驾驶台到机舱之间采用电传动方式，而机舱部分则采用液力式气体压力式传动方式。现在，混合式系统在船上应用较为广泛，尤其在我国船舶中较为多见。

5. 微型计算机控制机构

在常规的柴油机遥控机构中，程序控制等功能是通过各种典型环节的回路来完成的。该系统的功能除了根据车钟指令经各种逻辑回路完成柴油机的启动、换向、调速和停车等程序之外，还具有重复启动、低速启动、负荷程序、应急停车、自动避让临界转速、故障自动减速或停车、紧急倒车等辅助功能。

采用微型计算机遥控柴油机，就是通过软件设计出一个计算机执行程序以取代上述常规遥控系统的控制回路，用软件取代硬件程序。微型计算机在执行时，将根据从接口输入的车钟指令和表征柴油机实际运行的信息，进行综合判断和运算，得出需要的控制信息，经输出接口去控制操纵系统的执行机构，来实现柴油机的各功能操作。

微型计算机遥控柴油机机构，是向综合性自动化发展的主要目标和方向。其特点是用微处理器取代分立元件或集成逻辑电路元件，具有体积小、功能强的特点，可实现最佳和最经济的控制。

船用柴油机的操纵系统种类很多，因机型不同而各有特点。下面介绍一种常见的柴油机操纵系统——MAN/B&W - LMC 型柴油机的操纵系统的组成和特点。它采用电 - 气混合式操纵系统，用于执行指令，该型操纵系统由下列几部分组成。

(1)集控室操纵台与主控制阀箱

在操纵台上设有回令车钟、操纵手柄及工况显示、安保显示等。在主控制阀箱内有实现主机遥控功能的各种单元。

(2)驾驶室控制台与控制阀箱

主要有遥控发令钟、集控室/驾驶室控制转换阀、电 - 气转换阀、主机工况显示、重要故障报警信息，以及若干应急操纵的指令按钮等。

(3)机旁应急操纵台

主要有遥控/应急转换阀、启动阀、停车阀、正倒车控制阀、调速手轮，以及若干控制阀件等。主要用于气动遥控系统、调速器或电子设备发生故障的情况下，在机旁应急操作主机。

在集控室手动控制期间，主机的启动、停车和调速由集控室操纵台上的操纵手柄，以电动、气动或电气联合方式进行。主机转速由气动设定或电子设定的调速器执行，换向操作由回令车钟手柄执行。

在驾驶室自动控制期间，主机完全由发令车钟手柄控制。

遥控系统使用单独的 0.7 MPa 压缩空气为控制空气；系统的安全保护装置使用单独供应的 0.55 MPa 压缩空气，并由单独的电子安全系统进行控制。

## 习　　题

1. 船用柴油机启动装置的作用是什么，一般启动形式有几种？

2. 采用压缩空气来启动柴油机的特点是什么，其启动原理是什么，有何具体要求？

3. 气压控制式启动方式的特点是什么，试述启动过程，并用图表示。

4. 改善柴油机启动状况，有哪些具体措施？

5. 何谓船舶柴油机直接换向法，特点是什么，并举例说明。

6. 何谓柴油机间接换向法，特点是什么，举例说明。

7. 试述凸轮液压差动换向装置的工作过程。

8. 柴油机一般换向装置的检修方法与程序是什么？

9. 柴油机上的调速器作用是什么，试述柴油主机和柴油发电机的调速概念。

10. 船用柴油机调速器的类型有哪些，并回答机械式调速器的调速过程。

11. 液压式调速器的特点是什么，它适用于哪些柴油机，使用时应注意什么，其管理原则有哪些？

12. 船用柴油机操纵机构应具备哪些具体要求，操纵方式有哪几种？

# 第五章　柴油机增压与废气利用

## 第一节　柴油机增压

### 一、柴油机的增压方法

目前,在船舶动力装置中,增压式柴油机已经得到广泛应用。随着当代船舶吨位、航速地不断提高,要求船舶柴油机的功率相应地增大,从而对船舶航运的经济效益和能源节约也提出了更高要求。

要提高柴油机的功率,就必须设法提高柴油机气缸内的工作有效压力,要提高其有效压力,就得适当增加喷入气缸中的燃油量,同时,还必须增加充入气缸中的空气量,以确保燃油能充分地燃烧做功。因此,柴油机在气缸容积 $V$、冲程 $S$ 不变的条件下,要想增加其气缸的空气量,就得采用一种对空气进行"增压"的方法来加以实现,即靠提高进气的压力来实现。

所谓增压式柴油机,就是利用专门装置,将新鲜空气吸入并进行强制性地压缩,使进入柴油机气缸内的空气压力提高。并通过"空气中间冷却"的方式来降低进入气缸工作的空气温度,达到增加空气的密度,实现增加气缸充气量的目的。进行增压后的柴油机在其缸径、冲程、转速不变的情况下,能够大大地提高柴油机的功率。

### 二、废气蜗轮增压器的特点

柴油机所排出的废气中,含的能量约为柴油燃烧全部热量的23%~40%,这些废气从柴油机的排气阀(或排气口)排出时,还具有一定的压力、温度和流速等。假如在二冲程柴油机的换气过程中,气缸内的废气与外界空气之间有很大的压力差和温度差,如不能很好地利用这部分能量使之白白排入大气中,将是很大的浪费。

废气蜗轮增压方式,由于具有上述优越性与基本特点,因而这种装置与相应机构在各类船用柴油机上得到了广泛应用。

采用废气蜗轮增压的方法,对柴油机本身而言,其各工作循环过程仍然不变。但由于进入气缸空气量的增多,柴油的供给也随之相应增加,因此对柴油机的输出功率也将大大提高,这更显示出废气涡轮增压方式的优越性。

空气的增压手段,可以应用在二冲程柴油机中,也可用于四冲程柴油机中。当前,作为船用主机和发电机组的柴油机,均采用废气蜗轮增压方式达到目的。

目前,采用废气增压的柴油机越来越多。从某些运用增压方式的船用柴油机来看,如12V135 型柴油机,以非增压改为增压后,其平均有效压力从 0.6 MPa 提高到 0.95 MPa,有效功率从 177 kW 提高到 280 kW。而柴油机的耗油率从 231 g/kW · h 减少至 200 g/kW · h 以下。有的先进柴油机由非增压改为增压后,其功率可提高一倍以上,而耗油率却会下降10%,柴油机单位功率的质量也会大大降低。

船用柴油机的空气增压压力，通常是这样规定的：当增压压力低于 0.07 MPa 的表压力时，称为低增压；在 0.07～0.15 MPa 的表压力时称为中增压；而在 0.15～0.3 MPa 的表压力时称为高增压；高于 0.3 MPa 的表压力时，称为超高增压。

船舶大型低速柴油机目前应用的压力为 0.25～0.30 MPa，相应的平均压力为1.5 MPa 左右；大型中速柴油机应用的压力为 0.30～0.35 MPa，相应的平均有效压力为 2.0～2.5 MPa。可以认为，废气蜗轮增压的实现是柴油机在提高功率和提高效率旅途中的一次飞跃。

### 三、废气蜗轮增压的两种基本形式

根据对废气能量利用方式的不同，废气蜗轮增压有定压蜗轮增压和脉冲蜗轮增压两种基本形式。

1. 定压蜗轮增压

定压增压又叫等压增压，它的装置如图 5－1 所示。柴油机各缸的排气都汇总至排气总管内，由于其管径较大，使从各缸排出的高速并具有压力波动的废气进入排气总管后，能充分地降速和膨胀，因此排气总管内的废气压力变化不大。

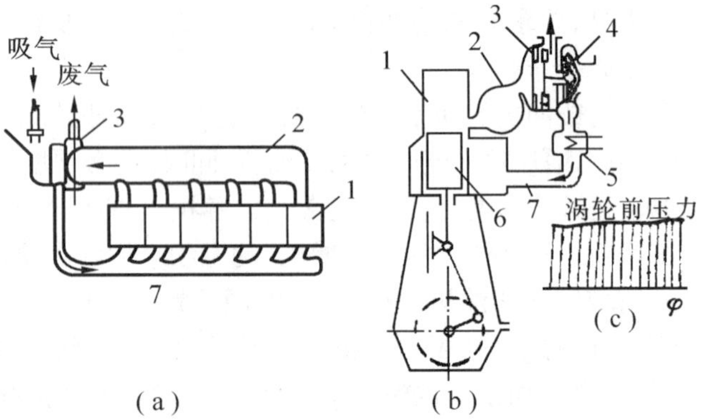

**图 5－1　定压增压示意图**

(a)排气管连接方法；(b)增压系统；(c)废气压力变化曲线（φ 为曲轴转角）

1—柴油机；2—排气总管；3—废气涡轮机；4—压气机；5—空气冷却器；6—活塞；7—进气总管

由于高速流动废气的脉冲能量在排气管内膨胀损失，并同时转变成热能，因此使排气总管内废气温度略有上升。废气基本上以变化不大的速度和压力进入废气涡轮机中做功，因此其工作较为稳定，而且效率也较高。

2. 脉冲蜗轮增压

脉冲增压又叫变压增压，它的装置如图 5－2 所示。柴油机各气缸通过不同排气支管与废气涡轮机相连接，各排气支管短而且管径较小。由于排气支管的容积较小，当气缸开始排气时，排气管中的压力能迅速提高，当排气结束时，排气管中的压力也迅速下降。因此，废气涡轮机前的压力是随时变化的，而且变化很大。为保证排气管中的废气压力处于脉冲状态，连接在排气支管的各气缸排气顺序应错开，不得相互重叠。否则，各缸排气的相互干扰，会破坏废气压力的脉冲状态，又会影响柴油机的正常扫气过程。

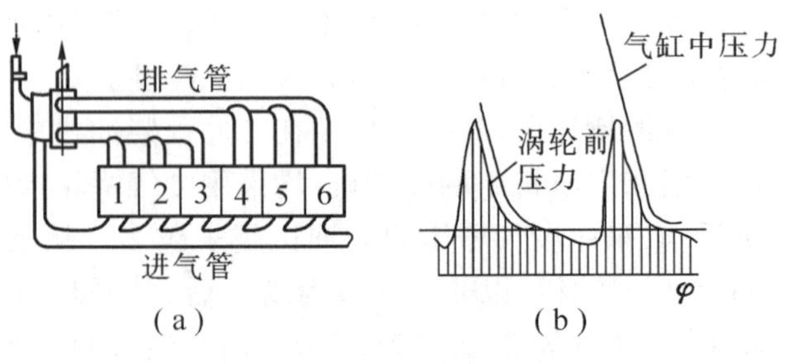

**图 5－2　脉冲增压示意图**

(a)排气管连接方法；(b)废气压力变化曲线；φ—曲轴转角

定压增压和脉冲增压方式各有利弊，下面作简单地比较。

（1）废气能量利用方面比较

脉冲增压不但利用了废气的定压能，而且能够有效地利用废气的脉冲能。而定压蜗轮增压只用了废气的定压能。所以，采用脉冲增压的柴油机从废气中获得的能量较多，这是脉冲增压的主要优点。但随着增压压力的逐渐升高，脉冲增压在能量利用方面的优势逐渐减弱。

（2）工作性能方面比较

在定压蜗轮增压中，由于废气是在等压下进入蜗轮的，气流的压力和速度不变，蜗轮工作比较稳定，故蜗轮效率高。而在脉冲增压中，由于进入蜗轮的废气压力和流速是变化的，增加了损失，故蜗轮效率较低。

（3）布置方面比较

对于脉冲增压，为了有效地利用废气的脉冲动能，对排气系统的布置、构造和加工方面，都有较严格的要求。定压增压排气系统的布置比较简单，只需装设容积足够大的排气总管，增压器数量也可以减少。

（4）管理方面比较

由于脉冲增压的增压器离排气口（阀）很近，并且由于气流脉冲的冲击，使得蜗轮叶片容易受损，而定压增压器不存在上述问题。

（5）柴油机的加速性及低负荷性能方面比较

在定压蜗轮增压柴油机中，由于排气管容积较大，在低负荷时，排气管中压力低，能量少，蜗轮发出的功率不能满足压气机的需要，在加速时，排气管中废气压力建立比较缓慢，增压器跟不上柴油机的加速，会出现较大的滞后。而脉冲增压柴油机不存在上述问题。因此，定压增压柴油机必须另设辅助风机，来满足低负荷时的扫气要求。

综上所述，在低、中增压时，即增压压力介于0.13～0.20 MPa之间时，采用脉冲增压，可以更多地利用废气能量。而随着增压压力的提高，定压能的比例也随之增高，脉冲增压在废气能量利用方面的优势不存在了。因此，在高增压时，均采用定压增压。如Sulzer公司的新机型、R&W公司的新机型，均采用定压蜗轮增压。定压增压也是目前增压系统的发展方向。

## 四、增压柴油机的结构调整

柴油机采用增压方式后，进入柴油机气缸中的空气压力增大，使得柴油机功率提高，但会使柴油机的性能发生很大的变化和影响，因此，必须对柴油机的结构作出相应的调整。

1. 减小压缩比

为避免爆发压力过高而产生柴油机机械应力增大的现象，必须适当降减柴油机的压缩比。

2. 增加燃油量

增压后的柴油机功率提高，使喷油量也增加，要求改用供油量较大的喷油泵和喷油器。

3. 减小喷油提前角

增压后的柴油机燃油滞燃期缩短，因而需要减小喷油提前角，以防爆发压力过高。

4. 增大进排气阀的重叠角

为提高柴油机增压后的换气质量和气量，降低热负荷，增压柴油机的进、排气阀的重叠角应适当加大。

5. 增大气阀间隙

增压后的柴油机热负荷增加，其中气阀等工作温度也升高，所以要适当增大各气阀的间隙，确保气阀关闭时的密封性。

6. 改进喷油和配气凸轮形状

增压后，由于喷油规律和进排气定时都需进行相应变动，为此喷油和配气凸轮的外形要作改进。

## 第二节　废气蜗轮增压器

船用柴油机上的废气蜗轮增压器，主要由压气机和废气蜗轮两部分组成。

废气蜗轮部分是增压器的主动部分，它的作用是把柴油机排出的废气能量，转变为推动增压器转轴旋转的机械功。

压气机部分则是增压器的增压部分，它的作用是将废气蜗轮传来的机械功，传递给由压气叶轮吸入的新鲜空气，并使之压缩，提高空气的压力和密度，然后再送入柴油机的气缸中，帮助燃油燃烧做功。

### 一、废气蜗轮增压器的工作原理

高温废气从柴油机的气缸和排气管排出后，经蜗轮壳和喷嘴环，并在有一定弯曲方向和逐渐收缩的静叶片组中进行膨胀，使之压力降低，速度增高；废气按一定方向冲动蜗轮叶片，推动废气蜗轮作高速旋转。做功后的废气，通过逐渐扩张的扩压器，其速度有所下降而压力有所增高，从而使废气平稳排出，提高了废气蜗轮的工作效率。

在压气机方面，新鲜空气由消音器处吸入，通过进气管道，进入压气叶轮，然后再经过扩压器，最后从输气壳迅速排出，并进入气缸中。

上述压气叶轮的作用，主要是使吸入的新鲜空气增加压力和提高流动速度。当压气叶轮被同轴上的废气蜗轮带动进行高速旋转时，其叶片通道内的吸入空气也随之被驱动旋转。由于压气叶轮是呈逐渐扩张形的，加上吸入空气在流动进程中受到自身离心力的作用，因而空气压力得以不断提高，并在其离心力作用下涌向出口。同时，压气叶轮的进口处则会出现低压状态，便于新鲜空气不断地大量从外界吸入。其中，扩压器是将空气的动能转变为压力能，使空气的密度增大、压力提高，并通过出气壳输出至柴油机气缸中去。

如图 5－3 所示为二冲程柴油机废气蜗轮增压原理和装置图，该机工作过程是：在柴油机排气阀开启时，从气缸向外排出的废气，具有很高温度（约 400～500 ℃）和一定的压力（约 0.2～0.4 MPa）及较高的流速。它所含的热量约占燃油燃烧所放出热量的 23%～40%。若对这些具有很大能量的废气加以利用便能节省能源，提高柴油机的工作效率。因此，可将柴油机排出的废气通入涡轮机，使蜗轮高速回转来带动离心式压气机，由此实现柴油机增压。

在排气阀 $b$ 开启后，废气便经排气阀和排气管 $j$ 进入废气蜗轮 $d$ 中，使蜗轮高速回转，通过轴带动压气机 $e$ 高速回转，新鲜空气从增压器的吸入口 $f$ 进入，经增压器提高压力后，经导管 $g$、空气冷却器 $k$，再到扫气箱 $h$，准备进入气缸。废气蜗轮 $d$ 和同轴安装的压气机 $e$ 合称废气蜗轮增压器。废气蜗轮增压器与柴油机本身没有任何机械连接，增压器能高速回

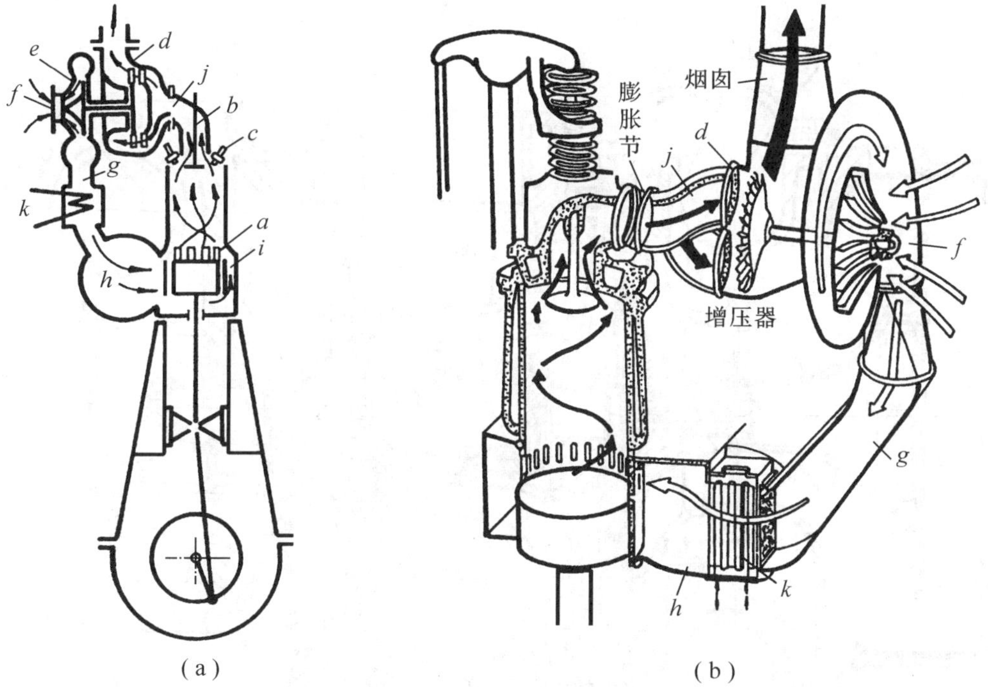


**图 5－3　二冲程柴油机废气蜗轮增压原理和装置图**

*a*—扫气口；*b*—排气阀；*c*—喷油器；*d*—废气涡轮机；*e*—压气机；*f*—空气吸入口；*g*—导管；*h*—扫气箱；*i*—扫气室；*j*—排气管；*k*—空冷器

转压气，是因为它利用了废气能量，因此，由增压所提高的功率不再被增压器消耗。这样，既可增加柴油机的功率，又大大提高了柴油机的经济性。废气蜗轮增压的实现，是柴油机在提高功率和提高效率旅途中的一次飞跃。

## 二、废气蜗轮增压器的类型

船用柴油机上所装置的废气蜗轮增压器的类型很多，但按废气在工作时流动情况的不同可分为轴流式废气蜗轮增压器和径流式废气蜗轮增压器两类。

1. 轴流式废气蜗轮增压器

该类废气蜗轮增压器的特点是废气做功时沿着蜗轮转轴作轴向流动，它已广泛用于各种船用柴油机上，轴流式蜗轮增压器如图 5－4 所示。

轴流式废气蜗轮增压器的工作过程是：柴油机气缸中排出的废气，进入增压器内喷嘴环后，在其喷嘴叶片所组成的通道中进行膨胀，压力降低，气流速度加快，将部分压力能转换为动能。此时，高速气流从喷嘴环进入废气蜗轮的叶轮叶片之间，继续膨胀和加速，从而将高速气流的能量（其中包括动能和压力能）转变为机械功。

当废气通过蜗轮的工作叶片时，叶轮上承受了气流所给予的两种力的作用。一种是从喷嘴环喷出的高速气流对工作叶片的冲击力；另一种是高速气流从工作叶片的通道中喷出时给予它的反作用力。这两种力的合力，使废气蜗轮在圆周方向产生一个旋转力矩，带动转轴和轴上的压气叶轮做功。轴流式蜗轮的基本结构如图 5－5 所示。

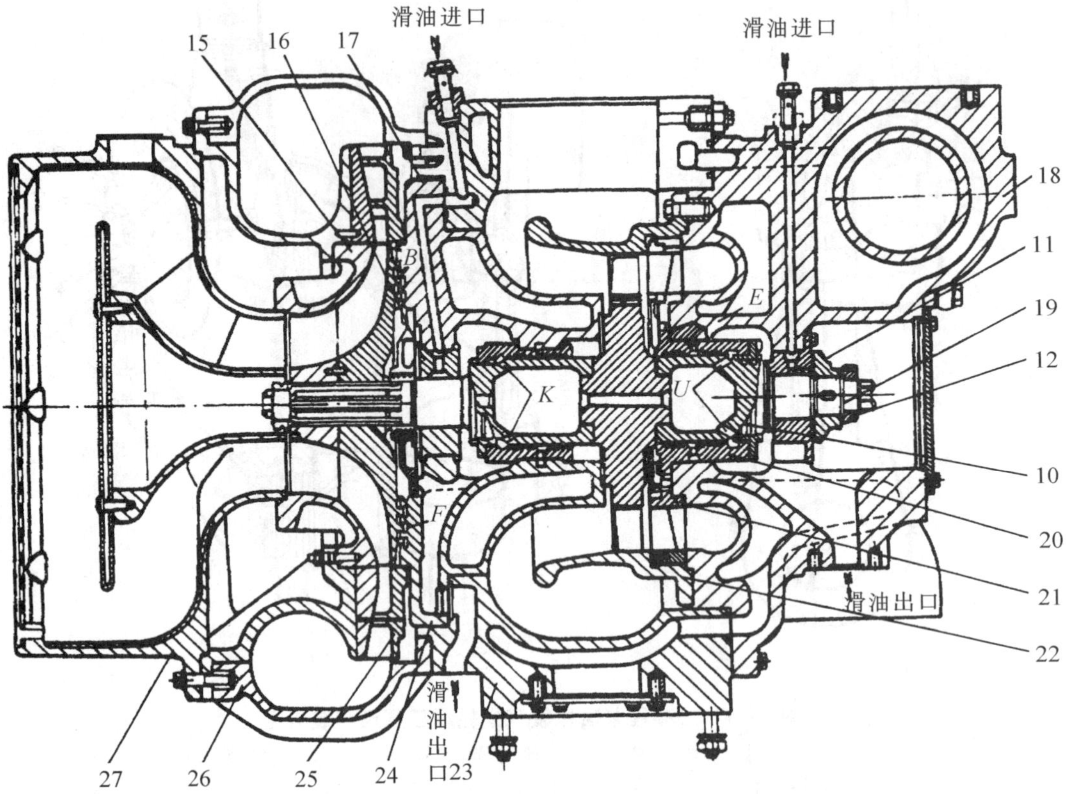


**图 5-4　轴流式蜗轮增压器**

1—导风轮;2—工作轮;3—密封环;4—套筒;5—密封环;6—轴;7—轮盘;8—叶片;9—锁紧片;10—轴;11—止推套筒;12—螺母;13—螺母;14—制动螺钉;15—叶轮罩壳;16—轴承;17—中间壳体;18—废气蜗壳;19—轴承;20—密封装置;21—喷嘴环;22—扩压环;23—废气出气壳;24—中间壳体;25—扩压器;26—进气蜗壳;27—消音器

2. 径流式废气蜗轮增压器

径流式废气蜗轮增压器如图 5-6 所示,它的特点是废气做功时垂直于蜗轮转轴,作径向流动。此种结构常用于船用发电的柴油机上。

径流式废气蜗轮增压器的废气蜗轮部分内废气的工作过程是:废气先进入其蜗轮(工作叶轮)四周的外壳中,然后经喷嘴,径向地通过工作叶轮的叶片处,直到中心,最后经带动蜗轮转轴旋转后才排出涡轮机壳体。

以上两种类型的废气蜗轮增压器的废气工作流动方向是不同的。但是其增压部分一般都以径流式的构造为主。这种压气机的特点是:利用高速旋转的压气叶轮,来带动吸入空气一起作旋转运动产生离心力,以提高空气压力达到增压目的。它的空气流动方向是从叶轮的中心向四周沿着径向流动的。

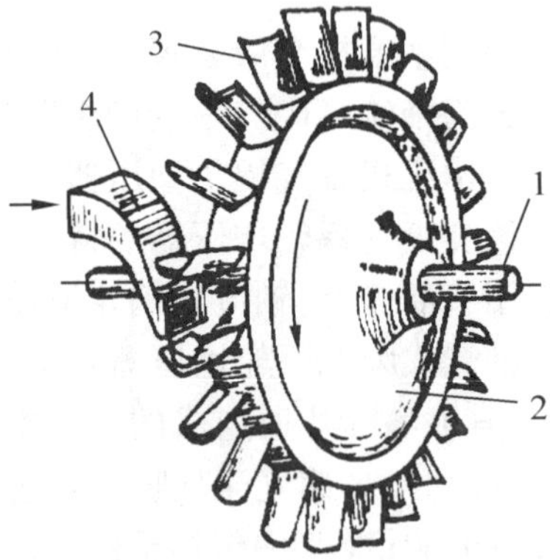


**图 5-5　轴流式蜗轮的基本结构图**

1—轴;2—叶轮;3—叶片;4—喷嘴

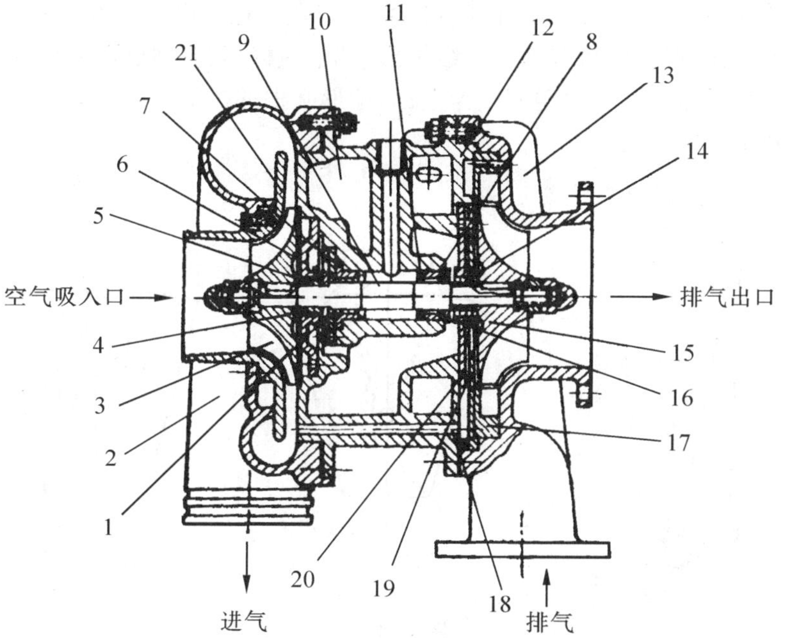


**图 5-6　径流式废气蜗轮增压器**

1—止推片;2—压气机壳;3—压气机叶轮;4—调整垫片;5—压气机轴封;6—压气机封环;7—止推轴承;8—浮动轴承;9—轴;10—水套;11—浮动轴承卡环;12—中间壳;13—蜗轮壳;14—蜗轮轴封;15—涡轮机叶轮;16—卡环;17—喷嘴环;18—气道;19—气封板;20—气封环;21—扩压器

## 三、废气蜗轮增压器的构造

1. 废气蜗轮部分的主要构件

(1)废气蜗轮的进、排气壳体

因为废气蜗轮的进、排气壳体在工作时承受高达 450 ℃的高温废气的影响,所以它一般采用低合金铸铁铸造,且中间设有冷却水夹层以供散热之用。

废气蜗轮的进气壳体一般制成蜗形,以使蜗轮更好地利用气体速度能,而排气壳体则制造成简单的环形结构。

(2)喷嘴环

喷嘴环的外形如图 5-7 所示。它是引导废气做功的通道,内环、叶片、外环等组成一圈固定的叶片环。其中内、外环由铸铁制成,而喷嘴叶片则由耐热钢精密制造而成,并镶在内、外环之间的环体中。

喷嘴环的整个环体由其内环固定在进气壳体上,而外环则可以在径向和轴向作自由膨胀,使它在高温

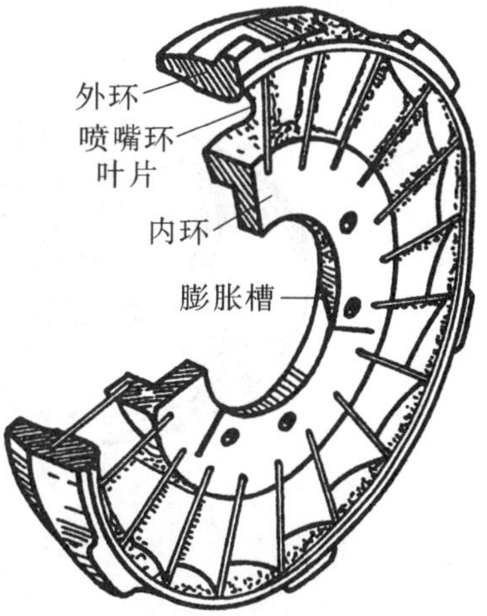


**图 5-7　喷嘴环**

下不影响叶片。

蜗轮上的叶片可分为三部分:叶顶(叶尖)、叶身、叶根,如图 5－8 所示。叶根轴向地固定装配在轮盘上,叶根的形状有球形和纵树形,其中纵树形连接强度高,调换叶片方便,常用在增压压力较高的增压器和大型增压器上;而球形叶根的机械加工方便,常用于增压压力较低的增压器和小型增压器上。

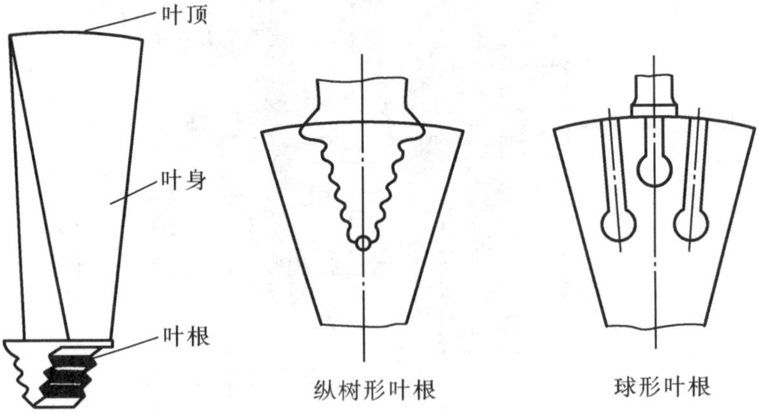


**图 5－8 叶片**

叶片的制造加工过程是比较复杂的,一般有高速锤锻、精密制造、辊锻和电解加工成形等多种工艺方法制造。少数增压器上的蜗轮叶片和轮盘是一起用熔模整体铸造而成形的。

2. 压气机部分的主要构件

压气机部分的主体是工作叶轮,它被同轴的蜗轮叶轮带动作高速回转,用来吸入外界空气并压缩后排出。

压气机叶轮常见的形式有闭式和半开式两种,如图 5－9 所示。闭式压气叶轮由上下罩盘和叶片组成,它的外形与普通离心泵叶轮相似,叶片均用薄板材料制成,用铆接或焊接方法直接固定在罩盘上。此种闭式叶轮一般用于中小型增压器上,半开式压气叶轮主要用于大中型增压器上。

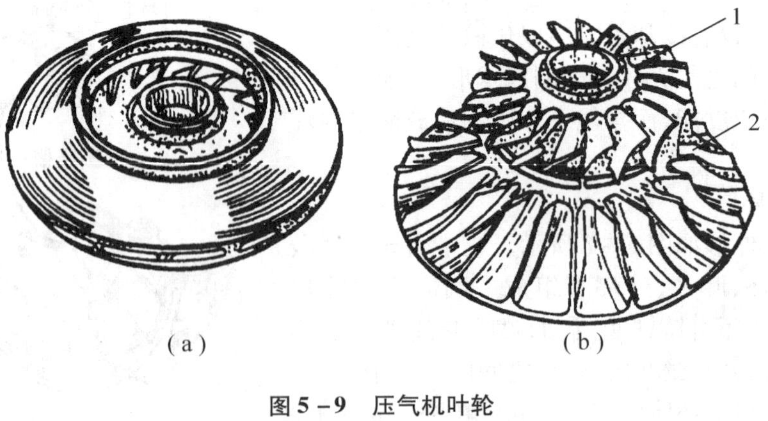


**图 5－9 压气机叶轮**

(a)闭式叶轮;(b)半开式叶轮

1—导风叶轮;2—压气叶轮

3. 转子与轴承

(1)转子

转子主要由涡轮机叶轮、压气机叶轮及主轴组合而成。

涡轮机叶轮与主轴采用焊接或整体锻造形成。而压气机叶轮与涡轮机叶轮之间装有定位套,通过平键或花键把压气机叶轮直接接在主轴上,并用螺母固定和保险装置防松。如图5-10所示为外置式轴承、闭式叶轮的转子构造图。这种转子的结构特点是在废气蜗轮增压器工作时,其上的工作叶轮不会脱落,且平衡,在运转中不易被破坏。缺点是损坏后不易被修复。主轴的材料,常采用合金钢,如15Cr,11MoV,40Cr等。

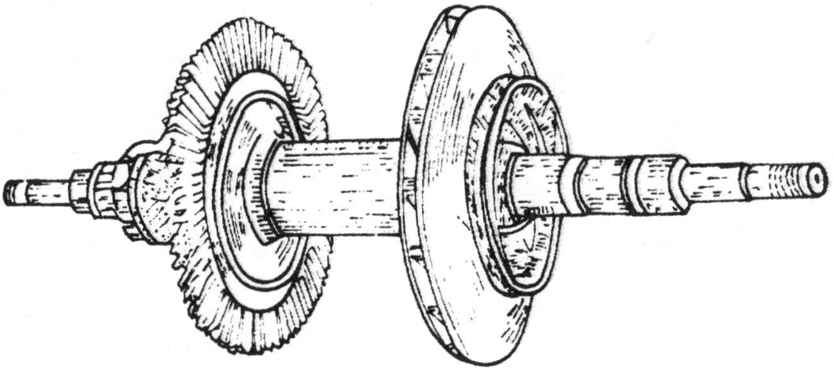

**图5-10 外置式轴承、闭式叶轮的转子构造图**

(2)轴承

轴承在废气蜗轮增压器中占有重要地位,它不但要保证转子作高速、可靠地旋转运动,且要使转轴始终处在准确的位置上工作。

目前用于废气蜗轮增压器上的轴承有滑动轴承和滚动轴承。

滑动轴承的特点是:在高速负载条件下工作,容易实现较为理想的液体润滑,因而使用寿命较长。设计良好的滑动轴承一般工作寿命可达3万小时以上。

滚动轴承(俗称弹子盘)的使用特点是:一般不设专门的冷却装置来对其进行冷却散热,而是利用涡轮机端的蜗轮进气壳夹层间的冷却水来间接将涡轮机端的滑油和轴承中的热量带走,压气机端的轴承和滑油利用其流过其轴承壳的空气来冷却。

4. 密封装置

良好的密封是保证废气蜗轮增压器可靠工作的一项重要措施,密封装置包括气封和油封两部分。密封装置的功用是防止压力空气、燃气(及废气)和滑油的泄漏。其中压力空气的漏泄会降低柴油机的增压效果;燃气的泄漏会污染增压器内的滑油,还会损伤泄漏处的有关构件;而滑油的泄漏不仅会造成滑油的损耗,而且会使叶轮等主要部件被污染。

# 第三节　典型废气蜗轮增压器介绍

在船用柴油机中,用得较多的是瑞士 ABB 公司制造的 VTR 型废气蜗轮增压器。VTR 型增压器有 0,1,4,4A 四种系列产品,可以满足200 ~ 37 000 kW柴油机的匹配要求。VTR 系列废气蜗轮增压器的主要参数如表 5 - 1 所示。

**表 5 - 1　VTR 系列废气蜗轮增压器主要参数**

| VTR 系列 | 压比 | 流量($m^3/s$) | 压气叶轮外径(mm) | 质量(kg) |
| --- | --- | --- | --- | --- |
| 160 | 2 | 1.0 | 180 | 130 |
| 200 | 2 | 1.5 | 224 | 185 |
| 250 | 2 | 2.5 | 280 | 325 |
| 251 | 2 | 3.0 | — | 370 |
| 320 | 2 | 3.9 | 355 | 550 |
| 321 | 2 | 4.75 | — | 760 |
| 400 | 2 | 5.4 | 450 | 915 |
| 401 | 2 | 6.5 | — | 1 300 |
| 500 | 2 | 10.0 | 560 | 1 780 |
| 501 | 2 | 12.0 | — | 2 350 |
| 630 | 2 | 16.0 | 710 | 2 980 |
| 631 | 2 | 19.0 | 760 | 3 780 |
| 750 | 2 | 22.0 | 900 | 6 540 |
| 705 - 1 | 2 | 25.0 | — | 6 540 |
| 900 | 2 | 30.0 | 1 000 | 17 000 |

如图 5 - 11 所示为 VTR 系列废气蜗轮增压器剖视图。它由右侧的单级轴流式废气蜗轮和左侧的单级离心式压气机组成。

废气蜗轮由废气进气箱 50、喷嘴环 30、叶轮 21、隔热墙 70、废气排气箱 60 等组成。进、排气箱的内腔用水冷却,进气箱与排气箱之间用螺钉紧固,进气箱右部布置轴承箱,排气箱下部装有增压器支架 680。柴油机排出的废气,由进气箱 50 下部引入蜗轮,由排气箱上部排出。隔热墙 70 用绝热材料制成,避免了废气对压气机叶轮和空气加热。

柴油机排出的废气经进气箱 50,送至喷嘴环 30。喷嘴环由喷嘴内环、外环和喷嘴叶片组成,喷嘴叶片形成的通道,从进口到出口呈收缩状,其作用是将柴油机排出的废气的压力部分转变为动能,并使气流具有叶片所需要的方向。叶轮由轮盘和叶片组成,叶片轴向安装在轮盘边缘的槽口中。叶身为叶片的工作部分,其形状由气体流动情况决定,它沿着叶片的高度,逐渐扭转。这是因为废气通过喷嘴进入叶轮时,气流的参数如压力和速度(大小和方向)等均沿叶片的高度而变化。高速流动的气流进入叶轮的叶片通道,其中一部分能量转

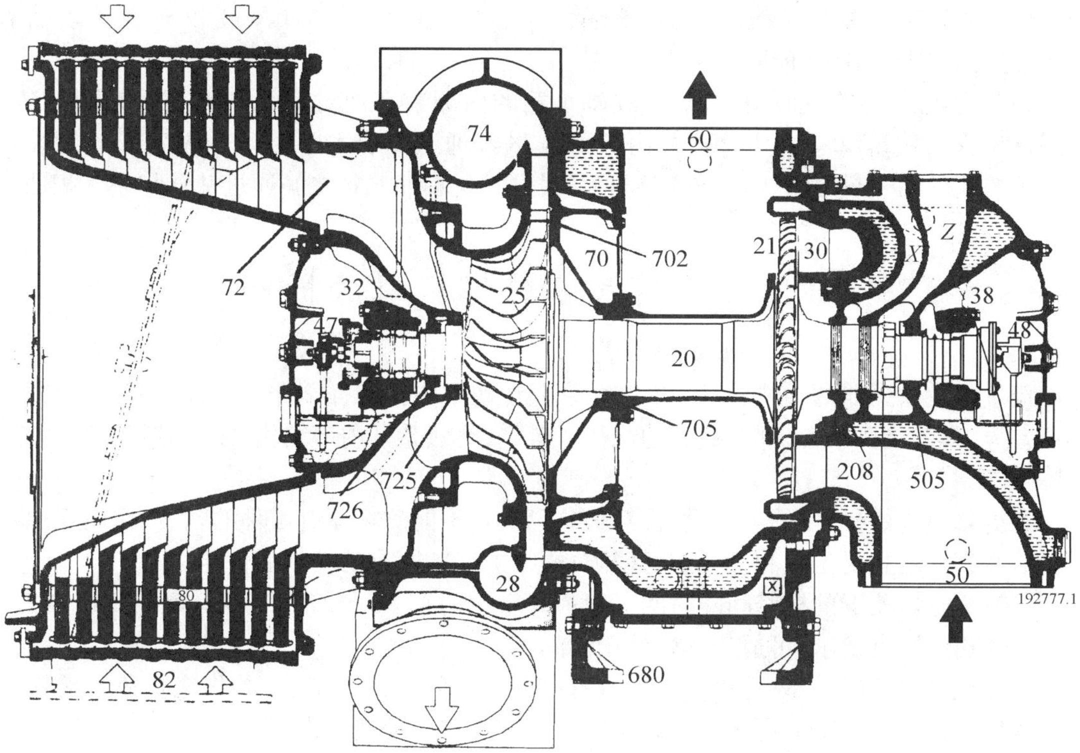


**图 5－11　VTR 系列废气蜗轮增压器剖视图**

20—轴;21—蜗轮叶轮;25—压气叶轮;28—扩压器;30—喷嘴环;32、38—滚动轴承;47、48—滑油泵;50—进气箱;60—排气箱;70—隔热墙;72—进气箱;74—排气箱;80—消音器;82—进气管;505、726—油封;208、702、705、725—气封;680—支架

变为机械能,最后经排气箱排往大气。

压气机主要由进气消音器 80、进气箱 72、压气叶轮 25、扩压器 28、排气箱 74 等组成。空气从消音器滤网处进入,消音器 80 中的空气滤网、导流环对空气起滤清、导流、吸音(导流环由吸音材料制成)作用。进气箱由内、外进气壳共同组成进气通道,对吸入的空气起导流定向作用。压气叶轮是压气机的主要部件,它是由前弯的导风轮和半开式工作轮组成的。导风轮的扭曲方向和角度应适应气流进入叶轮的相对流动方向,使气流平稳地从轴向转到径向,以减少进气流动损失;在工作轮上沿径向布置着直叶片,各叶片间形成气流通道。

图 5－11 中的扩压器 28 用焊钉固定在排气箱 74 上,其叶片间的气流通道呈扩张形,它将把压缩空气的动能变成压力能,以提高空气的排出压力。叶片环一般比圆环形平板圈窄一些。压气机排气箱是一个蜗壳状的管道,其流通截面由小到大,收集从叶片扩压器流出的空气,起着扩压作用。空气从蜗壳排出后,经空气冷却器进入柴油机的扫气箱。

压气叶轮 25 和蜗轮叶轮 21 装在轴 20 的两端,构成增压器的转子。转轴的两端由轴承 32 和 38 支承,为外支承式,它具有转子稳定性好、轴承受高温气体影响较小、便于密封、有利于增加轴承寿命等优点。

在压气机端,由于叶轮出口的空气漏到叶轮右侧,其压力大于叶轮左侧的空气压力;在蜗轮端,蜗轮右侧的压力也大于蜗轮左侧。因此,在转子上作用着一个自右向左的轴向推力。必须在压气机端设一个支持止推轴承承受转子的径向和轴向负荷,并起转子轴向定位的作用。蜗轮端的轴承是一个支持轴承,承受转子的径向负荷。轴承32和38是滚动轴承,它的摩擦损失小,加速性能好。

为了防止燃气、空气和滑油泄漏,在轴承箱的内侧装有油封505,726,在叶轮两侧装有气封208,705,702,725。气封208处由扩压器28经通道$X$引入增压空气,提高了气封效果。在转子右端的油气封之间通过通道$Z$与大气相通,左端油气封之间通过钻孔与大气相通。

## 第四节 废气蜗轮增压器的拆检

废气蜗轮增压器的拆装、使用和保养,在其说明书中都有详细介绍。各种形式的增压器有所差异,就其装拆来言,都有共同的规律。首先,要熟悉其内部结构,才能对其进行拆修及故障排除。

在拆修过程中,使用的工具设备需得当可靠,且不能破坏原有零件的精度、粗糙度;要注意拆修零部件的相对位置和主要装配间隙;要维护转轴原有的动平衡性能。

废气蜗轮增压器的检修间隔时间一般为5千小时至8千小时,若工作运转情况良好且产生扫气压力达到要求,可适当延长使用时间。

在该机件检修时,应先详尽了解增压器存在的故障及使用情况,并作全负荷运转检查,记录好所观察运转情况的有关参数。检修时应按工艺原理严格进行。

1. 主要零件的清洗

增压器拆卸后,应仔细地对零件进行清洗。而且应根据废气蜗轮增压器的状况,采用不同的清洗方法。

(1)冷却水腔清洗

可用酸洗的方法清除废气蜗轮水腔中的水垢和铁锈。在酸洗前,应将水腔内的锌板取出。

清洗时,选用浓度为0.5%的稀盐酸注入冷却水腔,并让空气充分逸出。若水垢过厚,可适当延长清洗时间。一般清洗剂停留时间为2~6 h。

水垢和铁锈被除掉后,立即将清洗剂倒掉,马上用清水冲洗,并用浓度为5%的碳酸钠溶液冲洗,以中和残余盐酸,最后再用清水冲净。

(2)空气滤清器的清洗

空气滤清器经长期使用后,灰尘和污物会将其通道阻塞,使吸气损失增大,增压压力下降,降低使用效果。所以空气滤清器必须根据情况加以清洗。

清洗时,可将滤器中的过滤填料金属网取下,用柴油、煤油、除油除碳剂和金属洗净剂清洗并用压缩空气吹干。

(3)叶片的清洗

压气机叶轮或蜗轮叶轮的叶片积垢后会使增压效率降低,同时还会破坏转动的平稳性而引起振动。

对叶片清洗时,先用浓度为10%~15%的盐酸或浓度为15%~20%的硫酸溶液清洗,然后用碱水中和,再用清水洗净并吹干。

2. 主要零件的检修

废气蜗轮增压器在拆开后，除了对各零件进行初步外观察，应对易损件及其装配间隙进行详细检验修理。

(1)轴承的检修

增压器压气机端的轴承，除了要承受转轴作用力之外，还要承受轴向推力，而且它也是增压器装配间隙的一个基准，在安装时必须十分小心。

当轴承磨损或损坏时，则要考虑整套换新。

(2)喷嘴圈的检修

首先要对喷嘴圈进行探伤，然后根据裂纹分别予以修理。喷嘴圈裂纹严重或多块叶片歪斜严重，则应整个喷嘴圈换新。少量叶片的根部松动，最好予以换新。

(3)密封装置检修

对气、油封损坏严重的应更换新备件，对轻微损伤的可作修正。

(4)叶轮的检修

对叶轮（蜗轮叶轮、压气叶轮）的检修要特别仔细。检查前应将叶轮清洗干净，而后探伤检查。若叶片有裂纹或弯曲，应予换新。拆卸的转子（轴与叶轮）在修理后，需对其作动平衡试验。

(5)消音滤器的检修

采用一般清洗方法。对用于消音过滤的材料，如有破损的、效果差的应予以更换。

## 第五节　废气蜗轮增压器的管理及故障排除

### 一、废气蜗轮增压器操作管理要求

废气蜗轮增压器是一种高速旋转机械，在运行中，应经常检查其运转的平稳性，仔细倾听声音是否正常。注意检测增压器的转速、增压空气的压力、润滑和冷却情况。应加强维护和管理，防止喘振的发生。对压气机端消压滤网和空冷器的前后压差应予以注意，因为此压差的增加，直接反映出滤网和空冷器被污染的程度。

当蜗轮增压器受到较轻污染时，应按说明书要求定期进行水洗和干洗，以恢复蜗轮增压器的性能收到较好的效果。但它并不能将已经严重污染的废气蜗轮增压器清洗干净，因而不能代替增压器定期的解体清洗。

近年来，常用水和特制的洗净液交替使用的方法，来清洗压气机。采用这种方法能除去空冷器中难以去除的污染物，这种洗净液已有生产厂家生产。由于废气蜗轮增压器在水洗时，一定要降低柴油机的负荷才能进行，这对船舶营运效率是不利的。为此，现已应用废气蜗轮增压器在全负荷的情况下也能清洗的药剂，使用这种药剂清洗的方式，对延长废气蜗轮增压器的解体清洗是有利的。

此外，应注意空冷器脏堵对柴油机运转的严重影响，因此，加强对空冷器的科学管理至关重要。化学剂冲洗技术，对清洗空冷器也是行之有效的措施。

## 二、废气蜗轮增压器和柴油机的匹配

废气蜗轮增压器和柴油机配合工作时，必须满足柴油机的空气量和压力的要求。将柴油机在各种负荷下，对压气机所要求的空气量和压力变化绘在压气机特性曲线上，就得到柴油机和废气蜗轮增压匹配时的工作线路图。图上纵坐标一般表示增压比，横坐标一般表示折合流量，曲线表示等转速曲线。在一定转速下，流量越小，效率越高，增压比越高。

一般要求柴油机和废气蜗轮增压器匹配工作线落在压气特性曲线的高效区，即靠近该曲线，从而获得较好的效能。但是，也不要靠得太近，否则就会靠近喘振线了。然而，匹配工作线远离高效率区，处在低效率区工作也是不适合的。柴油机和增压器匹配工作线离喘振线的远近的选择，根据柴油机增压系统的具体情况，通过试验或模拟计算而定。

当柴油机和增压器匹配工作线确定以后，在正常情况下，不会发生喘振。但当工作条件变化时，匹配或压气机特性线将会发生变化。

## 三、废气蜗轮增压器损坏后的应急处理

在航行中，废气蜗轮增压器损坏又不能及时修复时，只能采取应急措施，把损坏的增压器停掉，让柴油机继续运行。采取应急措施后，既要保持增压器不会进一步被损坏，又要使柴油机排气温度不超过规定的数值。

在航行中发现增压器损坏时，使损坏的增压器停止运转的措施有两种：如果柴油机停车的时间很短，只需拆下压气机端和蜗轮端的轴承盖，用专用工具把转子轴锁住，并在压气机排出管路装上密封盖板，防止增压空气流失；如果允许柴油机停车时间较长，可将转子拆除，并用专用工具封闭蜗轮增压器，以防燃气和增压空气外泄。

停增压器运行的应急措施进行后，应降低柴油机的负荷，防止排温过高和冒黑烟，对蜗轮的进、排气箱继续保持冷却。

如果在航行中，发现增压器损坏又不允许停车时，应降低柴油机的转速，且只能运行一个较短的时间。

## 四、废气蜗轮增压器的运行注意事项

废气蜗轮增压器工作时，流过蜗轮和增压器的气流速度都很高，通常是每秒数百米，蜗轮和增压器叶轮的旋转速度也很高，往往达到每分钟几千转甚至几万转。在使用中，无论叶片、转轮和轴等零件的任何损坏变形而相互摩擦、碰撞，都会使蜗轮增压器产生振动、噪音，甚至损坏。废气蜗轮增压器的日常主要管理事项有如下几点。

(1)在运行中，主要应注意下列几个参数：增压器转速、增压空气压力、增压器端进气滤网和空气冷却器前后的压差等。应注意观察滑油流动情况，应注意滑油的进口压力和出口温度是否正常。此外，还要注意废气蜗轮壳的冷却，其冷却水温度为 80 ~ 85 ℃。

(2)蜗轮增压器运转时，应经常检查其运转的平稳性，细心倾听蜗轮增压器的运转响声。如果叶片断裂或蜗轮严重积炭，蜗轮增压器会发出异常的声音。

(3)如果柴油机停车时间较长，为了防止蜗轮增压器转子弯曲变形，应将其定期转动一个位置。

(4)应定期检查、拆检并清洗蜗轮增压器，并在运转过程中，使用冲洗装置对蜗轮增压器喷水，以清除积炭和灰尘。喷水冲洗工作应每周进行一次。

（5）当蜗轮增压器发生喘振时，应及时消除。增压流量变得太小，背压上升很高的情况下，流过蜗轮增压器的气体会产生强烈涡流。增压压力或高或低，排量或正或负，会使蜗轮增压器强烈振动，并发出沉重的喘息声或吼叫声，这种现象称为蜗轮增压器喘振。导致蜗轮增压器喘振的具体原因很多，主要有气流通道堵塞、柴油机有故障、环境温度变化及运行暂时失配（如启动加速过快，风浪天气航行时发生飞车）。

消除喘振现象的措施主要是：平时做好清洗工作，确保气流通道无堵现象，并保持柴油机本身工作性能良好且注意掌握正确的操纵方法。在应急运行的情况下，采用适当的提高柴油机负荷或降低、提高柴油机转速蜗轮等方法。

（6）拆装增压器时，应事先阅读说明书，以了解其内部结构拆装顺序以及所需要的专用工具。当蜗轮增压器在运转中损坏，船上又无备件更换时，可停止其运行。

废气蜗轮增压器及其装置的主要故障有：轴承烧毁、叶片断裂、增压压力降低、增压压力升高过大、蜗轮壳体腐蚀等。

## 五、废气蜗轮增压器的清洗

废气蜗轮增压器经过一段时间运行后，其内部流道会被各种污物侵入，使气体流阻增大、增压器效率下降、增压压力降低，引起增压器喘振。另外，污物在叶轮上分布不均使其动、静平衡受到干扰也会引发增压器的振动。因此，必须要对废气蜗轮增压器进行清洗。

废气蜗轮增压器的清洗有两种情况，一是拆开清洗，二是运转中的清洗。

运转中的清洗方法有如下两种。

1. 水洗法

如图 5 – 12 所示为 BBC 型废气蜗轮增压器在运转中的水洗方法示意图。水洗蜗轮时，要求柴油机在 50% 左右的低负荷下运转，先将压力为 $2.5\times10^2$ kPa 的清洗水由阀 C 流入，污垢和水由管 1 泄放至舱底，然后由旋塞 A 使管道 2 与 1 相通，用压缩空气吹扫排泄管道和排气箱，使管 1 畅通。清洗约需 10 min 时间，清洗后应在低负荷下继续运转 5 ~ 10 min 左右。水洗压气机时，要求在柴油机全负荷运转下进行，方法是将特定量的水在短时间内喷入压气机内。如图 5 – 13 所示为压气机的清洗装置，清洗时按下容器上的按钮，清洁水便在增压压力与进气压力之差的作用下，在 4 ~ 10 s 内喷入压气机。清洗后 30 min 内，应将气缸滑油供给量提高 50% ~100%，以使气缸套免受腐蚀。水洗后，柴油机应保持在全负荷下运转规定的时间，以使柴油机和废气蜗轮增压器完全干燥。清洗压气机后还应清洗空气冷却器，以洗去从压气机冲洗出来的积垢。

2. 干洗法

干洗是从蜗轮进气道喷入一定数量的已被粉碎的核桃壳，或其他类似的物质，其颗粒尺寸约为 1.5 mm 左右，用冲击式的方法来清除蜗轮内积垢。干洗时，柴油机处在全负荷运转时效果最佳。如果增压器另装有干洗设备，应按其说明书的要求进行。

定期拆检清洗增压器，可参阅废气蜗轮增压器拆卸、装配的内容和顺序来进行，不可损坏其内的机件和破坏它的转子平衡性。

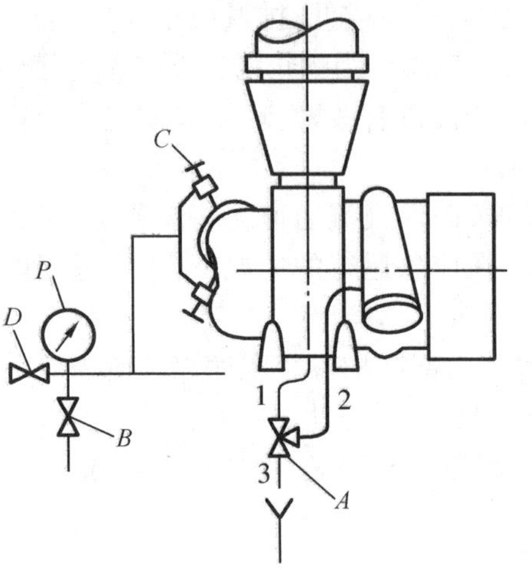


**图 5-12　BBC 型蜗轮水洗方法示意图**

1,2,3—管道;$A$,$B$,$C$,$D$—阀;$P$—压力表

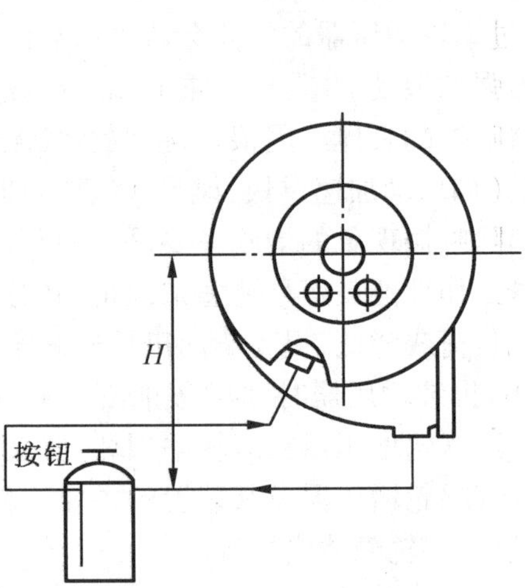


**图 5-13　压气机清洗装置**

## 六、废气蜗轮增压器的动平衡试验

1. 动平衡试验的目的

柴油机的废气蜗轮增压器是一种高速旋转的设备,为了保证其工作平稳可靠,必须对其转子进行动平衡的试验。因为转子转动时的不平衡力不但会增加其轴承的额外负荷,还会引起转子上叶片的脱落和蜗轮增压器的喘振。引起转子不平衡的情况主要有下列几点:

(1)装配误差。如蜗轮盘上的叶片及其连接件质量不均等产生不平衡。

(2)制造误差。定位孔与旋转中心不同心产生离心力,或定位孔与轴心线偏离产生不平衡力偶。

(3)转子上零件分布不均或材料密度不均。

装配后的转子总是存在不平衡现象,必须对其进行动平衡试验,确保不平衡精度在允许范围之内。

2. 动平衡的精度要求

转子不平衡大小的程度称为动平衡精度。常用克—厘米表示。

如某一转动件,其离轴心 $R$ 处有一不平衡重物 $g$,则此转动件的不平衡度称为 $gR$(克—厘米)。

为精确地表示转子不平衡精度,可用克—厘米不平衡度与转子质量 $G$ 的比值来表示,即

不平衡度(克—厘米)/转子质量(千克)

或 $gR/G$

这个比值恰好是转子重心对旋转几何中心的偏移量 $e$。则

$$gR/G = e \quad 即\ gR = Ge$$

如平衡精度为 0.1 克—厘米/千克,即相当于转子重心偏移 0.001 mm,那么 $e = 1\ \mu m$。

例:某增压器的转子质量为 500 kg,其工作转速为 7 600 r/min,属于精密机构。已知其重心偏移量 $e = 1.4\ \mu m$,则此转子的不平衡度为

$$gR = Ge$$

$$500 \times 10^{3} \times 1.4 \times 10^{-4} = 70\text{（克—厘米）}$$

## 七、废气蜗轮增压器的主要故障及排除方法

1. 蜗轮增压器的喘振

蜗轮增压器与船用柴油机匹配良好,一般在使用初期,是不会发生喘振的。但以后蜗轮增压器出现故障,最终会引起喘振现象。

蜗轮增压器的喘振是指压气机中的空气压力和速度发生周期性变化,导致叶轮发生强烈的振动,并使空气流量大大减小的一种物理现象。发生喘振现象时必须及时排除缺陷,以防事故发生。

发生喘振的原因主要是柴油机的整个增压装置通道中的气体受阻;柴油机的自身故障导致与蜗轮增压器匹配不良;柴油机运转转速或负荷改变太快。此外,蜗轮叶轮的叶片或压气叶轮损坏等都会引起喘振。

2. 蜗轮增压器的强烈振动

增压器产生强烈振动主要是旋转零件损坏和转子失去动平衡所造成的。此外,叶片受到异物冲击而断裂、轴承损坏、转轴的轴颈磨损或变形、以及紧固螺栓的松动等都会引起蜗轮增压器强烈振动。

3. 增压压力降低

当增压压力降低时,蜗轮增压器的转速也同时下降,其原因在于喷嘴环叶片变形、蜗轮叶片变形等。

若增压压力降低而转速无明显变化,则主要是由于空气进口滤网阻塞、压气机叶轮与扩压器之间的气流通道被阻,或相应管道严重漏气等。

## 八、废气蜗轮增压器的安装要求

蜗轮增压器的压气机端、涡轮机端及转子的安装程序与拆卸程序相反,装配时必须注意以下几点:

(1)废气蜗轮增压器是高速运转的机构,所以它的内、外部与活动零部件必须加装锁紧装置予以保险。

(2)对压气机叶轮、蜗轮等高速运转的零件,应按原来的装配位置进行装复,否则会严重影响其动平衡性能。必要时需对其进行动平衡检验工作。

(3)总装后,转动转子,测听是否有碰擦的声音,如有应查明原因并消除。

(4)安装完毕应测量 $k$ 值。

总装好的增压器用游标卡尺或百分表,在施加外力下使转子轴作轴向移动,测量工作叶轮与进气内壳之间的间隙及蜗轮端隔热层之间的间隙,并作好记录。对于 VTR630 型增压器,在 7.5 千牛顿力的作用下,其轴向移动量 $k$ 值为 0.17 ~ 0.23 mm。

# 第六节　废 气 锅 炉

随着柴油机功率的提高，废气余热利用率也大大提高。目前船用柴油主机和某些柴油发电机的排气管上均装有废气锅炉，以减少燃油辅锅炉的使用时间，节省大量燃油，同时废气锅炉还能起到排气的消音作用。可利用船舶上废气锅炉所产生的大量蒸汽，对柴油机的冷却水和燃、滑油等介质进行加热，蒸汽也可作为船上一般日常生活用汽，还可驱动蒸汽轮机发电机进行供电，如今柴油机的废气锅炉已成为船舶上的动力源。废气锅炉的应用，主要解决了船舶航行时的用汽问题，也大大缩短了燃油辅锅炉的工作时间。随着科技的发展，柴油机的废气利用将得到更大发展。

废气锅炉是利用柴油机工作后的废气能量（温度可达 350 ~ 450 ℃；压力可达 0.1 ~ 0.25 MPa）来加热蒸发水的锅炉（蒸汽压力可达 1.3 MPa，其饱和蒸汽温度可达 194 ℃以上）。目前柴油机动力的船舶均装有废气锅炉，来提高船舶航行的经济性。柴油机动力船舶上应用的废气锅炉主要有以下两种。

1. 立式火管废气锅炉

如图 5 – 14 所示，为国产废气锅炉，因无炉膛和燃烧器，因而结构大大简化，在圆筒形炉体 1 内，贯穿有几百根烟管，上下均用管板封头封住，成为废气锅炉主要管排热交换器。其上部为主蒸汽室，并设有蒸汽主汽阀 7 及其他锅炉附件，中心为烟道出口。其下部为进气分烟道，侧面有一旁通烟道，并利用一回转碟阀控制。废气锅炉工作时，回转碟阀关闭，烟气经管排加热水，当不需要蒸汽时，则打开回转碟阀，使大量烟气自旁通烟道排向大气。

废气锅炉的管排，通常采用麻花管，麻花管可使烟气流过时，发生旋转振动，以提高传热效果。

2. 盘管式强制循环废气锅炉

盘管式强制循环废气锅炉与主机、辅助锅炉的连接如图 5 – 15 所示。

这种锅炉由于盘管是一层层由下而上的布置，烟气流经各层管缝加热管中的水，上下温差较大，同时，在盘管内，产生的水垢不易清理，而且制造加工较麻烦，故已逐渐被立式火管废气锅炉所代替。

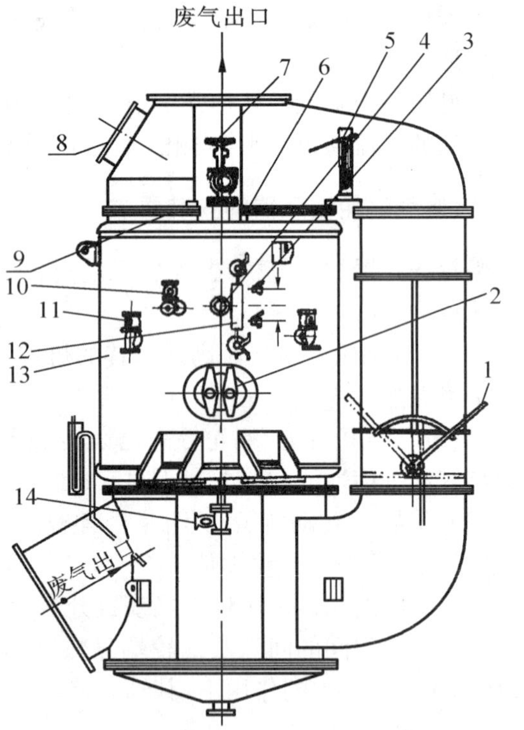


**图 5 – 14　GFL112 – 7 型废气锅炉**

1—圆筒形炉体；2—人孔；3—试水考克；4—磁性式水位调节开关；5—压力计；6—空气考克；7—主蒸汽阀；8—人孔；9—压力表考克；10—上排污阀；11—给水阀；12—水位表；13—炉壳；14—下排污阀

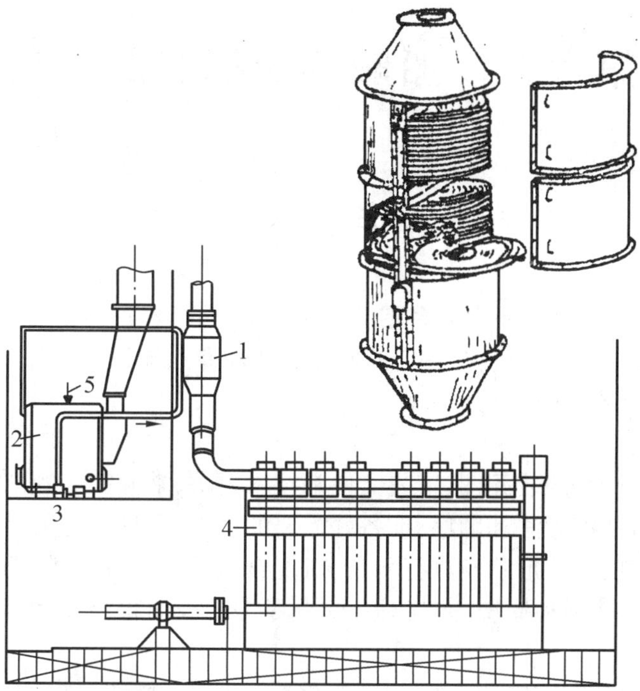


**图 5 – 15　盘管式强制循环废气锅炉与主机、辅助锅炉的连接**

1—废气锅炉;2—辅助锅炉;3—循环水泵;4—主柴油机;5—蒸汽出口

# 习　　题

1. 何谓增压柴油机,特点是什么,一般增压方式有哪几种?
2. 废气蜗轮增压器的优越性有哪些,发展方向和前途是什么?
3. 船用柴油机的废气蜗轮增压器有哪两部分构成,各部分的功能是什么?
4. 试述废气蜗轮增压器的增压工作过程。
5. 熟悉和明确废气蜗轮增压器的构造与组成。
6. 熟悉 VTR630 型废气蜗轮增压器的拆卸程序与操作方法及注意事项。
7. 废气蜗轮增压器在运转中,发生喘振的原因何在?
8. 分析在修检废气蜗轮增压器时,采用哪些方法较合理,并说出它的步骤。
9. 废气蜗轮增压器在装配时,必须注意哪些要点?
10. 废气蜗轮增压器的清洗是如何来进行的?
11. 为何要对增压器转子进行动平衡检验?
12. 废气锅炉的功用是什么,它是如何来利用柴油机的排气热量的,特点是什么?

# 第六章　船舶柴油机装配工艺

## 第一节　柴油机装配工艺概述

一台完整柴油机的装配，要由许多零部件正确的组合，经过多道工序才能完成。要求施工人员对柴油机的装配工作应具有一定的操作技能和专业知识。

柴油机的装配工艺有以下几个过程。

1. 装配前的准备

(1)熟悉柴油机产品的装配图、工艺文件和技术要求，掌握产品的结构、零件的作用。

(2)确定柴油机装配方法和顺序，准备好需要的工具、量具和有关材料。

(3)对相配零件的尺寸形状应进行测量，对配合偶件的相互间隙或过盈量进行选配，对被装配的零件要进行清理和清洗，尤其对各配合零件的表面粗糙度和精度应进行仔细地检查和修整。

(4)对某些零件还需要进行研磨、刮削等修配工作，对特殊要求的零件还要进行动、静平衡试验以及密封性试验。

准备工作对提高柴油机的装配质量和速度往往会产生很大影响。

2. 部件装配

根据柴油机的结构特点和各个部件的主要功能，大致可分为以下几类。

(1)固定部件类

如机座、机架(或机身)、气缸体、气缸盖、贯穿螺栓、扫气箱、进气总管、排气总管、主轴承和凸轮轴箱等。

(2)活动部件类

如活塞和活塞环、活塞销或十字头、活塞杆与连杆、曲轴和飞轮、凸轮轴与凸轮轴传动机构、正倒车换向机构、进排气阀、喷油泵传动机构及齿轮或链轮传动装置等。

(3)精密部件类

如喷油泵、喷油器、调速器、启动空气分配器、气缸润滑注油泵等。

(4)主要辅助装置

如废气蜗轮增压器、启动及应急鼓风机、空气冷却器、操纵台组合、盘车机、各种传感装置和仪器仪表等。

柴油机是结构复杂的产品，在部件装配阶段，要求各个部件达到技术规定，为以后的总装创造条件。精密部件和辅助装置由专业制造厂制造，柴油机总装厂和船厂只需对个别部分进行调整和检查。

3. 总装配

在装配过程中要对部件之间的尺寸和几何位置关系进行必要的调整，从而装配成完整和合格的柴油机。

4. 分段预装

分段预装就是将整个柴油机中的主要构件以分段形式分开放置，如将机座、机架、气缸体、进气集管、排气集管等各分段在几个地点进行预装，使尽可能多的部件分别安装就位，然后把几个分段吊装合拢成完整的柴油机。

在柴油机装配过程中和结束后，还要进行调整、检验和试车等工作。

柴油机的调整目的是使柴油机运转协调。如对轴承间隙、导板与滑块间隙、活塞与气缸间的间隙、推力间隙及曲轴轴向位置等的调整。

柴油机精度检验，主要为检验活塞中心线和导板之间的平行度、活塞与曲轴中心线之间的垂直度以及曲轴臂距差值。

柴油机试车是检验和衡量其工作性能及安装质量的一项重要工序，历来是制造安装方和使用方关注的重点。如检验柴油机运转的安全性、可靠性、振动和噪声、温升、转速、功率等性能是否符合“船检”的规定要求。

## 第二节　柴油机部件的装配

本节说明：以大中型十字载机为例。

### 一、机座定位

机座是柴油机的主要基础部件之一。机座装配位置的正确与否将会影响柴油机的装配精度，故造修厂极为重视。

不同机座的装配，都规定了各自的技术要求，但其基本要求是：

1. 机座上平面的平直度误差一般应小于0.04 mm/m。小型柴油机机座在车间台架或船上安装时，其机座的平直度可用专用量具来检查，大型柴油机机座则用光学法来检查。

2. 机座如果在台架上装配，为便于检查机座上部的零部件安装的准确性，应将机座置于水平状态，其水平度误差应小于0.05 mm/m。小型柴油机可采用水平仪来检查。大型柴油机可用水准面法来检查。

除此之外，还要求机座不能有任何渗漏滑油的现象。机座底平面与各支承用的楔形垫铁之间应保持良好的平面接触，以防机座变形。

机座上平面的平直度检查在柴油机解体吊装时尤为重要，这里介绍两种测量方法。

1. 水准面法

大型柴油机在船坞或车间台架上装配时，除了要求其机座上平面平直之外，还要求机座平面呈水平状态。测量时可用水平仪来检测，也可以用水准面法来检测。我们可利用静止水面处于同一水平面的原理，来测得机座上平面的任何一处至水槽内水面的高度，如图6－1所示为水准面测量装置，旋动测量工具上的内径千分尺，当测量工具的针尖刚接触到水面时，即可直接读数，得到机座上平面的平直度和水平

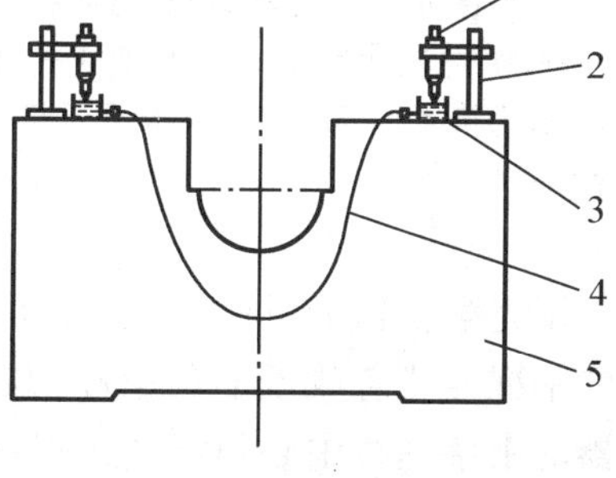


**图6－1　水准面测量装置**

1—分厘卡及测针；2—测量支架；3—水槽；4—连通管；5—机座

状况。

调整机座上平面的平直度和水平度，可以利用支撑螺栓将机座稍微抬起的方法；也可以用薄形千斤顶顶起，然后更换调整垫片或调节楔形垫铁厚度的方法。调整垫块和支撑螺钉的应用如图 6－2 所示。不管用何方法调整机座平面，应防止顶升时受力不均匀，引起其变形。

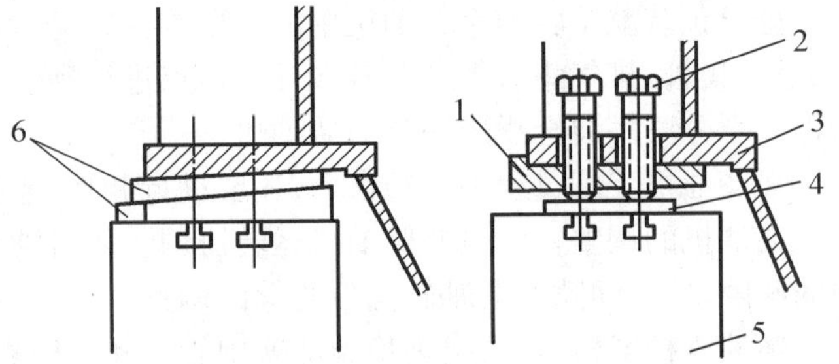


**图 6－2　调整垫块和支撑螺钉的应用**

1—支承板；2—支撑螺钉；3—机座；4—垫铁板；5—安装平台；6—调整垫块

(2) 光学仪器法

采用光学仪器法进行柴油机机座上平面测定时，主要是使用光学直角扫描仪，如图 6－3 所示。光学直角扫描仪由带有测微准直功能的望远镜和平面扫描仪等两部分组成。准直望远镜内的基准十字线可用调节器 1 来调整，并由调距器 2 来调整焦距，装有准直望远镜的直角仪的上下位置可以由调节螺钉 7 来调节，直角仪下部的扫描装置 5 可在平面内作 360° 的任意转动，其内部装有五棱镜，使用五棱镜调节器 6 就可调节反射角度，通过反射，在准直望远镜中，就能观察到机座上平面上的光靶中点位置与准直望远镜中基准十字线中心的距离，并可在五棱镜调节器 6 上读出该处被测平面的偏值。扫描仪测量原理如图 6－4 所示。

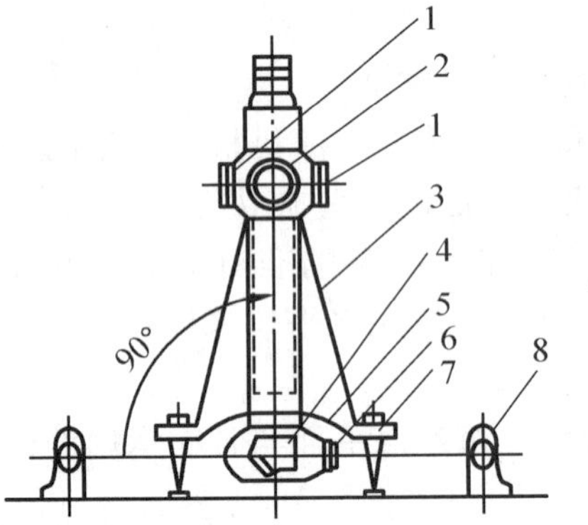


**图 6－3　光学直角扫描仪**

1—调节器；2—调距器；3—三脚架；4—五棱镜；5—扫描装置；6—五棱镜调节器；7—调节螺钉；8—光靶

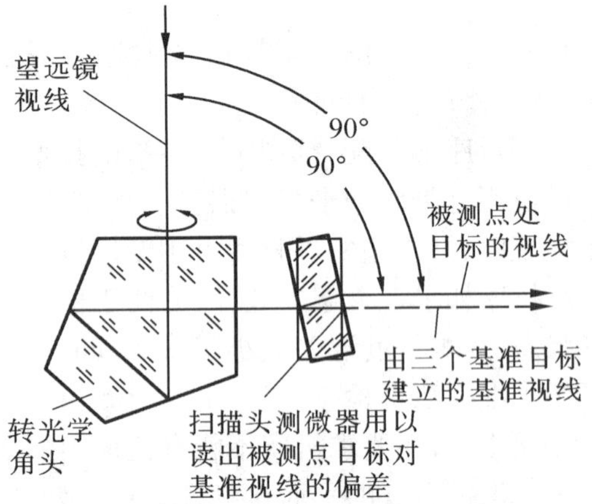


**图 6－4　用扫描仪测量的原理**

用光学仪器测量机座上平面的方法如图 6－5 所示。在将仪器置于合适之处之后，把等高的基准光靶各放于不在一直线上的三处。调节仪器三脚架的调节螺钉，使它旋转扫描时，仪器的十字基线中心与三个光靶上的基准十字中心相重合，仪器上的十字中心点调整到三个基准光靶十字中心所组成的平面上，此时就可对机座上平面进行扫描测量了。

测量时，将被测光靶置于机座上平面测量的地方。然后，调整望远镜的焦距，使其十字线与光靶上的准线中心都清晰。此时，如果望远镜的十字中心不能与光靶的中心等高，则表示该被测处与基准平面有偏差,即机座这一被测处的平面不与整个上平面在同一平面上。旋转五棱镜的调节器,使望远镜上十字线中心与光靶中心等高,这时,调节器上的读数便是被测定处平面的偏差值。偏差为正值时,表示被测点高于基准平面,负值表示被测点低于基准平面。记录偏差值,与座台上的测量记录比较,要求对应测量点的偏差值相差不应超过规定大小,不然就得调整该处机座的高度。在调整该点机座高度时,通常将光靶放在该点原处,并将五棱镜调节器调到原值,对准光靶观察机座调整的量值,以求较快地调好机座平面,并同时复测基准光靶,使它们仍在原先校准基准的位置上。

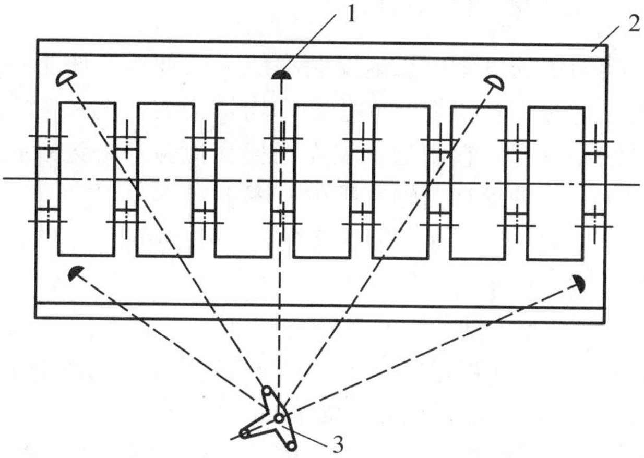


**图 6-5 用光学仪器测量机座上平面**

1—基准光靶;2—机座平面;3—光学直角扫描仪

对机座上平面进行调整和检测后,必须将它的平直度和水平度值记录在案,其用图表格式记录。如图 6-6 所示为机座平面测量记录图,这一记录资料是非常重要的指导性原始数据,可与以后船舶柴油机经运转后的勘验检测数据作对比,决定船舶柴油机的修理方案和范围。

柴油机机座的定位与固定具体方法,可参见本书第七章中的第三节介绍内容去实施。

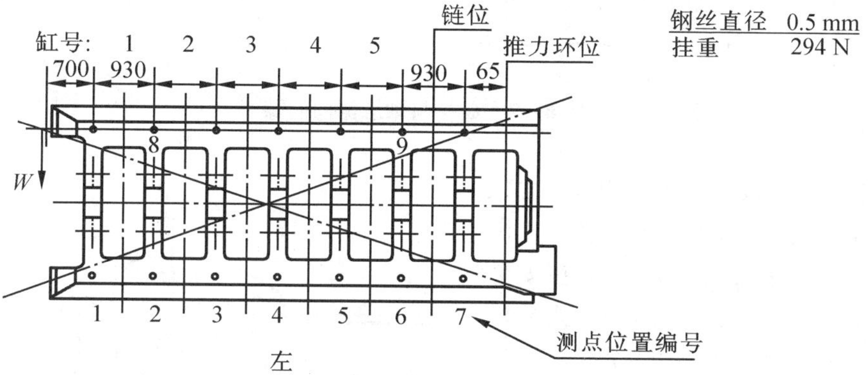


单位:$\frac{1}{100}$ mm

| 方向 \ 位置 | 1 | 2 | 3 | 4 | 5 | 6 | 7 |
|---|---|---|---|---|---|---|---|
| 右 | 0 | -6 | -15 | -22 | -15 | -7 | 0 |
| 左 | 0 | -7 | -14 | -21 | -15 | -8 | 0 |

**图 6-6 机座平面测量记录图**

## 二、主轴承和曲轴的装配

柴油机的机座可靠地安装在船上柴油机基座上或台架上之后，就可以装配主轴承和曲轴及飞轮等了。待装的这些部件均是柴油机上极为重要的构件，所以工厂及施工人员都极为仔细和重视。它们的安装需经提交检验并将记录备案，以便能与日后运行过程中的数据相对比。主轴承和曲轴装配的技术要求如下：

(1)机座各主轴承孔要求在同一中心线上，其同轴度的要求与机座有关。具体可参照其装配技术要求。

(2)机座主轴承中心线应与机座上平面平行。

(3)曲轴臂距差值测定，要求臂距差小于活塞行程的1/12 000；装上活动部件时要求臂距差小于活塞行程的1/10 000 mm。

(4)推力轴承和推力块安装后，应使曲轴与主轴承之间的端面间隙大于推力块前后的间隙，以防止受热后产生轴向摩擦。曲轴与轴承侧向间隙如图6-7所示。

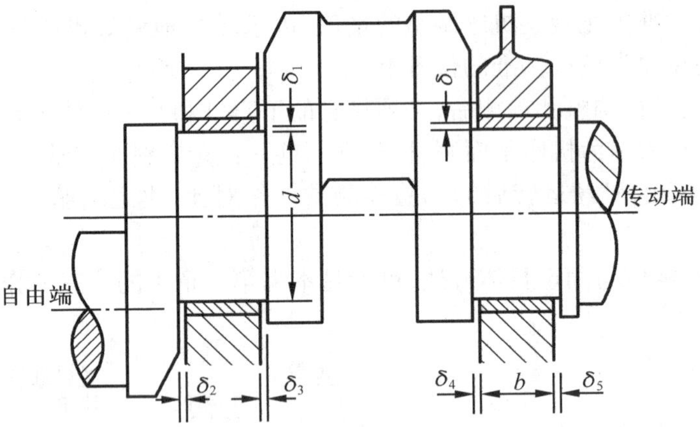


**图6-7　曲轴与轴承侧向间隙**

(5)曲轴主轴颈与主轴承轴瓦，要求接触均匀且大于40°~60°夹角部位。

(6)主轴承下轴瓦的厚度应在安装之前进行测量与记录。当曲轴装入主轴承后，要求用桥规和测深游标卡尺进行测量并作好记录，作为曲轴经运转后下沉情况判断之用。桥规测量图如图6-8所示。

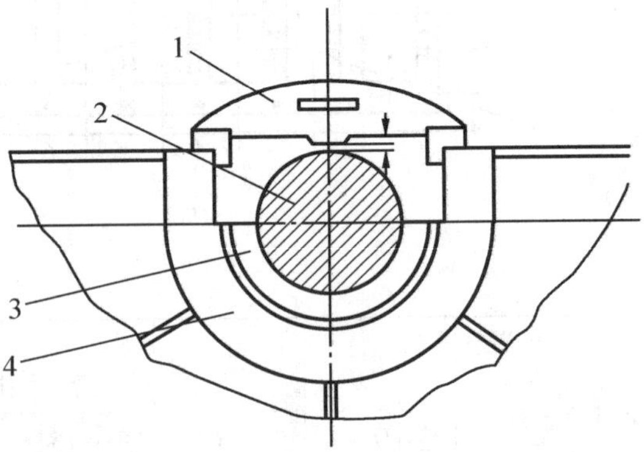


**图6-8　桥规测量**

1—桥规；2—曲轴主轴颈；3—主轴瓦；4—主轴承座

(7)对每道主轴承的油隙、推力轴承的推力间隙等均应作好记录。

此外，曲轴吊装时，应彻底清理曲轴主轴颈和主轴承轴瓦及推力环、推力块等，否则会对日后运行带来极大隐患。曲轴入座后必须将盘车机构的齿轮啮合上，以免施工人员受到人身伤害。

调整主轴承间隙的方法有两种:

一是先预装主轴承,在旋紧主轴承盖螺母的情况下,测量主轴承轴瓦内径的垂直与水平方向尺寸,测量部位如图 6-9 所示,然后用改变其垫片的方式来达到所要求的间隙。

二是待曲轴安装在主轴承上后,采用传统方法(压丝手段)来获得其安装间隙,其值即为其配合间隙。若不合规格要求,同样可减加垫片来进行调整。各道主轴承装配间隙数值如表6-1 所示。

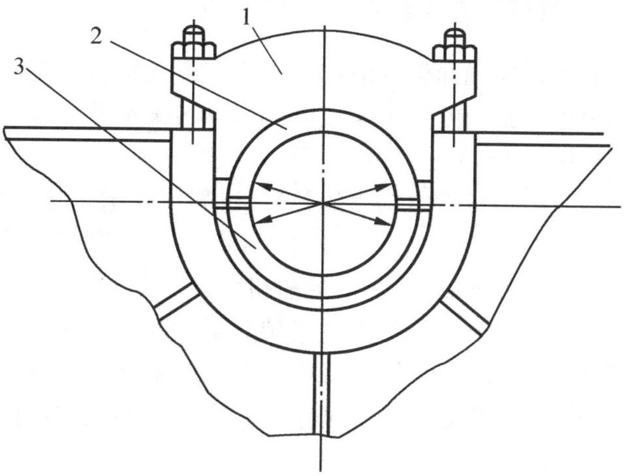


**图 6-9 主轴承孔内径测量**

1—轴承盖;2—上轴瓦;3—下轴瓦

**表 6-1 主轴承装配间隙/mm**

| 轴颈直径 | 十字头式柴油机 | | <500 r/min 筒形活塞式柴油机 | | >500 r/min 筒形活塞式柴油机 | | | |
|---|---|---|---|---|---|---|---|---|
| | | | | | 白合金 | | 铜铅合金 | |
| | 装配间隙 | 极限间隙 | 装配间隙 | 极限间隙 | 装配间隙 | 极限间隙 | 装配间隙 | 极限间隙 |
| 75~100 | | | | | 0.06~0.08 | 0.20 | 0.08~0.10 | 0.20 |
| >100~125 | | | | | 0.08~0.11 | 0.25 | 0.10~0.12 | 0.25 |
| >125~150 | | | | | 0.11~0.15 | 0.30 | 0.13~0.16 | 0.30 |
| >150~200 | | | 0.14~0.18 | 0.30 | 0.16~0.20 | 0.40 | 0.17~0.23 | 0.40 |
| >200~250 | | | 0.18~0.22 | 0.40 | 0.20~0.24 | 0.50 | 0.24~0.28 | 0.50 |
| >250~300 | 0.17~0.21 | 0.40 | 0.22~0.26 | 0.50 | 0.21~0.28 | 0.60 | | |
| >300~350 | 0.21~0.25 | 0.50 | 0.26~0.30 | 0.60 | | | | |
| >350~400 | 0.25~0.30 | 0.60 | 0.30~0.34 | 0.70 | | | | |
| >400~450 | 0.30~0.35 | 0.70 | 0.34~0.38 | 0.80 | | | | |
| >450~500 | 0.35~0.40 | 0.80 | | | | | | |
| >500~550 | 0.40~0.45 | 0.90 | | | | | | |
| >550~600 | 0.45~0.50 | 1.00 | | | | | | |
| >600~650 | 0.50~0.55 | 1.10 | | | | | | |
| >650~700 | 0.55~0.60 | 1.20 | | | | | | |

## 三、机架的定位装配

船用低速柴油机一般都采用十字头式结构。柴油机运转时，连杆十字头机构所产生的侧推力由机架内的正车导板或倒车导板来承受。这将有利于减少气套缸的磨损，提高气套缸的使用寿命。

随着柴油机输出功率的提高，机架承受越来越大的作用力，因此，刚性较好的箱式结构趋向于代替原有的片式机架结构，并用长贯穿螺栓将气缸体、机架和机座紧固地连接在一起，形成一个刚性较好的柴油机机体。

十字头式柴油机机架的安装质量主要是指正、倒车导板的安装质量。为了保证活塞在运行过程中，始终处于良好的工作位置，就必须保证气缸套中心线和正倒车导板的平行、导板与十字头滑板之间的间隙小于缸套与活塞之间的间隙，以及气缸套中心线与活塞中心线重合。

根据上述基本要求，可以列出机架装配的主要技术要求是：

(1)机架上、下平面的平行度偏差不超过0.05 mm/m。

(2)柴油机的机架若由片式机架组合而成，则每片机架的高度应相等。

(3)正车导板和倒车导板的工作面应平行，平行度偏差应小于0.05 mm/m。

(4)正车导板和倒车导板的工作面应平直，平直度偏差应小于0.05 mm/m。

机架装配程序是：

(1)机架安装在水平平台上，或在机架下部支承点装有可调式垫铁或千斤顶，调整机架上平面呈水平状态，并检查上平面的平直性。检查方法与机座平面的方法相同，可采用水平仪器或水准面测量法。

(2)检查导板座平面的平直度和垂直度，允许修磨导板座平面，直到符合要求。

(3)预先检查正车导板和倒车导板平面的平面度，并根据十字头滑块的实际尺寸配妥导板调节垫片，调好油隙。

(4)正车导板装上机架，通过调整垫片，使导板的工作面处于同一平面，并且平行于机架中心线。通常为了测量方便，在机架上侧边加工出一个辅助基准面，利用专用量具，测量导板的装配位置。

(5)检查导板工作面与机架上平面的垂直度及导板工作面的平直度。

(6)上紧导板螺栓及铰配紧配螺栓。

## 四、气缸体的定位与气缸套的装配

### (一)气缸体定位

柴油机气缸体定位的目的是使其气缸中心线能正确地处于机架导板的相应空间位置。气缸体定位时，要求机架上平面调整至水平或平直状态。

气缸体定位于机架上的常用方法很多，有拉线法、光学仪器法、工具定位法和辅助基准面法，其中下面两种为施工时常采用的方法。

#### 1. 工具定位法

这种方法是利用定位工具进行气缸体定位，待吊装气缸体后，再把工艺活塞杆装好。这样可校正和调整活塞杆中心线，使其在气缸套内的前后和左右间隙值在要求之内，从而确定气缸体相对于机架的定位位置。

2. 基准面法

这种方法是利用气缸体及机架在制造加工时的定位基准面来为气缸体定位。测量气缸套中心线相对于机架导板间的位置时，只要利用基准面之间在前后和左右两个方向上相对位置即可使其达到定位要求。

（二）气缸套装配

柴油机气缸套的安装，可分以下几步进行：

1. 安装橡胶密封圈

先用专门的密封胶注入清洁干净的气缸套外表上的密封槽内，并将新的密封橡胶圈套入相应的环槽之中，如图 6 – 10 所示。

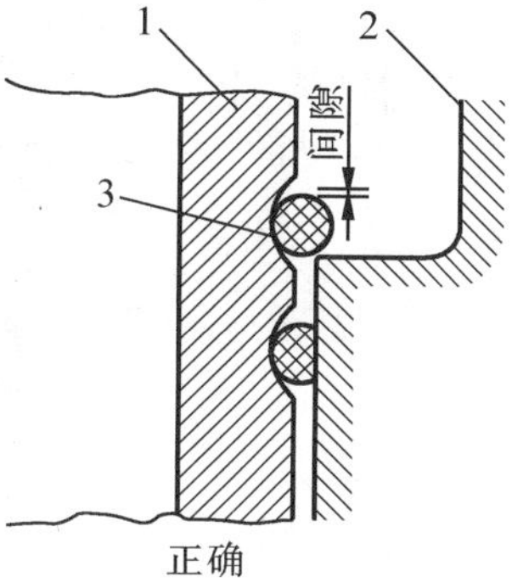


**图 6 – 10　密封环槽形状和橡胶圈尺寸**

1—气缸套；2—机身；3—密封橡胶圈

选用新的橡胶密封圈的直径时要注意，一般取密封圈的截面积为环槽截面积的 80% ~90% 为妥。其密封圈装入缸体后，密封性最佳。

密封圈的直径太小，对密封冷却水不利；太大将会影响气缸内径的变形与缩小。

2. 检查紫铜密封圈

气缸套上安装紫铜密封圈的作用，主要是对其排气口、扫气口的高温燃气及新鲜空气的密封。

紫铜密封圈的直径应比气缸体内径稍大些，一般大 0. 14 ~0. 16 mm。

柴油机经长期运行后，气缸套上的紫铜密封圈可能因受力受热变形，不再起密封作用。整修时，应把紫铜密封圈直径稍微增大些。

3. 把修整后的气缸套装入气缸体内

检查其上部各注油孔眼是否已经畅通。同时在气缸套的配合处涂以的润滑剂。然后用吊车及吊具、吊索将气缸套缓缓放置于气缸体内。

注意必须使气缸套与气缸体上的标记对准，才可均匀地将气缸套压入规定位置。

上述工作完毕，要对气缸套的内径进行复测。因为，如果橡皮密封圈的截面积过大，紫铜密封圈与气缸体的过盈量太大，在气缸套装入缸体后，会造成气缸套变形。所以气缸套装入后必须进行必要的测量与检查。

新装入气缸套的内径缩小量，一般不应超过 0. 02 ~0. 03 mm。

## 五、贯穿螺栓的装配

贯穿螺栓是将机座、机架和气缸体紧固在一起的螺栓。它在柴油机运转时，承受气缸燃烧压力所产生的全部作用力。为了使贯穿螺栓的张紧力与柴油机运转时的气缸燃烧压力相适应，而且要求每个螺栓受力均匀，已广泛地应用液压拉伸器拉紧的方法。根据各只螺栓的相对伸长量，可以判断螺栓是否正确地受力。如图 6 – 11 所示为贯穿螺栓将气缸体、机架和机座连接图。

在大型柴油机运行一段时间后，曲轴臂距差值会发生变化，应及时检查上紧贯穿螺栓，上紧贯穿螺栓方法应严格按说明书要求进行。

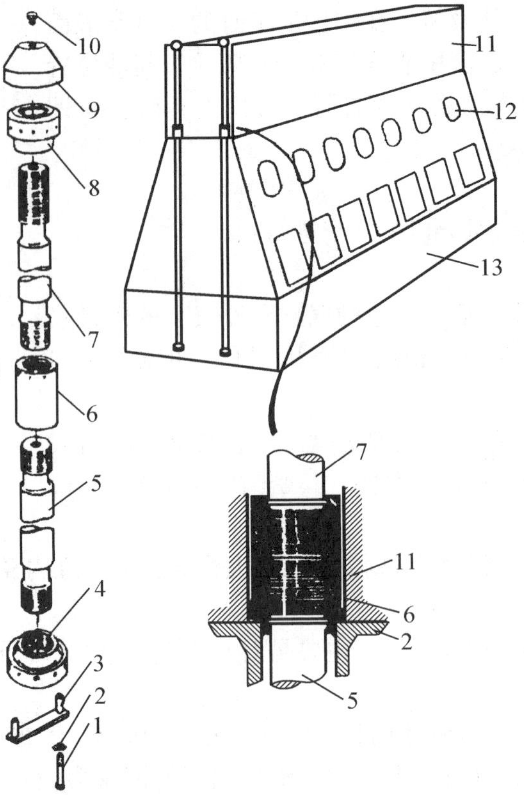


**图 6-11　贯穿螺栓将气缸体、机架和机座连接**

1、10—螺钉;2—锁紧垫片;3—保护架;4—下螺母;5—贯穿螺栓下面部分;6—连接套;

7—贯穿螺栓上面部分;8—上螺母;9—保护罩;11—气缸体;12—机架;13—机座

1. 上紧贯穿螺栓的步序

(1)测量曲轴臂距差值;

(2)如主轴承螺栓是顶撑式的,则应在上紧螺栓之前,先将其松开;

(3)按柴油机说明书的要求,从柴油机的中间向两端依次上紧。

对中小型柴油机贯穿螺栓的上紧,一般采用专用扳手的人力方法及用风动工具,对大型机的上紧则采用专用的液压拉伸器。

上紧贯穿螺栓的液压拉伸器结构如图 6-12 所示,它包括手用高压油泵 A、液压拉伸器 B、高压软管 C 及压力表 M 等四部分。

2. 上紧贯穿螺栓的方法

先用扳棒将螺母旋紧,测量螺栓的初步控制尺寸“$x$”值,并记录该数值。然后,装上液压拉伸器,将高压油泵内的油液经软管 C,充入液压空间 G,并旋松螺钉 E,驱除其内的空气。

接着在初紧螺母时,再分两步进行:

第一步,上紧油压为标准上紧压力的 60% ~70%。待油压表 M 上的读数达到说明书上的要求时,测量控制尺寸“$x_1$”的值,计算出液压上紧前后的增值“$\Delta x$”,($\Delta x = x - x_1$),并与说明书上规定的伸长数相对照。

第二步，使油压升高到标准顶紧压力。同样旋紧螺母，再测量“$x_2$”的值，这时，上紧后的贯穿螺母总增值 $\Delta x_2$（$\Delta x_2 = x - x_2$）要符合要求。

柴油机贯穿螺栓上紧后，即可进行曲轴各曲柄之间的臂距差值的测量与记录。

## 六、连杆的装配

连杆是柴油机内主要的受力构件，它受到活塞传来的燃烧气体压力，活塞和连杆作上下往复运动，连杆摆动的惯性力会使连杆杆身受到交变的弯曲应力，因此，连杆承受拉压和弯曲交变载荷。

连杆装配的主要技术要求为：

(1)连杆承受着交变载荷，一切影响疲劳强度的缺陷是不允许的。

(2)柴油机连杆的质量不均，会造成运转时的强烈振动。在每台柴油机中，其连杆质量的偏差应在规定范围内，不超过连杆质量的2%。

(3)连杆螺栓承受着冲击载荷，损坏后果极为严重。所以每根螺栓都要进行探伤检查，不得存在裂纹、碰伤等缺陷。

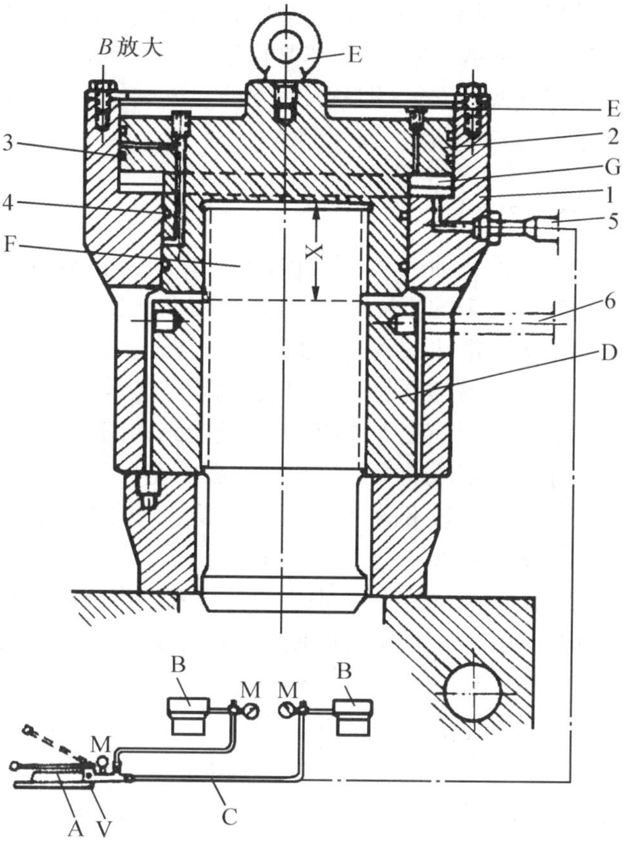


**图 6-12　液压拉伸器**

1—液压油缸；2—液压活塞；3—上部密封环；4—下部密封环；5—高压软管接头；6—旋杆；7—吊环；A—高压油泵；B—液压拉伸器；C—高压软管；D—螺帽；E—放气螺钉；F—螺栓；G—液压空间；M—压力表；V—释放阀；X—用扳手上紧螺帽后，螺栓露出的部分

(4)连杆螺栓安装的旋紧力应均匀，螺栓旋紧后的伸长量应符合规定要求。

连杆的构造根据柴油机的类型可分为两种：中高速柴油机多采用筒形活塞连杆，主要由连杆体、小端衬套、大端轴承盖、大端轴瓦和连杆螺栓组成。低速大型柴油机多采用十字头式连杆，它主要由连杆体、小端轴承、大端轴承、大小端连杆螺栓、调整垫片等组成。大小端轴承采用轴瓦结构，选用高强度承磨合金，以提高承压强度，使磨损后修理更换方便。

高速柴油机的大端轴承普遍采用薄壁轴瓦。薄壁轴瓦的减磨合金有铜铅合金或锡铝合金等，它牢固地结合在铜制的瓦背上。这种轴瓦不允许进行刮削，它是靠轴瓦和轴承孔的精确加工来保证的。

大型柴油机都将大端轴承和连杆体分开制造，利用连杆螺栓将大端轴承紧固在连杆体上。小端轴承也采用与连杆体分开制造的结构。连杆小端轴承承受的摆动运动，相对运动速度低，但受力大，因而润滑油膜难以形成，所以白合金容易发生挤压、碎裂和烧熔等问题。考虑到连杆和十字头受力后的弹性变形，在设计结构上采取了柔性轴承弹性变形措施，使承受的应力尽可能平均分布,在刮研时应适当注意贴合点的分布面。组合后连杆大小端轴承孔中心线的平行度,可按技术规定,用百分表或水平仪两种方法检查。

连杆螺栓的装配,必须非常仔细。一般柴油机都规定了连杆螺栓的安装顺序和要求,既要防止连杆螺栓安装得太松,也要防止安装得太紧使螺栓本身承受过大的预紧力,造成连杆螺栓工作时产生断裂的重大事故。

## 七、十字头和滑块的装配

大型低速柴油机都采用十字头式结构。在构造上,十字头和滑块连接在一起。十字头承受活塞杆传来的燃烧压力,并将力传向连杆和曲轴,而滑块则用来承受曲柄连杆机构所产生的侧推力。滑块的摩擦表面铸有白合金,考虑到连杆小端轴承副处于相对摆动运动,轴与轴承之间不容易建立起润滑油膜,润滑条件较差。所以,加大十字头销直径,提高其刚性和降低轴颈表面粗糙度等措施,越来越受到人们重视。

十字头和滑块装配的主要技术要求是:

(1)滑块的正、倒车工作面用平板涂色检查,应平整且贴合点均匀分布。

(2)滑块正、倒车工作面应平行,平行度偏差应小于0.05 mm/m。

(3)装配后,十字头销中心线与活塞杆中心线垂直度偏差应小于0.10 mm/m;滑块工作面与十字头销中心线平行度偏差应小于0.10 mm/m;滑块工作面与活塞杆中心线平行度偏差应小于0.10 mm/m。

十字头滑块在安装前的检查,可在平板上用水平仪或百分表进行。如图6-13所示为双滑块与活塞杆装配后的总体检查图,检查项目包括十字头销相对于活塞杆的垂直度、滑块工作面相对于十字头销的平行度、滑块工作面相对于活塞杆的平行度、滑块侧面相对于活塞杆的平行度。在定位准确后钻配定位销,然后,利用直尺测量活塞顶部到滑块工作面之间的距离 $H$,用调整垫片调整到规定值。

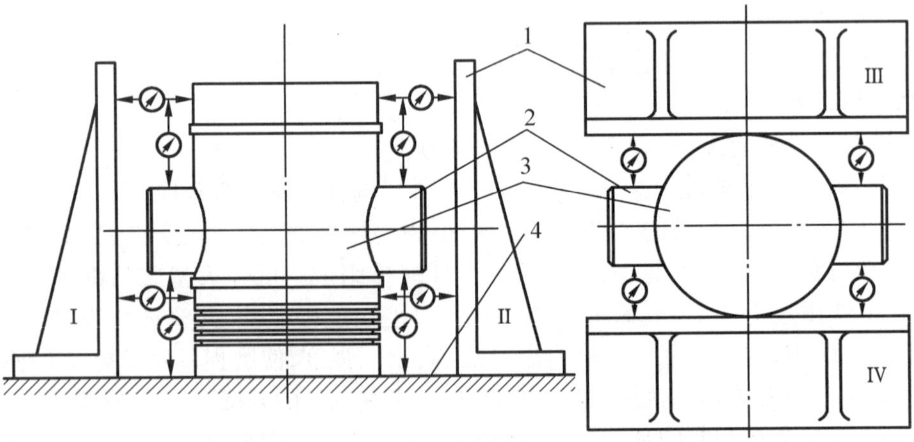


**图6-13 双滑块与活塞杆装配后的总体检查**

1—活塞杆;2—左十字头滑块;3—十字头销;4—右十字头滑块

双导板式十字头滑块,为保证每一对导板的对称性,一般在组装后进行涂色研刮,研刮时,注意检查对于十字头销的平行度和对称。

## 八、活塞组件的装配

筒形活塞组件主要由活塞体、活塞销、活塞销衬套、承磨环、活塞环及冷却装置等组成。对于直径较大和负荷较高的筒形活塞，为改善活塞的强度和传热性能，常将活塞头和活塞裙分开制造，装配成组合式活塞体。十字头式活塞组件主要由活塞头、活塞裙、活塞杆、承磨环、活塞环和冷却装置组成。

活塞、活塞杆和活塞销装配的主要技术要求，根据柴油机的形式不同而稍有不同：

(1)活塞销孔中心线与活塞轴心线的垂直度偏差应小于0.15 mm/m。活塞销孔中心线与活塞轴心线的偏离量应小于0.10～0.20 mm。

(2)活塞顶面到活塞销孔的距离会影响柴油机气缸压缩室的容积，其活塞销孔到顶面的距离公差应小于±0.05 mm。

(3)活塞环装入环槽后端面间隙均匀，环槽深度应大于环的宽度，使环在槽内能自由滑动。

(4)要求每台柴油机活塞组件的质量偏差在规定范围内。

(5)活塞和缸套应有合适的配合间隙。因为间隙过大会引起活塞晃动，运转时会敲击气缸，增加磨损，密封性能变坏。

1. 活塞组件装配前的检验

活塞装配前除了常规的检查之外，还应注意活塞头部与裙部及活塞杆的接合平面贴合情况，尤其是要防止活塞内腔的冷却介质的泄漏。

在进行活塞同心度检查时，可将活塞组件安置在V形架上进行，如图6－14所示。首先将量具安置在图示的各个测量点上，然后缓慢转动活塞，以百分表读数的变化判断出活塞头部与裙部及活塞杆之间的同心状况和活塞杆的弯曲量等。

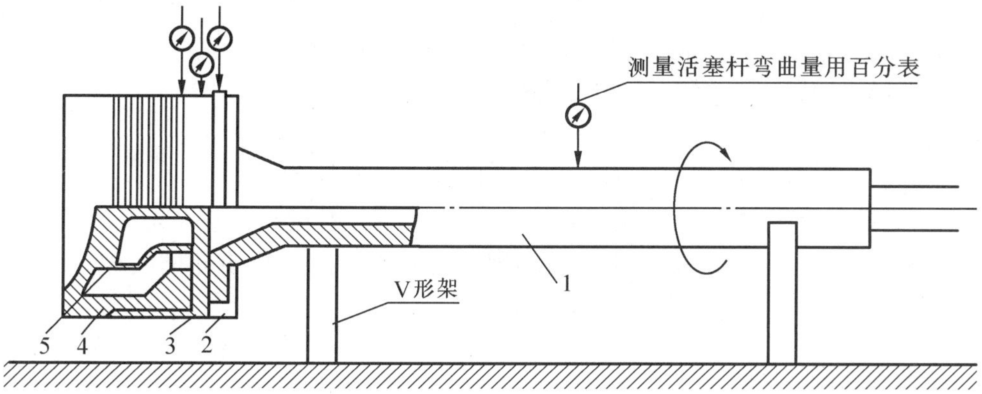


**图6－14　活塞同心度检查**

1—活塞杆；2—耐磨环；3—活塞裙；4—活塞头；5—导流罩和冷却油进油管

在进行活塞销孔与活塞中心线的垂直和相交的检查时，可以将活塞放置在专用平板上，利用工艺轴和两块垂直角铁方法进行检查，如图6－15所示。

2. 活塞环装配前的检查

(1)检查其平面的平直度：定性检查，是将活塞环平放在平板上，用手按压各点，看环是

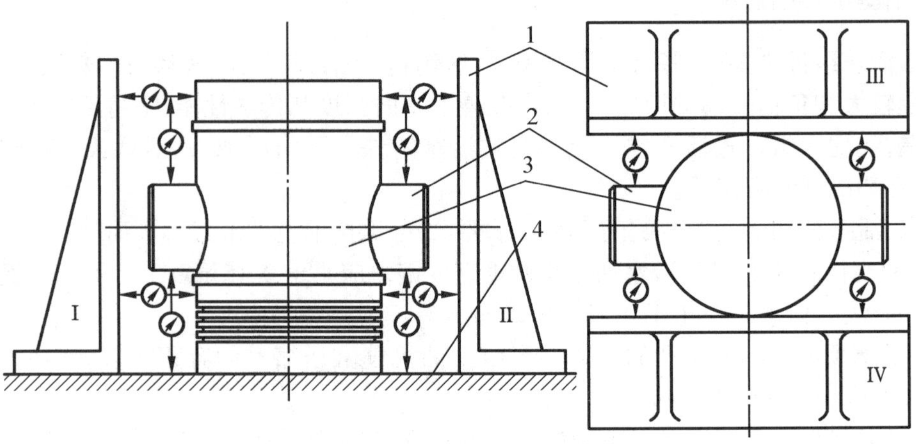


**图 6－15　活塞销中心线检查**

1—垂直角铁;2—假轴;3—活塞;4—检查平板

否有翘曲。定量检查,是让环靠自重在两块直立的平板间通过,平板之间距离等于环厚和允许的平直度的公差。

(2)检查环的自由开口尺寸和环的弹力:自由开口尺寸可直接通过测量得到。活塞环弹力测量示意图如图 6－16 所示。

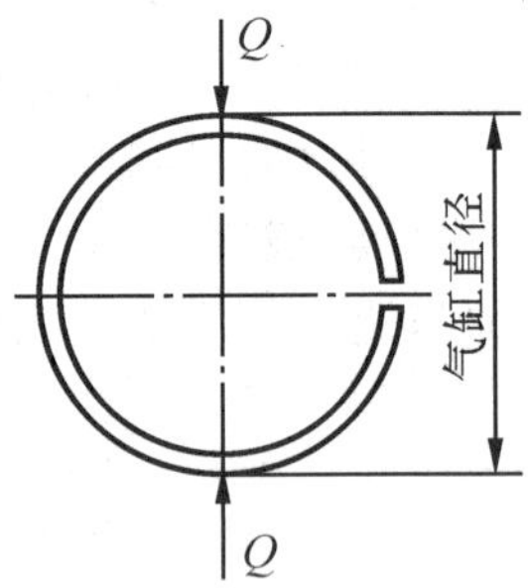


**图 6－16　活塞环弹力测量示意图**

$Q$ 为加在环的两侧,使力作用点之间距离等于气缸直径时的压力。

(3)检查活塞环安装在标准气缸套内的搭口间隙,使之符合要求。

3. 活塞环装配后的检查

活塞环在装上活塞时,应防止过量扩张而造成活塞环变形。较为适宜的办法是利用如图 6－17 所示的扩张活塞环工具。第一种是通过手柄,扳动活动爪,使活塞环胀大。第二种是利用支撑螺旋副的作用力,使撑脚张开,直到活塞环胀大而套入环槽。第三种张力钳适用范围较广,但使用时容易引起过量扩张,造成活塞环永久变形。

活塞环装入活塞后,应检查活塞环在环槽内是否滑动自如,使环槽间隙在允许范围以内。

## 九、活动部件的校中

柴油机上的活塞、连杆组件等活动部件的装配质量,对于减少柴油机的磨损、延长其使用寿命、保持良好性能有重要的影响。我们应着重对这些部件的安装工作和装配质量进行检验。

1. 筒形活塞式连杆组件的装配和校中

筒形活塞式柴油机的活塞和连杆的主要安装程序是:

(1)将活塞销装入活塞销座孔中并与连杆小端组合在一起。

(2)盘车使该曲轴待装的曲柄转到上死点位置,将连杆大端轴承的下轴瓦和盖,吊进曲

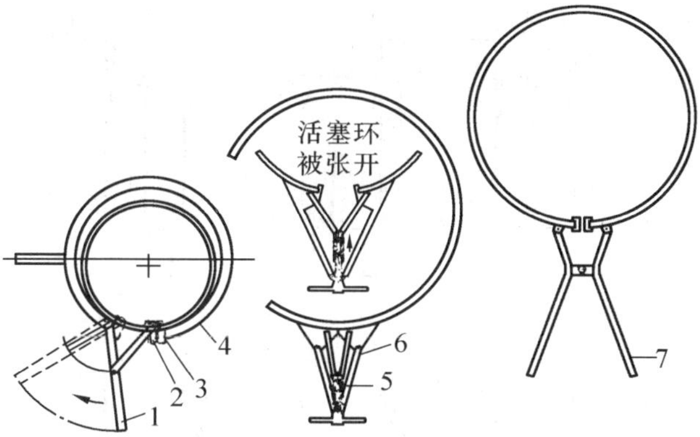


**图 6－17　扩张活塞环工具**

1—活动手柄;2—活动爪;3—固定爪;4—限止环;
5—支撑螺旋副;6—撑脚;7—张力钳

柄箱底部。

(3)将清洁的活塞连杆组件(不装活塞环)从气缸套上部吊入,使连杆大端上轴承稳妥地坐落在曲柄销轴颈上,并盘车到活塞位于上死点和下死点位置,测量检查活塞与气缸套的配合间隙。

(4)当校中工作结束后,重新吊出活塞连杆,待清洁后,安装活塞环,利用特制的锥形圈放置在气缸套上口,使活塞环都能顺利通入气缸套内。吊入时,应在活塞与缸套四周涂上洁净的滑油,并将各活塞环的搭口交错成一角度。

(5)盘动曲轴,使该曲柄销处于下死点位置,将连杆大端下轴瓦和盖平稳地吊装上,并按规定力矩旋紧连杆螺栓,测定大端轴承与曲柄销的油隙,当测定合格后可用锁紧装置将连杆大端的连杆螺栓可靠地固定。

筒形活塞式柴油机的活动件校中,主要是检查活塞与气缸套的配合是否有歪斜,检查在曲柄销位于上、下、左、右各点时的间隙分布的情况,从而判断活塞的中心线是否与气缸套的中心线有歪斜及其原因,并加以修正。一般要求活塞在缸套内的歪斜允许值不超过 0. 15 mm/m。引起活动件校中不良的原因是相当复杂的。

活动件的失中问题,可通过分析判断得出主要原因并进行修正,使活塞在缸套内处于正确的位置,这项工作应高度重视。筒形活塞式活动件校中及原因分析如图 6－18 所示。

2. 十字头式活塞连杆组件的装配和校中

十字头式活塞连杆部件安装的程序和方法,与柴油机上固定部件的机座、机架、气缸体的装配程序有关。

柴油机机座装完后,由于起吊的关系,可先将已预装完毕的机架部分单独吊上机座,然后将连杆和十字头逐个由机架吊入,并将连杆大端轴承与曲柄销接好。

吊装时除保证安全外,还应注意以下几点:

(1)先将连杆大端的大轴承吊入机座底部,并盘车使安装某缸处的曲柄销处于上死点位置。

(2)吊起十字头与滑块、连杆、连杆大端上的轴承,小心地吊入机架内,在彻底检查导板表面和曲柄销表面后注上洁净滑油,将其稳妥可靠地坐落在各自位置上。

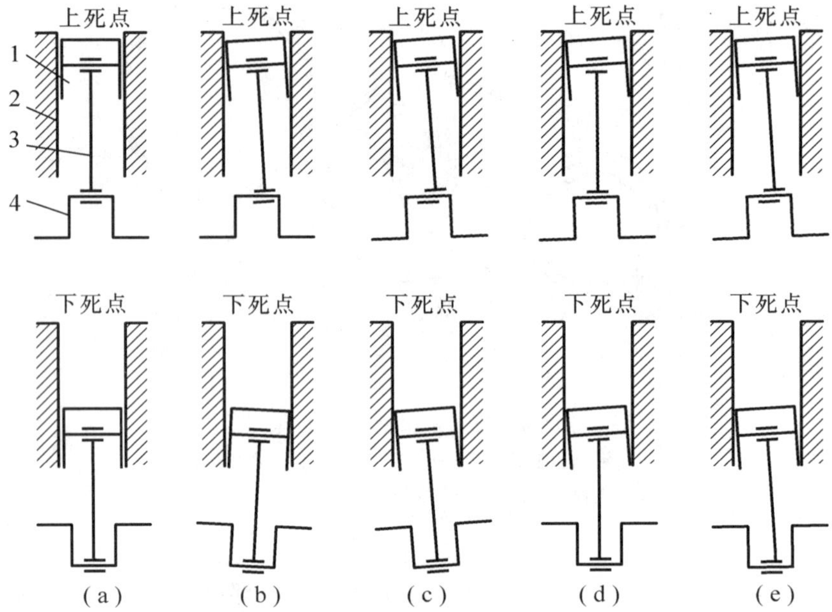


**图 6－18　筒形活塞式活动件校中及原因分析**

(a)正常状态;(b)曲柄销与曲轴中心线不平行;(c)曲柄销有锥度;

(d)连杆小端轴承与大端轴承不平行;(e)连杆大端支承平面与轴承中心线不平行

1—活塞;2—气缸套;3—连杆;4—曲轴

(3)盘车将安装处曲柄销处于合适位置,将下轴承用吊具吊起,并按规定的要求装好连杆大端螺栓和锁紧装置。

(4)吊装各缸十字头和连杆时,应考虑到各缸的重力平衡,防止曲轴失控转动造成危险。

对于不拆除气缸体和机架的十字头式柴油机,其十字头、连杆将从机架门框中吊入。吊装的程序可视各机技术文件的说明而定。

(1)先将十字头及滑块吊入机架,并由机架导板下端入口,将其用卡锁固定在导板的上端部位。

(2)将连杆大端下轴承吊入机座底部。

(3)将安装处的曲柄销转到上死点一边(靠近曲轴箱门框处)约60°位置处。

(4)用吊具把拆除连杆小端轴承盖的连杆杆身倾斜吊入机架内,并使连杆大端轴承先坐落在其曲柄销上,然后依靠吊具的帮助使杆身直立,同时将十字头拆除卡锁后降坐在连杆小端轴承内。

(5)盘车到曲柄销处于下死点位置,将十字头轴承和连杆大端轴承清洁后加上滑油,分别将其上、下轴承盖装复,并按技术规定装好连接螺栓和锁紧装置。

(6)上述工作结束,将曲轴的曲柄销处于上死点位置。利用活塞环的拆装工具将活塞环装上活塞,并涂以适当润滑油。摇动注油器手柄,向气缸套内注油,当每个注油孔都有滑油溢出,才可进行活塞的安装。如图 6－19(a)所示,用锥形圈导入活塞环,引导活塞滑入气缸内。为了避免填料箱的刮油环和密封环的损坏,应在活塞杆下端夹上专用装配的锥形套

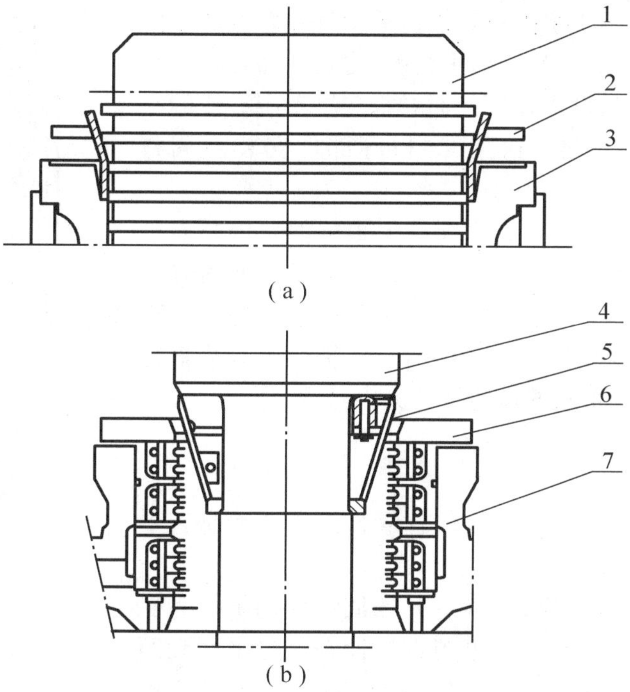


**图 6-19　安装活塞工具**

(a)用锥形圈导入活塞环；(b)用两半式锥形套导入活塞杆

1—活塞头；2—锥形圈；3—气缸套；4—活塞杆；

5—锥形套；6—填料箱；7—气缸体

和螺纹保护装置，如图 6-19(b)所示。最后用专用扳手或液压拉伸器将活塞杆螺栓与十字头紧固并加以锁紧。

活动部件的校中，主要目的是使活塞在前后与左右方向上处于气缸套的最佳位置。

活动部件的校中问题的解决，可保证柴油机运行时活塞中心与气缸套中心保持可靠的相对运动。

活塞连杆组件的校中检查，一般都在曲柄销处在上、下死点 25°～30°进行。这时活动部件机构自身所产生的侧推力，可将其十字头滑块贴压在正车导板工作平面上，这样测量各处的配合间隙最为方便，如图6-20和图 6-21 所示为活动部件校中图和十字头滑块与导板的测量图。

活塞运动时，它在柴油机左右方向上的中心线与气缸套中心线的平行，主要是依靠气缸套的中心线与导板平面的平行度来保证的。因此要求气缸套中心线与导板平面的平行度调整工作，在气缸体、机架等部件安装前必须完成。在各缸进行活动组件校中时，如果发现活塞在左右方向上与气缸套中心有偏离，可以用增减其导板背面的调整垫片的方法来解决。这项调整工作可先在机架与气缸体的预装时完成。注意：校中时不得将活塞环装在其活塞上。

在校中过程中，根据十字头滑块在上下位置测得的间隙差值的大小，可决定导板上的侧导板的前后位置，从而保证活塞在前后方向的中心线与缸套中心线平行。当活塞上下运动时，要求即使在滑块侧面与侧导板接触的工作情况下，活塞与气缸套之间仍留有足够的间隙，这样可保证柴油机正常地运行。

如图 6 – 22 所示为十字头式柴油机活动件左右方向校中图，活塞的中心线与气缸中心线的平行度，主要依靠导板正车面与缸套中心线的平行度来保证。而导板与缸套中心线的平行度，已在气缸体、气缸套、机架、导板等部件安装时调整完成。

在前后方向上，活塞与缸套之间产生歪斜的原因是多种多样的，如图 6 – 23 所示为十字头式柴油机活动件前后方向校中图。如果连杆、十字头和活塞部件装配阶段，很好地对正了中心线垂直度和平行度，同时曲柄销与主轴颈中心线平行度良好，则活塞中心线歪斜的可能性就大大减少。

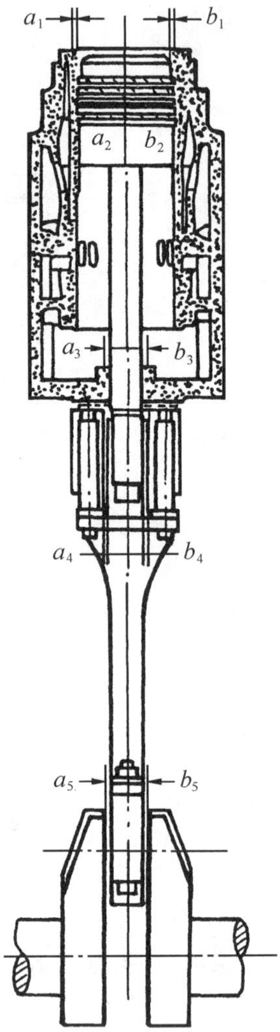

图 6 – 20　活动部件校中

## 十、气缸盖的装配

装入气缸盖之前，先检查其与气缸套之间接合面是否平整、清洁，密封垫片厚度及完好程度。

为保证气缸盖正确落座，应检查其四周平面间隙。为保证排气口能与排气管正确对接，可用直尺检查气口平面和距离。气缸盖落座时，应确保气缸内无任何杂物，并经有关方面确认后方可继续安装。

气缸盖的安装要考虑其结构与型式，对气缸盖高压工作表面还要进行 1.25 倍爆发压力的水密试验。

用锥形密封座位的可不加密封垫片，但得用锥形塞规预先检查其形状正确性。气阀机构中的气阀、气阀弹簧和弹簧盘之间用锥形块锁紧连接，并可以利用气阀弹簧拆装工具进行装复。同时应注意气阀摇臂的安装间隙，以保证装后动作灵活，并要求摇臂的顶点位于气阀的中心线上。

装配后的气缸盖组需要进行其冷却水腔的密封性试验，试验压力取 1.5 倍的冷却水工作压力。

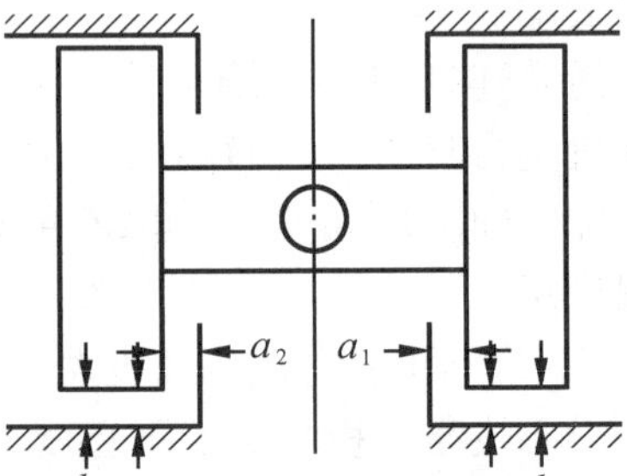

图 6 – 21　十字头滑块与导板的测量

## 十一、排气管和波纹管的装配

由于废气蜗轮增压器能使柴油机的经济性和输出功率大幅度提高，所以目前各种柴油机都广泛地应用废气蜗轮增压器。各缸排气阀出口到增压器进口之间用排气管连接。由于接触到 300 ~ 400 ℃左右的高温排气后，排气管的热膨胀是很大的，所以从结构角度看，必须用膨胀波纹管或其他型式的膨胀接头。

排气管和波纹管在高温和排气冲击波的作用下工作，并且柴油机经常需要停车和开车，因此排气管热胀冷缩较大，使波纹管经常承受较大的变形应力。如果排气管和波纹管的安装不良，将会增加波纹管破裂损

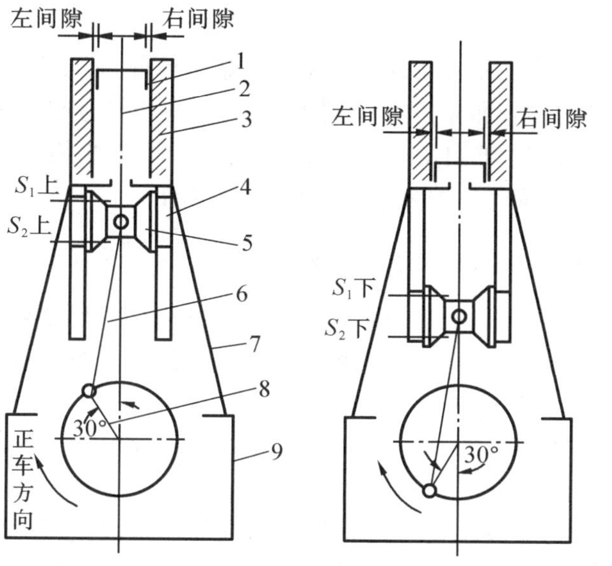


**图 6－22　十字头式柴油机活动件左右方向校中**

1—活塞;2—活塞杆;3—气缸套;4—导板;5—双导板式十字头和滑板;6—连杆;7—机架;8—曲轴;9—机座

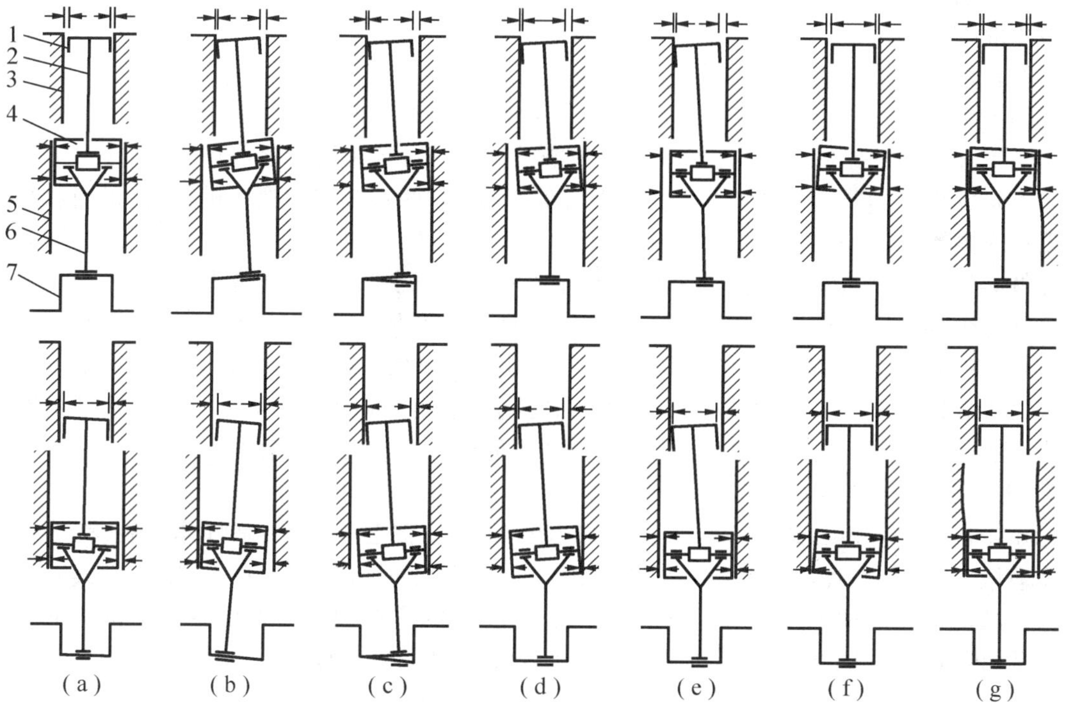


**图 6－23　十字头式柴油机活动件前后方向校中图**

1—活塞;2—活塞杆;3—气缸套;4—十字头及滑板;5—侧导板;6—连杆;7—曲轴

(a)正常状态;(b)曲柄销与曲轴中心线不平行;(c)曲柄销有锥度;(d)连杆小端面轴承与大端轴承不平行;(e)活塞杆支承平面歪斜;(f)十字头滑板安装歪斜;(g)侧导板弯曲

坏的可能性。

波纹管的安装状态,除了要求波纹管两端平面互相平行,而且中心线位于同一直线上以外,还应考虑到排气管的热膨胀量。在常用工况下,应尽可能使波纹管两个端面之间的距离,等于在排气温度下波纹管的自由长度。在常温下,排气管和波纹管由于冷缩而处于拉伸状态,其拉长变形量,可以按照各种柴油机的安装规定给出。

## 十二、柴油机各主要螺栓紧固时的注意事项

各类型的柴油机,尤其是大型柴油机对主要紧固件中的贯穿螺栓、气缸螺栓、十字头轴承螺栓、连杆轴承螺栓以及主轴承螺栓,螺母的紧固,都有严格要求,一般均采用液压拉伸器。

在操作时应注意如下事项:

1. 紧固力和伸长量

如果紧固力的大小只以液压的高低来表示,那是不全面的,它并没有说出拉伸器油缸的直径,因而不能表达出螺栓的紧固力是多大,这种表示方式只适用于使用专用拉伸器。拉伸器液缸直径过大,会引起螺栓过度拉伸,造成螺栓材料屈服变形。液缸直径过小,螺栓不能拉伸到规定长度,达不到紧固的目的。因此,螺栓紧固力的大小,最好由液缸直径、最大液压及螺栓拉伸量这几个技术数据同时来表示。

螺栓紧固力和伸长量的大小,在柴油机说明书上都有规定,并有柴油机制造厂配套提供的专用液缸供使用。

2. 各种主要螺栓的紧固要求

(1)贯穿螺栓

①贯穿螺栓的紧固,必须在曲轴安装完毕及主轴承螺栓未紧固之前进行。

②贯穿螺栓的紧固次序应从柴油机的中部开始,向两端规定的次序进行,并采用双联拉伸器同时紧固的次序。

③必须防止因贯穿螺栓拉伸不均匀而导致的机座、机架和气缸的变形。

④各个螺栓应按次序分两次或三次紧固到规定的紧固力或拉伸量。气缸、机架和机座的变形,将会造成曲轴臂距差的变化。因此,对贯穿螺栓紧固的质量,除了规定顶紧力及拉伸量来指导紧固操作外,还必须检查曲轴的臂距差在紧固前后的变化。如果曲轴臂距变化较大,则应根据贯穿螺栓实际的紧固力和拉伸量的记录,重新检查紧固程度。

(2)机座固定螺栓

由于机座的定位和垫片匹配的过程,不论柴油机是整台吊装,还是解体安装,都可分为两个阶段(即定位垫片和一般垫片配装),机座固定螺栓的紧固也分成两个阶段。其紧固顺序应先从机座中部轴承梁下的定位垫片开始,向前后两端按顺序对称地紧固。待全部垫片匹配后,再以柴油机的中央为起始点依次对称紧固。待固定螺栓全部紧固后,则由后向前将所有固定机座的螺栓重新对称地紧固一遍。

螺栓紧固后,还需对曲轴的臂距差以及轴系中心线校中情况进行复测,如果复测结果符合规定,则机座的定位和其螺栓的紧固可认为结束。

(3)气缸盖螺栓

一般小型柴油机气缸盖螺栓,常使用手动扭力扳手,按说明书规定扭矩拧紧。首先随手把螺母逐个旋紧,扭力为规定值的1/3,第二轮才紧固到规定扭力最大值。否则,气缸盖受

力不均会使柴油机在运转时漏气，严重时会使气缸盖产生损坏。

使用全并联拉伸器时，拉伸器内的液压必须分次增加，使螺栓的紧固力更为均匀。全并联拉伸器的结构虽然复杂，但能提高螺栓的紧固效率和安装的质量。

(4)连杆螺栓

柴油机运转时，连杆螺栓的连接必须十分可靠，它一旦松动脱落或断裂就可能击毁工作中的柴油机，也会伤害操作人员，为此它的安装过程应格外仔细。

连杆螺栓是一种可拆的螺纹固定连接的紧固件，它们连接装配技术要求是：

①保证有一定的紧固力矩。柴油机装配时采用测力扳手、螺栓伸长量或螺母转角法等控制其紧固力矩，使螺栓达到一定预紧力，如图 6－24 所示和图 6－25 所示。

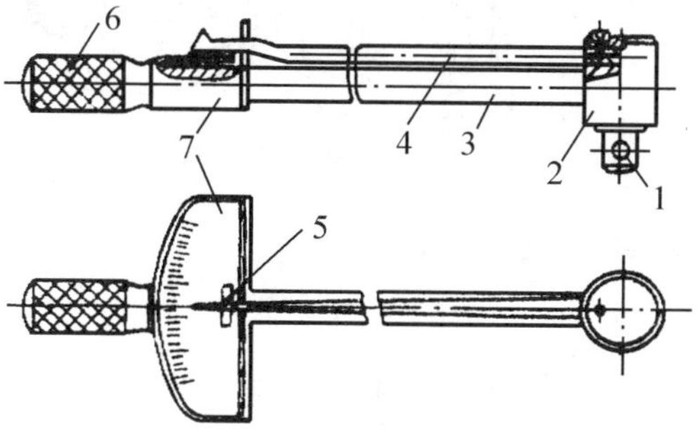


**图 6－24　测力扳手**

1—钢球；2—柱体；3—弹性扳手柄；4—长指针；5—指针尖；6—手柄；7—刻度盘

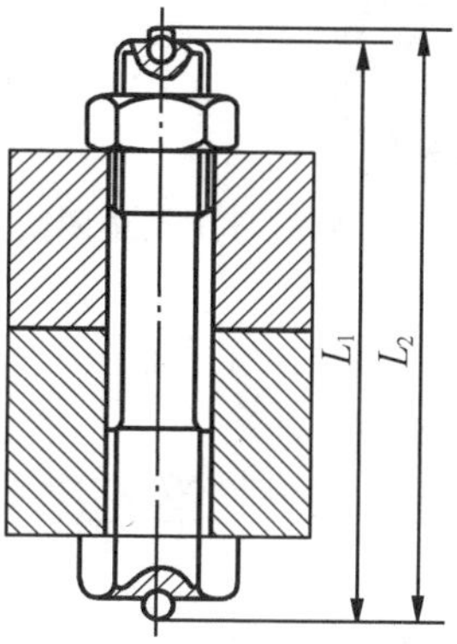


**图 6－25　螺栓伸长的测量**

②要有可靠的防松装置。柴油机连杆螺栓连接虽具有自锁性，但柴油机的转动、振动和交变载荷会使螺栓连接松动(摩擦力矩减小引起)，因此应有可靠防松措施，如使用弹簧垫圈、止动垫圈、开口销、串钢丝等来防止事故发生，如图 6－26 所示为各种连杆螺栓防松装置图。

③对新换和使用中的连杆螺栓要严格检查。检查是用敲击方法，以声音来判断其有无缺陷和疲劳程度；用放大镜检查其是否存在裂纹；并检查其螺纹的磨损情况等。

连杆螺栓的松动主要是装配时螺母和螺栓与它相连接的表面不平整、紧固力矩太小、防松装置未装或脱落、螺栓受力后伸长松动等问题所引发。某 2 万吨货船的主机——5RTA68 型柴油机，在试车刚开始时听到机内有异常敲击声响，经反复停车检查，发现某缸连杆的大端轴承螺栓松掉，险些造成机毁人亡的事故。原因是连接处表面有杂物且螺纹预紧力不够，虽有防松装置保险但又无法阻止螺栓的松动。

连杆螺栓的断裂，除了其材质因素之外，主要是装配时使用的紧固力太大或螺栓在拉伸时液压太高等所致，另外也可能是连杆螺栓的使用寿命超期。现在规定中型以下的四冲程柴油机连杆螺栓的寿命为小于 2 万工作时，超过此时，即便无异状也应更换。根据柴油机损坏事故的调查，由于连杆螺栓的断裂造成事故的，材料疲劳原因占相当大比例，尤其在四冲程(高速)柴油机中，因为往复运动质量的惯性力，对连杆螺栓会产生较大的交变拉伸应力。

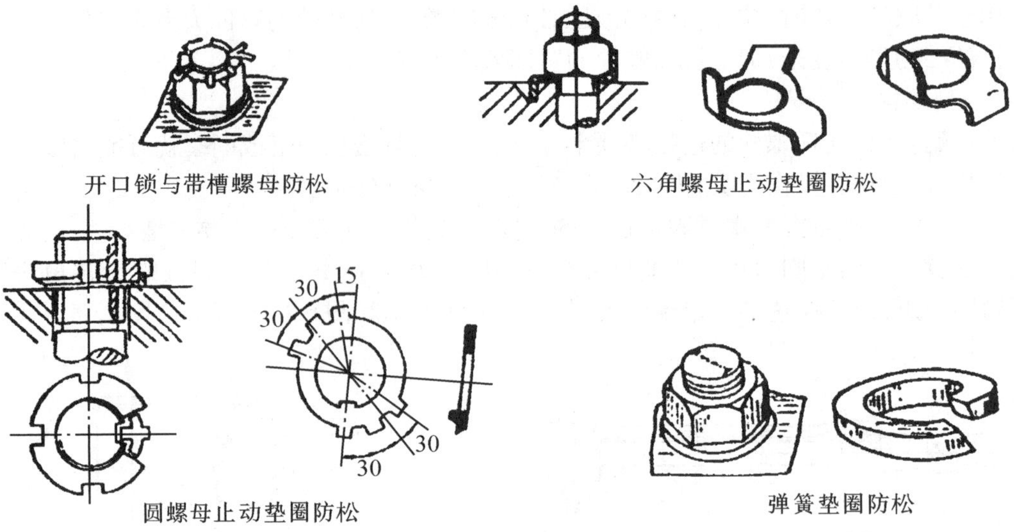


**图6-26　各种连杆螺栓防松装置图**

# 第三节　柴油机曲轴臂距差的测量

## 一、曲轴臂距差的概念

臂距差是反映柴油机曲轴的曲柄销在上、下、左、右位置时，曲柄臂间有一定距离变化的差值，它也反映了曲轴在柴油机上弹性弯曲变形的程度。

柴油机曲轴是一个结构复杂且刚性很差的部件。它被支承在主轴承上，并在其中受力运转。

当柴油机各主轴承的中心线存在着不同心情况时，曲轴将随主轴承高低而产生弹性弯曲变形，所以，各主轴承中心会直接影响曲轴中心线的状态。测量调节曲轴臂距差值的目的就是调整各主轴承的位置，从而使曲轴中心线达到规定范围内，保证船舶柴油机的安全运转。

曲轴的臂距差的测量是用专用的百分表进行的。安装臂距差的测量百分表的位置，一般规定在$1/2(S+D)$处，$S$为活塞行程，$D$为主轴颈直径。有的柴油机除注明规定的臂距差值外，还在有关技术文件和说明书中指出测量点的部位。

测量臂距差的具体方法有两种：

一种是在无活塞连杆组件的情况下，在曲柄销在下死点时装好专用百分表，作为测量的始点。为了读数与计数方便，应将始点时百分表的读数拨到零位，接着盘动曲轴，使曲轴曲柄销分别停于90°，180°和270°位置，测量这四个位置的臂距差值。

另一种是在安装活塞连杆组件的情况下，如图6－27所示为曲轴臂距差的测量位置，在曲柄销在下死点后约15°～20°的位置装好百分表，作为测量该缸臂距差的始点1。然后以正车方向盘动曲轴至中左点2、上死点3、中右点4和下死点前约15°～20°的点5，并将百分表的读数填于如表6－2所示的曲轴臂距差值记录表中。

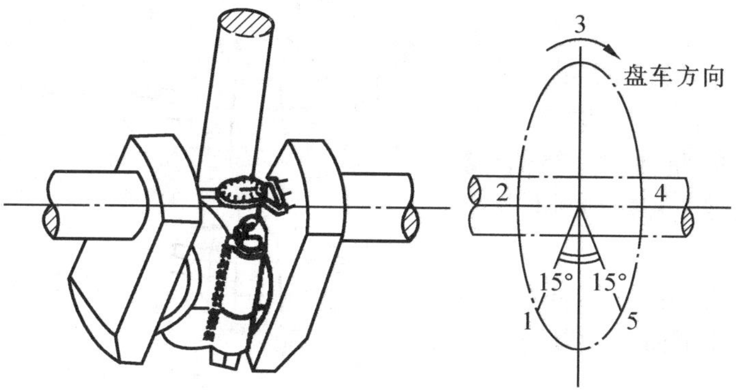


**图 6－27　曲轴臂距差的测量位置**

**表 6－2　曲轴臂距差值记录表**

| 缸次 / 机名 | 1 | 2 | 3 | 4 | 5 | 6 |
|---|---|---|---|---|---|---|
| | 左　右 | | | | | |

曲轴臂距差值的计算方法是：设曲柄销在上死点时测得的臂距差值为 $L_1$，下死点的臂距差值为 $L_3$，$L_4$ 的平均值，中左、中右点时的臂距差值为 $L_2$，$L_5$。

上、下死点的臂距差值 $\Delta$ 按下列式计算

$$\Delta = L_1 - \frac{L_3 + L_4}{2}$$

左、右中点的臂距差值 $\Delta$ 按下式计算

$$\Delta = L_2 - L_5$$

习惯上所读的臂距差，主要是指上、下死点的臂距差，它的数值是分析研究曲轴臂距差变化问题的主要依据。左、右中点的臂距差值一般变化不大，但有时也会超过规范要求，机座定位时应予以注意。

当 $\Delta = L_1 - L_2 > 0$ 时，则规定臂距差值为正（“＋”）值，说明曲轴中心线下弯，曲柄销在上死点时曲臂呈张开状态，如图 6－28（a）所示。若 $\Delta = L_1 - L_2 <$ 时，则规定臂距差值为负（“－”）值，如图 6－28（b）所示。

注意：有的柴油机的技术文件或说明书中的臂距差“＋”、“－”值的规定与此相反，分析主轴承高低和曲轴状态时，要注意。

## 二、影响曲轴臂距差的因素

分析影响曲轴臂距差的变化因素，从而采取相应措施，使曲轴长期处于良好状态，延长其使用寿命。

影响曲轴臂距差因素有以下几点。

1. 主轴承不均匀磨损的影响

曲轴在运行中，各缸功率不一及安装质量不完善等造成各主轴承磨损不一，使主轴承中心线偏移，曲轴发生挠曲，臂距差也随之变化，这是主要影响因素。

2. 船体变形的影响

船舶在各种装载情况下，船体都会产生相应的变形，柴油机曲轴的臂距差也会相应发生一些变化。

以大型低速柴油机作为主机的船舶，机舱在船体中部或中后部的影响较为明显。

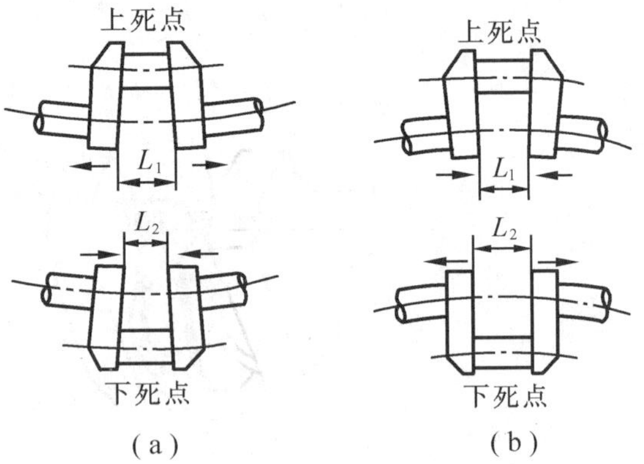


**图 6－28　曲轴在不同状态引起的臂距差**

(a)曲轴呈张开状态；(b)曲臂呈缩紧状态

船体的变化情况是：在重载情况下，整个船体呈上弯曲，柴油机机座也相应产生类似变形，这种变形使曲轴出现臂距差值增加的趋势。

尾机型的船体影响较小，但规律相似，现在很多新制货轮均采用此船型。

一般以大型低速柴油机为主机的船舶，从空载到满载有如下的曲轴臂距差值参考。

中机型船舶：0.10～0.25 mm

尾机型船舶：0.05～0.15 mm

空载到满载时的臂距差变化较大，因此在分析和调整其臂距差时，必须与船舶装载情况对照考虑。

3. 与轴系连接的影响

船用柴油机的曲轴与轴系（中间轴、艉轴、螺旋桨）一般是刚性连接。若它们在连接前，两联轴节之间已有曲折或偏移，联轴节在连接后即对曲轴臂距差产生直接影响。其变化规律为：当轴系中心线高于曲轴中心线，则两联轴节间呈下开口。当轴系中心线低于曲轴中心线，则两联轴节间呈上开口。

此外，影响曲轴臂距差值变化的因素还有海况、船舶装载、柴油机热冷状态、柴油机机座垫铁的安装质量和飞轮质量等。

综合上述影响，现代造船技术中，一改以往采用船用柴油机与螺旋桨、轴系等装置的按偏中值校中法（平轴法）的原理，而采用新的合理校中（或称最佳校中）技术，我国船厂在20世纪80年代后也开始采用此技术。此技术是通过校中计算确定出柴油机（主机）和轴系各轴承的合理位置，即计算出各轴承位移量和各联轴节上偏移值和曲折值，将柴油机和轴系安装成规定的曲线状态，从而达到负荷合理分配的目的。应用合理校中法的计算过程有：(1)建立校中计算的物理模型；(2)确定约束条件；(3)编制计算机程序并输入相应的结构数据；(4)输出计算结果。

## 三、臂距差值与桥规差值的关系

如图6－29所示为用桥规测量主轴承下沉量的示意图。用桥规测量主轴颈的下沉量，其值 $a$ 应与出厂记录一致，如不相等，说明该道主轴承下沉。为了便于分析和调整，应将臂距差和桥规测定值绘制综合曲线，如图6－30所示。经分析，若测得的臂距差和桥规测得的主轴承下沉量变化趋向一致，则说明曲轴轴线的挠曲是主轴承本身中心线不在同一直线上所致。若两者有矛盾，则说明机座变形，因为机座变形时，各轴颈的桥规值是不变的。所以在主机定位安装时首先要检查机座的平直度，以及与船体基座的接合是否紧密。

如认为主机主轴承因机座变形而偏移，就得将该轴承下及其邻近基座下调整垫片的厚度进行调整，使曲轴臂距差在规定值以内。在主机安装调位时，则只要调整该处的液压千斤顶及其相邻的楔形可调垫块的高低即可。

臂距差的绝对值通常由主机生产厂规定：Ⅰ线左方表示安装良好；Ⅱ线左方表示安装合格；Ⅲ线左方表示航行中的许可值，建议要重新安装；Ⅲ线右方表示不合格，必须重新安装；如图 6－31 所示。

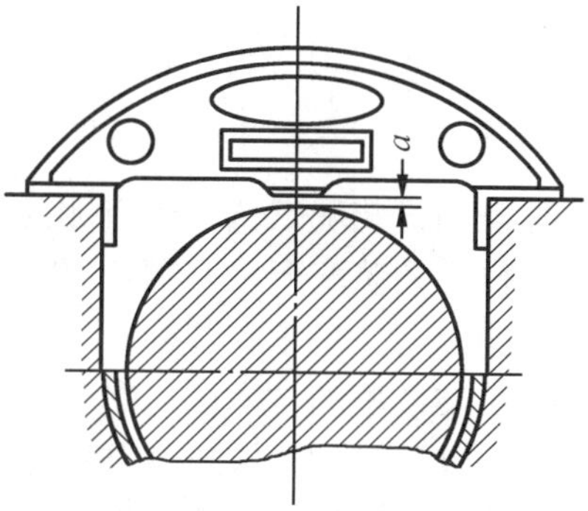


图 6－29 桥规测量主轴承下沉量示意图

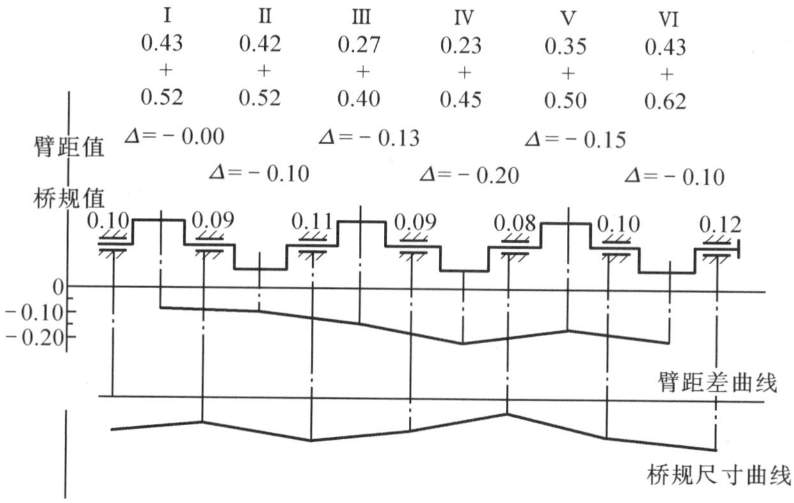


图 6－30 曲轴臂距差和桥规值曲线

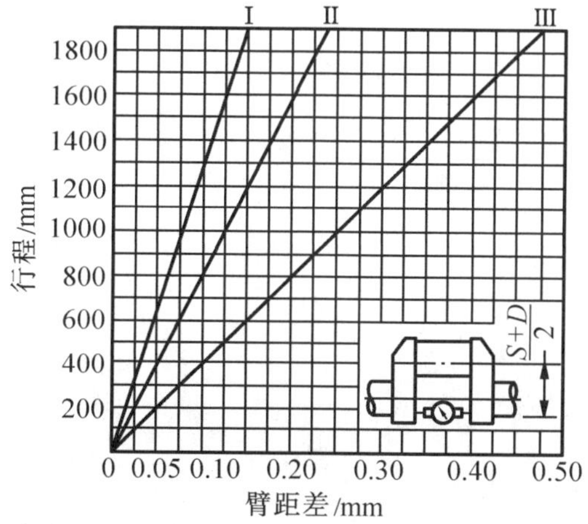


图 6－31 曲轴臂距差允许值图

# 习　题

1. 柴油机装配工艺过程有哪几个主要阶段,什么叫分段预装?

2. 机座的装配要求有哪些,用什么方法来调整大型机座的平直度?

3. 曲轴与主轴承在装配时有哪些技术要求,如何来调整它们之间的问题?

4. 机架装配的技术要求是什么,扼要回答机架在装配时程序。

5. 气缸体是如何来定位装配的,气缸套在压入时应注意哪些问题?

6. 拉紧贯穿螺栓时应注意哪些技术要求,操作具体方法有哪些?

7. 连杆装配要求是什么,连杆螺栓在上紧时应注意哪些要求?

8. 十字头与滑块等构件的装配技术要求是什么?

9. 一般活动部件装配的基本顺序是什么?

10. 活塞组件装配的技术要求有哪些?

11. 如何来检查活塞与活塞杆之间同心度,如何来检查活塞销孔与活塞中心线的垂直度?

12. 活塞环在装配前应作哪些检查,活塞环在装配后应作哪些检查?

13. 筒形活塞与十字头式活塞组件,各是怎样进行装配找正的,分析不能找正的原因。

14. 气缸盖装配时应注意哪些问题?

15. 排气(波纹)管装配要求有哪些?

16. 什么叫柴油机臂距差,测量其目的是什么,怎样来分析曲轴状态,影响曲轴臂距差值的变化因素有哪些?

# 第七章　柴油机装船工艺

## 第一节　主机安装工艺概述

### 一、主机安装前的技术要求

柴油机作为船舶主机在船上的安装施工，与各船厂所采用的造（修）船总体工艺、起吊设备等密切关系，可以在船台上或船下水后进行。但不论选用何种方法，主机在安装之前对船舶其他工程基本上都有以下几个方面的技术要求。

（1）作为主机用途的柴油机是船舶推进的动力装置，它通过轴系将其动力和扭矩传递给螺旋桨，所以主机安装应与轴系安装工程的工艺、施工要求一起进行考虑。

（2）改革开放以来，各船厂为适应国际形势和大量出口船舶，都纷纷采用先进的生产设计方案，广泛应用单元组装和预装工艺等新技术，要求主机吊装入船舶机舱之前，不论是整体还是散体安装的，机舱内各主要设备或辅机机组单元都应已定位妥当。

（3）主机吊装就位之前，要求机舱的前、后水密隔舱壁及自船底至机舱顶部和舱室等所有的焊装与火工校正工作都已完工。对一些特殊船舶的要求还要高一些。

### 二、主机上船吊装工艺顺序

（1）主机吊入机舱的通道检查。检查的范围是自机舱口起，至主机的基座（船体双层底的顶面）为止，按主机的最大外形尺寸，检查是否有阻碍主机吊入机舱的设备、脚手架。确保主机吊入时畅通无阻。

（2）为了吊放主机时能就位准确，应在机舱内合适的地方（一般在双层底顶面上），焊装槽钢作为主机吊放时的导架和顶推架，这些架柱待主机放妥后就要割除，将焊疤铲平并磨光。

（3）如果主机机座下的双层底作为主机润滑油循环舱，则位于双层底顶面的主机滑油回油口及透气口接管等，应在主机吊放到基座上之前装妥。

（4）检查核对艉轴前端联轴器平面与艉尖舱（水舱）前舱壁的距离，以便对主机的前后位置作最后的核定。

（5）对主机基座进行检验与加工。

（6）主机（或其机座）定位。

（7）主机固定及检验。

### 三、主机主要传动方式的选用

船用柴油机除了一部分功率相对较小的作为发电动力之外，主要用来推进船舶之用。以下介绍几种船舶推进装置中的柴油机（称为主机）传动方式。

1. 直接传动

直接传动是指船舶主机的功率直接通过轴系传递给螺旋桨做功的传动形式。此种传动方式中,主机和螺旋桨之间除了传动轴系之外,不设有减速和离合设备,主机和螺旋桨的转速和转向相同。如图7－1所示为柴油机直接传动示意图。一般近海和远洋航行的船舶,如货船、油船多采用柴油机直接传动方式,以提高船舶的经济性。

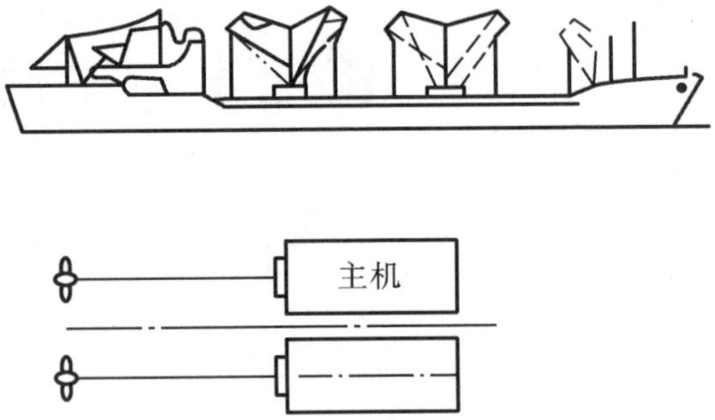

**图7－1　柴油机直接传动**

柴油机直接传动的优点是:

(1)传动效率较高,经济性好;

(2)可靠性较好,寿命长;

(3)管理维护较为方便,结构简单。

其缺点是:整个机组的质量和体积较大,要求有逆转功能,超低速运转的航行受到限制。

2. 间接传动

间接传动是船舶主机和螺旋桨之间的功率传递,需要由特设的离合器或减速器等起作用的传动方式。此种传动方式中的中间传动设备主要有三种基本形式:齿轮减速器、滑差离合器、齿轮减速与离合装置。如图7－2所示为柴油机间接传动示意图。

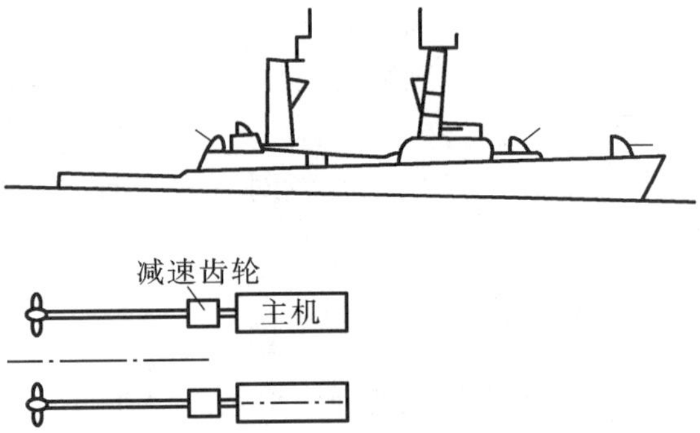

**图7－2　柴油机间接传动**

柴油机间接传动的优点是:

(1)柴油机转速可不受螺旋桨低转速的限制;

(2)柴油机无须换向,管理方便;

(3)可实现多机并车运行及设置轴带发电机。

其缺点是:传动效率较低,结构较复杂。

间接传动形式可适用于各种中小型船舶及大功率中速柴油机的大型船舶上。近年来,由于节能要求,能提高螺旋桨推进效率的柴油机间接传动得到了专业人们的重视,它的应用范围将会得到扩大。

柴油机推进传动形式除以上两种之外,还有可调螺距螺旋桨传动、电力传动、Z型传动、液压马达传动及同轴对转螺旋桨传动等其他多种形式。船用柴油机的推进传动形式各异,对工厂安装施工有不同影响。

选择柴油机传动方式时除了与船舶吨位的大小、用途和航行区域的因素有关之外,还与柴油机的类型和性能,特别是经济性、安全性、可靠性和管理等方面有关。如在考虑其经济性时,不但要研究传动装置的效率,还要将柴油机效率及螺旋桨效率联系起来考虑。就传动方式而言,直接传动效率虽比间接传动效率要高,但采用齿轮减速传动后,螺旋桨做功会得到提高,整个推进装置的效率也相应得到提高。

另外,在进行柴油机传动选型决策时,要顾及到生产发展情况,在满足性能要求的前提下，尽量使用成本低、管理方便、备件供应充足、维护修理方便及技术咨询等较为合理的形式。

## 四、几种主机施工工艺方法

为了适应现代化造船工业发展的需要，促使造船周期缩短的重要措施之一是在船台上完成尽可能多的安装工程，并使它尽可能地与船体建造工程平行进行。因此，除了上述安装工艺外，目前还采用下列几种安装工艺：

(1)先安装主机，后安装轴系。在确定轴系理论中心线后，先安装好主机，然后以主机输出轴的轴心线为基准，加工艉柱毂孔、装艉轴管、艉轴及螺旋桨等。待船舶下水后，再安装中间轴。这种工艺顺序的特点是主机各部件的安装可以最大限度地与轴系安装平行进行，缩短了主机、轴系的安装周期，这对于大型船舶的安装是极为有利的。

(2)在船台上，同时安装艉轴与主机，船下水后，安装中间轴。在船台上，确定理论中线并镗孔后，在艉部安装艉轴管、艉轴及螺旋桨。同时，在机舱按所确定的理论中心线安装主机，待船舶下水后，再安装中间轴。主机与艉轴同时安装，扩大了船台安装工作面，提高了船台完工率，使整个安装周期缩短。这种工艺顺序一般只限于已掌握了船舶变形规律或具有三根中间轴以上的船舶。船舶下水后的船体变形而造成艉轴与主机轴线的偏差，只能从调整中间轴的偏移和曲折上弥补。

(3)主机、轴系的安装工作全部在船台(或船坞)上完成。这种方法对成批生产的同类型小型船舶较为适用，但只有掌握了下水后船体的变形规律，才允许在船台上(或船坞内)直接找中和安装。由于浮坞本身变形较大，因此不宜在浮坞内完成主机和轴系的安装工作。这种安装工艺对缩短船舶建造周期是极为有利的，因此目前有些船厂对中小型船舶已开始采用这种工艺。

## 五、主机与轴系的定位

1. 主机曲轴中心线的要求

在以往施工工艺中，主机曲轴中心线要比与其相连的中间轴中心线高 0.10 mm 以上。这是考虑主机曲轴轴承磨损快而下沉，这样可减小对主机的修理费用并延长使用寿命。但事实上，通过传动轴承装置整体的受力计算，正由于曲轴中心抬高增加了主轴承的负荷，使其磨损更快。为此，主机曲轴中心线的位置，最好能根据轴系中的计算结果进行校中。

未经计算的，要求主机可略低于轴系中心的平面之间曲折值，最大不可超过 0.10 mm/m，一般以下开口状态较为合理，而左右水平方向的位移和曲折值尽可能为零。在实际测定时，读数值允许有 ±(0.01 ~0.02) mm 的偏差。

2. 主机轴向位置的要求

主机的轴向位置在其基座定位检查时就已经确定，此时中间轴的长度也已经确定，主机位置就依照中间轴的前端进行校中确定。

为便于主机与中间轴的校中，要求曲轴后端面与推力轴前端(或中间轴)留有 1 mm 的轴向间隙，以保证测量准确和顺利进行。

另外，主机曲轴与轴系连接前后的臂距差值，应符合主机制造厂的规定范围。

3. 主机定位的工艺要求

主机的定位工艺可按刚性和挠性理论两种方式来定位。

所谓刚性定位，即视船体、轴系、主机曲轴都是不变形的刚体。按此种理论定位主机时，过去通常用如图 7－3 所示的方法进行定位安装，由于这种工艺方法是将主机向船的艉轴管中心来校中的，因此调整主机位置非常不便。目前此法只在修理旧船、新镗艉轴管安装孔时采用，一般新船制造时多采用在艉轴管内装设准直仪来决定主机位置。

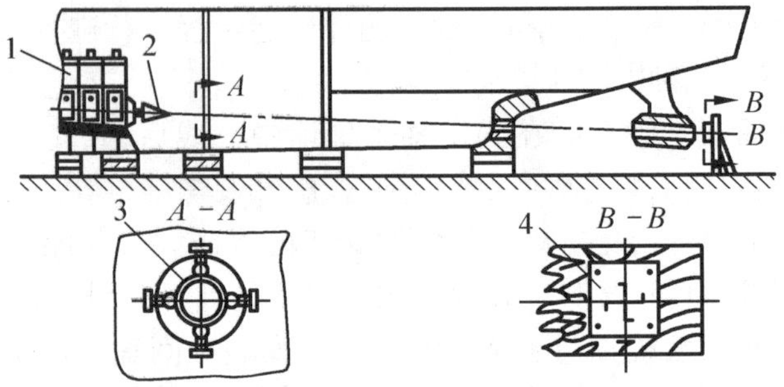


**图 7－3　主机按轴系理论中心线找正定位**

1—主机；2—准值仪及其托架；3—前基点光靶；4—后基点光靶

当今造船业已广泛应用主机与轴系的挠性理论，即以“轴系最佳校中方法”的理论进行计算来决定主机与轴系的实际位置。主机定位是以计算值，即以主机输出端与其连接的中间轴之间位移和曲折的相对位置而定，如图 7－4 所示，图中的 $Z$ 与 $Y$ 数值可用量具测定。$Z$ 值表示主机与轴系中心线的位移值；$|Y_{上}-Y_{下}|$的值表示主机与轴系中心线的曲折值，精度要求高的可采用百分表来测得，如图 7－5 所示。图中的百分表支架可直接安装在主机与轴系的联轴器上。测量时，一对连接联轴器同时缓慢加以转动，即可在两个百分表上精确地读出主机与轴系两中心线之间的偏移值和曲折值。

**图 7－4　轴系最佳校中主机定位方法**

工厂在施工时，另外采用一种指针法对主机测量定位，效果也很好，如图 7－6 所示。

4. 主机定位的激光技术应用

目前，主机定位的激光技术常用于确定船舶柴油机（主机）及轴系理论中心线。激光有高度的方向性，它的激光束发散角极小。具有主连续波的气体激光器能使一个高强度的光束射到较大距离的目标上，因而激光技术适用于船舶柴油机的定位与校中施工，它的准直技术水准能得较高的精度。

激光仪器主要有激光准直仪和激光经纬仪两种。其基本结构由相应的光学仪器上增添激光发生器所组成，它除具有光学仪器的特点之外，还有工作距离大、效率高、直

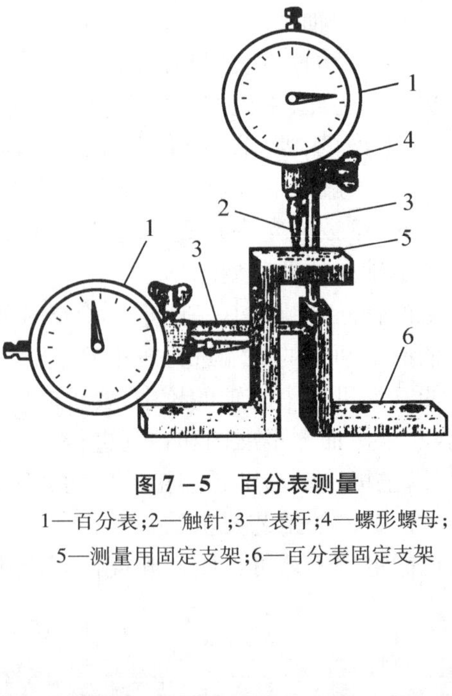


**图 7－5　百分表测量**

1—百分表；2—触针；3—表杆；4—螺形螺母；
5—测量用固定支架；6—百分表固定支架

观性强及干扰因素影响小等特点。

激光准直仪主要由激光电源、激光发生器、望远镜、波带片光电接收靶等组成，其原理如图 7－7 所示。

激光发生器一般采用氦－氖激光器。它发射激光的波长为 0.632 8 微米，呈桔红色且亮度大，白天也清楚可见。它输出的光束基本上平行，似一条红线在空间通过，射在已调定的焦距物体上将呈现出一个红十字亮线。

用激光仪器确定上述理论中心线时，一般在船首尾两个基点位置上装设光电接收靶，使靶中心处于基准点上，而激光仪器置于船尾基准接收靶的后处。操作时先大致对准接收靶，启动激光器发出激光束，再以两个接收靶上的电表所指示的读数来调整仪器位置，直至两电表的读数为零，或激光十字线与基准靶十字线重合，此光束中心线即为船舶柴油机(主机)与轴系的理论中心线。然后据此进行各项检验工作，并确定基准线位置及主机与轴系安装施工的位置。

激光经纬仪由于同时具有光学经纬仪的性能，工作效果更好。而且由于激光仪器的激光束的亮度较大，故适宜船舶企业的日夜施工，具有效率高、精度高的特点。

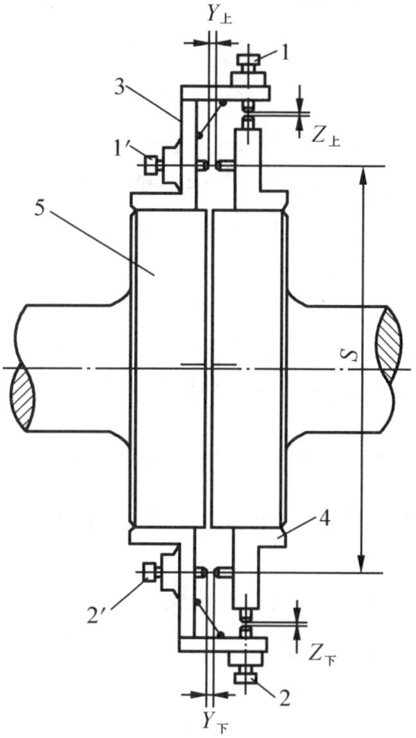


**图 7－6　用指针测量偏移和曲折**

1′,2′—水平微调螺钉；1,2—垂直微调螺钉；3—外指针；4—内指针；5—联轴器

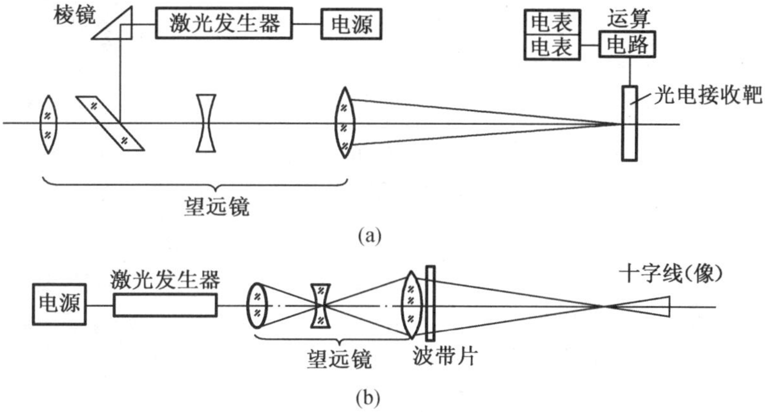


**图 7－7　激光准直仪原理图**

(a)激光导向准直原理；(b)激光衍射准直原理

## 第二节　主机装船工艺实例

随着我国改革开放的深入，出口船舶和建造大型功能多且附加值高的船舶，已成为造船业主流，因此相应大中型柴油机的安装工艺被船厂所关注。下面对大型低速柴油机的安装作详细介绍，以适应形势需要。

大型低速柴油机特点是大而重，为此在其施工工艺上除了考虑一般安装的共性之外，还应顾及其施工特点，以及各工厂具体条件的差异，以采取相应的工艺技术措施。大型低速柴油机在船上安装时，依据工厂吊运能力的大小，通常可选用柴油机分体吊装和整体吊装两种工艺方法，本节将就其主要环节和工序予以说明。

### 一、柴油主机整体安装工艺

这里以二冲程十字头式中大型柴油机在船上整机安装为例，作扼要叙述，如图 7 – 8 所示。

(1) 以该船的主机轴系安装图为依据，确定出主机中心线位置，按图找出主机在机舱的肋位。并按主机机座垫片和机座固定螺栓安装布置图，画出和固定主机基座上固定垫片，待修磨交验。

(2) 如图 7 – 9 所示为配置主机定位用的支架，并现场定位焊接。

(3) 根据该船轴系定位时所得到主机曲轴中心的高度，估算出调整垫片的厚度。

(4) 按调整垫片的厚度来选配楔形垫铁并分别置于柴油机各主轴承的横梁下（或采用薄型千斤顶）。

(5) 整台柴油机吊装至船前时，应将船舶吃水调整至水平状态，要求左右舷和艏艉的吃水线基本相等。

(6) 在主机基座面上画线作出主机的前后与左右位置的明显标记，以使主机能吊放至大致规定的位置，并准备水平方向顶升的千斤顶。

(7) 协调有关吊装主机的部门，并选择天气较好的时候，尽量取风力较小的时刻进行。吊装前确保吊运设备和专用工具的安全，稳妥可靠地将主机吊运到船舱注定的肋位处。

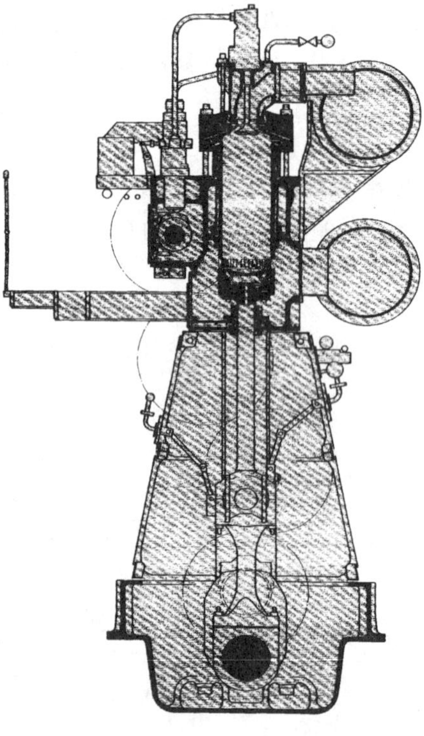

**图 7 – 8　主机整体吊装图**

(8) 主机坐落在基座时，应确保机座下面各楔形垫铁的受力基本均匀，以防机座平面产生变形。以上受力可调整楔形垫铁高低厚度。

(9) 在机座的首尾、左右位置的支架处，要用支撑螺栓或千斤顶将机座支撑住，以防止

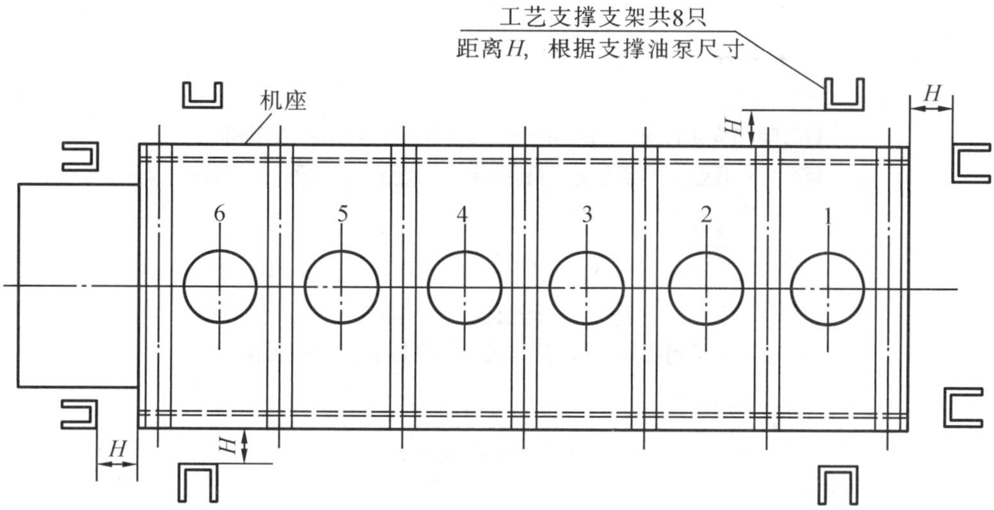


图 7－9　主机定位顶推支架布置示意图

主机因船体晃动造成滑移现象。

（10）除卸主机的吊运工具。装复气缸盖，并按柴油机使用说明书的规定液压，用拉紧工具上紧全部气缸盖螺栓。

（11）主机按轴系校中计算安装工艺图及相关文件要求，进行主机与轴系连接前的校中工作。在校中前，要求与主机输出端法兰连接推力轴及中间轴均装妥，并确认可作为主机定位的依据。校中时应确认船体无任何搁浅的现象。

（12）调整主机的位置，使其输出端法兰及其相连接推力轴或中间轴法兰之间的位移值和曲折值，符合轴系校中计算的工艺要求。主机校中定位时，还要求主机按其在工厂试车台安装和试验后的曲轴臂距差值来进行测量和校中。按以上方法调整主机位置和校中时，应注意机座下各顶升用的千斤顶或工具的受力要均衡，否则主机机座下平面会因反支力过大而产生变形，影响整个柴油机的装配精度。如图 7－10 所示为一种较为简便的主机定位工具。

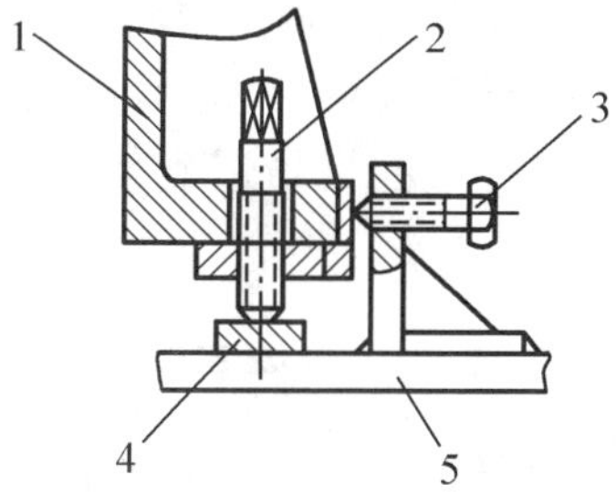


图 7－10　主机定位工具

（13）上述校中定位结束时，应按技术要求向检验部门和船方提交验收。

（14）验收后，先配制主机机座主轴承座横梁下的主要受力定位垫片，将匹配好的定位垫片按检验要求进行交验。配制好主机垫片时，应保证柴油机曲轴臂距值和与轴系校中的位移和曲折值在要求的范围。

（15）套钻主机机座下固定螺栓的螺孔，用临时固定螺栓将机座固紧。以上的螺孔加工也可采用主机吊装前先进行画线预钻的工艺来进行。

（16）配制其余垫片后，再按前述要求提交验收。

（17）按顺序要求紧固主机机座与基座之间的全部固定螺栓。紧固方法可采用液压拉伸器、风动工具或应用 $CO_2$ 干冰、液态氮等冷冻螺栓法进行。对安装图中要求的定位用紧配固定螺栓的螺孔，要先进行机械镗孔后再配制紧配固定螺栓予以固定。机座螺栓紧固顺序如图 7－11 所示。

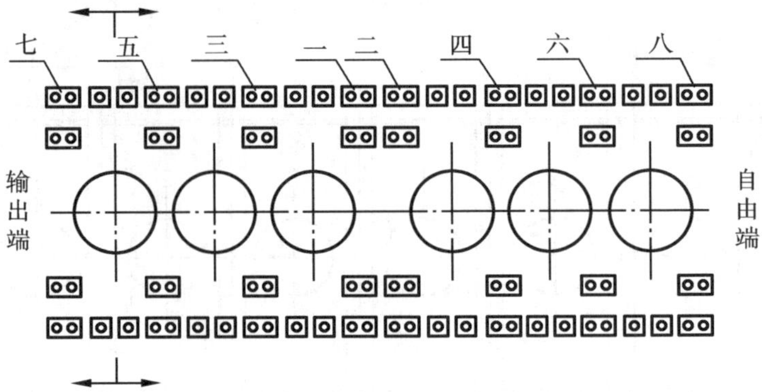


**图 7－11　机座螺栓紧固顺序**

(18)检验各垫片接触质量,一般用 0.05 mm 塞尺检查应无间隙。配制主机机座前后的支撑垫片并就位,装妥主机上部支撑件。

(19)测定主机推力轴与中间轴连接用凸缘的位移和曲折值,需符合轴系校中计算的规定。测定主机曲轴臂距差值,不得超出其生产厂规定。

(20)用量具检查主机尾端主轴承间隙,并对间隙实况记录,要求其间隙值分布均匀。

以上工作完毕后,方可进行柴油机与轴系的安装连接工作。

柴油机的整机安装,是工厂吊运能力提高的新工艺。通常是将柴油机从车间整机运到码头或船台,然后用大型浮吊或门吊将整台柴油机吊运到船上就位安装,如图 7－12 所示。

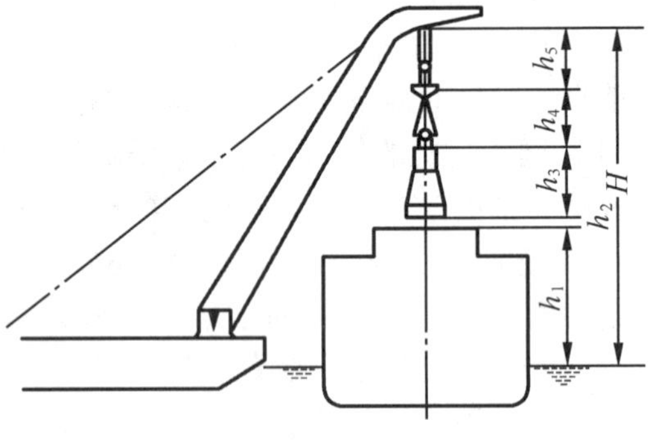


**图 7－12　柴油机整机吊装示意图**

## 二、柴油机分体安装工艺

对起吊设备能力较小的工厂,常采用现有设备来组装船用柴油机的工艺。

柴油机的解体吊运一般可归纳为如下主要几个步骤:

(1)机座吊运并定位,包括曲轴就位。

(2)机架安装。

(3)气缸体吊运并安装。

(4)贯穿螺栓的吊运并上紧。

(5)活塞连杆部件和气缸盖的吊装。

(6)扫气箱、排气管及废气蜗轮器的吊装。

(7)各系统附件及走台支架的装配吊运等。

柴油机分体吊装工艺较适用于安装人员流动比较大的工厂,为此工厂常采用图解工艺流程的方法来叙述其装配工序,使技术水准较低的人员也能明确知道柴油机分体吊装内容和过程。如图 7－13 所示为以大型柴油机为例的横剖面图,分别标列出其各个主要部件的编号,就是其吊船安装时组号。

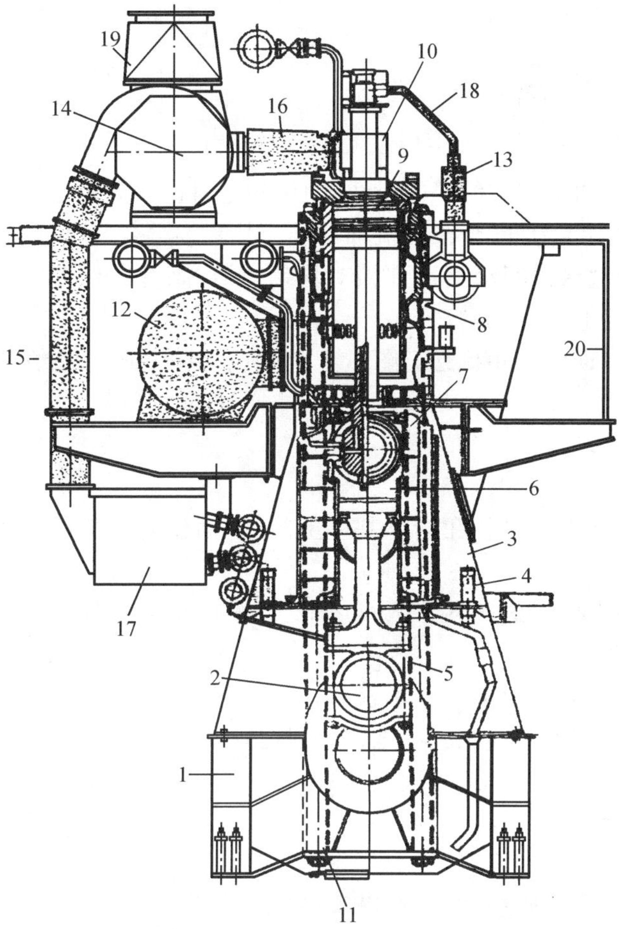


1—机座(连推力轴承座);
2—曲轴(连推力轴);
3—机架(连凸轮轴等);
4—连杆;
5—连杆大端轴承;
6—十字头销与轴承;
7—滑块(连导板);
8—气缸体(连气缸套);
9—活塞(连活塞杆);
10—气缸盖;
11—贯穿螺栓;
12—扫气箱;
13—喷油泵;
14—废气蜗轮增压器;
15—增压空气管路;
16—排气支管;
17—中冷器;
18—喷油管;
19—排气总管;
20—走台支架

**图 7-13　主机组装程序图**

## 第三节　柴油机定位与固定

### 一、柴油机联轴器校中要求

对于使用联轴器连接的柴油机,在安装时常将较为重且大的柴油机先安装定位,而对轻巧且小的发电机或其他从动机后安装定位,并按柴油机输出端进行校中连接。

柴油机与发电机或其他从动机之间的两轴中心线校中的允许位移曲折值,应根据它们连接的形式不同而异。一般在无具体特别规定的情况下,可考虑采用下列范围的要求:

1. 采用刚性联轴器连接时

位移值——0.05 mm;曲折值——0.05 mm/m。

2. 采用活动联轴器时

位移值——0. 10 mm；曲折值——0. 10 mm/m。

3. 采用弹性离合器时

位移值——0. 10 mm；曲折值——0. 15 mm。

## 二、柴油机定位的技术要求

柴油机定位时，应按船舶机舱布置图中规定的船中心线、肋位和桁材位置等进行定位安装。左右向位置以船体基座面板纵向中线为准，当柴油机轴心线与其基本重合就可；前后向位置只要求机座与基座面板的支承面边缘之间距离达到相对均匀就可；高低向位置以船体基座在就位焊妥后为准，其高低位置基本上已定妥。

以上柴油机和从动机定位的允许误差，如果施工图纸上无特殊要求，其允差值通常在 ±5 mm 之内。

## 三、对柴油机基座的技术要求

柴油机的机座是通过垫片或减震器坐落安装在船体基座上的，下面仅对其支承机座平面或它的垫片提出几个要求：

(1) 支承面对于基准面的平行度或垂直度应小于 4 mm/m。支承面板与垫片之间不允许有脱空现象，而后再允许通焊垫片四周。

(2) 支承面(垫片)的平直度采用标准平板进行显示检查，具体接触斑点可按工艺要求进行，达不到的可用风动砂轮或用机械切削工具在现场进行磨削达到要求为止，表面粗糙度值不大于 Ra5。

## 四、柴油机定位后固定方法

现代造船的柴油机定位固定，多采用金属垫片、橡胶减震器或塑料浇注型垫片等形式；并根据柴油机的结构和工作特征，采用各种型式将已定位固定下来。

1. 金属垫片的固定方式

金属垫片的固定方式如图 7 – 14 所示，此种固定方式要求可参见主机的定位部分。

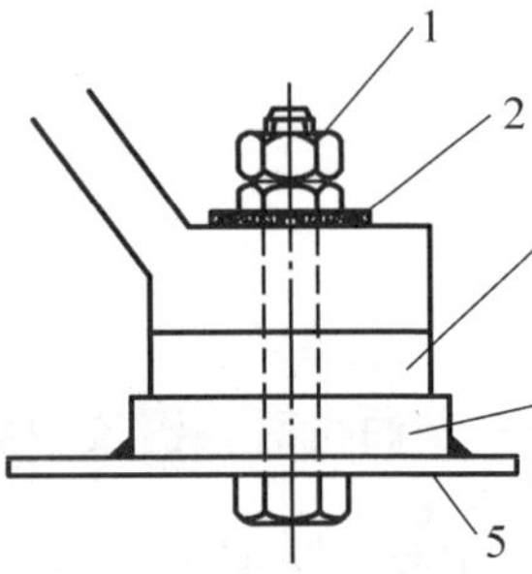


**图 7 – 14　柴油机金属垫片固定方式**

1—底座螺栓和螺母；2—垫圈；3—调整垫片（厚度 < 18 mm 时可选用钢板）；4—固定垫片；5—基座

2. 减震器的固定方式与安装要点

应用减震器的目的是减少震源传给基座的力，并将力均匀传递。它有以下几个要求：

(1) 将同组的每块减震器作好额定负荷的实际变形试验，并予以编号。

(2) 对各橡胶减震器应予以质量检验，脱胶、开裂或变形大的应以剔除。

(3) 除了机组与减震器连接之外，其他各处都不应与基座及其他物品相接触。被减震的柴油机机组与减震器之间距离 $\delta$ 值应不小于 2 mm，如图 7 – 15 所示。

(4) 为使减震器受力均匀，还应做好预检工作，如图 7 – 16 所示。首先把柴油机组的共同机座顶高到图中 $H$ 值，并力求机座四角处的 $H$ 值相等，然后按减震器的高度来测得各个 $H$ 值所配制垫圈，使装配后的减震器受力趋于均匀。

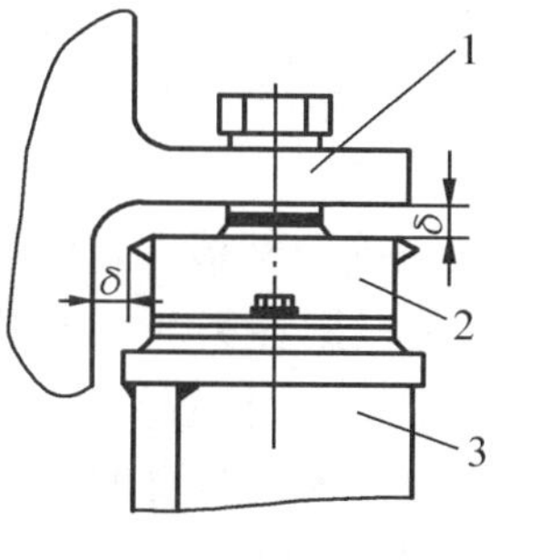


图 7－15　柴油机与减震器定位间距示意图

1—被减震柴油机；2—减震器；3—基座

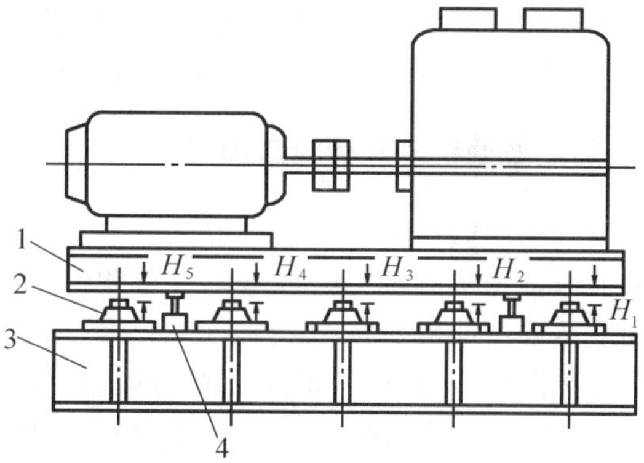


图 7－16　安装减震器时测定垫圈示意图

1—公共机座；2—减震器；3—基座；4—千斤顶

3. 塑料垫片的固定方式

船厂中采用柴油机固定的新工艺已经历了多年，在施工工程中应用塑料灌浆制造垫片，可以简化柴油机安装工艺，减轻劳动强度和拂磨要求，并可缩短修造船周期。

塑料灌浆的主要成分是环氧树脂、填料和增塑固化混合液等。配制时根据配方称取质量，一般是先将环氧树脂与填料调和，再加入增塑剂适当搅拌，当浆液变稀时放入固化剂，待搅拌均匀后应立即浇注使用。凝固后，塑料垫片的使用极限温度规定为 80 ℃以下，最低温度为 －40 ℃。

塑料垫片的浇注工艺为：

(1) 清除垫片处机座和基座表面上的污垢、锈斑和氧化物；

(2) 预制浇注模子，如图7－17所示为塑料垫片浇注模子示意图；

(3) 按塑料灌制的要求配浆；

(4) 浇注时环境温度应在 13～37 ℃之间；

(5) 浇注 3 小时后，待灌浆处于半凝固状态时可拆除机座下的顶升工具，并按规定将固定螺栓拧紧，经过 48 小时使机座完全被固定。

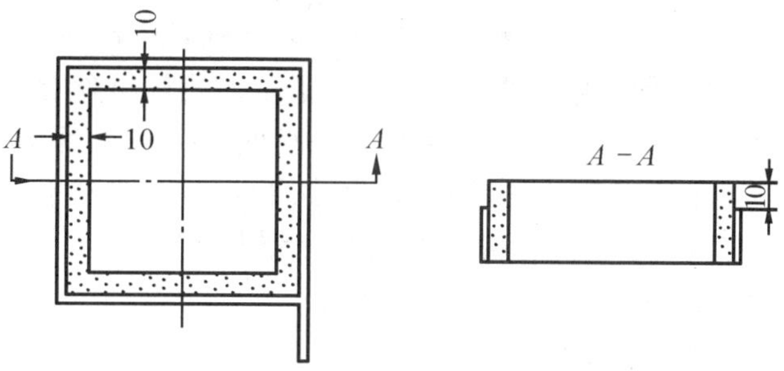


图 7－17　塑料垫片浇注模子示意图

## 五、柴油机在船舶上固定实例

在中、高速柴油机的基座上，一般均设置弹性支承，就是将柴油机的机座坐落在一个由金属弹簧或橡胶所制成的支座上，再安装在船体刚性的基座上。弹性支承将柴油机工作时产生的振动力源与船体钢结构隔开，使其振动力很少地传递到船体上去。

在大型低速柴油机中，柴油机的安装固定大都采用刚性连接的形式，也就是将船体钢结构基座上直接接柴油机机座。由于作用在该柴油机十字头上的侧推力及其形成倾覆力矩会使柴油机产生横向振动，通过机座固定螺栓、基座作用在船体上，激发船体的振动，在有些特殊情况下，可能会激励船体强烈振动。为了消除这种振动，可采用机械式或液力式支撑的措施。液力支撑可增加柴油机机体刚性，提高其固有频率，避免低谐次共振，可降低振幅减少振动，这种减振装置已在长冲程低速柴油机上广泛使用。

### 六、船舶柴油机基座检验与加工

1. 主机基座的检验

为了保证主机曲轴中心线理论设计的位置，并使主机机座能正确地坐落在基座上，使以后的加工及安装能顺利进行，必须作如下的检查（对基座的检查是根据各类船舶的大小、船体制造工艺阶段划分的不同，可以在分段制造时检查，与机舱分段总成后检查）。

（1）分段制造时检查。这一阶段，大多在大型船舶制造中采用，此时，基座的机舱分段，在装配平台上进行这一检验，这有利于对基座不符合要求的部位进行修正。

（2）机舱分段总成后检查。对于以基座为部件的船舶，大多在这一阶段检查。

对主机基座的检查，不管是在哪个阶段进行，其检查内容必须是：基座中心线应与理论设计中心线一致，其偏差应在 ±5 mm 以内；对需要加工的基座上平面，如果不焊装固定垫块，就得检查其平直度是否外倾（一般倾斜度为 1∶100）。要求在整个平面范围内，加工量在图纸规定允差之内（此值一般为 5 mm 以内）。同时检查主机机座固定螺栓穿过肋板或纵向加强板是否已经开孔和补强，出现问题应及时修正。

基座高度检查以船底基线作为测定基准（实质是确定主机曲轴中心高度），以船体中心线作为主机基座左右位置的准线和主机最后一个气缸中心与邻近的肋板后平面的距离，以理论设计前后向定位为依据，以此去核对固定螺栓孔的位置和肋板、纵材开孔补强是否适当。通常的检查方法有以下两种：

①拉线法

先在基座上画出基线中心线，以艉轴管中心线为基准，拉钢丝线至基座前端（即为艉管中心线的延伸线），然后用角尺或丁字尺测量钢丝与基座中心线的左右向偏差 Δ，要求不大于 5 mm，同时还可量得钢丝与基座面板的垂直距离，这就是主机曲轴中心线的高度，如果这一距离符合要求，基座高度也就合格。上述的测量均要求在基座的前后端面两个位置上进行。

②光学投射法

当用准直仪确定轴系理论中心线（艉轴管轴承中心线或艉轴中心线）时，可按仪器主光轴的投射点来检查基座位置。如图 7－18 所示，将画有曲轴中心高度（曲轴中心至基座面板设计的距离）的靶板 1（带有刻度的丁字尺）垂直地搁于基座面板 2 上，通过靶心（即曲轴中心）垂直于靶板底面的垂线，并标以高度尺寸。从光学准直仪中，直接读出高度和中心线的左右偏差值。或利用光学投射仪发出的光点投射到靶板上，从而显示轴系理论中心线与基座面板距离和左右偏离值。

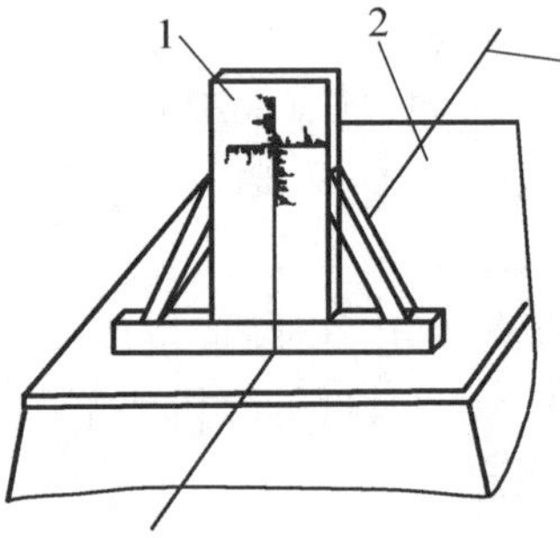


**图 7－18　光学投射法检查基座**

1—带有刻度的丁字尺；
2—基座面板；3—基座中心

在检查高度的同时，核对主机垫片的厚度是否适当（在拉线法中，要考虑钢丝的下垂量)。垫片的厚度等于理论轴系中心线与基座面板或固定垫块顶面的尺寸减去主机曲轴中心(高速机为减速箱输出轴中心)至机座支承下平面的尺寸,应在 10 ~ 75 mm 之内。钢质垫片厚度在 25 mm 以内;铸铁垫片厚度不小于 18 mm。目前,正在推广使用浇注型的塑料垫块厚度为 25 ~ 50 mm。

为防止主机机座与基座(内侧面)相碰,或者使机座底板内侧边缘不坐落在垫片上,应在测定中心线左右偏差时就检查这些尺寸。

对于固定螺栓孔位置,可用机械制图法就地绘画校对,方法同基座平面的加工。

2. 主机基座平面的加工

为了使主机所产生的作用力均匀地通过基座传递给船体,要求垫片与主机机座下平面和基座上平面之间,保持紧密接触,因而对基座上平面要进行加工。

基座平面所需加工的部位,根据采用垫片型式来决定。如图 7 - 19 所示为当前大多采用的两种型式。

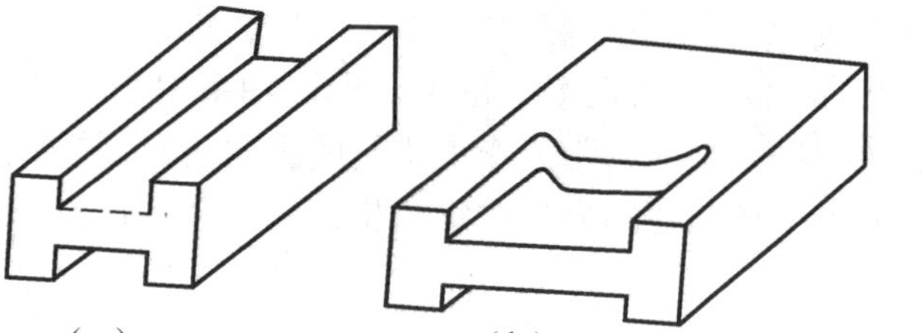

(a)　　　　(b)

**图 7 - 19　垫片型式**

(a)轻型垫片;(b)重型垫片

由图 7 - 19 可知,无固定垫片基座只需加工其上平面。焊有固定垫片者,除对基座面板焊装固定垫片处进行加工外,对焊妥的固定垫片顶面也得进行加工。

(1)基座上平面加工的技术要求

①装垫片处的平面平直度用平板检查,对焊装固定垫片处,接触点分布均匀。对配装调整垫片的平面,接触面积要占垫片面积的 50% 以上,并用色油检查接触点。

②基座面板或其上的固定垫片的上平面,沿宽度方向加工或向外倾斜,其斜率为 1∶50 ~ 1∶100。

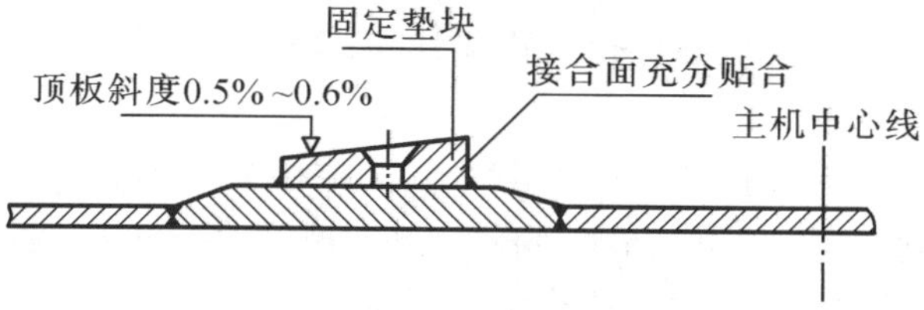


**图 7 - 20　基座顶面的型式**

(2)基座平面的加工方法

根据工厂条件,常采用组合式铣床加工,如铣头换上端面砂轮,则可精磨安装垫片的支承面,使其达到上述的精度要求。

如果采用手工加工,则对基座上焊装的固定垫片的上平面要进行砂轮磨削,经砂轮磨削后,一般均可达到规定要求。

## 七、主机机座螺孔位置的确定

主机固定螺孔的定位,实际上也是对固定垫片的定位。固定垫片定位后,主机安装时的位置调整就只能局限在垫片的位置范围内,因此固定螺孔或固定垫片的定位必须准确。其定位方法基本上有以下两种。

1. 拉线确定螺孔位置

如图 7 - 21 所示,根据轴系理论中心线拉一根钢丝线,在基座左右平面上横向放一根直尺,用角尺准确地将轴系中心线(钢丝线)投影到基座平面上,按主机定位图尺寸定出主机各缸中心线。然后在基座平面上分别画出左右两排螺孔纵向中心线,沿中心线画出各螺孔的中心位置线,并同时画出各孔初钻孔的孔径圆,打上冲孔以示位置界限。为检查画线的准确性,可按图示 $L_1 = L_2$ 来验证,此值可用几何作图法——平分垂直线的画法求得。

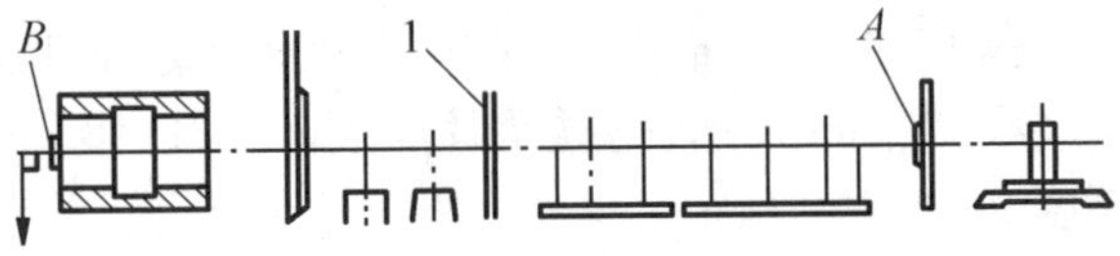


图 7-21 拉线确定螺孔位置

如果基座顶面的加工准备工作要在船舶下水后进行,就不可能使用图中船外 B 点来拉钢丝线,因此在下水前,必须在主机后面焊一槽钢 1,如图所示,作为拉钢丝线的架子。在定 A 点的时候,在槽钢 1 上也定出理论轴系中心点,船下水后,就以主机最后一个气缸中心至艉轴前法兰平面的距离作为主机的纵向位置,并通过 A 点和槽钢 1 上中心点拉一根钢丝线,此时方可按前述的方法去定主机固定螺孔的位置。

2. 样板确定螺孔位置

样板可用木板或薄铁皮(0.5 mm)制作,如图 7-22 所示为样板定螺孔位置。以主机曲轴输出端为基准,将主机机座上的螺孔位置、机座边框线以及飞轮端凸缘平面线都复制到样板上,并标上左右前后记号。如果有条件则将此样板与机座实物核对。

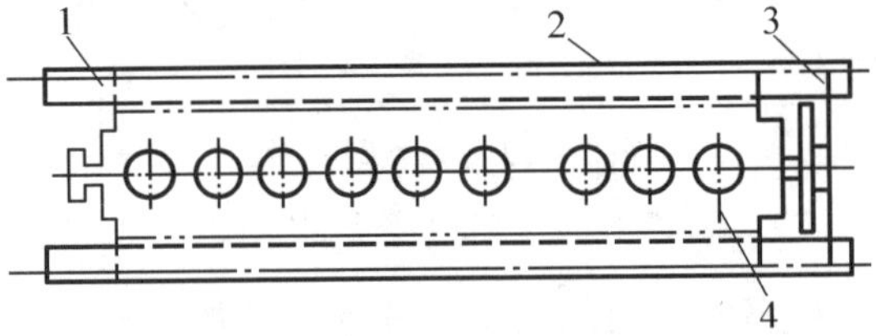


图 7-22 样板确定螺孔位置

1—划线样板;2—机座边框线;3—主机飞轮法兰平面;4—气缸中心线主机

在用样板定螺孔位置时,先按拉线法拉钢丝线,并划出轴系理论中心线及主机最后一缸的中心位置,使样板上机座中心线与轴系投影中心线及主机气缸的中心位置重合,最后用夹具夹固样板,核对样板上机座边框是否在基座顶面边沿内(10 mm),然后方可画出主机机座螺孔位置线,同时将固定垫片位置按图所示要求画出。

在上述螺孔定位后即可初钻螺孔,除一般螺栓孔可不留余量钻出(间隙在 4 mm 以上)外,精配螺栓孔得留余量 2 mm 以便镗削。对小型主机,也可在垫片匹配后,按机座螺栓孔直接钻铰。

现在许多工厂采用另一种较为简便方法,即在主机初步定位后,用钻孔工具以主机螺孔为依据,钻完全部螺孔,再对主机全面进行固定。

## 八、船舶柴油机安装施工安全技术

船舶柴油机动力装置在船上安装技术专业性很强,许多企业和航运部门把其施工安装任务交由专门的部门和人员来完成,目的是提高安装效率及缩短船舶造修的周期。但由于目前形势的变化,使人才流动性极大,这给施工安装带来很大问题,一些违章作业引起的教训尚存。

船舶柴油机装置是船舶上极其重要的动力设备,它的质量优劣程度往往会直接关系到船舶自身运行安全,所以企业或船方等有关部门均应高度重视。

船舶柴油机装置安装施工是由多人合作的作业,而且它是与船体建造或修理同时进行的,船上的环境相当恶劣,对人员的素质和技能有很大考验,如果没有一定技术水准,没有很强的安全操作意识，很难胜任此施工工作。为此，每个操作人员均应努力提高这方面的素质和技能。

船舶工业生产是一项复杂的和劳动力密集型的作业方式。为防止事故发生，企业应强化对青年工人的培训，强化专业教育与安全教育，确保船舶安全作业。同时要求员工严格遵守安全生产准则并确保安全措施落实。

1. 安全保证措施的确定

由安全管理部门牵头，组织设计、生产等有关部门参加，对船舶产品中各类柴油机施工安装过程中的危险点进行分析研究，提出并确定防范措施，包括重大部件吊装、防火、防爆、防高坠落和环境整治等措施，明确责任单位组织实施。

2. 人员培训、等级考试

对船用柴油机的生产操作者要有严格的技术等级要求，尤其是申请入级的船舶及申请国家法定检验的柴油机产品，均需按规定经过专门的培训，并进行等级考试，合格后发给等级操作证书，方可允许其上岗操作。另外，企业和人力资源部门应将各等级操作员工合理搭配，必要时应调整劳动组织，以保证柴油机施工安装的质量和进度。

## 习　　题

1. 船舶施工到什么阶段才可进行主机的安装定位？
2. 主机吊上船时安装，其工艺顺序有哪些，目前各船厂安装主机采用哪几种工艺方法？
3. 主机与轴系定位要求是什么，什么叫最佳对中法？
4. 扼要叙述主机整机吊船安装的过程？
5. 回答柴油机解体吊装的主要过程？
6. 柴油主机作为主机动力用，那么其定位的基本技术要求有哪几点？
7. 柴油机的基座应达到哪些要求？
8. 柴油主机的固定方式有哪几种，各种要求是什么？
9. 柴油主机的基座检验要求有哪些，检验方法是什么？
10. 柴油主机的机座螺孔位置是采用哪些方法来定出？
11. 船舶柴油机施工安装时，如何来确保安全操作？

# 第八章　柴油机正时测定与性能测试

## 第一节　柴油机正时测定

### 一、柴油机正时测定目的

柴油机的正时测定的目的是保证柴油机做功情况以及负荷分配的均匀程度，这是柴油机正常运转和工作可靠性的基础，也是衡量其运转性能和技术状态的主要条件。实践证明，柴油机的损坏和过度磨损均与其超负荷和负荷不均有关，操作人员在测定时应予以认真对待。

### 二、柴油机正时测定的内容

柴油机的喷油起始点时刻、进气与排气阀的开启和关闭时刻、气缸启动阀的开启和关闭时刻等“正时”要求，对柴油机的性能有着极大的影响，必须对以上各项的“正时”进行测量和调整。

1. 活塞上死点位置的测定

柴油机许多机构的开启和关闭时刻，都是以活塞的上死点位置，作为计量的原始起始点。为此，一般柴油机只需要首先确定出第一缸活塞上死点的正确位置，那么其他各缸的相应位置都可按柴油机的发火顺序，从其曲轴飞轮轮圈上的360°刻度线均分后求得。

正确测定柴油机的上死点位置的方法有以下两种：

(1)在气缸体的上平面安放百分表架，将百分表的测杆指向活塞顶端，然后转动曲轴使百分表的指针读数表明活塞达到最高点位置，此时的位置就是该缸活塞上死点的位置。经多次测量确认位置后，再用样棒指示的位置作出标记。如图8－1(a)所示为活塞上死点的确定法，这样测定活塞上死点位置的办法最为简便。

(2)百分表安装方法同上。将百分表的标定点标定在上死点以下5～10 mm的位置上，然后转动曲轴使活塞上行至百分表，达到标定点后，以机架上的另一标记点为圆心，用预先制成的量棒在曲轴的曲臂最高处画出一圆弧线痕来。如果盘车时活塞超过标定点，则必须重新测定。以上工作做完，使曲轴按相反方向转动，同样用以上方法在曲臂最高处画出另一圆弧线

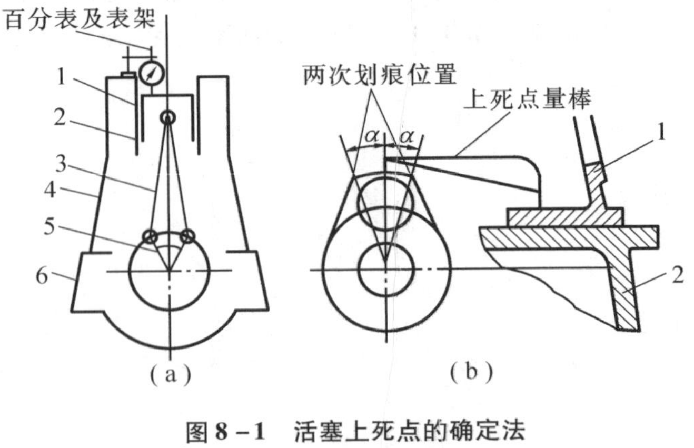


**图8－1　活塞上死点的确定法**

1—活塞；2—气缸套；3—连杆；4—机身；5—曲轴；6—机座

痕。最后在两根圆弧线痕之间作垂直于曲轴中心线方向的线段，并在其中点处，用圆冲敲击出标记痕。这时，如果盘车到量棒的尖端正好处在该圆冲痕中，此点就是该气缸活塞的正确上死点位置，如图8－1(b)所示。

2. 气缸压缩容积的测定

气缸压缩容积表示柴油机活塞到达上死点位置时气缸燃烧室的空间容积。

气缸压缩容积的大小，将会直接影响到柴油机压缩比 $\varepsilon$ 的大小，对柴油机的压缩压力产生直接影响，从而影响到柴油机的输出功率和耗油量。所以柴油机的每个气缸的压缩容积的测定数值都应该记录在船舶产品的交货文件上，以供船舶柴油机检修时核准和参考。

气缸压缩容积由于气缸盖底面和活塞顶面的形状通常是不规则的，所以这部分空间的体积可以通过计算来求得，只需测定气缸盖底平面到活塞顶平面之间的距离大小，具体方法如下。

(1)压铅法

测量时可在活塞顶面上安放一至两块纯铅块，然后柴油机盘车，待活塞过上死点后将铅块取出，并测量压扁铅块的厚度，此厚度为气缸盖底平面至活塞顶平面之间的距离。

(2)测高法

当活塞盘车到达上死点位置时，一般可用深度千分尺或千分表来测量活塞顶面到气缸盖接合面之间的距离和气缸盖密封垫片的厚度，从而推算出压缩室容积。

对于小型柴油机，由于加工误差比较小，一般测量个别的距离即可。对大型柴油机，用安置在连杆大端轴承与连杆之间调整垫片来调节气缸压缩室容积。

3. 燃油正时的测定

燃油正时也称为喷油提前角，它是指柴油机每个气缸的喷油泵开始喷油时的曲柄销处的位置。各种柴油机均按最佳性能选定喷油提前的时刻，柴油机一般燃油正时在上死点前10°～30°曲轴转角位置不等。

(1)回油孔式喷油泵的正时测定

此种回油孔式喷油泵正时检查有以下两种方法：

①观察回油孔法

根据喷油泵的工作原理，当喷油泵的柱塞上行遮闭泄(回)油孔时，即为喷油开始时刻。波许式喷油泵的正时测量如图8－2所示，可以利用灯光并盘车，当观察到油孔正好关闭时，查看该缸曲轴转角位置，即为该缸的喷油提前角。

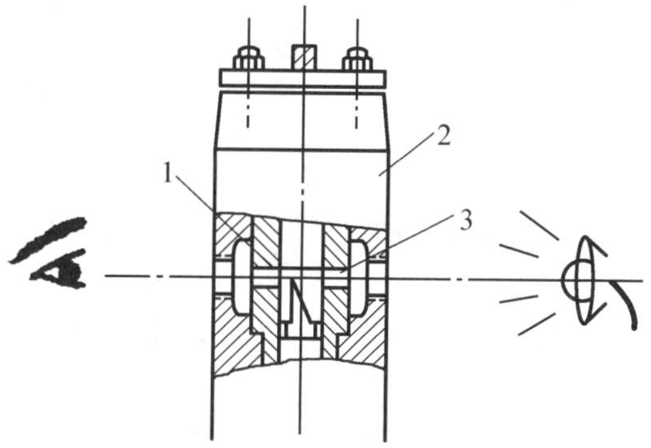

**图8－2　波许式喷油泵的正时测量**

1—柱塞；2—喷油泵；3—回油孔

②观察冒油法

在喷油泵燃油排出口处安装一段极细的管，然后按正车方向盘车，当燃油从细管出口处涌出，记下这时曲轴转角位置，就是该缸的喷油提前角。

(2)回油阀式喷油泵正时测定

回油阀式喷油泵根据其结构特点和形式，可分为始点调节式(图8－3(a))、终点调节式(图 8－3(b))和始终点调节式(图 8－3(c))等三种。这种喷油泵的柱塞 3 上不设直槽、斜槽及环槽,在泵体中设有进、回油阀 7,以调节柱塞 3 的有效行程。

始点调节式喷油泵的喷油时刻开始点,就是喷油泵中柱塞开始上升的时刻。所以这种喷油泵的喷油正时测定,只要记录柱塞开始上升时该气缸的曲轴转角位置,查看其与上死点位置之间的夹角,即为该缸的喷油提前角,如图 8－3(a)所示。

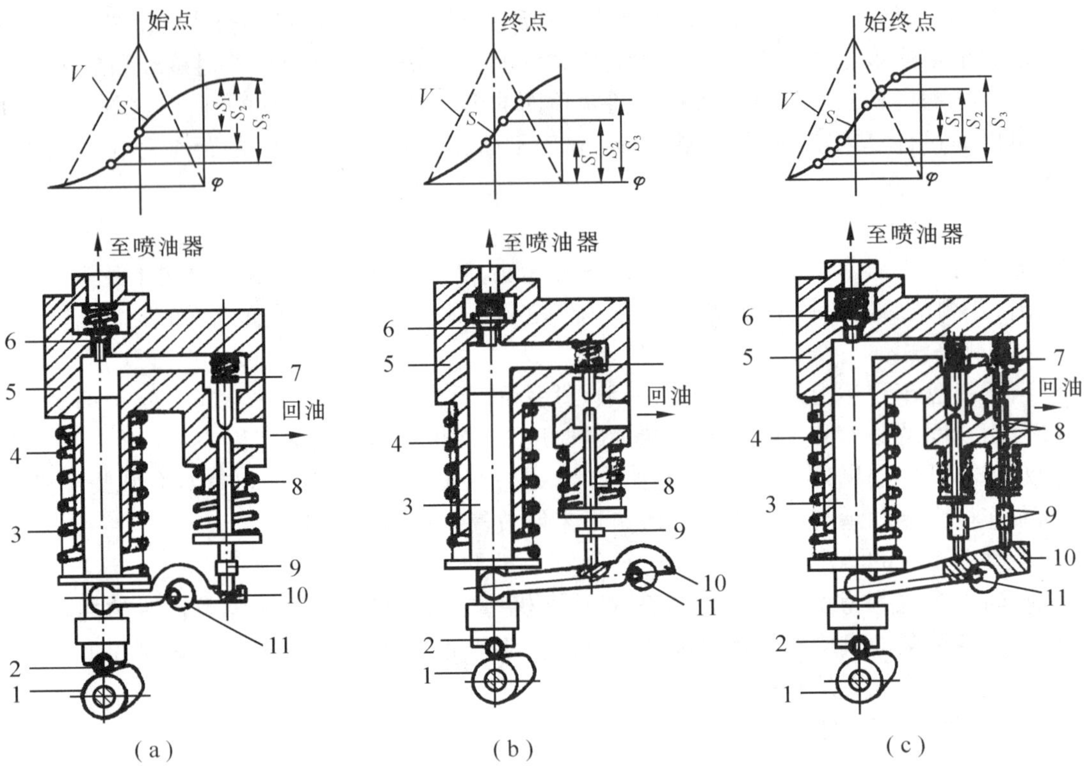


**图 8－3　回油阀式喷油泵形式**

(a)始点调节式;(b)终点调节式;(c)始终点调节式

1—凸轮;2—滚轮;3—柱塞;4—柱塞弹簧;5—泵体;6—排油阀;

7—进、回油阀;8—顶杆;9—调节螺钉;10—摆杆;11—偏心轴

始点调节式喷油泵的正时测量方法,如图 8－4 所示。先拆去其回油阀上方的塞头,然后装置一只专用的百分表,并将喷油泵的柱塞提升到上死点位置,以确保此时该回油阀处在关闭位置,此时将百分表的指针调整到“0”处,同时将柴油机操纵手柄置于额定功率的供油位置。

上述准备工作完毕以后开始测量,先按柴油机正车方向盘车,观察回油阀上百分表的指针读数,当指针回到“0”处时,表示回油阀刚关闭,这时即为喷油泵的喷油始点,记下这时的曲轴转角位置,其与该缸上死点位置的夹角即为该缸的喷油提前角。

始终点调节式喷油泵的正时测定方法同始点调节方法。对于可逆转的柴油机,另外要测定其倒车方向的各缸喷油正时。

4. 进气和排气正时的测定

柴油机的进气正时和排气正时表示柴油机某一气缸的进气阀和排气阀开启或关闭时,

该气缸的曲柄销所在的位置，一般都以该气缸曲柄销的上、下死点或前后转角来表示。

进气阀和排气阀的开启和关闭时刻与柴油机的主要技术性能，如压缩压力、新鲜空气的充入量、排气能量的利用及废气的清扫程度等都有很大的关系，这些都会直接影响到柴油机的输出功率、燃油消耗率和排气温度等。为此每种柴油机均规定了最佳正时数值，要求严格予以测定。

测定前先调整好各气阀的顶杆间隙。各种柴油机由于结构型式各异，所以气阀的顶杆间隙都有各自的技术规定。进气阀和排气阀的热胀间隙太小有可能造成进排气阀关闭不严，但间隙太大会造成进排气正时的延迟。进气阀和排气阀正时的测量调整方法有以下两种：

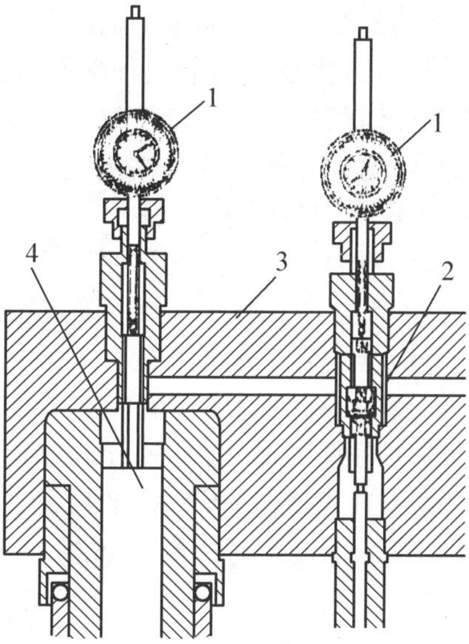

**图 8－4　回油阀式喷油泵的正时测量**

1—测量表；2—回油阀；3—喷油泵体；4—喷油泵柱塞

(1)百分表测定法

将百分表座架稳妥地安置在气缸盖上，百分表的测头与进排气阀的弹簧相接触，如图8－5所示为百分表对气阀正时的测量示意图。柴油机按正车方向盘车，进气凸轮或排气凸轮开始顶升，将气阀顶杆渐渐顶起。在百分表指针开始转动瞬间，记下曲轴的转角位置，并查看该缸曲柄销与上死点或下死点位置的夹角，这就是该缸的进气阀或排气阀开启的正时。

柴油机继续按正车方向盘车，在百分表指针停止瞬间，记下曲轴的转角位置，就是测定该缸的进气阀或排气阀关闭的正时位置。

(2)经验测定法

这种测定方法较为简便，通过直接用手感觉气阀顶升与否来测定。当气阀顶杆尚未顶起时，气阀顶杆可以自由转动，说明气阀处在关闭位置；当顶杆不能用手轻松转动，说明气阀处在开启位置，这样就可以记下相应的进气阀和排气阀开启或关闭正时。以上操作需有一定实践经验才行。

5. 启动正时的测定

用电动机启动的小型柴油机，不应要求其启动正时，为此其不需要作专用的正时测定。大中型柴油机大多采用压缩空气动力来启动。

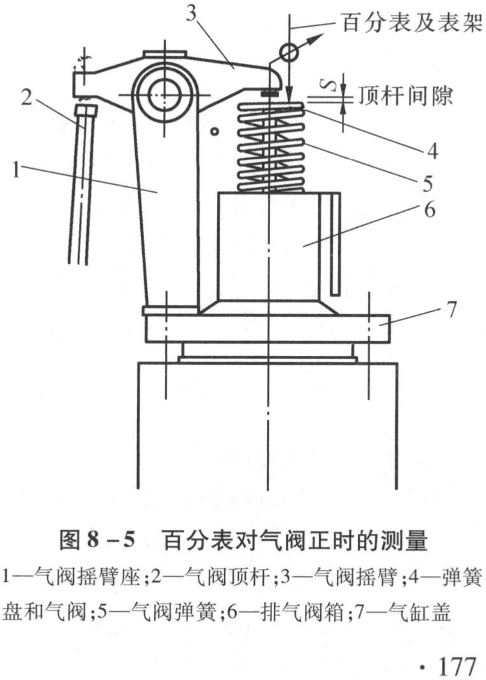

**图 8－5　百分表对气阀正时的测量**

1—气阀摇臂座；2—气阀顶杆；3—气阀摇臂；4—弹簧盘和气阀；5—气阀弹簧；6—排气阀箱；7—气缸盖

根据柴油机采用压缩空气启动的原理，要求柴油机活塞处于做功阶段，即曲轴的曲柄销位置处于上死点至以后 90°(或 120°)之间，这时，启动空气阀处于开启时刻并向气缸内充入压缩空气，推动活塞下行带动曲轴转动,达到柴油机启动目的。

柴油机气缸盖上的每个启动阀开启和关闭的时刻,都由它所连通的空气分配器来控制,空气分配器开始供气的时刻就是该气缸启动阀开启的时刻,同样,空气分配器停止供气的时刻也就是该气缸启动阀关闭的时刻。

柴油机启动空气分配器主要有滑阀式和转盘式两种类型。下面仅介绍使用较多的转盘式启动空气分配器的启动正时测量的过程。此种启动空气分配器的构造,主要是利用转盘上的气孔来代替过去使用的滑阀,当其气孔与某气缸的进气口相通时,该时刻就是该气缸的启动正时。转盘式启动空气分配器正时的测量如图 8 - 6 所示,测定方法如下。

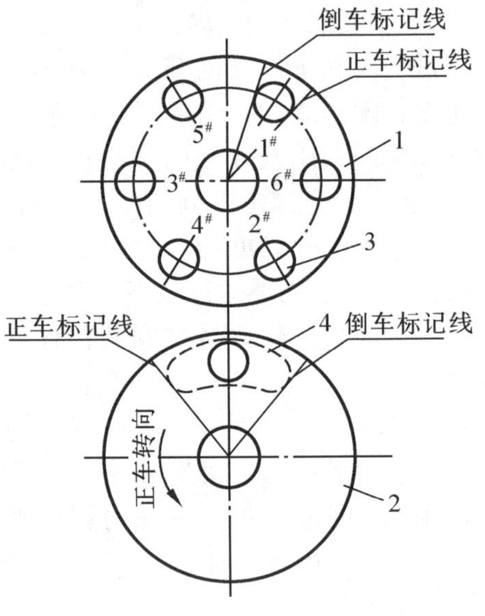


**图 8 - 6　转盘式启动空气分配器正时的测量**

1—分配器分配盘;2—转盘;3—气缸进气口;4—送气口

(1)在送气口的前沿和某一气缸的进气口的前沿处画上通过转盘圆心的标记线,并在延出的转盘边缘上,作好记号。

(2)装复启动空气分配器的转盘,并将空气分配器的传动机构置于柴油机正车位置。

(3)沿正车方向盘车,当转盘上的标记线和某一气缸进气口的标记线重合时,记下这时的曲轴转角位置和与该气缸曲柄销的上死点位置之间的夹角,这就是该气缸启动开启正时。

一般不测量关闭正时,对于可逆转的柴油机,还得测定其倒车方向的启动正时。

## 第二节　柴油机性能测试

### 一、船舶柴油机性能测试目的

柴油机的功率、转速、耗油率、排温、平均有效压力等是柴油机的主要性能指标。柴油机在船舶上安装后进行运转试验的过程中,可借助于示功器、爆发压力表、油耗测量装置、转速表、测温仪等测量仪器来加以测定。例如通过对示功图的计算和分析,可计算出柴油机各气缸的功率,并可依此来进行各气缸负荷的调整,以保持负荷的均衡。例如通过油耗测量值来计算燃油的消耗率,以确定柴油机的经济性能的重要指标等。以下对一些常用的测量仪器的构造与使用方法以及对上述指标的计算方法进行介绍。

### 二、柴油机性能测试内容

1. 爆发压力值的测试

在柴油机装置运行调整过程中,经常应用爆发压力计来测量气缸中的压力。

柴油机在系泊试验时,有时只需判明柴油机各缸的爆发压力是否均匀,而无须求得每缸的功率,这时可用爆发压力计来测量各缸的爆发压力值,从而判断各缸负荷的均匀性。

如图 8 - 7 所示为机械式爆发压力计的结构图,其测量仪表 1 的结构中管状弹簧采用耐高温高压的钛合金制造。测量爆发压力的原理如下:柴油机气缸中燃气经管接头10进入止回阀内。当气缸压力高于阀门上腔压力时,止回阀6脱离阀座7,燃气便进入阀门上腔;当气缸压力下降时,止回阀6又落回阀座7,使阀门上腔内压力始终保持为气缸压力的最高值。带有针阀的手轮4是为测量泄放燃气而装设的,为了减少燃气对压力表的冲击,表内装有节流圈。另外,爆发压力计的连接管2具有防振和散热的功能。

爆发压力计使用中的注意事项:

(1)使用前,应确保爆发压力计有计量部门定期检定的合格证书。检定时不宜采用常规的压油检验,以免影响精度。

(2)测量爆发压力时,应在柴油机工况稳定时进行,否则测量值有较大误差。

(3)测试完毕后,应检查仪表接头密封性,经半分钟后,如指示压力不变,则密封情况良好。

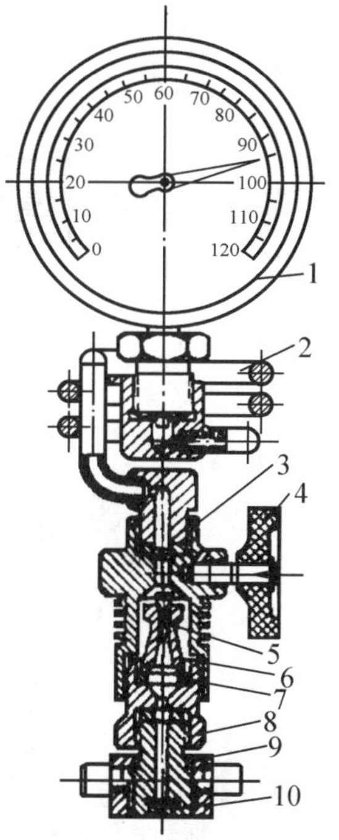


**图8-7 机械式爆发压力计**

1—指示仪表(压力表);
2—防振及散热连接管;
3—表体;4—带有针阀的手轮;
5—调节螺钉;6—止回阀;
7—阀座;8—管接头;
9—连接螺帽;10—管接头

2. 燃油消耗量的测试

柴油机的每千瓦·小时的燃油消耗量,是其最主要的经济指标。在船舶柴油机产品证书中都必须标明在工厂试车架上的实测数字。但为了满足船方的特殊要求,在柴油机运行试验中,实船测量其的燃油消耗量。以下介绍两种简单测量方法。

(1)流量法

流量法的设备比较简单,只需在日用燃油柜出口处的并联管道上装置一组流量计和两个控制阀门。试验时,在规定时间内燃油通过流量计的数值,即为柴油机的燃油消耗量。

(2)容积法

容积法又称质量法。即在规定时间内计量出所消耗燃油的容积或质量。

测量燃油耗量时,要在柴油机燃油系统中设置一个特制的量箱。试验时记录量箱中燃油耗尽的时间,经计算可获得燃油消耗量,这种方法的测定精确度较高。

测量燃油消耗量装置如图8-8所示。它主要由量箱6、三通阀4和9、燃油输送泵3等组成。过多的燃油经喷油泵的回油阀泄回油柜,在测量时必须使系统中的燃油与日用燃油柜相隔开,对此在燃油柜的出油总管上安装连通油管5和三通阀4。同样在回油阀与油柜之间的回油管道上也安装三通阀9,可将过量的燃油送回至量箱。

当测量柴油机耗油量时,只要控制三通阀4和9的手柄,使进入喷油器12的只是量箱6中的燃油,回油也都流回量箱6。柴油机在测试时间段内所消耗的油量,可以从量箱各标度线——图中$A$,$B$,$C$上测得。

假设在7 s内量箱内所消耗的燃油容积为$V$,燃油温度为$T$,则每秒钟的燃油消耗量为$V/t$,每小时消耗的燃油质量为

$$G_r=\frac{3\,600V\cdot\gamma_T}{t}$$

式中$\gamma_T$为燃油温度$T$(测量时)的密度。

柴油机的油耗测定可以估算出其指示功率的大小,从而可以得到可供比较的补充数据。

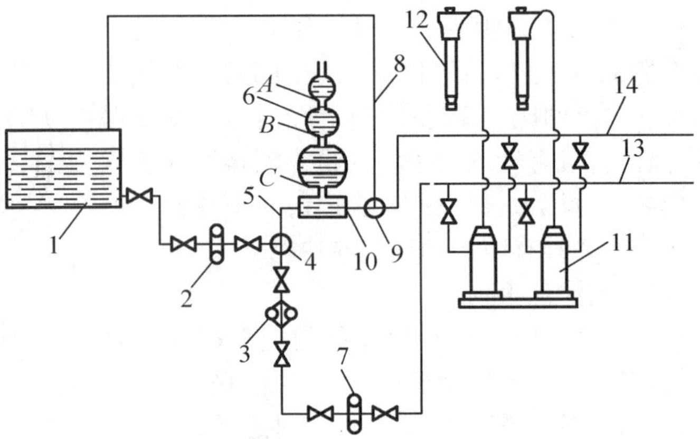


**图 8－8　燃油消耗量测量装置示意图**

1—日用燃油柜；2—滤器；3—输油泵；4—三通阀；5—连通油管；6—量箱；7—滤器；8—回油管；9—三通阀；10—油管；11—喷油泵；12—喷油器；13—进油总管；14—回油总管；$A$，$B$，$C$—标度线

在柴油机运转性能良好和油耗测定可靠的情况下，可利用这项经济指标作为衡量柴油机维护管理工作好坏的标准。

3. 柴油机轴功率的测试

柴油机的有效功率的测定，一般可以通过其示功图的计算并根据其技术说明书文件和提供的柴油机制造厂试验台架上的机械效率数值而估算得到。但是，船舶柴油机在装船运行试验时，其机械损失和轴系传动装置的机械损失要比在试验台架上相差很多，所以真正传递至螺旋桨做功的有效功率与计算值相差甚大。为此，在船舶上通常采用钢弦测功仪来测量柴油机的输出功率。

船舶柴油机轴功率的测定原理如图 8－9 所示，根据旋转轴在传递扭矩做功时会产生相应的扭转变形现象，然后利用装设在其转轴上的传感器产生伸长、压缩变形。传感器上的钢弦振动频率的变化与钢弦所受应力成正比，通过测量钢弦振动频率变化的方法，最终计算船舶柴油机实船测试时转轴所受的扭矩和功率表。图中的发送装置的套筒体 1 和 2，分别安装在被测轴的两个相邻截面上，两根钢弦 3（传感器）分别安装在套筒体的凸台 $A_1$，$A_2$ 和 $B_1$，$B_2$ 上。

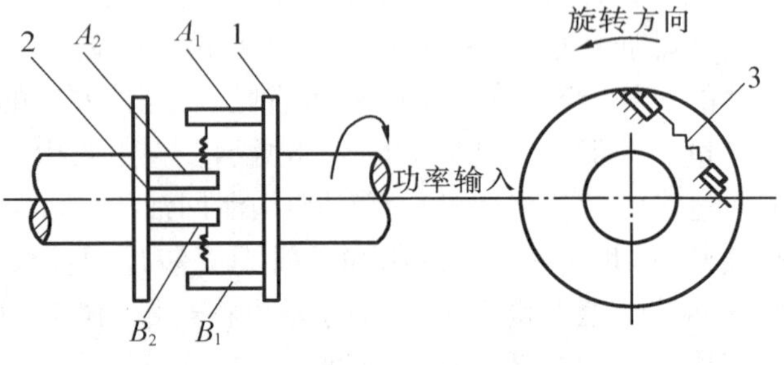


**图 8－9　轴功率测试示意原理图**

1，2—套筒体；3—钢弦；$A_1$，$A_2$，$B_1$，$B_2$—凸台

当被测轴按图示方向转动传递功率和扭矩时，轴会产生扭转变形而使其两相邻截面间扭转一定角度，两个套筒体之间也随之转动同一角度。这时，安装在 $A_1$ 和 $A_2$ 上的传感器钢弦得到受拉应力（称它为拉弦），它装在 $B_1$ 和 $B_2$ 上的传感器钢弦得到受压应力（称它为压

弦）。在被测轴的弹性变形范围之内，被测轴的扭转角是与外加扭矩成正比的。因此钢弦的受力情况也与外加的扭矩成正比，而钢弦的振动频率差又与钢弦的应力变化成正比，所以可以通过测量钢弦振动频率变化方法来测试被测轴所受到的扭矩和功率。

4.示功图的测录与示功器

示功图是柴油机气缸内工质压力随气缸容积或曲轴转角变化的图形。示功图的面积大小表示柴油机气缸内一个工作循环的指示功的大小。它是通过专门的测量仪器即示功器来获得的。由于它能以图像形式显示气缸内的工作过程，而且测试方便实用，因此在柴油机的测试中，示功图的测取十分重要。

根据示功图的计算和分析结果，可判断柴油机的工作性能并加以适当修整，来保证柴油机在最佳状态下运转，提高其经济性和可靠性。

船上常用的是机械示功器，但随着电子技术的发展，应用在船上的电子式示功器也增多起来。

(1)示功器

①机械式示功器

机械式示功器按使用的示功弹簧形式不同，分为柱簧式和螺旋弹簧式两种。前者所测录的示功图图形较小，可使用于中速柴油机上。目前船用螺旋弹簧式示功器较多，如图8－10所示。此种示功器适用于转速小于400 r/min的中大型低速柴油机上。

当测量示功图时，由于示功器活塞的移动与柴油机气缸中的气体压力成比例，而转筒的转动与柴油机活塞行程亦成比例，于是就在转筒纸上记录出柴油机运转时其气缸内气体压力随活塞位置变化的曲线，即压力—容积示功图($p-V$示功图)。

机械示功器在船舶上被广泛用作柴油机测试仪表，供监控船用柴油机运转使用。

机械示功器中都备有成套的不同尺寸的活塞和不同刚度的弹簧，以便按照所测压力的大小来选用。

②电子示功器

现代柴油机的监控技术中，已采用电子示功装置来分析研究柴油机的运转做功过程。

电子示功器由传感器、测量电路和记录显示等三部分组成。它是利用电子技术，通过各种形式的传感器，把柴油机气缸内的气体压力、曲轴转角等数值按一定比例转换成相应的电量输出，并经放大器等中间环节输送到记录显示装置进行观察分析或打印。

在柴油机测试中，通常用压电式或电阻式传感器来测量柴油机气缸内的气体压力，用磁电式或光

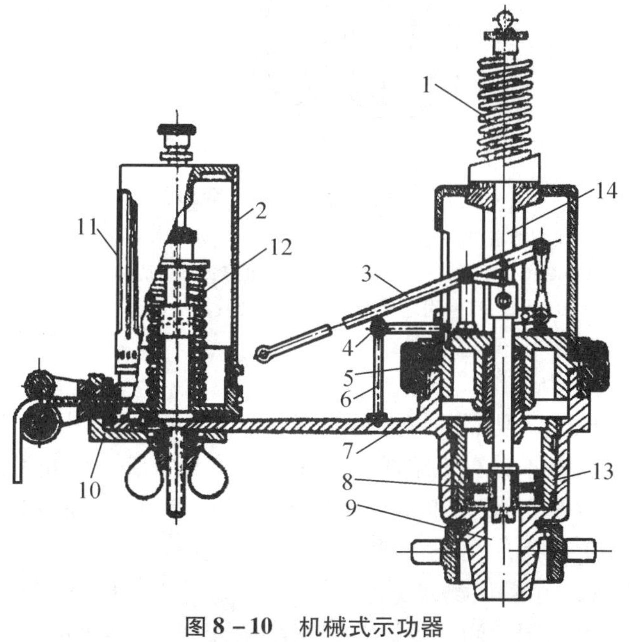


**图8－10　机械式示功器**

1—弹簧；2—转筒；3—杠杆；4—调整螺钉；5—环；6—支杆；7—示功器架；8—活塞；9—连接管；10—臂；11—低夹；12—卷筒弹簧；13—气缸；14—连杆

电式曲轴转角发讯器来反映柴油机曲轴的转角。

在电子示功器中,压力传感器是一个核心环节。常用的电子示功器主要有以下两种:

a. 电阻式示功器

它是利用电阻应变式压力传感器把被测压力转换成应变的电阻值,通过应变仪把电阻值的变化转换并放大成所需的电压或电流信号送到显示记录装置,如图8-11所示。

b. 压电式示功器

它是利用由石英晶体制成传感器输出的微弱信号,通过前置放大器作用放大信号变为低阻抗输出送到示波器,如图8-12所示。

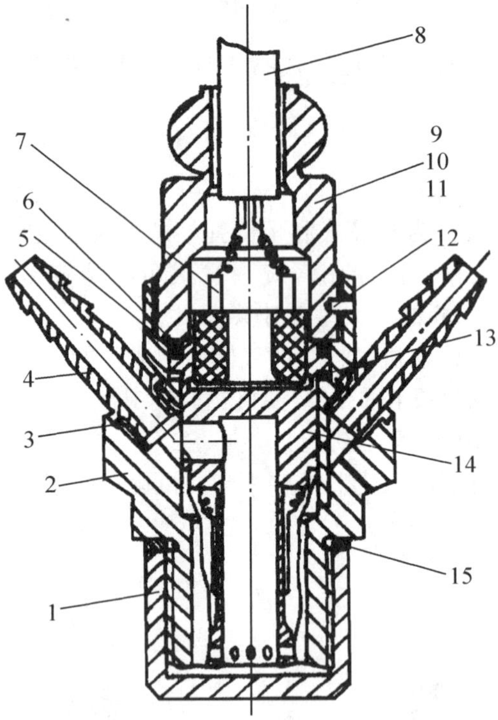


**图8-11 电阻应变式压力传感器**

1—保护螺帽;2—受压器;3—水管垫圈;4—水管;5—密封垫圈;6—垫片;7—接线柱;8—屏蔽电缆;9—上壳体;10—压线板;11—固定螺钉;12—定位销;13—调整垫片;14—应变筒;15—垫片

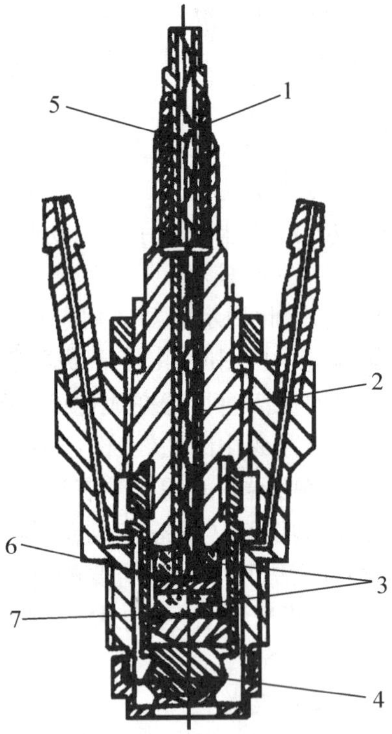


**图8-12 压电石英压力传感器**

1,2—绝缘体;3—晶体;4—膜片;5—导线;6—引出片;7—套筒

电子示功器的特点是频率特性宽,可供低、中、高速各种柴油机使用,测量误差<1%。它可与电子计算机组成一套完整的多参数综合测量系统,可实现对柴油机的远距离监测、数字显示及自动控制,完成对柴油机的诊断、趋向预报等监控技术。因而电子示功装置在现在船舶上应用广泛。

(2)示功图测录方法

示功图的测录受许多因素影响,因此在测取示功图时应按正确方法进行测录:

①对示功器进行检查，并保持其清洁及动作活动自如。

②尽量要求柴油机运动负荷稳定，运行参数达到正常值并保持稳定。

③示功器安装好后，应先在其转筒的记录纸上画出大气压力线。

④测取示功图后，应记录好日期、缸号、转速、排温、供油量、弹簧比例等，并记录气候、风力、吃水和船速等，以供分析时参考。

⑤每缸应测取至少两个示功图，以确保测录精确。

此外，在使用电子示功器时，为了得到较高的测量精度，应特别重视柴油机上死点位置的确定和对压力传感器的标定。上死点标记明显会影响示功图计算的准确度，因而要求上死点标记误差应满足 0.2°~0.5°cA 的要求。对于运转的柴油机确定上死点，可采用暂时单缸停油法来测录。

(3)示功图的类型

柴油机运行试验时，根据不同目的，用示功器可测取以下几种示功图。

①$p-V$ 示功图

$p-V$ 示功图可用来计算指示功率、调整各气缸负荷的均匀性、量取燃烧压力和压缩压力值、判断各气缸燃烧情况等。

如图 8－13(a)为四冲程柴油机的$p-V$示功图，如图 8－13(b)为二冲程柴油机的 $p-V$ 示功图。

②转角示功图

转角示功图如图 8－14 所示，图上反映出的燃烧过程，使柴油机活塞的上死点位置处于图形中部，有利于分析压力变化情况。

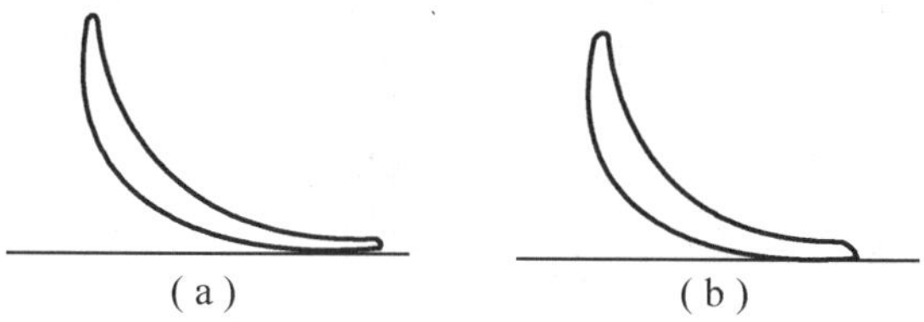


**图 8－13　$p-V$ 示功图**

(a)四冲程柴油机的 $p-V$ 示功图;

(b)二冲程柴油机的 $p-V$ 示功图

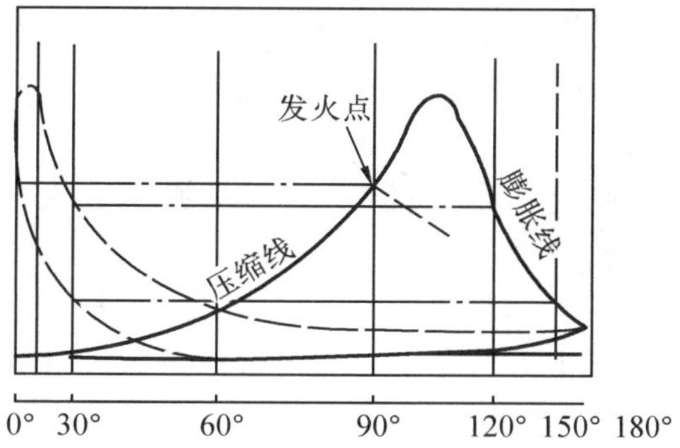


**图 8－14　转角示功图**

③手拉展开示功图

在不能测量转角示功图的柴油机上，为了分析燃烧过程，判断发火时刻的早晚，可用如图 8－15 所示的手拉展开示功图，其作用和转角示功图相同。

④梳形示功图

梳形示功图是为了检查柴油机气缸中的压缩压力和爆发压力，测绘出多条压缩压力线和爆发压力线，如图8－16所示，它可用来检查气缸中压缩终点压力 $p_c$ 和最高爆发压力 $p_z$。

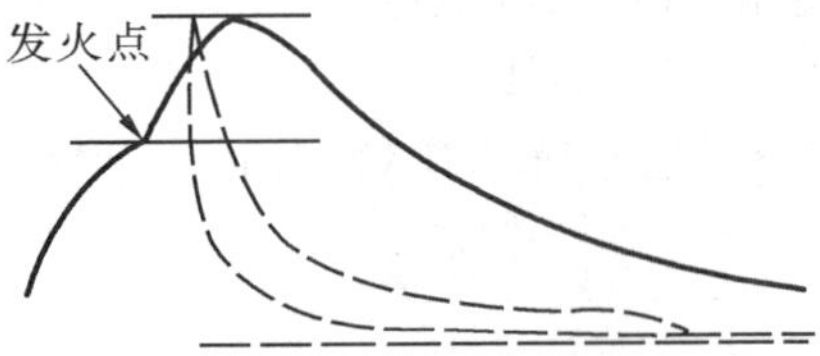


图 8－15　手拉展开示功图

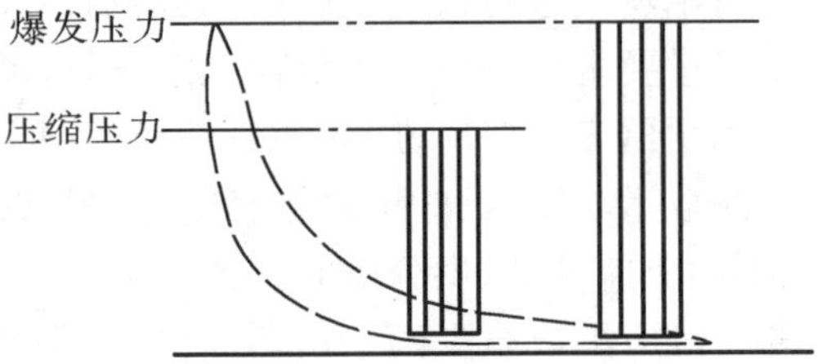


图 8－16　梳形示功图

⑤$p-\varphi$ 展开示功图

它是由电子示功器测得的示功图。如图 8－17 所示为 $p-\varphi$ 展开示功图，图中 $p$ 表示气缸内气体压力，$\varphi$ 表示曲轴转角。它可用来计算柴油机的指示功率、评估燃烧和扫气过程等重要参数，是分析研究柴油机工作的常用的一种示功图。

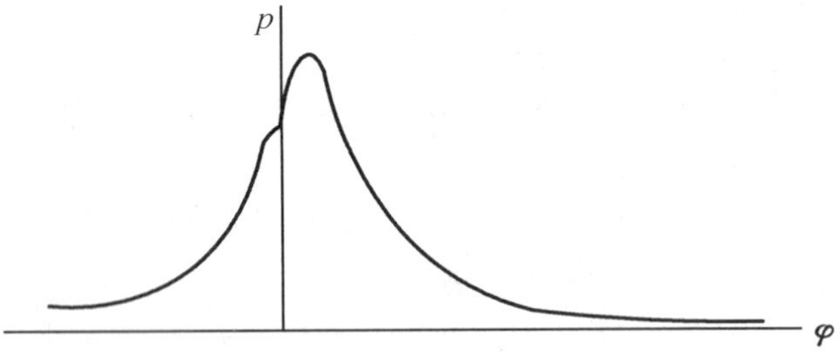


图 8－17　$p-\varphi$ 展开示功图

(4)示功图的分析和计算

①示功图的分析

示功图分析是把测录的示功图与正常示功图进行对比，判断柴油机的工作性能偏差与原因，进行必要的调整，使柴油机能在良好的技术状态下运行。

正常示功图是由制造厂说明书或实船试验报告提供的。它具有以下特征：图中工作过程曲线应无异常波动；各主要技术数值应符合规定；图形尾部应符合扫气的轨迹。

如图 8－18 所示为正常示功图的基本形状。图中 $b$ 的宽度表示在柴油机某气缸不同负荷下的功率大小。若发现示功图上的某参数数值异常，应根据说明书或报告进行调整。

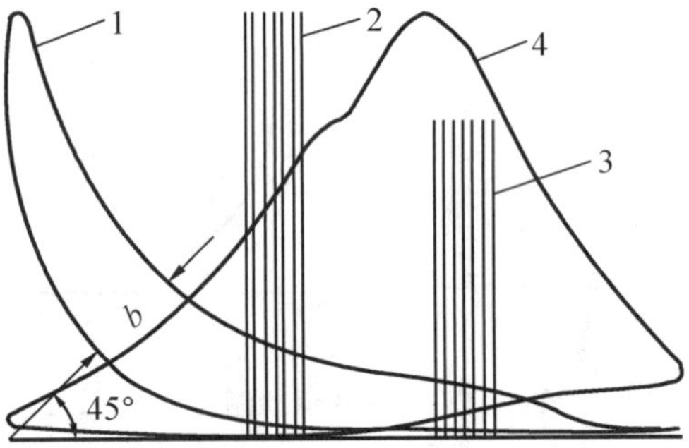


图 8－18　正常示功图

调整之后，各气缸有关参数数值的不均匀度按我国有关规定的要求：

| 工作参数 | 不均匀度/% |
|---|---|
| 压缩压力 $p_c$ | ≤ ±3 |
| 爆发压力 $p_z$ | ≤ ±5 |
| 平均指示压力 $p_i$ | ≤ ±5 |
| 排气温度 $T_r$ | ≤ ±5 |

其中，$不均匀度=\dfrac{最大(最小)-各缸平均值}{各缸平均值}\times 100\%$

对各种原因造成的畸形图进行分析和调整，是调试柴油机的重要依据。分析时应将柴油机各主要运行参数数值如转速、排温、冷却水和温度、供油大小等影响柴油机工作因素控制在规定范围之内。以下分析几个常见的畸形示功图的情况。

a. 燃烧太早

燃烧太早的示功图图形特征是：压力上升曲线陡峭；爆发压力 $p_z$ 大于正常值；发火点提早；排气温度下降。如图 8－19 所示为燃烧太早的示功图，其中虚线表示正常示功图。

燃烧太早的主要原因是大部分燃油在上死点前已喷入燃烧。燃烧太早使气缸内发生爆燃与敲缸，增大柴油机的机械负荷，危及柴油机正常运转，需及时加以调整。

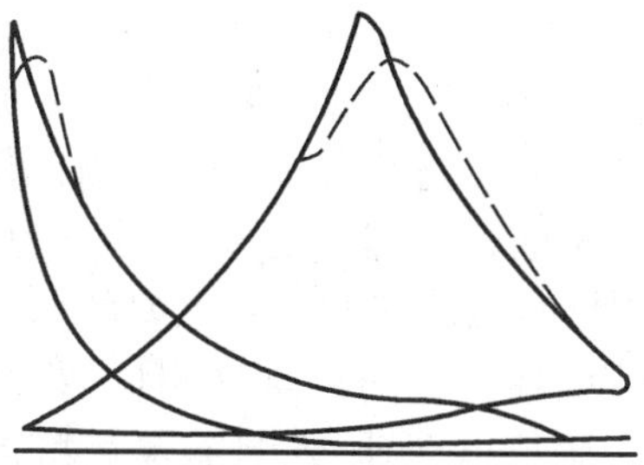

图 8－19 燃烧太早的示功图

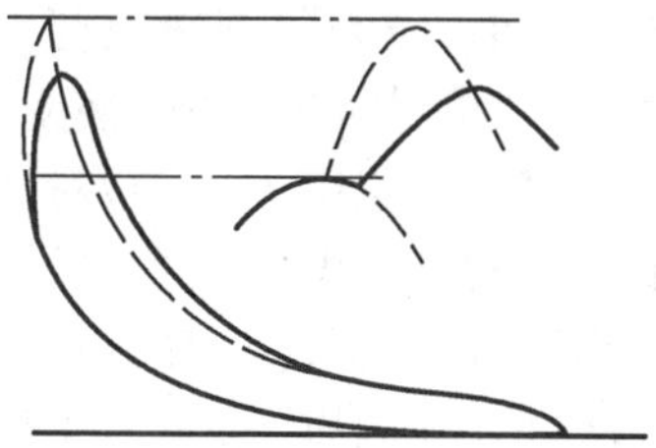

图 8－20 燃烧太晚的示功图

b. 燃烧太迟

燃烧太迟的示功图图形特征是：爆发压力 $p_z$ 降低；发火点延迟燃烧后移。如图 8－20 所示为燃烧太迟的示功图，其中虚线表示正常示功图。

燃烧太迟的主要原因是燃油喷入定时滞后或喷油泵、喷油器漏泄。燃烧太迟使喷油延迟而后燃，使排气温度升高。

c. 气缸内空气量不足

气缸内空气量不足或漏气的示功图如图 8－21 所示。它的特征是爆发压力 $p_z$ 和压缩压力 $p_c$ 均降低；示功图面积与指示功下降；排气温度升高。

气缸内空气量不足，主要是气缸或活塞环或排气阀泄漏；扫气空气供应量少；排气受阻和环境变化等问题所造成。

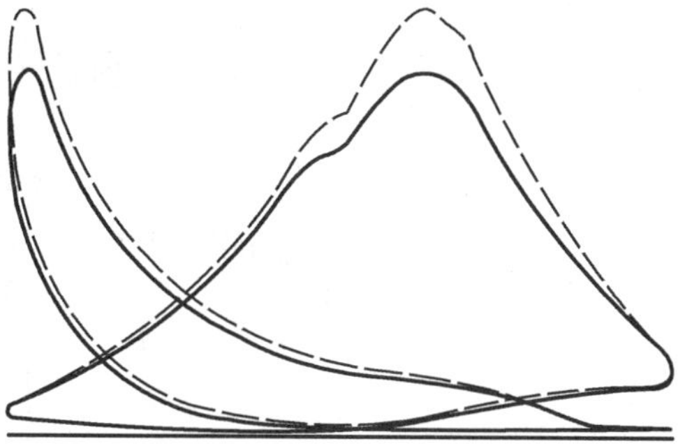

图 8－21 气缸内空气量不足或漏气时的示功图

②示功图的计算

对船用柴油机所测取的每个气缸的示功图，可计算出其的平均指示压力 $p_i$ 值和指示功率 $N_i$。

a. 平均指示压力 $p_i$ 的计算

先用面积仪测出示功图的面积，以 $f(\text{mm}^2)$ 表示，再除以示功图长度 $L(\text{mm})$，可得到示功图的平均高度 $h_i$。再用平均高度 $h_i$ 除以示功器的弹簧比例 $M(\text{mm/MPa})$，则可得到 $p_i$ 值。

b. 单缸指示功率 $N_i'$ 的计算

单缸指示功率计算公式为

$$N_i' = c \cdot p_i \cdot n(\mathrm{kW})$$

式中　$c$——气缸常数($c = V_S \cdot m/60\,000$);

$p_i$——平均指示压力(Pa);

$n$——柴油机转速(r/min)。

c.整台柴油机指示功率 $N_i$ 的计算

如柴油机气缸数为 $i$,则整台柴油机指示功率计算公式为

$$N_i = c \cdot p_i \cdot n \cdot i(\mathrm{kW})$$

5.排气温度的测试

在船舶柴油机试验和运转时,管理人员通常采用柴油机的排温来判断其热负荷的大小。排温的测定对于评定柴油机来说是较为简单和实用的。通常柴油机技术说明书所示出的排气温度的最大值,作为限制热负荷大小的标准。排气温度过高对柴油机危害是多方面的,主要有:使材料的机械性能下降;使受热部件热胀变形;使滑油迅速变质结焦等。限制柴油机的热负荷使之在规定范围之内,对柴油机经济、安全、可靠地运转是十分重要的。为此测量柴油机工作时的排气温度是不可缺少的,排气温度也是柴油机运转管理时重要的监测参数。

测定柴油机的排气温度的设备主要有热电阻温度检测器,它的特点是测量精确度高及长期稳定性好。在温度 -200 ~ +850 ℃范围内,与贵金属热电偶比较,具有灵敏度高、价格便宜等优点。

机舱集中检测装置必须配用的温度传感器,通常采用铂热电阻,普遍使用在测量主机和副机的滑油、燃油、冷却淡水、海水管路、油仓、水仓柜以及轴承等温度。

铂热电阻温度检测器根据测温范围的大小,其尺寸形体稍有不同,如图 8-22 所示。常

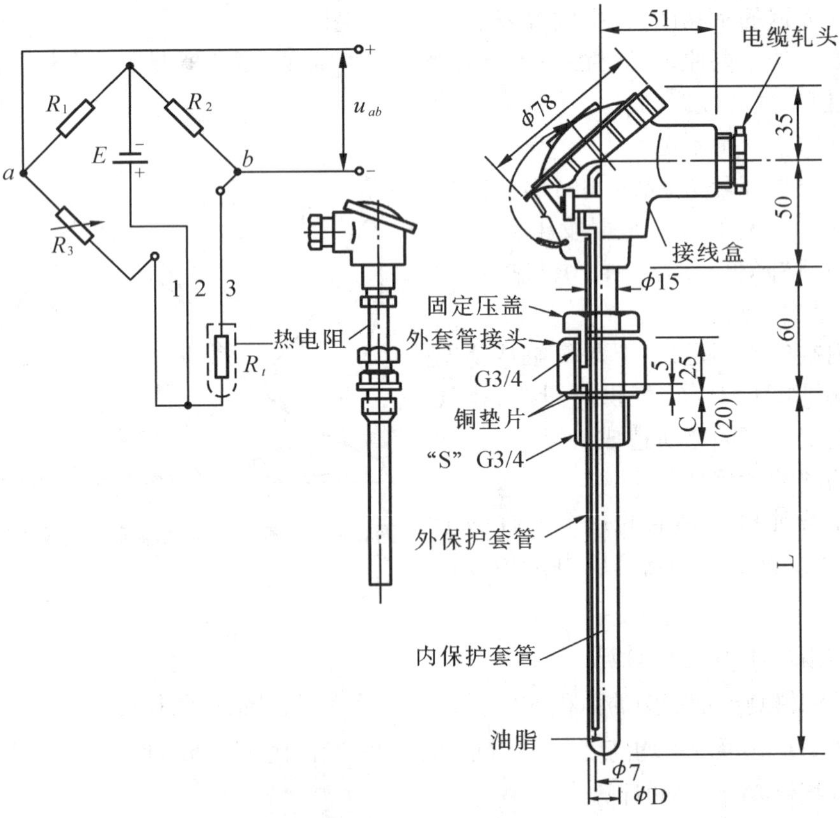


图 8-22　铂热电阻温度检测器

用铂热电阻规格为 $p_1$100 Ω(0 ℃)时,用温度范围 0 ~ 200 ℃ 的温度检测器。根据装入深度 $L$ 可分档选用,$L$ 一般在60 ~ 200 mm范围内。在内、外保护套端之间,必须加上油脂,以加快被测介质的温度传递到铂电阻的时间,提高检测器的灵敏度。为了便于热电阻温度检测器的检修和调换,拆卸时,只需抽出检测器的内部元件。外保护套管不影响动力装置的正常运行,也可防止被测介质的喷涌外泄。

对于温度检测器插入管子的长度 $L$,一般要求端头超过管子的中心线,最好顶对流体流动的方向。

## 习　　题

1. 柴油机正时测定的目的是什么?
2. 柴油机的活塞上死点位置是如何测得的?
3. 气缸内压缩室容积测定目的是什么,简明回答其测定方法是什么?
4. 什么叫喷油提前角,回答喷油泵正时测定的方法是怎样?
5. 进、排气阀正时测定的方法有哪些,它们是如何测定的?
6. 空气分配器正时测定方法是什么?
7. 二冲程柴油机在正时测定时应注意什么? 四冲程柴油机在正时测定时应注意什么? V 型式柴油机正时测定应考虑哪些问题?
8. 如何来保证气缸中爆发压力的测定?
9. 柴油机的燃油消耗是如何计量的?
10. 柴油机轴功率测试原理是哪些?
11. 测录柴油机示功图作用是什么,常用示功器有几种,正确测录方法是什么?
12. 常见示功图有哪几种,判断各种图形的含义是什么?
13. 怎样来根据示功图计算柴油机的平均指示压力和指示功率?
14. 测定柴油机排气温度的意义何在?

# 第九章　船舶柴油机检修与拆卸

## 第一节　主要部件的检修

船舶柴油机是现代船舶动力的主要设备。柴油机的发展和性能不断提高,其技术状态的好坏,对船舶的正常运行和航运成本有着直接的影响。

柴油机从投入运行开始,由于磨损、腐蚀、维护不良、操作不当或设计存在缺陷等原因,必然会使柴油机设备的技术状态发生变化,导致其精度、性能和效率等不断下降,出现柴油机劣化现象。

柴油机的检修就是通过修复或更换磨损、腐蚀或损坏的零部件,使柴油机恢复状态。

修理柴油机过程前,应做好修前准备工作。包括柴油机技术状态的检测,熟悉技术资料和检验标准,确定修理工艺、工具和量具的准备等。

在修理柴油机过程中,对拆卸的零部件进行清理清洗,对其尺寸和形位精度及损坏情况进行检查,以保证修复的准确性。

在保证柴油机设备精度的前提下,应尽量采取修复方法,减少损失。为此要根据下列原则而定:

(1)修理的经济性要以零部件修复费用与使用期限的比值来判断。

(2)修复后要能恢复柴油机原有的技术要求和性能。

(3)选择修理方法应考虑到工艺技术状况。

### 一、机座的检修

1. 机座常见的缺陷

机座的缺陷有:裂纹、变形、腐蚀及螺栓与螺孔的配合松动等。

机座的裂纹产生原因是材料的疲劳或者加工质量低劣、安装不妥等造成的。机座的变形是船体的变形、机座的基座不良或垫铁接触不良、机座自身刚性差等造成的。腐蚀则是燃烧形成的硫化物等杂质及水分影响的结果。螺栓与螺孔的配合松动是柴油机的长期交变负荷作用的结果。

机座的检验工作与柴油机的其他部件的检验工作一样,可分为两部分进行:一是船舶进厂前的检验;二是修理时的检验。前者为船舶在进厂前预试航中了解柴油机振动情况、主轴承温度及曲轴臂距差值等各种数据,后者为在柴油机解体修理时对机座的全面检验。

2. 机座缺陷的修理

(1)机座裂纹的修理

对于焊接机座的裂纹,常采用焊接法进行修理,采用冷焊或热焊均可以。修理后需进行表面检查,进行灌水试验无渗漏即可。必须注意的是要采用有效方法和手段,观察焊接时的机座变形情况,否则会因造成机座变形大大增加调整主轴承孔的同轴度和曲轴臂距差的困难。

（2）机座变形的修理

首先测量机座上平面的变形情况。可用一直尺搁置在机座的平面上，用塞尺测出它们之间的间隙，并用同样的方法测出主轴承座孔内表面的高低情况。此外，还可采用拉线法、光学仪法等方法进行测量。

中大型机座变形修理方法可采用强固法进行校直。其方法为：将机座的精配螺栓全部取出，并取出向下弯曲部分的螺栓和垫铁，然后在该处敲入调整垫铁，使向下弯曲的部分向上正确凸起，同时用直尺或其他方法检查机座上平面的平直度。当校直到允许范围后，应对新换的垫铁进行修磨，使垫铁与机座下平面和底座支承面有良好的接触，并重铰精配螺栓孔及更换新的精配螺栓。对小型刚性好的机座，只能吊运到车间进行机加工或人工修磨，直至消除机座变形为止。

机座变形的同时，也会引起机座上各主轴承座孔同轴度的变化。这个问题如未予以解决，将会严重损害柴油机的正常运行。各主轴承座孔中心的同轴度，也可采用习惯的拉钢丝线法或光学仪法来测量。光学仪法的测量精度很高，但较为麻烦。拉钢丝线法的步骤是：首先取前后的主轴承孔为钢丝线的基准两个点，然后用千分尺测量出各道主轴承座孔的尺寸，即可求出各轴承座孔中心对钢丝线的同轴度。

对于主轴承座孔的同轴度，常采用镗孔方法来修复。镗孔也是以前后两端的主轴承座孔为基准，但镗孔后需换新主轴承。对偏差小的可修刮主轴承来消除，机座有严重的损伤，或修复有困难的则需更换。

## 二、主轴承的检修

船用柴油机的主轴承多数采用白合金轴瓦。它是在低碳钢的瓦背内表面浇铸白合金层，再经机械加工而成，白合金厚度一般为3 ~ 8 mm。白合金轴瓦与曲轴主轴颈之间的良好贴合一般是通过钳工刮削来达到的。但现代新型加工过程中，主要依靠机床加工来达到精度。

主轴承这道工序历来都最受重视，在提交检验后，应将检验结果记录备案，以便能与运行检查数据相对照，从而求出主轴承的变化规律，便于检修。

船用柴油机常属于单件生产或小批量生产，主轴承的轴瓦通常都采用选配修整而成。

船用柴油机的修理中，白合金轴瓦的修理是最常见的。其损坏形式有：产生裂纹、剥落、脱壳、熔化、腐蚀及磨损等。

裂纹和剥落主要是金属的疲劳、装配间隙过大、浇铸质量差、滑油不足等造成的。脱壳主要是浇铸工艺不正确或受到冲击力过大而造成的。熔化主要是滑油系统工作失油造成的。

对小型柴油机的主轴承损坏，必须更新整个轴瓦；对中大型柴油机的主轴承的修理则多是重铸白合金，若合金层没有损坏，可以稍加修整继续使用。

## 三、机架的检修

机架因种种原因发生变形的问题最为突出。机架的变形会导致气缸中心线与曲轴中心线垂直度等受到影响。若不及时修理，将会使柴油机在运转中产生剧烈的振动，并使机件加速磨损甚至损坏。机架变形往往是热处理不当，或者装配不当和船体变形造成的。

当确定柴油机的机架已经变形，需要进行修理时，首先用塞尺检查测量机架与机座之间的接触情况，并作好记录。其次检查贯穿螺栓和底脚螺栓的松紧情况，然后再根据存在的问题采取相应的修理方法。

修整时必须注意以下的问题：机架平面不仅涉及到活动部件的校中问题，还关系到压缩室高度的问题。为此，必须以曲轴中心线为基准来修整机架平面。

当发现机架存在裂纹时，对于钢板结构的机架可采用焊补的方法来修复，但焊补后要设法进行退火处理。

## 四、气缸套的检修

1. 气缸套的磨损规律

气缸套上部磨损较为严重，轴向方向呈现一个上大下小的锥形体，而沿着气缸套径向方向则为椭圆形体，这就是气缸套的一般磨损规律。影响气缸套磨损的因素很多，可归纳为以下几个方面：

(1)活塞和活塞环在气缸套内频繁运动，会产生很大摩擦力以及侧推力，使气缸套工作表面磨损；

(2)燃烧过程中的腐蚀性物质，促使气缸套内表面的磨损加剧；

(3)管理使用不当和安装不合理，导致气缸的过早磨耗；

(4)气缸套的磨损和穴蚀。

气缸套的磨损是复杂的过程，就其产生的原因，既有物理方面的因素，也有化学方面的因素。

**熔着磨损** 影响熔着磨损的因素很多，主要有气缸套、活塞、活塞环等材质、机械加工质量、气缸润滑油和气缸套表面温度、装置校中情况等。熔着磨损发展严重时，会引起柴油机咬缸事故。

**磨料磨损** 硬质颗粒进入气缸套和活塞的摩擦面之间形成磨料，磨料与两摩擦面产生挤压，便造成了磨料磨损。提高燃油净化质量、确保燃油良好燃烧、保持气缸油和进入气缸的空气不被污染等，都是减少磨料磨损的有效措施。磨料磨损可以从气缸套镜面沿活塞运动方向上有平行直线状的拉伤痕迹来识别。

**腐蚀磨损** 含硫的燃油在燃烧时，燃油中所含的硫分将生成二氧化硫，燃油中的氢燃烧后，生成水蒸气。硫和水蒸气在缸内条件下，就会分别凝结成亚硫酸。在柴油机工作中，由于燃油中的硫所产生的酸性燃烧产物的凝结，会使气缸套严重腐蚀，这便造成腐蚀磨损。

当进入气缸中的燃油、空气和气缸润滑油中含海水或盐时，会使气缸套遭到盐酸腐蚀。

近年来，由于含硫量较大的燃油（含硫量达5%）的使用、低航速航行时的柴油机负荷低、气缸套表面温度也低、节约能源措施的实施等，使腐蚀磨损问题更为突出。适当提高冷却水温度、采用适当碱度和数量的气缸润滑油，这些措施都能使腐蚀磨损减轻。

在气缸套外表面冷却壁上，出现蜂窝状小孔群损伤的现象称穴蚀。在闭式循环淡水冷却的柴油机中，缸套穴蚀主要由空泡腐蚀引起。在开式海水冷却的柴油机中，缸套穴蚀则主要以电化学腐蚀为主。穴蚀使缸套击穿，导致缸套漏水。因此，穴蚀直接影响着柴油机的寿命和可靠性。

为了防止穴蚀，首先应降低缸套振动，其次应提高缸套抗穴蚀能力。

2. 气缸套的检测

气缸套拆下后，首先应检查它的磨损情况和表面缺陷。方法是：

（1）用专用气缸量表对气缸套的内径进行测量，测量位置如图9－1所示。一般分上下多个位置测量，对大中型柴油机可用样板工具，使每次测量点得以固定，以便比较其前后的磨耗量。

对气缸套内径测量所得到的圆度或锥度值，超过该机技术规定的数值时，必须对气缸套镗缸或予以换新。

根据气缸套磨损情况，要确定修理级别和对气缸套的镗削量。然后还应对气缸套进行水压试验，以检验它的强度。其试验压力为它工作时最高燃烧压力的1.5倍，并应历时5 min不漏，方可认为合格。

（2）检查气缸套工作表面的缺陷。对工作过的气缸套要检查其内表面是否有龟裂或折断现象，如图9－2所示，如有则应予以换新。其表面通常有刮痕、擦伤的缺陷，可用油石精磨。

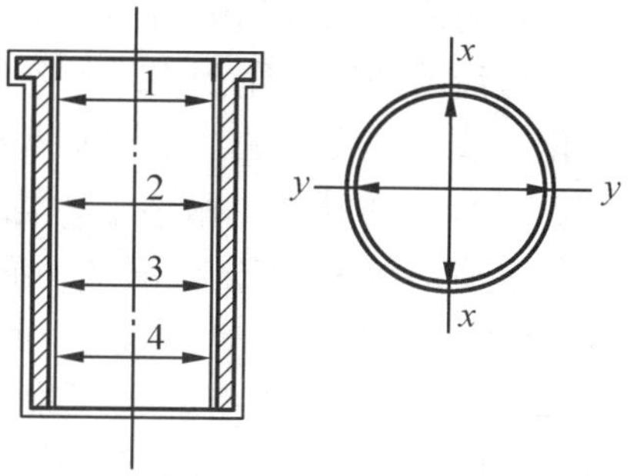


**图9－1　气缸套测量的位置**

1—活塞在上死点时第一道活塞环部位；
4—活塞在下死点时，最末道活塞环部位；
$x-x$ 与曲轴中心线平行方向；
$y-y$ 与曲轴中心线垂直方向

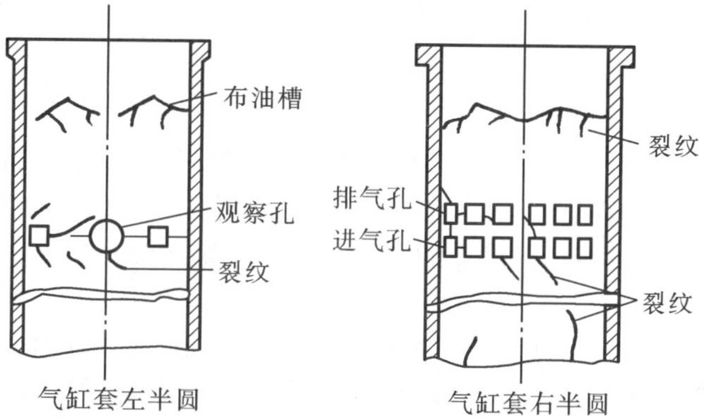


**图9－2　气缸套多处产生裂纹**

（3）检查气缸套的密封环和密封橡胶圈的密封性，必要时应予以维修或换新，以保证气缸套冷却水空间的密封。

## 五、气缸盖的检修

柴油机气缸盖经一定时间的使用后，必须进行检查和修理。

在一般情况下，气缸盖有以下几种缺陷：

（1）气缸盖冷却水空间里，存在大量的水垢。

（2）气缸盖与气缸体密封面的不平整而引起漏气。

（3）气缸盖有裂纹。

拆卸柴油机的气缸盖，若经检视后存在上述问题，应及时进行修理维护。针对上述几种缺陷应各采取以下措施：

（1）气缸盖内存有水垢的厚度如果达到2 mm以上，对气缸盖的冷却水空间就必须予以清洗，否则会严重影响冷却效果和缩短使用寿命。

气缸盖冷却水空间的清洁方法有两种，即人力清洁法和化学清洁法。

人力清洁法通常用刮刀或钢丝刷刷掏，但清洗效果差。

化学清洁法常用的清洗剂有两种，即采用20%盐酸加少量福美林药剂的水溶液，或采用0.3%～0.5%磷酸钠水溶液。化学清洗的效果很好，适用于各类柴油机。

化学清洁法是：首先将清洗剂灌入气缸盖中冷却水空间，使之与水垢、水锈接触一定时间，随之用清水冲洗冷却水空间直到洁净为止。

(2)对气缸盖平面有漏气现象的，必须检查气缸盖密封平面的平直度。检查发现超过允许范围的，可用机床加工，但切削的余量不宜过多，以免影响气缸盖的强度。

(3)气缸盖的裂纹，通常很难用肉眼观察到，只有在热态时才可能被发现。裂纹的产生，除了材料质量及设计制造缺陷之外，维护管理不当也是一个重要的原因。

对于气缸盖应进行水压试验（试验压力为冷却水工作压力，一般为0.4～0.6 MPa左右，燃烧室表面的试水压力为1.5倍的最大爆发压力），以判断气缸盖有无潜在的缺陷。

一旦发现气缸盖底部或其他部位有裂纹，必须予以修理或更新。

对于气缸盖上的细小裂纹，可采用焊补法、镶套法或黏结剂胶合法等修理，但必须做液压试验后才能使用。

## 六、气阀的检修

柴油机运转时，进、排气阀不仅要承受气阀的冲击负荷，还要受到高温高压燃气的作用和腐蚀。常见的缺陷有磨损、凹痕和裂痕。这些缺陷破坏了气阀的密封性，影响了柴油机的运转和功率的发挥，使柴油机压缩终点的压力和温度下降，造成燃烧质量下降和柴油机功率降低。

(1)气阀磨损小，有轻微的麻点或凹痕时，可采用手工研磨法修理。

首先将气缸盖洗干净，着色检查气阀密封面的接触情况，查看阀座锥面的着色情况，接着可进行气阀与气阀座之间的研磨工作。

常用的气阀研磨砂有中号、细号两种，一般先用中号后用细号进行研磨。

(2)气阀磨损大，且有烧伤、腐蚀、密封接触面过宽等缺陷时，其加工方法如下。

可先将气阀用专用磨床或车床加工，随后根据阀座的阀面角（30°或45°）选择合适的专用铰刀或用机床镗光后，用一定角度的砂轮进行光磨。

若阀座面变宽时，不仅影响其密封性，而且会使气体流阻增大，此时可用端面铰刀或用机床加工来修整。上述工作结束后仍需进行气阀和阀座之间相互研磨。

柴油机的排气阀和进气阀是其重要构件，它的工作性能好坏将会影响柴油机的运转和功率的输出。进气阀和排气阀的安装时应保证有良好的密封性和活动间隙，这就要求进排气阀与其阀座之间有正确形状且具有很高表面粗糙度，还要求气阀导套垂直于阀座面。

1. 进排气阀的密封性检验与修整

气阀的密封性，可采用渗煤油法检验，即在密封面外侧灌煤油，一分钟后，用布吸干，取下阀杆，检查阀线部位有无渗漏痕迹。密封性也可用涂色检验，即在进、排气阀的密封面上，均匀地涂上薄层显示剂，放入阀座，转动20°～30°，然后取出检视，阀座面上显示剂接触痕迹应均匀连成一周。如果阀线接触不良，可以选用阀座成形铰刀（图9－3）修整阀座，也可使用研磨工具和角度磨轮等修磨气阀座面或气阀座盘（图9－4），然后用研磨砂研磨，直到研磨带出现连续的环带,再用滑油沾细砂,涂在阀盘上,精细研磨。研磨带的宽度要尽量小(一般 3 ~5 mm 即可),因为经过柴油机的运行后,狭的环带上会很快地出现表面硬化层,形成良好的密封带,而宽的接触带上,则不容易形成硬化层。

2. 气阀间隙的测量和调整

柴油机冷态时,在气阀传动机构中,摇臂端和气阀阀杆之间应留有一定的间隙,以便柴油机运转时气阀机构受热后有膨胀的余地。若气阀间隙过小,则气阀受热后会关闭不严;若气阀间隙过大,则会影响气阀的定时,还会使其撞击,造成大的噪声和磨损。一般排气阀比进气阀的间隙稍大,增压柴油机比非增压柴油机的间隙大,具体数值可见柴油机使用说明书。测量用塞尺来完成,应注意顶头的滚轮应坐落在其的凸轮基圆上。

大中型柴油机的气阀和阀座都配有专用研磨工具和设备,并有专用测量工具检查阀座与气阀的磨损量。磨削时要保证其既定的锥角,不得任意改变。如磨损过大、腐蚀过大且超过允用值的则应予以更新。

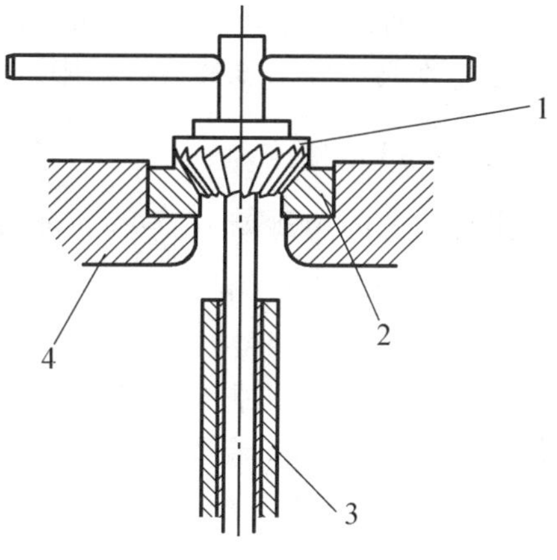


**图 9-3　铰阀工具**

1—阀座面成形铰刀;2—气阀座;3—气阀导套;4—气缸盖

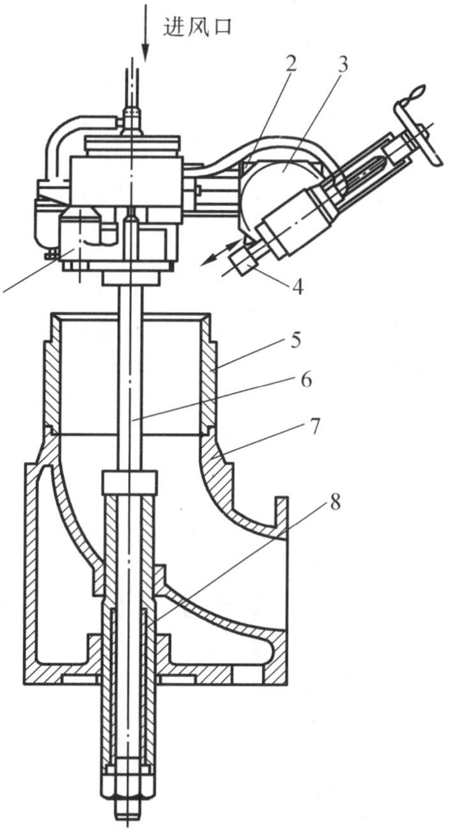


**图 9-4　研磨阀座工具**

1—风动回转动力头和减速器;2—刀架拖板;3—调锥角刀架;4—风动砂轮机和砂轮;5—排气阀座;6—定位心轴;7—排气阀箱;8—排气阀导套

## 七、活塞的检修

活塞经一定时间的使用后,往往会产生以下几种缺陷:

1. 活塞裙部磨损

活塞磨损是它传递侧推力,并作为导向面而与气缸套壁之间经常摩擦造成的。当活塞磨损成椭圆形或锥形后,柴油机可能出现活塞“敲缸”等故障。

2. 活塞环槽磨损

活塞环在槽内随活塞往复运动时会涨缩,同时又因侧向力的作用,致使环与环槽相对摩擦,造成环槽的磨损。活塞环槽的磨损易使活塞环断裂和出现严重的漏气。

3. 活塞顶部裂纹

活塞顶部的裂纹是一种常见的缺陷。一般的裂纹用肉眼无法察觉,必须通过水压试验才能发现。活塞顶部裂纹的产生,主要是活塞的热负荷过大从而使其顶部温度过高所引起的。

活塞拆下清洁后，应检查其表面有无裂痕、裂纹等现象。

经过检查的活塞，若确定仍可使用，需对活塞进行直径测量以及活塞环槽宽度的测量，并确定各数值是否超过其磨损极限。

## 八、活塞环的检修

活塞环在使用过程中，存在着两种正常磨损的情况。一是径向磨损，它使活塞环的热胀搭口间隙增大，从而影响活塞环对燃烧室空间的密封性；二是上下平面间的磨损，它使活塞环与环槽的平面间隙增大，也会造成漏气，降低气缸内的气体的压缩压力。

当活塞环搭口间隙和活塞环槽平面间隙，超过如表 9－1 所示的数值时，或者发现活塞环已产生塑性变形和局部断裂时，则应该更新备件。

**表 9－1　活塞环间隙磨损极限**　　　**单位：mm**

| 气缸直径 | | 密封环 | | | | | | | | | | | |
|---|---|---|---|---|---|---|---|---|---|---|---|---|---|
| | | 二冲程 | | | | | | | | 四冲程 | | | |
| | | 平面间隙 | | | | 搭口间隙 | | | | 天地间隙 | | | |
| | | 顶部二根 | | 其　余 | | 顶部二根 | | 其　余 | | 顶部二根 | | 其　余 | |
| | | 最小 | 极限 | 最小 | 极限 | 最小 | 极限 | 最小 | 极限 | 最小 | 极限 | 最小 | 极限 |
| 筒形活塞式柴油机 | ～150 | 0.15 | 0.25 | 0.10 | 0.25 | 0.005D | 0.015D | 0.004D | 0.015D | 0.10 | 0.20 | 0.08D | 0.20 |
| | ＞150～225 | 0.20 | 0.35 | 0.15 | 0.35 | 0.005D | 0.015D | 0.004D | 0.015D | 0.15 | 0.30 | 0.12D | 0.30 |
| | ＞225～330 | 0.25 | 0.40 | 0.20 | 0.40 | 0.005D | 0.015D | 0.004D | 0.015D | 0.20 | 0.35 | 0.16D | 0.35 |
| | ＞300 | 0.30 | 0.50 | 0.25 | 0.50 | 0.005D | 0.015D | 0.004D | 0.015D | 0.25 | 0.45 | 0.20D | 0.45 |
| 十字头式柴油机 | | 0.30 | 0.50 | 0.25 | 0.50 | 0.0075D | 0.025D | 0.006D | 0.025D | | | | |

1. 活塞环搭口间隙的测量、更新

检查测量活塞环的搭口间隙时，应将其平放在气缸缸径最小处，用厚薄规测量，如图9－5 所示为测量活塞环搭口间隙示意图。

活塞环换新时，其搭口一般应经过锉削。活塞环搭口间隙符合要求后，应将开口处修成小圆角，如图 9－6 所示。

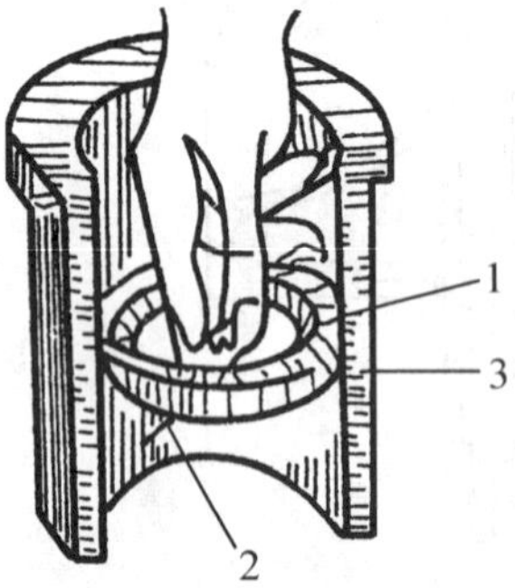


**图 9－5　测量活塞环搭口间隙**

1—活塞环；2—厚薄规；3—气缸衬

**图 9－6　活塞环端隙修整**

2. 活塞环平面间隙的测量与更换

检查测量平面间隙的方法是：待活塞环和环槽经过清洗后，将环置入环槽中，用厚薄规进行测量，并作出记录。测量时应沿圆周方向 3 ~4 个位置进行，并取得平均值。

更换新活塞环时，要按规范要求选配，并将环装入环槽中，来回转动看其是否滑动自如。如果活塞环挠曲过大，会破坏环在环槽中活动，从而不能保持良好的气密性，也加剧了对气缸壁的磨损。对活塞环的平面挠曲度检查，可将其平放在标准平板上进行。如图 9 –7所示为测量环活塞环的沉入深度示意图。

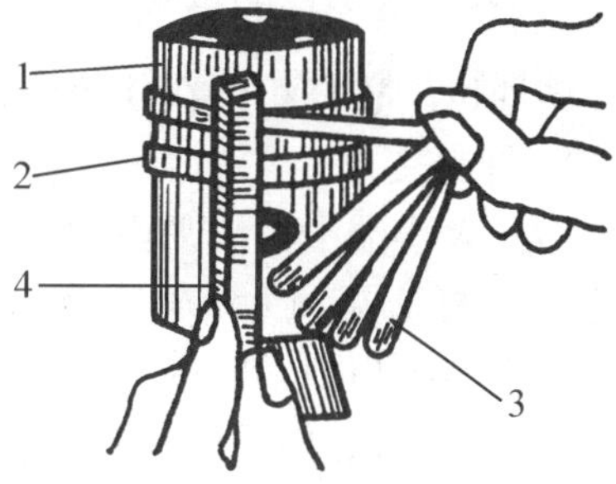


**图 9 –7　测量活塞环沉入深度示意图**

### 九、活塞销的检修

活塞销的常见缺陷有磨损、变形、裂纹等。

活塞销的裂纹，一般出现在其外表面上，但很难被发现，通常使用磁力探伤方法才可发现。如果活塞销上的裂纹能用肉眼看到，不论裂纹长度和粗细多少，均应更换。

活塞销的磨损，可通过检查其直径尺寸来决定它工作表面的锥度和圆度。

活塞销的修理，往往与活塞和连杆小端轴承衬套一起综合考虑来制定修理方案。通常方法是保留活塞和连杆部分，磨损了的活塞销可先消除缺陷后，用镀铬法来恢复或增大尺寸，但镀铬层厚度不宜太大，应控制在 0. 02 ~0. 03 mm 以内。

### 十、活塞杆的检修

活塞杆长期工作后，会出现弯曲变形、裂纹和磨损等缺陷。

活塞杆的弯曲变形，一般可在机床或标准平台上检验。活塞杆允许在冷态或热态下进行校直，加热温度一般不得超过金属相变温度，且应进行退火处理。

活塞杆的磨损是由于活塞与气缸中心不准和填料箱内密封环的摩擦造成的。对磨损的活塞杆可采用镀铬法修复，但铬层厚度不宜过大。

一旦发现活塞杆有裂纹现象，应予以换新。

检修柴油机时，要注意检查密封环和刮油环的磨损及与活塞杆的贴合情况。

### 十一、十字头的检修

十字头经长期使用后，会出现十字头销的轴颈磨损以及表面氧化等缺陷，也会发生其轴承和滑块的白合金的磨损和烧伤。

在检修十字头销时，可测量其多个位置的轴径尺寸，其值不应超过柴油机技术说明书所示的数值。

十字头销的表面硬度和表面粗糙度会直接影响十字头和轴承的寿命，保证十字头销的表面硬度和表面粗糙度是柴油机正常运转的可靠保证。

实践证明，精磨后的十字头销再经珩磨机加工，对十字头的正常使用十分必要。

对十字头滑块的工作表面，有严重烧毁和磨损超过极限时，必须予以重浇合金层。新的合金层滑块必须注意保持与十字头中心线之间的平行度。

## 十二、连杆组件的检修

柴油机的连杆组件在使用中常发生的缺陷有：

1. 杆身变形

连杆大小端中心线平面内的弯曲变形和扭曲变形，会严重影响柴油机正常运转。

2. 连杆小端和大端轴承磨损

不均匀磨损使轴承内孔成为椭圆和锥圆，使得与活塞销（十字头销）和曲柄销的配合质量下降。另外，它们之间的装配间隙过大会使大小轴承受到很大的冲击载荷，润滑条件变坏，造成轴承内的白氏合金的磨耗。

根据上述连杆组件易发生的缺陷，可采用下列相应检修措施：

1. 连杆杆身变形的检修

柴油机大中修时，应认真检查连杆变形状况，必要时予以校正。

非十字头连杆大小端轴承孔中心线在平面范围内的弯曲，可以通过测量其大小轴承孔中心线的平行度来检验。十字头式连杆的弯曲变形方法可通过将其杆身平放在标准平台上检验。连杆两端轴承中心线或杆身上、下平面的平行度要求是不大于0.10 mm/m。

2. 连杆小端轴承的修配

十字头销经修理或小端轴承重浇白合金以及更换后，必须对其进行修配。连杆小端轴承的间隙应符合柴油机说明书所列的数值。

3. 连杆大端轴承的修配

曲轴换新或曲柄销修整过后，以及连杆大端轴承重浇白合金后，均需进行修配。

修配时应测量检查活塞中心线与气缸中心线在各部位时的间隙，并调整好连杆大端轴承与曲柄销轴之间的装配间隙，具体间隙值见说明书的规定。

4. 连杆螺栓的检验

对任何柴油机的连杆螺栓，在经过相当时间使用后，应作彻底的检查，查看是否有裂纹和伸长等。一经查出有裂纹现象，必须予以更换。对有伸长迹象的螺栓，必须测量其实际长度，如果超出原始长度，就说明它已产生永久变形，必须予以更换。

## 十三、曲轴的检修

曲轴的常见缺陷及产生原因是：

1. 轴颈的磨损

造成曲轴过早磨损和不均匀磨损的原因很多，主要原因是活动组件的安装不正确，活动组件的失中以及连杆、曲柄弯曲变形等。

从各类柴油机曲轴的轴颈磨损程度的情况来看，其曲柄销轴颈要比主轴颈严重。这是由于离心力的作用，使其磨损物集中在曲柄销轴颈的部位上，从而加剧了对曲柄销轴颈的磨损。

2. 轴颈的擦伤、划痕和腐蚀

曲轴上轴颈部位的擦伤、划痕的出现，主要是硬物或滑油中杂物所致。要求在装配时，清洁工作必须仔细彻底，切不可使切屑等硬物留在轴颈和轴承处，而影响曲轴的精度和表面粗糙度。曲轴的轴颈腐蚀，主要是滑油污损恶化造成的。此外，润滑油中含有水分、曲轴长期不转动，均会导致曲轴颈的表面锈蚀。

3. 曲轴的裂纹

曲轴上产生裂纹，主要是长期受弯曲和扭转的复合应力所引起的材料“疲劳”造成的。产生裂纹的具体原因很复杂，主要有以下几个方面：材料本身缺陷、维护管理不当以及柴油机机座和船体严重变形。

曲轴折断，是曲轴存在或产生的裂纹未及时发现和修理的结果。此外，柴油机常在有强烈振动的临界转速下运转，以及发生敲缸或轴承间隙过大的情况，都是曲轴产生裂纹造成的。

因此，船厂在安装柴油机中，对曲轴的检查较为仔细和重视。一般对疑有裂纹的曲轴，均应作彻底检验和磁场探伤、超声波探伤。

4. 曲轴的弯曲

曲轴的弯曲，使柴油机各主轴承和各轴颈中心线不在一直线上。造成曲轴弯曲的原因有：机座安装不正确，主轴承中心线失中；曲轴的曲臂差值超量；拆卸或安装过程中操作不当；船体变形等。

5. 曲轴的疲劳损坏

曲轴的疲劳损坏的形式分为以下两种，如图 9 – 8 所示。

(1) 弯曲疲劳损坏

曲轴弯曲疲劳破坏，是轴颈不均匀磨损、主轴承不同轴度而引起的。

(2) 扭转疲劳损坏

曲轴在驱动力矩作用下，产生交变的扭转应力，此外，曲轴的扭转振动，均会引起曲轴发生扭转疲劳损坏。

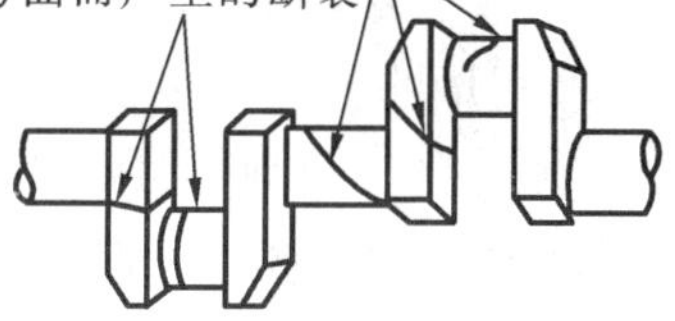


**图 9 – 8　疲劳损坏的形式**

扭转疲劳损坏和弯曲疲劳损坏不同。扭转疲劳损坏一般出现在柴油机的运转初期。弯曲应力复杂，难以精确计算，而且轴承磨损后，能产生很大的附加弯曲应力。曲轴的弯曲疲劳损坏多于扭转疲劳的损坏。

为了防止曲轴疲劳损坏，在管理中，要注意曲轴轴线的状态、轴颈与下轴瓦的贴合情况。在柴油机启动时，要尽快越过转速禁区，注意对扭转振动减振器的检查和保养，要注意化验滑油和利用分油机分离滑油。如发现疲劳裂纹，要查明并清除引起裂纹的原因，并根据要求对裂纹进行处理。

曲轴存在不同缺陷时，可采用不同措施予以修理。

当主轴颈和曲柄销的轴颈表面出现擦伤、条痕或锈蚀等问题，而其各轴颈的圆度、柱度或曲柄销与主轴颈中心线两者平行度都未超过极限值时，一般可采用机械加工方法。对船厂而言，以前主要采用手工拂锉法来修理。轴颈表面缺陷的修理方法如图 9 – 9 所示。

对于高速柴油机或要求高的轴颈，可采用磨光夹具和氧化铬研磨剂，将曲轴轴颈抛光直至呈镜面状。对于中低速柴油机的曲轴轴颈，通常用砂布光磨即可。

当轴颈存在不规则的磨损时，首先对其进行轴颈直径测量。一般在轴颈上选择多个部位测量，而且在同一截面上取垂直和水平两个方向的直径尺寸，并将所得测量数值填入记录表内。

柴油机曲轴轴颈磨损后的最大圆度和柱度的允许值，可按各机说明书进行。如超过其磨损极限，则必须进行更新。

对于中小型曲轴的轴颈直径的不圆度和不柱度的清除，可在车床上加工和磨削精加工。

大型曲轴的加工,可视条件而定。

但是,不管采用何种方法来修整曲轴轴颈的圆度和柱度,应注意其轴颈要以最小的加工余量来进行,以保持曲轴有足够的机械强度。

值得一提的是,对曲轴的主轴颈与曲柄销的修理,主要是以修复好的主轴颈为基准,再通过加工曲柄销来达到目的。

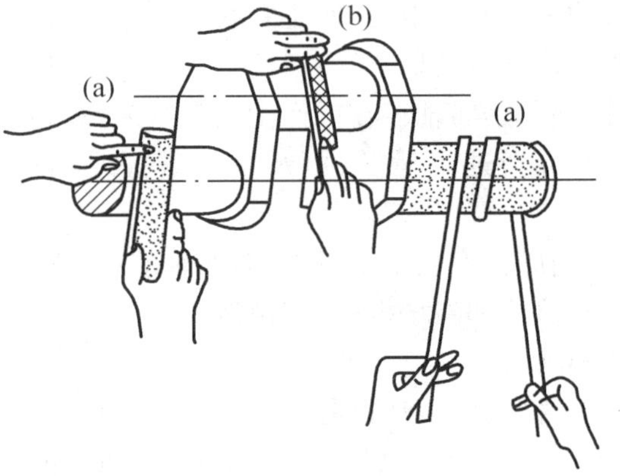


**图 9-9　轴颈表面缺陷的修理方法**

(a)用砂布光磨;(b)用油光锉锉削;(c)用油石磨削

## 十四、曲轴的整修与套合

中小型船用柴油机的曲轴,一般采用整体式结构铸成,大型柴油机则采用组合式曲轴。

1. 曲轴整修程序

(1)测量曲轴各档主轴颈的圆度和锥度。如果加工精度达不到要求,通常可采用钳工修锉。在修锉时,要顾及到修锉后各档主轴颈的同心度以及曲柄销与主轴颈的平行度。为了便于上述要求的检查,常将曲轴水平安放,并调整到与曲轴中心线成一直线。

(2)曲轴水平安放在 V 形支承架上,V 形支承架的数量根据曲轴大小决定。检查曲轴臂距差,调整 V 形支架,使各档曲柄的臂距差值尽可能小,曲轴水平及直线性校正和主轴颈跳动量测量如图 9-10 所示。

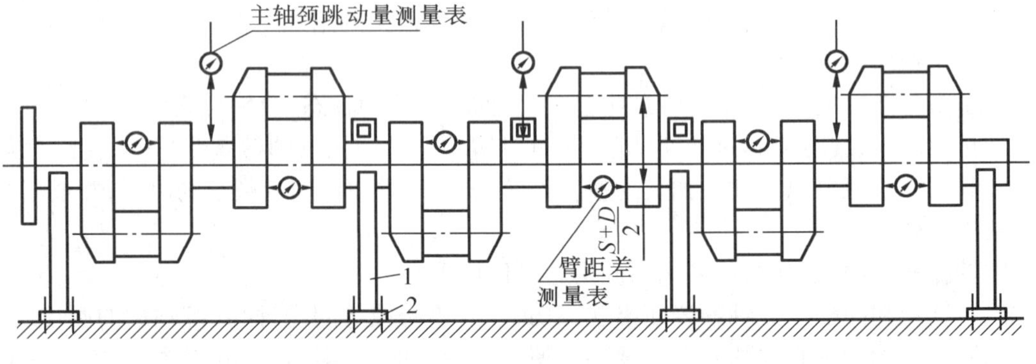


**图 9-10　曲轴水平及直线性校正和主轴颈跳动量测量图**

1—V 形支承架;2—调节螺钉

(3)测量主轴颈的外圆跳动量,并用水平仪测量各档主轴颈的水平读数。进行修锉时,用半圆形或整圆形检查模具涂色圆度(修锉用的研配工具如图 9-11 所示),使修锉后的主轴颈的直径圆锥度、水平度、外圆跳动量都达到许可范围。抛光后,重复检查并合格后,如此逐档修整到全部合乎要求。

(4)用水平仪测量曲柄销轴颈与主轴颈的平行度,在 0°,90°,180°,270°四个位置测量。

曲柄销轴颈与前后主轴颈水平仪读数相比较，平行度偏差应小于0.10 mm/m，同时对曲柄销的直径、圆度和锥度进行修整并抛光，如图9-12所示。

(5)中高速柴油机的曲轴，应根据要求进行静平衡校验。

5. 曲轴套合程序

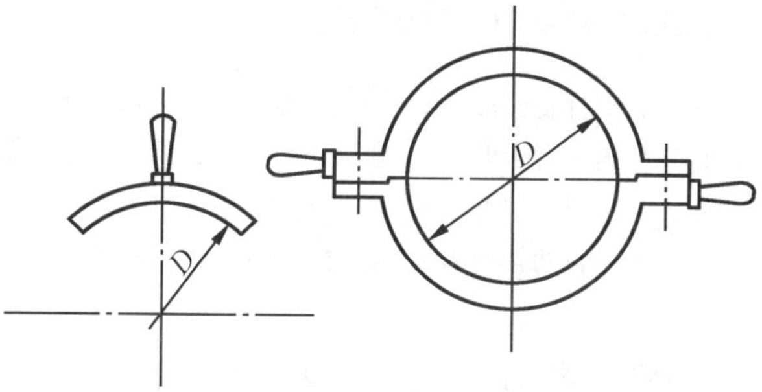


**图9-11 修锉用的研配工具**

大型柴油机的曲轴多用热套合方法组合而成，它的曲柄和轴颈段各自分别加工，曲柄上的孔径与其相配合的轴颈有较大的过盈量。利用材料的热膨胀特性，通过加热方法使曲柄热膨胀，直到曲柄上的孔径大于轴颈的尺寸，然后将轴颈放进孔内，待曲柄冷却后，与轴颈紧固在一起。这种加热套合方法，简称“红套”。套合的程序可分为单段主轴颈套合和总套合两个阶段，分别如图9-13(a)，(b)所示。

套合后的曲轴，由机床进行各种机械加工，最后交由柴油机钳工测量和修整。

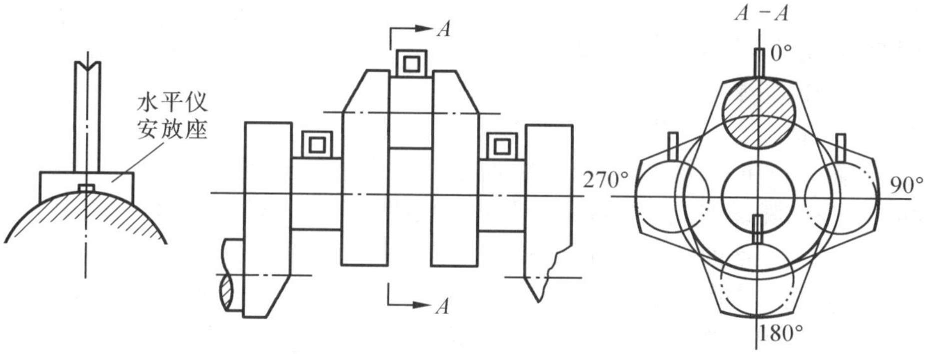


**图9-12 曲柄销平行度检查**

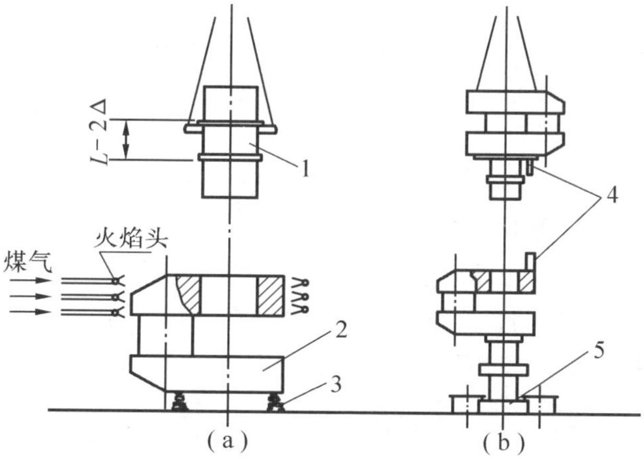


**图9-13 曲轴红套**

(a)单段主轴颈套合阶段；(b)总套合阶段

1—主轴颈；2—曲柄；3—调整垫铁；4—定相位角工具；5—推力轴端连接法兰

## 十五、主轴承与曲轴的修配

船用柴油机主要部件的修理选配，多采用人工方式来进行。大中型柴油机更是如此，其常属于单件生产或小批量生产加工。以下介绍主轴承与曲轴之间的手工修配过程。

(1)将机座主轴承孔内表面涂上显示剂，用压板使主轴瓦压紧在主轴承座上，观察主轴瓦背面显示剂的接触痕迹，显示剂涉及的面积不小于全部面积的75%。主轴瓦背面与主轴承座紧密贴合，这样有利于轴承的传热和受力，如图9－14所示为主轴瓦的压紧示意图。

(2)主轴瓦依次序编号后，用压板将主轴瓦紧压在主轴承座上。软质防护板主要是为了曲轴吊入过程中，防止主轴颈的表面擦伤。

(3)利用工艺轴，对主轴瓦进行检查和刮削。表面上涂以显示剂的工艺轴吊放入机座主轴承内，并转动1～2圈，再行吊出。根据显示剂在轴瓦表面的分布情况进行刮削，且在30°～60°范围内能接触到显示剂为止。同时，利用桥规检查曲轴中心线与机座上平面的平行度。

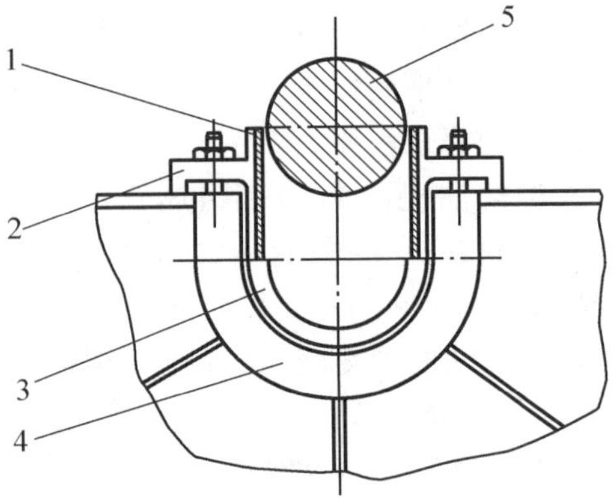


**图9－14　主轴瓦的压紧**

1—防护板;2—压板;3—主轴瓦;4—机座主轴承座;5—工艺轴或主轴颈

(4)用曲轴进行主轴瓦涂色检查。将曲轴各道主轴颈表面涂上显示剂，吊入机座轴承内，转动曲轴1～2圈，然后吊出曲轴，要求显示剂能在轴瓦底部40°～60°范围内均匀分布。检查显示剂在轴瓦表面的分布并进行精刮。

(5)显示剂精刮削轴瓦白合金结束后，测量各道主轴颈的桥规数值，记录备案，作为以后检查和修理主轴承的依据。当柴油机经过长期使用以后，根据桥规测量数值的变化，就可以估计出主轴瓦和主轴颈的磨损程度。

(6)吊出曲轴，拆除轴瓦的压板，测量各道主轴承瓦背的厚度，作为以后调换新轴瓦的参考依据。

(7)预装各道主轴承上瓦和轴承盖，用内径千分尺测量主轴承孔内径。根据曲轴油隙调整垫片的厚度尺寸，配好垫片。在压紧主轴承盖的情况下，测量垂直和水平方向的内孔尺寸。

(8)清洗、清理曲轴和轴瓦，涂上清洁润滑油，重新吊入曲轴，装好轴瓦和轴承盖，按标记位置上紧主轴承盖螺母，测量各道曲柄的臂距差。

(9)装好推力轴承内的推力块和其他零件，记录推力块油隙。

(10)在曲轴处于推力块贴合情况下，测量曲轴在各道主轴瓦处的轴向间隙，它表示允许曲轴热膨胀或其他原因产生的前后位移。

# 第二节　主要部件的拆卸

柴油机零部件的拆卸工作，是柴油机制造、安装、修理、维护管理等工艺过程中的重要组成部分。

根据各类柴油机的结构特点和其修理安装工艺要求，掌握合理必要的零部件的拆装方案，可加快柴油机的安装和修理进程，并能确保柴油机的使用质量。

柴油机（包括主机、发电机等设备）是船舶上的主要动力装置，在拆装前要认真做好以下各项工作：

（1）熟悉柴油机的工程范围与内容，包括工艺技术要求。认真向船方了解待拆柴油机的运转状况。对柴油机中的关键工程，应及早提出拆装、修理方案和检验要求，并仔细阅读待拆装柴油机的出厂说明书和有关技术文件，编制出对柴油机的拆卸工艺。

（2）对作为主机用途的船舶柴油机拆卸之前，应进行船舶轻载航行试验，以观察柴油机的工作性能。了解柴油机异响和温升，以及柴油机的转速变化和调速器的性能。应认真测量、记录柴油机运转中各参数，如转速、燃油杆刻度、各缸压缩压力和爆发压力、滑油压力、冷却水压力和废气蜗轮增压器的扫气压力等。

对于用于船舶发电机组动力的柴油机，除了进行上述参数测量外，还要对柴油机现实能带动的最大负荷进行试验，并做好测量负荷突加、突卸的调速性能试验。

（3）检查柴油机的拆装工具、设备是否备齐，各种零部件的备件是否完整。

（4）严格遵守船舶操作规程，检查柴油机周围环境，机舱专用吊车和各种吊具的可靠性。

（5）凡在柴油机上用火作业，必须事先通知船方、工厂消防部门，做好安全防火、防爆工作。

（6）对柴油机拆卸后零部件的搁置，所需的支架、夹码、木盖、木垫、木楔等辅助用品应及早准备。

（7）应及早做好柴油机中主要易损件的锻坯、铸坯料的准备，如有条件应加工准备好。

（8）对柴油机主要部件的拆装吊运工作，要事先有周密考虑，尤其是大件吊装，以确保拆检过程的安全。

为了顺利安全做好柴油机零部件的拆卸工作，首先应先拆除柴油机上的各种管系、热工仪表及附件，并封闭各管接口。其次，要测量该柴油机的曲轴臂距差值，同时注明船舶所处状态。

当上述工作结束后，方可进入柴油机的拆卸过程。

## 一、气缸盖的拆卸

1. 大型低速柴油机气缸盖的拆卸

拆卸气缸盖时，应先对气缸盖上面的每一个螺母与螺栓成对编号，然后按其对角交叉顺序逐一拆卸，并安放好。

用专门起吊工具吊起气缸盖，一般大型柴油机都随机配有这种专用工具，如图9－15所示为 B&W 机型气缸盖的起吊方法。

大机型的气缸盖分为外圈(主体部分)和中间缸盖(小缸头)两部分。这种气缸盖上所有阀件座孔都集中在小缸头上。拆卸时,视工程情况来决定拆卸整个气缸盖还是只拆小缸头。

2. 中小型柴油机气缸盖的拆卸

拆卸中小型柴油机气缸盖时,气缸盖上的螺母拆卸方法与大机器一样,只是起吊方法略有不同。

中小型柴油机的气缸盖上,一般都设有可供起吊用的螺孔。起吊时,只要将吊环螺栓拧入螺孔中,并穿好粗细适于气缸盖质量的钢丝绳后,可以用手拉葫芦轻轻地将气缸盖吊离,如图9-16所示。

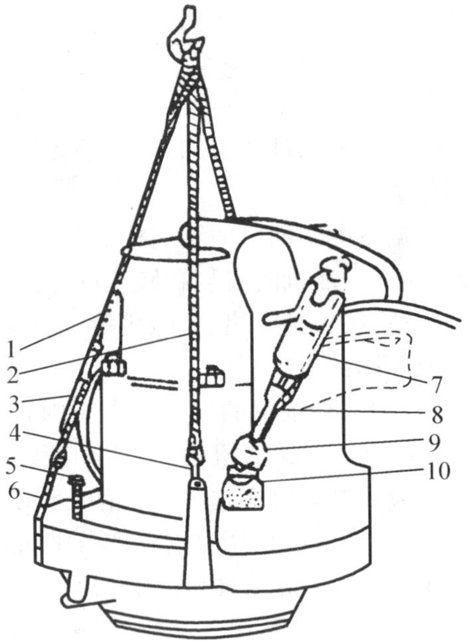

图9-15　B&W型气缸盖起吊方法

必须注意的是,无论是起吊大型还是中小型柴油机的气缸盖,在起吊离机体的瞬间,切勿用力过大。因为气缸盖与缸体、缸套接触平面之间经过长期高热影响,两者之间接触很紧密。所以在起吊初期,待钢丝绳收紧后可用工具轻敲气缸盖的侧面,使之松动,当气缸盖有移动时,即可缓慢地将其吊起,还注意不要碰坏气缸盖上的螺栓及其他附件。

吊出的气缸盖,应用木块垫好,以免碰伤与气缸套相配之面。若不即时吊出活塞,应用木盖将气缸封上,以免异物掉入缸内。

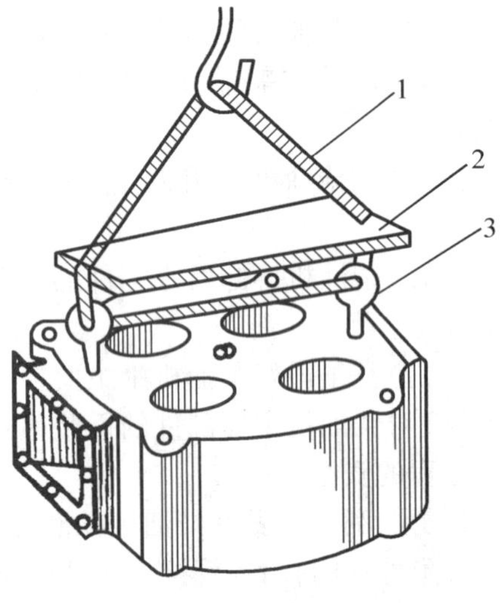

图9-16　吊起缸盖法

1—起重环;2—钢丝;3—撑板

## 二、活塞、连杆组件的拆卸

船用柴油机中,筒形活塞连杆的组件与十字头式活塞连杆的组件的结构不同,对不同结构的柴油机的活塞连杆组件,其拆卸方法有很大区别。

拆卸活塞连杆组件之前,不管对哪种结构类型的柴油机,都要对各缸的曲柄作好臂距差值的测量。而且拆卸完,需重新复测一次,并作好原始记录,以便在安装时,作为分析、调整柴油机整个曲轴臂距差值的依据。

1. 十字头式柴油机的活塞连杆组件的拆卸

拆卸十字头式活塞连杆组件之前,要做好该组件的主要配合间隙的数据测量,主要包括以下三方面的内容:

(1)可按柴油机的倒车方向转车,使活塞分别处在下死点后约25°处三个不同位置,分别测量其十字头滑块与导板之间的上、下、前、后的配合间隙,并认真作好记录;

(2)测量各缸十字头轴承和连杆大端轴承与其轴颈的配合间隙;

(3)对某压缩压力不正常的气缸，可复测该缸压缩室高度。

拆缸阶段包括以下内容：

(1)活塞的拆卸

用盘车机使拆卸缸的活塞处在下死点位置，然后用专用扳手或液压拉伸工具拆卸活塞杆螺母，装好吊环后便可将活塞吊起。

活塞吊出后，放在活塞座架上，然后用活塞环的拆卸工具，卸掉活塞环后，根据拆修范围要求对活塞进一步解体，具体步骤为拆除冷却液套管；拆卸活塞头部与裙部之间的连接螺栓；吊起活塞杆；清洗各零件，必要时对活塞头部进行探伤处理。

(2)连杆组件的拆卸

将连杆处在下死点位置，拆下十字头轴承的连接螺栓，并用吊具吊出其轴承的上盖。

盘车将连杆处在上死点位置，拆下连杆大端轴承的连接螺栓，并用吊具将其轴承的下端轴承吊出。

盘倒车方向至上死点前处，把十字头的支持销插入导板上的专用孔内，并继续以倒车方向转动，使十字头与连杆脱离。

最后，利用吊具、滑车将连杆小心地拆除机外。

(3)十字头的拆卸

用专用吊具装在十字头上，利用机舱吊车将十字头缓慢吊起(如果大修柴油机，在拆卸气缸体后，可直接将十字头吊离机体)。

拆掉十字头的支持销，将十字头缓慢地放下，使其脱离导板，并通过机架内外的临时滑车、吊具将十字头吊出机外(此时曲轴曲柄销应处在下死点位置)。

(4)填料箱的拆卸

活塞杆填料箱的拆卸工作较为简单，只需拆除其与机体的连接螺栓，便可从气缸内直接吊出，再做分解清洁工作。

2. 筒形活塞连杆组件的拆卸

筒形活塞式柴油机活塞连杆组件的拆卸工作，没有上述十字头式柴油机那样复杂。

(1)按上述方法拆除气缸盖。

(2)打开机架导门，拆除连杆大端轴承的连接螺栓，并取出连杆大端下轴承盖和轴瓦。

(3)在活塞顶上装好活塞吊具，缓缓地将活塞连杆从气缸中吊出。

(4)根据活塞销不同结构，采用加热或敲击法，将活塞销拆下，并使活塞与连杆分离开来。

(5)拆卸活塞上的密封环和刮油环。

## 三、气缸套的拆卸

1. 大型柴油机气缸套的拆卸

(1)拆润滑气缸套的滑油进入管接头。

(2)将两个千斤顶分别安放在气缸体上的合适位置。

(3)把专门的气缸套吊架、连接杆和托架按使用要求组合起来，并把这套专用工具吊进气缸套中，将吊架搁置在两个千斤顶上。

(4)把连接杆下端的两个吊爪与气缸套的底边钩住，然后将连接杆上端的螺母同时收紧。

(5)扳动液压千斤顶的油泵，把气缸套顶离原来位置，待松动后便可以将气缸套垂直地吊出机体。

这里应指出，大型二冲程柴油机气缸套的外侧扫排气口处上下的防漏紫铜环和阻水橡胶圈，经长期工作后，由于燃油结炭和冷却水水垢集结于紫铜环与水套之间，所以吊缸套时的阻力很大。用随机工具不能拉出气缸套时，应根据实际情况重新设计坚实可靠的吊具来进行，以确保其安全、顺利拆出。

2. 中小型柴油机气缸套的拆卸

中小型柴油机气缸套的拆卸方法，可参见该机技术说明书中的说明和图示。按图示方法安装好整套吊装工具，随后扳动千斤顶油泵，将气缸上顶移动，待松动后可用吊具将气缸套拉出机体。

## 四、机架的拆卸

中小型柴油机的机架与气缸体制成一体的，当需要吊出曲轴或更换主轴承时，首先要拆除机架。

大型低速柴油机的机架一般都采用焊接结构。这种机架形如 A 字，故通称作 A 字架，它主要由上下横梁、支柱或面板等组成。这种机架可整机架进行拆除，也可按其构件的组成一一拆除。

贯穿螺栓将气缸、机架和机座组合成一刚性整体的零件，在拆卸机架前首先需全部拆除所有贯穿螺栓。如果柴油机的主轴承螺栓全是顶撑式的，则应在拆贯穿螺栓之前把它们全部松开。贯穿螺栓的拆卸方法与顺序可参见其安装办法，但顺序正相反。

对任何类型的柴油机的机架拆卸时，在拆除贯穿螺母前必须分别测量其各缸臂距差值的变化情况，以及机架与机座之间的平面间隙，并作好记录。

在吊离机座后，应再次测量其曲轴的臂距差值的变化，作为安装时的参考。

机架拆卸前，应全部拆除与机座定位的螺钉和紧固螺钉。

上述工作完成后，可用吊具设备将机架吊起，如果遇到困难，可用工具轻轻敲击机架侧边，使之与机座平面产生松动。当机架发生移动时，可慢慢吊出机架，并妥善做好它的防锈保养工作。

柴油机曲轴的臂距差值超差及机架与机座接触平面间隙等不正常的现象，往往是机架自身变形所引起的。机架拆卸时一定要仔细小心，尤其对大型机架更应重视。一旦发现机架有缺陷，必须在下次安装前修整。

## 五、曲轴的拆卸

柴油机检修时，往往要对曲轴进行修整、测检、探伤，对主轴承修刮、更换，这就需要拆卸曲轴。

如果是作为船舶主机的柴油机，在曲轴拆卸前应将其与轴系分离。如果是作为船舶发电机组动力的柴油机，则应将电机转子部分脱开。必须测量曲轴臂距差值，并记录在案，而且在拆除飞轮后需再测量一次。

上述工作结束后，拆除并扎妥各滑油进机管子与接头，松开主轴承螺栓，取出主轴承盖和上轴瓦，装上吊装工具，脱开盘车机齿轮，即可吊出曲轴。

对有些刚性差的曲轴，在起吊时，必须用专门撑铁固定在各曲柄之间，以防起吊时曲轴弯曲变形。同时，安装吊具时力求平衡稳妥可靠。

任何曲轴吊出后,应小心地安全放置在预先准备好的合适架子或木垫上,以免变形。

对拆卸后的曲轴,各轴颈表面应涂以保养油,并用帆布和木条妥善包扎好,避免锈蚀和破坏。

### 六、主轴承的拆卸

船用各类柴油机经运用后,经常需拆检若干道主轴承,待拆检主轴承主要由以下两方面决定:

(1)根据柴油机曲轴臂距差值大小,来决定拆检主轴承的范围和数量。

(2)根据柴油机使用规范要求,一般主轴承每工作 15 000 ~ 20 000 h 后至少需拆检一次。

主轴承的拆卸范围有两种,一种是吊出曲轴后拆主轴承,另一种是不吊出曲轴的拆卸。后一种方法对航行中柴油机的检修和船舶小修时有很大的意义。

主轴承的上轴瓦的拆卸较为简单,松去主轴承螺栓,吊出主轴承盖后,便可取出上轴瓦。

中小型柴油机拆卸主轴承下轴瓦的方法是,用一特殊销钉插入曲轴主轴颈上的滑油孔眼中,然后盘车缓缓转动曲轴(并注入适当滑油),使下轴瓦被销钉推动转出主轴承座,如图 9 – 17 所示。亦可通过钩形工具转出下轴瓦,如图 9 – 18 所示。

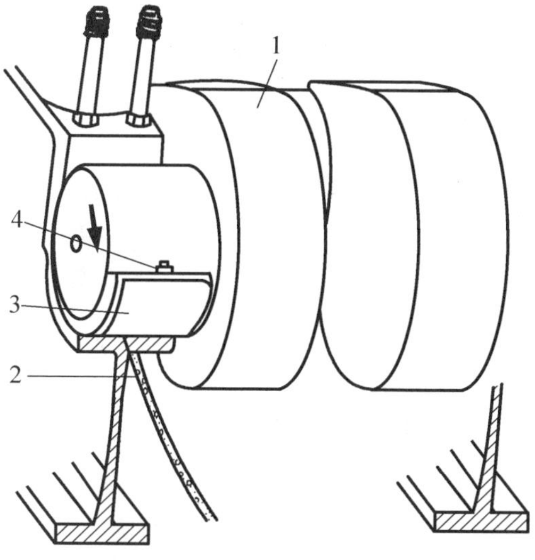


**图 9 – 17　通过销子将下瓦转出**

1—曲轴;2—压力油管接头;3—下轴瓦;4—销子;5—高压油管

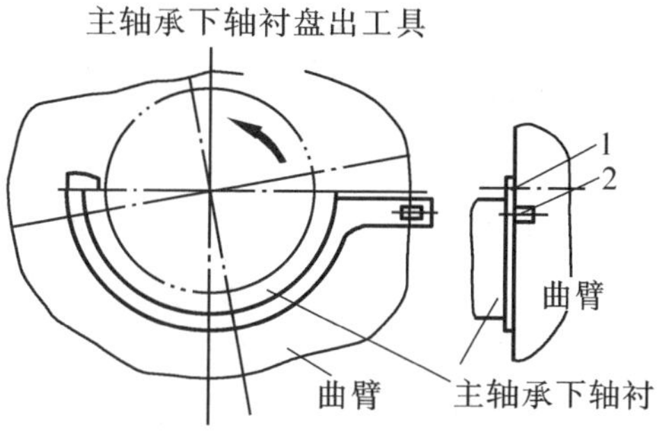


**图 9 – 18　通过钩形工具转出下瓦**

1—钩形工具;2—卡销

对于大型柴油机的曲轴,转出下轴瓦时要特别小心,首先得查明主轴瓦的白合金是否存在偏侧磨损现象,如果存在需注意曲轴转出方向。

在主轴承的下轴瓦拆卸时,常常会出现意想不到的困难。特别是自由端和飞轮端主轴承的拆卸,更要采取切实安全可行的方法和步骤。下面介绍两种拆卸柴油机主轴承下轴瓦的方法。

1. 液压千斤顶方法

此方法是用液压千斤顶，将该主轴瓦相应的轴颈顶起达某一允许值时（一般用百分表进行检测监视），用绳子将下轴瓦顺势拉出，如图 9－19、图 9－20 所示。

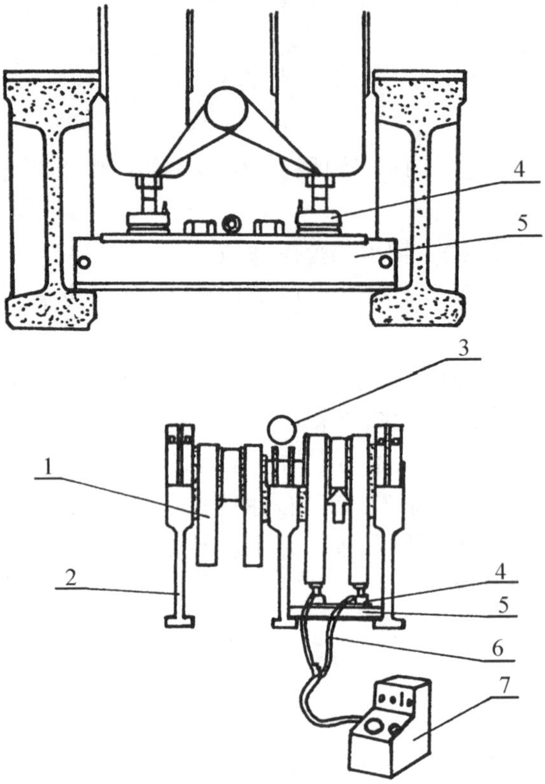

图 9－19　顶起轴颈

1—曲轴；2—机座；3—千分表；4—千斤顶；5—托架；6—压力油管；7—油泵

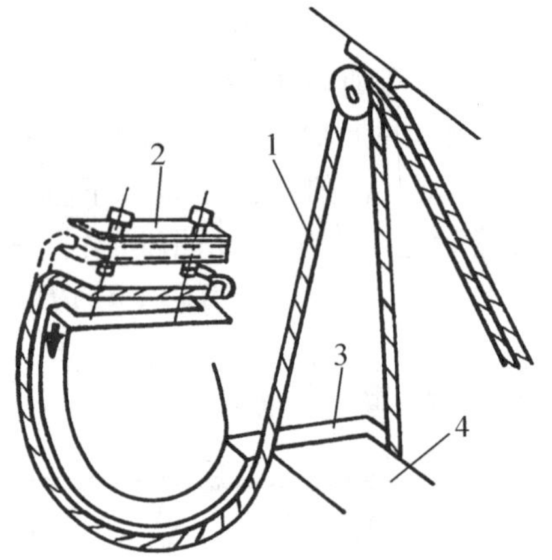

图 9－20　用绳子将下瓦拉出

1—绳子；2—垫铁；3—下轴瓦；4—机座

拉出下轴瓦前，先将垫块 2 用两个螺钉固定在下轴瓦上，把绳索置于垫块 2 的半圆形凹槽之中，其两端绕过下轴瓦边缘后挂在滑车上，然后将下轴瓦慢慢拉出，最后用吊环螺钉旋入下轴瓦背部的螺孔中，套上绳索将其吊出机外。取出下轴瓦后，立即放泄掉千斤顶的压力油，取出所用工具。

顶出曲轴轴颈的数值，一般为 0.10～0.15 mm，但不超过 0.25 mm。顶起轴颈的允许值和要求，可参照柴油机的拆装工艺规定。

2. 转出工具法

转出工具法是将钩形工具装在曲轴的外侧部位，并使之贴合于下轴瓦的端部，工具的钩形端钩住下轴瓦的上平面，而另一端卡销在曲柄上固定，然后盘车，使曲柄推动卡销，带动钩形工具将下轴瓦转出。

为防止拆卸时曲轴发生变形，不管采用哪种方法，都不能将曲轴相邻两道主轴瓦同时取出。并且为防止其轴颈表面损伤和主轴瓦合金层的破坏，拆卸过程中，应将滑油注入接触表面，并防止杂质掉入。

### 七、气阀的拆卸

柴油机的进、排气阀的装置是机上重要的机件之一，它的性能好坏严重影响柴油机功率的发挥。柴油机在使用一段时间后，必须对气缸盖上的进、排气阀进行拆检，以便检查气阀密闭性和进行修整。

中小型柴油机气阀的拆卸，是把气缸盖稳妥地放置在托架上，并拆下摇臂、摇臂轴等零件。专用工具为气阀拆装钳、拆卸气阀等机件。

操作时，可将气阀拆装钳的一端在气缸盖上找一支点，然后把工具上钳圈套在气阀的弹簧上盖盘上，另一端加上其压缩弹簧之力，待锥形块可取下时，卸下拆装钳便可卸下弹簧上盖及弹簧各零件，最终便可取出所要拆卸的进、排气阀。

气阀和气阀座经清洁检查后如无异状，一般只经研磨后，便可逆序装复。

## 习　　题

1. 机座产生裂纹的原因是什么，采用什么方法修复？机座变形的原因及修复的方法是什么？

2. 主轴承的合金层产生裂纹、脱壳原因何在，修理方法有哪些？

3. 气缸套严重磨损的原因是什么？发生气缸套“咬缸”现象的影响因素是什么？

4. 活塞严重磨损的原因是什么，采用哪些方法可减少其磨损？

5. 曲轴上，主轴颈表面不均匀、磨损的原因何在？

6. 曲轴上，产生裂纹的原因是什么，它会造成什么后果，有何方法来诊断其缺陷？

7. 如何对曲轴表面存在的擦伤、条痕或锈蚀等现象进行修整？

8. 如何对曲轴的主轴颈与曲柄销两者存在不平行的现象进行拂铿？

9. 曲轴的疲劳损坏形式有哪两种，它们各自是什么原因造成的，如何来防止疲劳损坏？

10. 船舶柴油机在拆卸之前，应做好哪些基础准备工作？

11. 在对十字头式柴油机的活塞杆组件拆卸前，要完成哪些数据测量工作？

12. 熟悉活塞、连杆组件拆卸过程，并注意具体操作步骤。

13. 大型低速柴油机的气缸套拆卸过程怎样，应注意哪些具体问题？

14. 对贯穿螺栓拆卸时，应注意哪些事项？

15. 机架在起吊时，应做好哪些工作？

16. 柴油机的曲轴造价最大，且十分精密，故拆卸时应特别小心，那么你认为如何去做好拆卸工作？

17. 柴油机主轴承拆卸方法有哪几种，每一种方法是怎样进行的？

18. 试述柴油机气阀的拆卸方法。

# 第十章　船舶柴油机应急处理与故障排除

## 第一节　船舶柴油机应急处理

### 一、柴油机停缸运转处理

船舶航行时，如果柴油机个别气缸发生故障，可停止有故障气缸的工作，这就叫停缸运转。根据船舶规范要求，六缸以下的柴油机应能保证在停掉一个气缸情况下继续保持运转；六缸以上的柴油机应能保证在停掉两个气缸情况下继续保证运转，维持船舶减速航行。

柴油机的停缸运转可根据具体情况而定，有的情况可只停止供给燃油而不拆除活动部件，有的情况必须部分或全部拆除活动部件来实现停缸运转。

如果某缸发生燃油喷射机件、气阀咬死、拉缸故障，只需停止该缸的发火做功。活动部件尚可动作的，可采取停油而不拆除部件的措施，此时应将排气阀处于开启位置以免产生过多功耗。

如果某缸的活塞、气缸盖或气缸套因损坏而无法使用，可采取喷油泵停止泵油的方法，用专用工具封住孔口，关闭相关阀门，拆去活塞杆和填料函等活塞组件。如果连杆、十字头及滑块能正常工作的可不予拆除，但损坏严重的则需要全部拆除。

停缸运行时，应急处理的注意事项：

(1)在停缸运行时，为防止柴油机超负荷运转，要求其他各缸燃油量和排温不得超出标定值。如果排温太高，应降低柴油机的转速和负荷。如果停掉一个气缸的工作，要求其余各缸的平均指示压力 $p_i$ 最大不得超过 90% 的规定值。停止某缸后，柴油机转速和负荷的上限值如表 10－1 所示。

**表 10－1　停缸后的柴油机转速与负荷上限表**

| 气缸总数 | 转速上限(标定转速)/% | 负荷上限(标定负荷)/% |
|---|---|---|
| 4 | 83 | 57 |
| 5 | 86 | 63 |
| 6 | 88 | 67 |
| 7 | 89 | 71 |
| 8 | 90 | 73 |
| 9 | 91 | 75 |
| 10 | 91 | 77 |
| 11 | 92 | 78 |
| 12 | 92 | 78 |

(2)停缸运转会使废气蜗轮增压器的扫气量减少而发生喘振现象。为此，柴油机应避开该时转速运行，最好是降低其转速直至喘振消除为止。

(3)停缸时由于活动部件需拆除或受力受到影响，会破坏原有柴油机的平衡性，使柴油机在某些转速范围之内产生强烈的振动。为此要求将柴油机选择到适宜的速度运行。

(4)停缸可使柴油机启动发生困难，为此要求船舶尽量减少其启动次数。

停缸数量应受到限制，因为如果是连续发火，两缸停缸会使柴油机运行工况变得相当恶劣。为此，停缸这种应急措施只能在短时间维持船舶续航，不得长期采用。

## 二、柴油机停增运转处理

蜗轮增压器的严重故障(如轴承损坏、叶片断裂、蜗轮增压器不能运行)一时无法修复，此时柴油机转入停增压器紧急运转。

蜗轮增压器损坏后，为了实现应急运行，以免危及船舶安全，那么柴油机只能在短时间内，带着有故障的蜗轮增压器运行，而且必须降低转速到无明显的振动。

如果损坏的蜗轮增压器不能就地修好，没有条件更换，只能在短时间内，把损坏的增压器转子锁住或采取相应措施后，重新启动柴油机运行。

1. 四冲程柴油机停蜗轮增压器运行

当四冲程柴油机停蜗轮增压器运行时，相当于非增压柴油机，依靠活塞的吸排作用，仍可将废气排出和新气吸入，但因气阀重叠角较大，排气可能倒流。若调大气阀间隙来改变气阀正时，则敲击严重。此时，只有通过减速来降低排气温度，才能使柴油机的功率和转速大幅度下降。

如停蜗轮增压器应急运转时间相当长，可增大压缩比提高压缩压力降低排气温度。另外，蜗轮增压器转子锁住后，因两端温度不同，会使转子轴弯曲，所以应将转子拆出。

2. 二冲程柴油机停增和换气条件

二冲程柴油机的增压和换气条件比四冲程柴油机复杂。蜗轮增压器损坏时，柴油机的运转情况不同，应急措施各异。如 RTA 和 MC 型直流扫气柴油机为定压增压方式，全机只装一台蜗轮增压器，当蜗轮器损坏时，必须打开电动鼓风机；对蜗轮器转子应用专用工具在两端将其固定，如应急运转时间很长，应将转子抽出，用专用盖板封住增压器壳体两端；从排气旁通管上拿掉封闭盲板，使排气通到烟囱；打开位于空冷器正后方扫气箱上的盖板，使辅助扫气泵从机舱吸入空气。

对柴油机应急运行的参数限制为：根据电动鼓风机的功率，柴油机最高可在 25% 的输出功率、63% 的转速和 40% 平均有效压力下运转。

## 三、柴油机紧急刹车与换向处理

船舶航行时遇到紧急情况时，为使船舶能在最短时间内停止运动或改变航行方向，对柴油机进行制动并迅速实现倒转的操纵过程，称为柴油机的紧急刹车与换向。

柴油机的紧急刹车和紧急换向的操作因机型而异，操纵人员应具备相当熟练的操作技能和应变能力，才能确保船只的安全。为此下面提出几个紧急操作的注意事项：

(1)确保主机启动用压缩气瓶内的储气压力在正常范围之内。

(2)可适当增大启动供油量，以气缸安全阀不起跳为准。

(3)启动手柄放到启动位置时可略停顿一下，以利于降速刹车和换向。

(4)柴油机的差动换向动作未完成时,不可过早将启动手柄放到启动供油位置,以免发生严重后果。

(5)当船在柴油机较高转速航行时,进行应急刹车会使柴油机承受很大附加应力和消耗过多的压缩空气,可采取数次间断供气刹车的操作方式。

(6)紧急刹车与换向的时机十分要紧,除了操纵熟练之外,还要求操作人员清楚柴油机的技术性能和状况,掌握船体的航行性能如其惯性等,以免操作时产生过急、过缓的现象,造成严重的后果。

(7)对采用遥控装置的柴油机,其换向程序大多具有紧急刹车功能,其操作均按设定自动完成。平时还应确保集控室与机旁应急操作装置能处于转换操纵状态。

### 四、柴油机降速运行处理

运行中的船舶(如油轮、矿砂船、散装船等大型船舶)出于货运与船舶营运成本等方面因素的考虑,大多采用降速运行的节能措施。按船舶及货源情况,选用75% ~80%的标定转速作为长期运转转速,相应运转功率约为40% ~50%。此时,船舶航速虽相应降低,但主机燃油耗量降低幅度较大。

由于柴油机长期低负荷运行,偏离其最佳工况,必然使柴油机燃烧恶化,使柴油机的有效油耗增加,可靠性降低。为改善柴油机低负荷运转时的运转性能,使降速运行节能技术更加完善,在采取降速时,需对柴油机进行相应的优化调整措施。这些措施主要有:

(1)适当增大气缸压缩比,保证压缩终点良好的热态。

(2)适当增大喷油提前角,保证足够高的爆发压力。

(3)采用小喷孔节能型喷油器,提高启阀压力等以提高雾化质量。

(4)适当减少气缸油注油量,降低缸内积炭与结焦现象。

(5)保证气缸套、喷油器等正常冷却、调整增压空气温度,防止低温腐蚀。

(6)改善增压条件。如减少喷嘴环通流面积以提高废气蜗轮增压器转速,调整气阀定时等。

(7)加强对柴油机的维护管理。如缩短吊缸周期,加强对废气蜗轮增压器的维护与保养等。

## 第二节 船舶柴油机故障和排除

在分析和排除柴油机的故障时,必须对柴油机的结构、各系统、各装置的特点、使用和管理情况以及发生过的故障全面了解。

柴油机在运转中,一般可通过监视仪表来了解柴油机的工况和性能参数,其中包括气缸内压缩压力、爆发压力、滑油压力、排气温度、各种冷却水进出口温度、滑油循环温度以及废气蜗轮增压器的压力和温度等数值。

但是,有些情况是无法用仪表显示的,还得靠眼看、耳闻、鼻嗅、手摸等方法,来掌握、了解柴油机的运转情况。

听觉可以判断柴油机有无故障的征兆。根据声音和敲击的特征和部位,可找到发生故障的部位。工厂中有这样一个例子:在一艘出口船柴油机刚运转不久,曲柄箱发生异常敲击声，操作者及时根据声响部位，最终发现一连杆螺栓松动的症状，从而避免了一场可能发生的机毁重大事故。

触觉可以查验轴承或机件的温度是否正常，还可以判断某缸喷油泵的供油工作情况。有经验的人员可根据高压油管的脉动大小，来判断喷油泵、喷油器的工作状态。

视觉不仅可以看出各热工仪表的读数、信号，还可以通过检验旋塞看火花情况，或观察排气烟色来判断柴油燃烧时的质量好坏。

柴油机排气正常时，烟色为淡灰色。排气冒黑烟、蓝烟、白烟时，柴油机工作均不正常。柴油机排气冒黑烟，可能是燃油过多、喷油过迟、雾化不良及进气不足等造成的。排气冒蓝烟，则表示燃烧室内混入滑油。排气冒白烟，可能是冷却水漏入气缸内造成的。

嗅觉可以检查柴油机零部件上橡胶、塑料制品是否过热，或滑油中有无柴油味。一旦有焦味，应立即采取相应措施。

柴油机在运转中如果突然发生故障，应视故障的性质和后果的危险性，采取不同的措施。在某些情况下，由于船舶航行的需要，不能停机检修，又不得造成机损事故，这就要采取应急措施，先保证柴油机能继续运转，然后再进行修理。然而有些情况，如主滑油系统滑油压力突然失压或为零，则必须停机检查，以免产生严重后果。应根据柴油机的故障和船上动力装置的具体情况，作出相应的应急措施。

造修船厂和造机厂的工程技术人员，以生产实践中的检验手段，总结出了处理柴油机的办法和经验，这对船舶正常航行具有一定的指导意义。

### 一、柴油机启动困难

柴油机不能启动，是指当启动操纵手柄推至启动位置时，柴油机未转动。其主要原因及排除方法是：

(1)盘车机没有脱开，盘车机的连锁阀尚处在关闭位置，启动用压缩空气不能通过连锁阀。这时，脱开盘车机即可。

(2)压缩空气的主截止阀没打开或未开足。这时，应将该阀全部开足。

(3)主启动阀卡死，启动空气不能通入气缸启动阀。这时，对于自动主启动阀可采用旋转手柄，使之从“自动”变为“手动”。对于非自动主启动阀，可采用把其阀杆撬起的办法或将主机启动阀拆开检查其管路是否接反。

(4)启动用的压缩空气的压力太低。应按各机型要求充足空气，然后再启动。一般船用柴油机空气压力规定值为2.5～3 MPa；对于用蓄电池启动的小型高速柴油机，则要有充足电量。刚修理后或新安装的柴油机的启动气压及电量要高些。

(5)启动空气管路系统内堵塞或严重漏气，电源接线接触不良，都会影响柴油机的启动。这时应采取相应措施才能启动。

(6)滑油黏度太大，造成冷天启动困难。对于大型低速机，可提高滑油和冷却水温度，以暖缸启动。

(7)活动部件的安装间隙过小，会使柴油机不能运转自如，甚至使活动部件发热、烧毁和损坏。

(8)进排气定时错乱或进排气阀与阀座之间有故障会使漏气严重，应逐一排除故障，重新调整定时。

## 二、柴油机气缸不发火

若燃油操纵手柄已放到供油位置，但柴油机仍不发火。其主要原因和处理方法有：

(1)日用柴油柜里没油或某一供油阀未开启。应依次检查日用柴油柜、管路和各供油阀。

(2)燃油滤器严重被堵。应将并联的备用滤器换向，并及时清洗堵塞处。

(3)燃油管路中有空气。应将燃油管路上喷油泵、喷油器的放气阀打开，充油驱气。

(4)启动动作太快，柴油机尚未达到启动的最低转速。此时气缸内压力、温度太低，应重新启动。

(5)从调速器到燃油调节杆间有卡死和动作不灵活的现象。应给予活络或加滑油润滑。

(6)喷油泵由于柱塞与套筒偶件卡死而不能供油。应酌情换新或拆修。

(7)喷油定时不对。应重新修整喷油定时。

(8)柴油黏度太大，油质不好或其中有水。应根据情况予以消除或更换，必要时可用燃油油水分离机重新分离。

(9)设有安全保护装置的柴油机，因滑油或冷却水压力低，安全保护装置未解除对燃油的供应控制(仍处于断油状态)。这时应将滑油或冷却水的压力提高到正常值。

(10)超速安全保险装置发生动作后尚未复位，燃油的供应仍被切断。这时应将该装置复位。

## 三、柴油机转速自行下降或停车

正在运行的柴油机，在燃油操纵手柄未改变位置的情况下，产生转速自行下降或自行停车故障，除了日用柴油柜中燃油即将用完或已用完，柴油中含水分过多之外，还可能由下列因素造成。

(1)个别气缸不发火工作，使柴油机转速自行下降。找出其不发火的气缸，并排除故障。

(2)个别气缸的活塞有“咬缸”现象。对特别热的气缸应进行吊缸检查。

(3)个别主轴承、连杆大端轴承等主要活动部件有严重磨损或失油情况，造成过热以至咬死。可通过报警或触摸来检查修复。

(4)个别气缸因喷油器的针阀咬死使喷油孔堵塞，应更换该喷油器。

(5)柴油机的废气蜗轮增压器扫气压力太低。这时应检查增压装置的工作状况，如增压器自身有故障、进气滤网严重堵塞、中间冷却器被堵、柴油机气口结炭等，分别给予处理。

(6)柴油机的推力轴承或中间轴、艉轴与轴承烧损咬死。应停车检查轴系的滑油管路及轴承情况。

## 四、柴油机不能停车

当燃油操纵手柄放回到停车位置时，柴油机仍在继续运转对要改变航行姿态的船舶是一个严重的威胁。发生这种现象的原因多是喷油泵的偏心轮(或齿条)仍处在供油位置上，此时应迅速关闭燃油管上的截止阀(快关阀)，在最短的时间切断燃油供应，迫使柴油机停车。然后检查燃油机是否有故障，并立即调整修复。还应对喷油泵与燃油操纵手柄的停车位置“零位”进行重新调整。

### 五、柴油机敲缸

柴油机运行中可能发生气缸部位和曲轴箱部位的敲击声。其检查与鉴别方法有：

(1)感觉法。感触气缸的振动情况，观察燃烧火焰，并与正常工作的气缸相比较。

(2)断油法。对发生敲击声的气缸停止燃油供给，然后听敲击声是否停止。

(3)测功法。测取该缸的示功图或爆炸压力，观察其燃烧状态。

在气缸中发出一种敲击般的尖锐声响，多是燃烧状态有所改变造成的，如燃油喷射过早、喷油量过多等。

活塞在上、下死点时发出沉重的钝音，可能是该缸的活动部件出现故障，如轴承间隙过大或紧固螺栓松弛等所造成。也可能是活塞连杆组件中心线与曲轴中心线存在倾斜问题，或是活塞与缸套间隙过大、磨损过大等造成的。如果原因一时无法查出，需要降速运行或停缸处理。

### 六、柴油机不能换向

当换向操纵手柄已从原来的正车位置放到倒车位置(或相反)，但柴油机未能以正车状态转入倒车状态(或相反)，其主要原因是柴油的换向机构发生了故障。

这时，应根据不同柴油机换向机构的特点进行检查分析。例如：单凸轮换向机构故障可能是一些有关阀件咬死引起的；换向伺服器由于控制油液管路、空气管路堵塞或漏油、漏气而不能转动，查出后可采取措施消除缺陷。对于双凸轮机构的柴油机的换向装置，可检查液缸(气缸)是否有漏液、漏气现象，并检查其操纵空气是否泄漏。

### 七、柴油机飞车

柴油机的飞车是一种可怕的故障。

柴油机发生飞车时，震动和噪音剧增，转速上升到超过柴油机所能容许的范围时，若不予以及时制止，将会造成柴油机的严重磨损，甚至使整台柴油机损坏报废。

若遇飞车，应立即停车。若柴油机停不下来，则应采取切断燃油供应或堵死空气滤清器的进口等应急措施来迫使柴油机停车。

柴油机飞车的原因有：

(1)调速器到喷油泵之间的连接机构松脱，造成对喷油泵的供油无法控制。应仔细检查这一连接机构，并妥善装复和检查其工作可靠性。

(2)调速器内的调速弹簧断裂，失去对燃油量的控制。这时应及时检查并更换新弹簧，同时密切监视运转中柴油机转速的变化情况。

另外，还应观察柴油机所带动的螺旋桨是否处在水中，否则也易发生船舶柴油机飞车现象。

### 八、曲轴箱爆炸

在封闭式状态运转的柴油机，个别部件的失常均有可能导致柴油机曲轴箱发生爆炸。此类爆炸属于一种恶性事故，它的破坏力是双重的，既会引发火灾又会产生冲击性破坏，使人员伤亡，应予以足够重视。

曲轴箱爆炸的原因主要有两个，一是曲轴箱内存在高温热源，二是曲轴箱内可爆燃的油雾达到一定浓度。在正常运转柴油机曲轴箱中不应出现热点，机内的轴承过热或烧熔、活塞环漏气、滑油供应中断或减少、存在咬缸现象以及在装配过程中存在问题等，都有可能在机内产生高温热源，它既能使滑油蒸发成油雾，又能成为油雾的点火源。

为了防止曲轴箱爆炸，应采取有效措施：

(1)在柴油机运行时，应定期探测曲轴箱的温度，在管理上要防止柴油机内部产生不正常的热源。若发现异常迹象，应立即降速或停车处理。

(2)在柴油机上设置油雾浓度检测器，用来连续监测机内的油雾变化。当油雾浓度达到着火下限时，检测器会自动报警。

(3)在曲轴箱上装设通气设施将油气引出，以防其积聚，并在该处装设 $CO_2$ 灭火接头，与系统相连，但只能在万不得已的情况下才能用 $CO_2$ 灭火。

(4)在曲轴箱排气侧的门盖上装有防爆阀，阀的开启压力一般为 5～8 kPa(我国规范要求为 20 kPa)。门盖上的防爆阀能在曲轴箱内的压力达到开启压力时开启释放气体，待压力降低能自行关闭，从而防止事故发生。

(5)如果发现曲轴箱内某些机件发热异常，至少在柴油机停车 15 min 后才能打开道门检查，以防外界空气进机引起爆炸。

### 九、柴油机咬缸

咬缸是指活塞或活塞环与气缸套之间，作相对运动时相互作用而造成的表面损伤。这种损伤在不同程度上，可分为划伤、拉缸和咬缸几种情况，通称为咬缸，这是一种极不正常的磨损。

柴油机产生咬缸的原因很复杂，有设计制造方面影响的因素，如材料的选用、机件安装间隙、活动部件的校中要求，但更主要的是运行管理中存在缺陷：

(1)气缸与活塞(环)之间的润滑不良，使活塞与气缸套产生过热变形，气缸套安装时变形。

(2)气缸与活塞(环)的磨合时间和负荷分配不合理，尤其是新机的磨合时间太短。

(3)使用劣质的燃油。

(4)柴油机缸套和活塞的冷却水供应不足或水温太高。

(5)柴油机长期超负荷运转、热负荷增大或活动部件校中质量不良。

咬缸的征兆是冷却水出口温度增高，缸内有异常的摩擦声响，曲轴箱内温度升高及柴油机转速自行下降。

早期如果发现有咬缸现象，应加大气缸滑油的注入量，降低柴油机转速和负荷并停车检查。对发现的咬缸痕迹，可用油石仔细彻底地予以修磨、抛光。若活塞和气缸套损坏严重，应予换新，损坏的活塞环必须予以更换，但换新后，需经磨合充分后方可投入运行。咬缸问题是柴油机装配后试车、船舶试航中经常遇见的一种令人头疼的问题，应予积极对待。

### 十、柴油机异常振动

柴油机采用曲柄连杆机构把活塞的往复运动转换成曲轴的回转运动。这些构件的复杂运动，必然会产生周期性变化的不平衡力和力矩，它们的存在不仅影响各活动部件的强度，也会增大这些部件的负荷和磨损，同时还会使船舶柴油机发生振动现象。

柴油机的振动危害很大，由于振动产生的撞击和变形，会影响柴油机自身可靠性和寿命，也会改变柴油机的最佳定时，最终导致柴油机动力性和经济性下降，严重时，会使柴油机发生故障和船体振动损坏。激烈的振动将使环境条件恶化，损害人们的健康。为了改善振动对柴油机造成的不良影响，必须采取一定的平衡补偿设施，将振动控制在一个限定的允许范围之内。

在柴油机中，振动受以下几种力和力矩的影响：

(1)气体力的作用会产生倾覆力矩使柴油机摆动。

(2)往复惯性力会引起柴油机上下方向的振动。

(3)回转惯性力的作用会使柴油机发生上下、左右方向的振动。

(4)倾覆力矩的大小和方向的交变，会使柴油机产生左右摇摆性振动，即横向振动。

综上所述，作用在曲柄连杆机构上的不平衡力将引起柴油机的振动，并通过柴油机的支承传递出来造成整机的振动。

为了消减这些不平衡力和力矩产生的振动，应采用平衡法或减小引起振动的因素。

(1)为消除不平衡力引起的振动，通常是安装补偿装置。具有这种功能的装置，亦称平衡器。

(2)为改善柴油机的平衡性，一般采用均匀的曲柄排列方案。此外，其他因素也会造成柴油机异常振动，如柴油机上重要的螺栓松动或断裂、某些零部件损伤或损坏、气缸内燃烧方面的故障等，管理者应严格并仔细地进行检查。

此外，柴油机(主机)所驱动的螺旋桨的损坏，桨叶的断裂、缺损等也会造成柴油机的异常振动。

## 习　　题

1. 什么情况之下才可以停缸运行，停缸运行时应注意哪些事项？

2. 什么情况下允许停止增压器运转，停增压器时应采取哪些措施？

3. 确保柴油机紧急刹车与换向等操作时，应注意哪些事项？

4. 如何来保持柴油机在低负荷与降速状态下运行，具体措施有哪些？

5. 如何来判断柴油机排气烟色是否正常？

6. 试分析船舶柴油机以下故障：

(1)柴油机启动困难的原因何在，消除故障的方法是什么？

(2)柴油机中，个别气缸不发火的原因是什么，排除方法有哪些？

(3)柴油机在运转中，自行转速下降的原因是什么？

(4)柴油机不正常停车原因是什么？

(5)柴油机在运转中，发生“敲缸”原因有哪些，一般可通过什么方法来检查？

(6)船舶柴油机不能迅速换向的原因是什么？

(7)正常航行中的柴油机，为何发生突然“飞车”的现象？

(8)连杆螺栓断裂原因是什么，如何来防止连杆螺栓的松动？

(9)曲轴箱发生爆炸燃烧原因是什么，防止措施有哪些？

(10)什么原因造成柴油机气缸发生咬缸现象，如何来防止？

(11)影响柴油机产生异常振动原因有哪些，如何来清除其不正常振动？

# 第十一章　船舶柴油机运行管理和试验

## 第一节　船舶柴油机运行管理

### 一、船舶柴油机预防性管理

为使船舶柴油机可靠运行，保持高效率和使用寿命，操作与管理人员必须对其认真维护管理，应用科学管理方法来保证其各系统和各部件始终处于良好的技术状态。

（一）认真做好清洁保养工作

柴油机管理人员必须认真做好柴油机清洁工作。清洁工作主要有：清除扫、排气口（阀）及排气箱，废气蜗轮的炭垢；清除扫气箱中从气缸漏入的燃烧产物和气缸润滑油；清除活塞环、活塞顶、气缸盖底部、喷油器头部的积炭，清洗燃油滤器、滑油滤器和增压器滤网；保持柴油机整洁，擦除其外部及管系和工作场地等处的油污、水迹与尘埃，并在必要时，对这些地方刷涂油漆。

（二）防止主要部件的损坏

柴油机的曲轴、气缸套、气缸盖、活塞、喷油泵、调速器、废气蜗轮增压器等都是柴油机中重要的部件，若它们被损坏，不仅因需换新机件而耗费许多资金，而且会严重影响柴油机的可靠运转和使用寿命，影响船舶营运能力，甚至威胁船舶的安全。因此在柴油机运转中和运转后，轮机管理人员必须经常检查和注意这些机件，定期对这些机件进行检修、保养。

（三）做好预防性检修工作

在一般情况下，检修工作应做在故障发生之前，将发生故障的因素清除在萌芽状态，以免损伤发展到不易修复的严重程度。因此应依照说明书的规定，对柴油机进行预防性检修。此项工作通常在船舶抵港后进行，其检修的内容如下。

1. 喷油设备检修

检查并调整喷油泵供油定时、供油均匀、停油位置，并注意检查喷油泵凸轮工作表面的润滑和凸轮紧固情况；检查喷油器启阀压力、针阀密封性以及燃油的雾化质量。

2. 气阀间隙和定时检查

3. 曲轴箱检查

为了了解柴油机主要机件的技术状况，应随时对曲轴箱进行检查，其主要检查内容有以下几个方面：

（1）热机检查　柴油机在运转中，发现某缸曲柄箱道门过热时，或轴承经检修或更换后，进行试车检查时，应在停机、停泵一定时间后，打开道门（曲柄箱过热或冒烟时，绝不允许停机后立即打开道门），检查各部件是否有过热现象，以判断轴承工作是否正常。

（2）敲击检查　用检验榔头沿各紧固件螺栓上紧方向敲打螺母，根据声音和位移判断螺栓的紧固程度。

（3）油底壳检查　检查油底壳应在各角落处的油流静止区进行，如发现有松脱螺母、金属屑和合金脱落物等，应查明原因，及时清除。

（4）连杆大端检查　此项检查对小型柴油机更为适用。其方法是用撬棒或大螺丝刀撬动连杆大端，粗略检查轴承径向和轴间间隙是否正常，若发现有过紧或过松现象，应进一步查明原因，及时排除故障。

（5）压缩比的检查　柴油机的压缩比 $\varepsilon$ 对热效率有很大影响。当 $\varepsilon$ 降低时，热效率降低；而 $\varepsilon$ 太大时，又会导致气缸内的最高燃烧压力过高，使活塞、连杆、曲轴及轴承受力过大，加速这些部件的损坏。当主轴承、连杆轴承、十字头轴承磨损时，气缸盖底部或活塞顶烧蚀时，会使 $\varepsilon$ 减小；当活塞顶严重积炭时，则会使 $\varepsilon$ 增大。因此，必须注意检查轴承的磨损和间隙情况，注意清除活塞顶的积炭。在对柴油机活塞、连杆、轴承、缸盖等部件拆装检修后，必须十分注意 $\varepsilon$ 值，看其是否与说明书的规定相符。

在实际管理中，常通过测量缸内压缩压力、最高燃烧压力和示功图及其他有关参数来综合分析判断柴油机的 $\varepsilon$ 值是否恰当。一般情况下，可通过合理增加或减少连杆下脚垫片或变换缸盖与缸套间的密封垫圈的厚度、减薄连杆下脚垫片或增厚缸盖与缸套间密封垫圈，来调整 $\varepsilon$ 大小。

（6）不吊缸时，气缸活塞组的检查　此项检查是对大型低速二冲程柴油机而言的。检查工作常通过柴油机操纵侧气缸体上的观察孔来进行，对等压增压柴油机亦可在排气管内通过缸套上的排气口来进行。检查内容主要是查看活塞、活塞环与气缸的磨损、活塞环结炭、黏着和断裂等情况，气口的污染和堵塞情况，并判断各气缸润滑情况的好坏。

（7）吊缸检查　吊缸检查可分为周期性吊缸检查和事故性吊缸检查。有时为了临时检查气缸活塞组件的技术状态，也进行临时性吊缸检查，吊缸检查的主要内容有：

①检查气缸盖　在清洁气缸盖前后的检查内容包括燃烧面积炭、裂纹和烧损，冷却水腔的结垢、腐蚀，气阀与阀座的磨损和密封情况，气缸盖与缸套结合面的密封情况等。如果发现缺陷，应予消除，无法消除时应换新。

②检查气缸套　测量缸径以检查其磨损情况。工作表面有裂纹等缺陷，无法消除或磨损程度超过极限时应换新。在疏通注油孔后，检查注油接头供油情况及注油接头与缸套水空间的密封情况。必要时，可拉出缸套清除冷却空间的结垢，检查防腐锌板被腐蚀情况和橡皮密封圈的弹性，不符合要求时应换新，安装后，应进行水压试验。

③检查活塞　测量活塞环的平面间隙、搭口间隙、径向间隙，并检查环的弹力。

（8）活塞与气缸间隙的检查　检查此间隙，是为了了解柴油机运转时，活塞在整个行程中是否对中。

为了得到比较准确的测量数据，应首先将船压平，再把活塞吊出。在拆下活塞环并将活塞和缸壁清洗干净后，将活塞不带环装复，对十字头式柴油机，应按正车方向转至上死点后15°～30°、上死点后90°、下死点前15°～30°和下死点后90°，共四个曲柄转角位置，用长塞尺测量活塞与气缸之间的间隙。

对于无十字头式柴油机，将活塞转至上死点后15°～30°和下死点前15°～30°两个曲柄转角位置进行测量即可。

最后，将测得的数据与交船试验报告上的原始数据加以比较，以判定活塞中心线在整个行程中与气缸中心线之间的偏差是否在随机说明书的规定范围之内。若无随机说明书，可参照规范。如果不符合要求，应分析原因并予解决。

（9）定期检查地脚螺栓、贯穿螺栓、主轴承、连杆轴承和十字头销轴承螺栓有无断裂和松动现象。

预防检修项目还很多,如检查柴油机滑块与导板间隙、推力轴承间隙;检查废气蜗轮增压器的工作性能及润滑情况;检查空气冷却器;检查启动系统各阀件;检查换向机构、调速器、转车机;检查柴油机各附件装置的正确性和稳固性及柴油机与从动设备的连接情况;检查柴油机燃油系统、滑油系统、冷却系统的密封情况及柴油机润滑油和滑油质量等。具体检修内容和要求应参照柴油机说明书的规定,并根据实际工作的需要加以确定。

## 二、强化日常运行管理

1. 燃油管理

加强对低质燃油质量的检查(如加油时留样、送检等),尤其应防止不同牌号的燃油或相同牌号而不同港口的燃油混舱,以避免两种油品中悬浮的沥青发生凝聚生成油泥沉淀物,即所谓燃油的不相容性。燃油变质会产生大量油泥物,影响柴油机正常工作,如供油管路堵塞、分油机油泥过多、喷油设备咬死、排气冒黑烟等。在船舶机动操纵时,应换用柴油。

2. 喷油设备的调整

适当增大喷油提前角,保证在上死点附近发火以及最高爆发压力的数值及相位正常;适当提高喷油器启阀压力以保证雾化质量,注意喷油器雾化质量。

3. 气缸润滑

选用碱性气缸油以中和硫酸。气缸油的总碱值(TBN)应与燃油的硫分相适应,并酌情增大气缸油注油率。

4. 冷却水温度的调节

注意调节并控制各冷却部位的冷却温度。防止因过热引起的高温腐蚀以及因过冷而引起的低温腐蚀。在低负荷运转时,应适当提高进气温度和淡水冷却温度。

5. 换气机构的管理

排气阀与阀座易因高温腐蚀而迅速损坏,废气蜗轮增压器的喷管环、工作叶轮以及压气机叶轮等易发生结炭、堵塞、烧损、腐蚀,应定时检查与清洗;空冷器、扫气箱与气口易发生污染、堵塞,应定期检查与清洗。

6. 改进部件结构和工作性能

可采用镀铬、氮化等工艺,提高缸套、活塞环、活塞环槽表面的硬度,以改善耐磨性。改进喷油器头部结构、加强冷却效果,以防喷孔周围结炭。十字头式柴油机气缸下部装有横隔板,改进活塞填料函的结构,并加强管理,可防止燃烧产物落入曲轴箱而使滑油变质。

## 三、柴油机磨合

柴油机在装配完工或更换气缸套与活塞环后,在柴油机的运转初期,由于它们的摩擦表面未获得所需的形状和表面粗糙度,而且耐磨表面也未形成,若急于加大使用负荷和转速,会使它们的摩擦表面遭到严重损伤。许多船厂或船东在这个问题上起先并不重视,到后来都遇到了不少麻烦,因此柴油机在投入正常运转以前,必须经过一个逐渐增加负荷使互相贴合的过程,这个过程称之为磨合或跑合。船用柴油机都采用热磨合的方式。

磨合是通过极小微量磨损的方法来达到的,用较少的时间使柴油机获得良好的精度。由于柴油机磨合过程较为复杂,故现在尚无统一的标准方法。各柴油机制造厂和船厂都根据磨合所积累的经验,按各机型说明书的磨合程序来进行,其特点是逐步增加负荷运转并定时检查。

磨合对使用气缸润滑油的品质和数量有严格要求。在磨合时,气缸润滑应使用纯矿物油或低碱性气缸油,以获得一定的腐蚀磨损来缩短磨合过程。在一些大型柴油机磨合时,专门使用含硫量稍高的燃油来加快磨合。

另外,在磨合过程应增加注入气缸滑油的供应量,补充滑油量来密封气缸燃烧室。如在MC/MCE柴油机说明书中规定:磨合初期的20小时至40小时内,应将气缸滑油调节至最大供油位置,并在柴油机运转的前1~2千小时内,正常供油量亦需达50%。如图11-1所示为PC2-6型柴油机的磨合程序。

柴油机各运动零部件的良好配合,同样是用“磨合”方法来达到的。

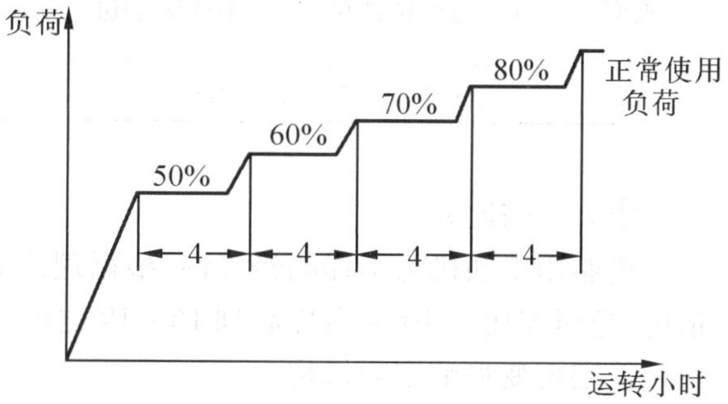

**图11-1　PC2-6型柴油机磨合程序**

**四、提高柴油机经济性的措施**

现代船用柴油机在提高经济性方面,已取得了不小的成效,尤其是各种节能措施相继出现并日益完善,主要措施有:

1. 采用高效率废气蜗轮增压器

在高增压柴油机上,采用定压的蜗轮增压系统代替脉冲式,是现代柴油机一大显著特点,也有利于提高增压器的效率。新型增压器的发展和使用,使增压效率由50%提高到76%以上,由此显著降低了柴油机燃油消耗率。

2. 提高爆发压力与平均有效压力之比

经柴油机实践证实,提高爆发压力 $p_z$ 与平均有效压力 $p_e$ 之比,可以显著降低燃油消耗率。研究表明,当 $p_z/p_e$ 之比从7.8提高到12左右,耗油率可下降约12克/(kW·h)。

20世纪80年代以后,柴油机的 $p_z$ 值有了大幅度的增长。目前,$p_z$ 值已达15 MPa(如Sulzer的RTA柴油机),有的甚至达18 MPa以上。但是大幅度提高 $p_z$ 是有困难的,它受到柴油机负荷的限制,需采取相应措施来保证柴油机的可靠性。

在保持爆发压力 $p_z$ 不变时,降低平均有效压力 $p_e$ 值同样也可降低耗油率,这也是当前广泛采用的节能方法。降低 $p_e$ 就是柴油机降低功率使用,如保持标定转速而选用较低的 $p_e$(如80%)等措施。

3. 增大行程与缸径之比

柴油机的行程 $S$ 与缸径 $D$ 的比值,是一个结构参数,也显著影响柴油机的工作性能。增大 $S/D$ 的值,可增大燃气的膨胀功,在保持活塞平均速度不变的情况下降低柴油机转速,提高螺旋桨效率。当前,各主要船用低速柴油机竞相发展长行程和超长行程柴油机系列。如B&W的SMC/MCE机型 $S/D$ 为3.82,Sulzer的RTM机型 $S/D$ 为3.45,至今 $S/D$ 的值已达到4.2以上。根据研究结果,柴油机油耗率的降低量随 $S/D$ 的增加而逐步下降。

现代船用二冲程柴油机多采用长冲程或超长冲程的形式。为了维护其较长的使用寿命和适当的活塞平均速度,均选用较低的转速。如标定转速低于100 r/min,甚至仅为60~70 r/min,这对于提高螺旋桨的推进效率是有利的。但是,活塞行程($S$)与气缸直径($D$)之比增大，运转时轴系的纵振及扭振固有频率会降低，这对柴油主机和轴系装置来说都是不利的。

船用柴油机的 $S/D$ 值的范围，如表 11－1 所示。

**表 11－1　各种机型的 $S/D$ 值表**

| 机型 | 高速柴油机 | 中速柴油机 | 低速柴油机 | | |
|---|---|---|---|---|---|
| | | | 直流机 | 弯流机 | 超长冲程机 |
| $S/D$ | 0.9～1.25 | 1.0～1.8 | 1.88～2.26 | 1.71～2.05 | 2.42～4.20 |

4. 增大压缩比 $\varepsilon$

现代船用柴油机为了提高经济性，根据理论循环的结论，仍然采用了适当增大压缩比 $\varepsilon$ 的措施，把压缩比由 10 左右提高到 16～19 之间（低速机）。

5. 采用可变喷油定时机构

可变喷油定时机构可在柴油机负荷变化时，自动调整其喷油提前角，保证在 80%～100% 负荷时的柴油机爆发压力 $p_z$ 基本上保持不变，而在 50%～80% 负荷范围内也有较高的爆发压力 $p_z$ 值。在柴油机部分负荷时，此机构能使 $p_z$ 值保持标定值，结果是 $p_z$ 与 $p_e$ 的比值变大，而燃油消耗率会减少。

6. 采用动力蜗轮系统

现代新型废气蜗轮增压器（如 BBC－VTR－4A 型）的效率已高达 76%，因此在柴油机运转时可利用一部分废气带动一个专设动力蜗轮，并将其做出的机械功通过齿轮传动，输入给柴油机曲轴做功，可提高柴油机的效率。此系统（TCS）亦称为效率增强器。

7. 采用轴带发电机

在主柴油机正常运转期间（通常要求主机转速大于 70% 的额定转速时），通过专设的恒速传动装置驱动一台专用发电机，可输出船舶航行时所需要的电力。在主机转速变动或波动时，通过恒速传动装置可保证发电机转速恒定，或通过变频装置来保证输出的电压与频率不变。在船舶航行期间，可停用柴油发电机，采用轴带（一般为中间轴）发电机。此装置（PTO）虽不直接降低主机油耗率，但提高了船舶动力装置的经济性。

8. 改进喷射与燃烧技术

在高增压柴油机中，缩短燃油喷射持续期、改善雾化质量、提高燃烧效率，是柴油机的研究课题之一。为此开发了高喷油压力（达到 100～130 MPa）和高喷油率以缩短喷射持续期的喷射技术，并采取优化喷射系统结构来提高燃烧效率。

9. 柴油机废热的再利用

充分利用柴油机废热的能量，对经济性有很大意义。如利用废气蜗轮发电和废气锅炉发电新技术正在研究和探索之中得到应用。

10. 应用可调螺距螺旋桨装置

可调螺距螺旋桨（简称可调桨）装置，是通过转动桨叶与桨毂的相对位置来改变螺距，达到改变船舶航速或正倒航行的一种先进推进装置。由于可调桨的螺距是能改变的，因此可调桨在原理上是一系列的定距桨。

根据可调桨的特性，与定距桨相比，它有以下优点：

（1）部分负荷下经济性好，燃油消耗下降，而增加船舶续航力。

（2）能适应船舶阻力变化，充分利用柴油主机功率。

（3）能提高船舶机动性，依靠其螺距的调节，对船舶可进行无组级调速，且船舶转向时间大为下降，控船迅速。

（4）能有利驱动辅助负载，这对轴带交流发电机的工作特别有利。

（5）能延长柴油主机使用寿命，柴油主机的启动和停机次数大为降低，可减少柴油主机的热疲劳损坏。据报导，有关方面曾在两艘同机型的 12 900 kW 柴油机的船上，进行对比试验，结果表明，采用可调桨船的柴油机气缸磨损程度，较采用定距桨船的柴油机气缸磨损程度要减少 1/3 左右。

此外，采用可调螺距螺旋桨装置的船用主机可省去一整套换向装置，使结构简化便于维护。

## 五、提高柴油机功率的途径

根据柴油机有效功率 $N_e$ 的计算公式

$$N_e \propto i \cdot D^2 \cdot S \cdot m \cdot n \cdot p_e$$

式中　$i, D, S$——柴油机的气缸数、气缸直径、活塞行程；

　　$n, m$——柴油机的转速和每转的工作冲程数。

可以知道提高柴油机的有效功率有下列途径：

（1）改变柴油机的结构参数 $i, D, S, m$。增大这些参数，可以提高柴油机的功率，但是，提高的幅度受到多种因素的限制。增加气缸数 $i$，主要受到曲轴刚度的限制，目前直列式柴油机气缸数最多为 12 缸；增加气缸直径 $D$ 和活塞行程 $S$，则会使柴油机的尺寸和质量大大增加，同时也增加了柴油机的热负荷。

（2）提高柴油机的转速。柴油机转速的增加可以增大柴油机的做功频率，提高功率，但转速增加，会使磨损增加，柴油机的惯性力增加，使柴油机寿命缩短，可靠性差。船用主机还会受到螺旋桨效率的限制，因而这种方法也有限度。目前新型船用低速柴油机，大多降低转速，以获得更高的经济性，可参考如图 11 -2 所示的苏尔泰二冲程柴油机的功率与转速关系图。

（3）提高平均有效压力 $p_e$。对 $p_e$ 影响最主要的因素，是新气的密度 $\gamma_a$。提高进气密度，就可以增加气缸充气量，使更多的燃油完全燃烧，从而大幅度提高柴油机的功率。而空气密度的增加，可以通过提高进气压力和降低排气温度来实现。

所谓增压，就是用提高气缸进气压力的方法，使进入气缸的空气密度增加，从而增加喷入气缸的燃油量，以提高柴油机的平均指示压力 $p_i$ 和柴油机平均有效压力 $p_e$。柴油机的增压程度一般以增压度来表示，增压度是柴油机增压后标定功率与增压前标定功率之差值与增压前标定功率的比值，它表示增压后功率增加的程度。

由于空气在增压器中，被压缩时压力和温度是同时升高的，这就影响了空气密度的增加和增压的效果。因此，在增压后都设有中冷器，以降低空气温度，通常中冷器都是以海水来冷却的。中冷的另一个作用是降低柴油机的循环平均温度，资料表明，当进气温度降低 10 ℃时，循环平均温度将降低 25 ℃，这使柴油机的热负荷降低很多。因此，中冷是增压柴油机，特别是中、高增压柴油机在提高进气压力的同时，所必须采用的技术措施。

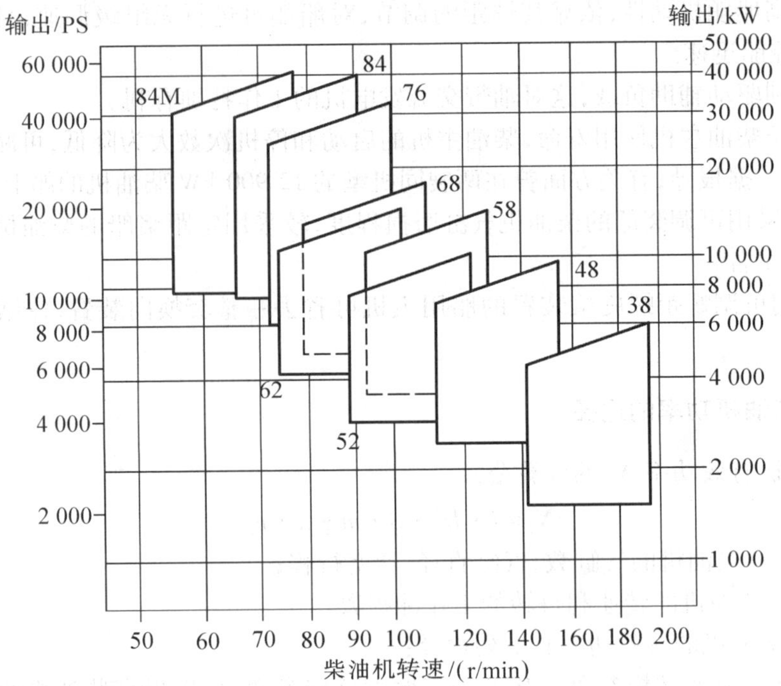


**图 11-2　苏尔寿二冲程柴油机系列的功率与转速关系图**

## 六、降低船舶柴油机的振动

我国的《钢质海船入级和建造规范》中,要求对功率大于 220 kW(300 PS)的船舶柴油机推进装置、额定功率大于 110 kW(150 PS)的船舶柴油机发电装置进行扭振计算并提交审核,还要求对柴油机的扭转振动必须进行实船测量,若测试的扭转振动应力超出规定的许用应力,必须采取避振和减振措施。

现代船用柴油机的发展往往为缩短机舱长度,减少维修费用,而采用长行程少缸数的柴油机。由于其单缸功率大、缸数少,使柴油机输出扭矩显著不均匀,从而激振力矩增加。同样,由于柴油机回转不均匀,引起螺旋桨推力不均匀,从而激发轴系的纵振和船体振动。

(一)柴油机振动的危害

柴油机与其他动力机械相比,振动是其一大缺陷。柴油机是一种往复运动的动力机械,它采用曲柄连杆机构把活塞的往复运动转换为曲轴输出的回转运动。

当柴油机以恒定转速运转时,活塞作的是往复运动,连杆边随活塞作往复运动,边绕活塞销或十字头销摆动,带动曲轴的曲柄销作旋转运动,曲轴作的是匀速的回转运动。由于其上述构件复杂的运动特点,必然会产生周期变化的不平衡力和力矩,这些不平衡力和力矩存在作用,不仅影响柴油机主要运动部件的强度,也影响主要部件的润滑和寿命,将使柴油机产生激烈振动。柴油机的振动危害性很大,由于振动产生的撞击和变形,加剧机件的磨损与损坏,会影响柴油机自身的可靠性和耐久性,还会引发船体的振动,甚至会导致柴油机和船体产生故障或损害;振动会消耗部分能量,改变柴油机的最佳定时状态,因而会导致柴油机动力性和经济性下降。为了能改善上述不平衡力和力矩所引起的振动,必须采取有效的平衡补偿措施，把其控制在一个限定的范围之内。可根据其影响程度的轻重采取某种形式的平衡器装置或其他方法，以消除或减小引起振动的不平衡力或力矩。

（二）引起柴油机振动的因素

在单缸柴油机中，曲柄连杆机构的作用力是一组作用在连杆摆动平面内的平面力系。它主要包括气体力、往复和回转惯性力、倾覆力矩和连杆力偶等，它们的性质不同，对柴油机振动的影响也各不相同。

1. 引起柴油机振动因素之一——气体力

气体力虽然在柴油机内部得到平衡，而且不会使柴油机产生垂直方向振动，但作用在气缸盖上和主轴承上的气体力会使柴油机产生拉伸应力而摆动。

2. 引起柴油机振动因素之二——往复惯性力

往复惯性力是一个沿气缸中心线方向周期性变化的力，将使柴油机产生上下方向的振动。此外，它还会产生侧推力形成倾覆力矩使柴油机左右摆动。

3. 引起柴油机振动因素之三——回转惯性力

回转惯性力通过主轴颈作用在主轴承上，方向沿曲柄半径始终向外并使柴油机发生上下、左右方向的振动。

4. 引起柴油机振动因素之四——倾覆力矩

倾覆力矩和柴油机的输出力矩大小相等但方向相反。倾覆力矩的大小和方向的交变作用，使柴油机产生左右摇摆（横向）振动。

综上所述，不平衡力和力矩作用在柴油机上，它们引起的振动通过柴油机的支承而传递出来，最终造成柴油机的振动。

在多缸柴油机中，除了由各单缸所合成的惯性力，还存在各种惯性力对整个柴油机重心形成的合成惯性力矩。但是，柴油机缸数增多，引发振动振幅会减小，这对于改善柴油机的振动是有利的。

（三）柴油机振动的平衡方法

柴油机的振动，可根据其影响程度的大小和引起振动的性质来加以平衡。通常的消除振动方法是安装平衡补偿装置。

安装平衡补偿装置目的是使偏心质量与柴油机的激振频率以相同的转速旋转，产生补偿力或力矩来抵消柴油机的不平衡力或力矩，减少它们对振动的影响。平衡补偿装置主要是由曲轴驱动并直接安装在柴油机上。如在柴油机中使用的“正反转平衡轮系”平衡一、二次往复惯性力，如图 11－3 所示。

目前，从效益角度来看，选用长冲程而气缸数量少的柴油机船舶日益增多，为此柴油机的不平衡力矩的问题更加突出。近年来常把不平衡力矩值与柴油机功率之比，作为船用柴油机是否安装平衡补偿装置的依据。大于200 N · m/kW的柴油机，则建议安装平衡补偿装置。

为了改善多缸柴油机的平衡性，除了采用曲轴曲柄均匀分布排列方案之外，还采用合成离心惯性力矩的平衡方法，通常有以下几种：

1. 各缸平衡法

此法是在每个曲柄臂上都安装平衡重，以消除曲柄上的离心力。此法既达到了外部平衡也做到了内部平衡。

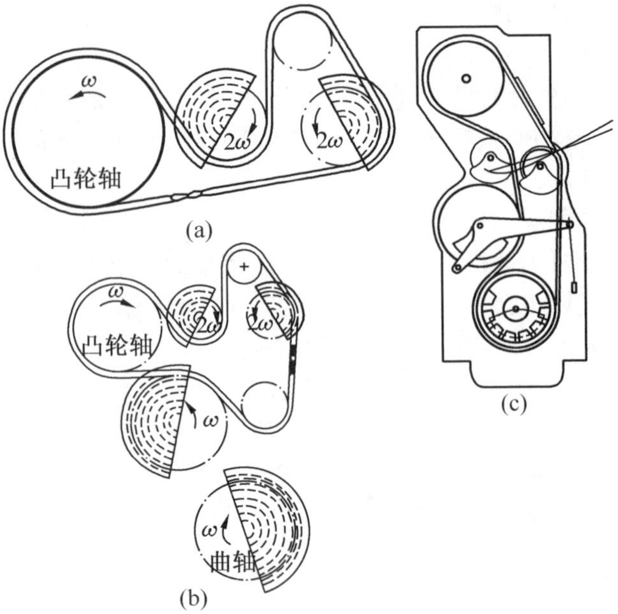


**图 11－3　链条传动的正反转平衡轮系**

2. 分段平衡法

此法是将曲轴分成数段,然后对各段曲轴上的离心力和合力矩分别予以平衡。

3. 整体平衡法

此法是在曲轴的首尾曲柄臂上加设平衡重,使之产生的平衡力矩与合成离心力矩大小相等而方向相反。

4. 不规则平衡法

此法是在便于安装平衡重的曲柄处,加设平衡重,以平衡掉合成的离心力矩。

此外,当前中、高速大功率柴油机除了采用平衡特性良好的某种曲柄排列达到“外部平衡”,还配置某种形式的平衡重来改善内部平衡特性,即改善其振动特性。

（四）柴油机常用的平衡装置

1. 双轴平衡装置

它采用平衡轴的结构形式,两根平衡轴的一端用齿轮传动并与曲轴相连。如图 11－4 所示为二冲程六缸柴油机的双轴平衡装置结构原理图,曲柄排列顺序是 1－4－2－6－3－5。此种平衡装置因其平衡轴较长,布置上有难度,适合在中小型高速柴油机应用。

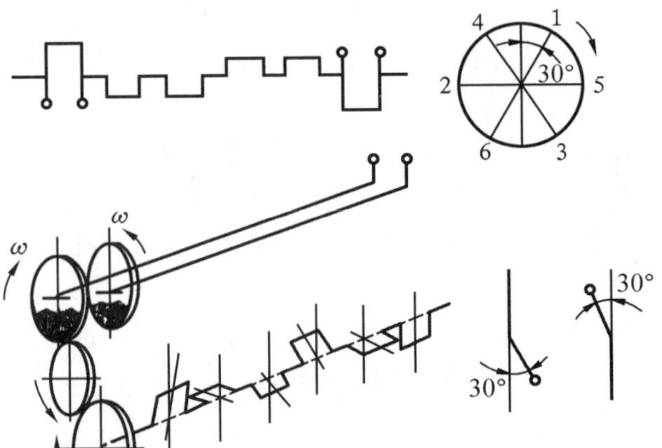


**图 11－4　双轴平衡装置结构原理图**

2. 首尾齿轮传动平衡装置

它采用首尾齿轮传动式平衡重的结构形式。曲轴首尾两端分别用齿轮传动两个以正反转的平衡重,当前端轮系的两块平衡重处于下方时,后端轮系的两平衡重处于向上位置。六缸柴油机的曲柄最常见的排列顺序为1－6－2－4－3－5。

此种装置较紧凑,可应用于大中型低速及中速柴油机上。首尾齿轮传动式平衡装置如图11－5所示。

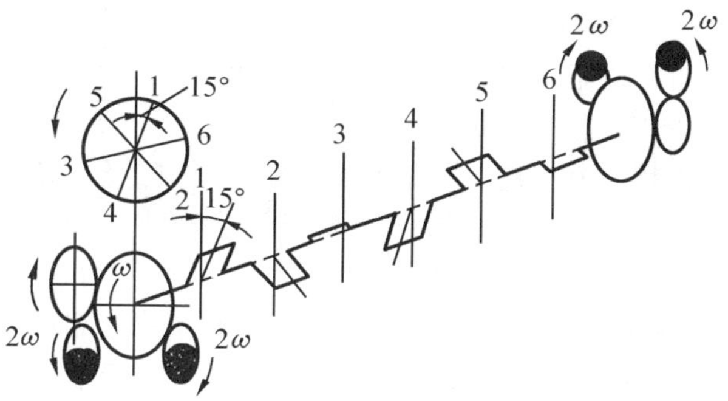


**图11－5　首尾齿轮传动式平衡装置**

3. 链传动的平衡轮系

近年来,船用主机已使用四缸或五缸柴油机。这种超长冲程柴油机由于单缸往复质量增大,不平衡力矩增加,必须采取相应的平衡措施。这类柴油机平衡其往复惯性力矩的正反转平衡重,均由柴油机的曲轴或凸轮轴通过链条传动,如图11－3所示。图中组合式平衡器由曲轴驱动凸轮轴的链条直接来传动。

拆装平衡装置时,应注意其安装位置和记号,保证平衡重与柴油机的第一曲柄之间的正确相位关系,如果装配错误会引发柴油机强烈的振动。值得注意的是,如果某缸发生故障,需要拆除活塞连杆等部件,会损害柴油机运转的平衡性,使柴油机产生强烈的振动,甚至导致柴油机的损坏。所以在不得已情况下,拆除活塞连杆等部件时,要求柴油机降低转速运行,以减小振动。

在新型船舶上,多缸柴油机的总倾覆力会引发柴油机的横向振动,并通过其基座作用在船体上,激发船体的振动。为了减小其基座和船体的振动,克服总倾覆力矩所造成的柴油机横向振动与船体激振,一般在中、高速柴油机的基座上设置弹性支承,即把柴油机坐落在由金属弹簧或橡胶制成的支座上,再安装在刚性的船体基座上。在大型十字头式低速柴油机中,柴油机的机座与船体基座都采用刚性结构,为消减横向振动,一般可采用机械式或液力支撑。如图11－6所示为四缸机的消除横向摆动的液力支撑示意图。液力支撑除可增加柴油机机体刚性之外,还具有阻尼和降低振幅作用。此种减振装置已在超长行程、缸数少的柴油机上广泛应用。

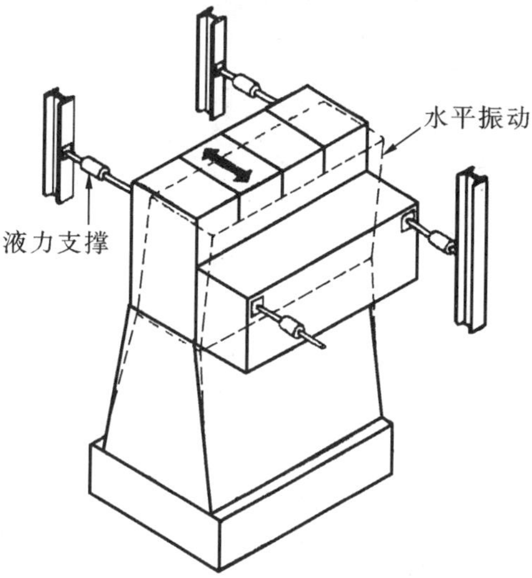


**图11－6　液力支撑示意图**

## 七、柴油机减振设施

根据有关的规定,如果柴油机扭振附加应力超过许用应力,必须采取措施予以消减或回避。

在柴油机运行转速范围内设置“转速禁区”，避免柴油机在有害的转速区域内持续运转，这种措施在船用主机中应用较为广泛。但要达到良好的消减振动的目的，有效的措施是采用加装减振器或高阻尼的弹性联轴器。

1. 减振器

此种动力型减振器用弹簧或短轴与柴油机曲轴连接，使连接两者具有相同的自振频率。它适用于定速运行的柴油机，如柴油发电机。如图 11－7 所示为一种常见的套筒弹簧式减振器。减振器安装在曲轴自由端上，它由轮毂 1、飞轮圈 2、套筒弹簧 3、限制销 4 和盖板 5 组成；轮毂用 4 个配合螺栓和 4 个普通螺栓 6 紧固到法兰上；首端齿轮 7 与轮毂紧固在一起，用来传动辅助装置；飞轮圈滑动地配合在轮毂上，套筒弹簧装在套筒弹簧座孔中；套筒弹簧座孔一半在轮毂中，一半在飞轮圈中；套筒弹簧有 8 组，每组由多层筒形卷簧组成。

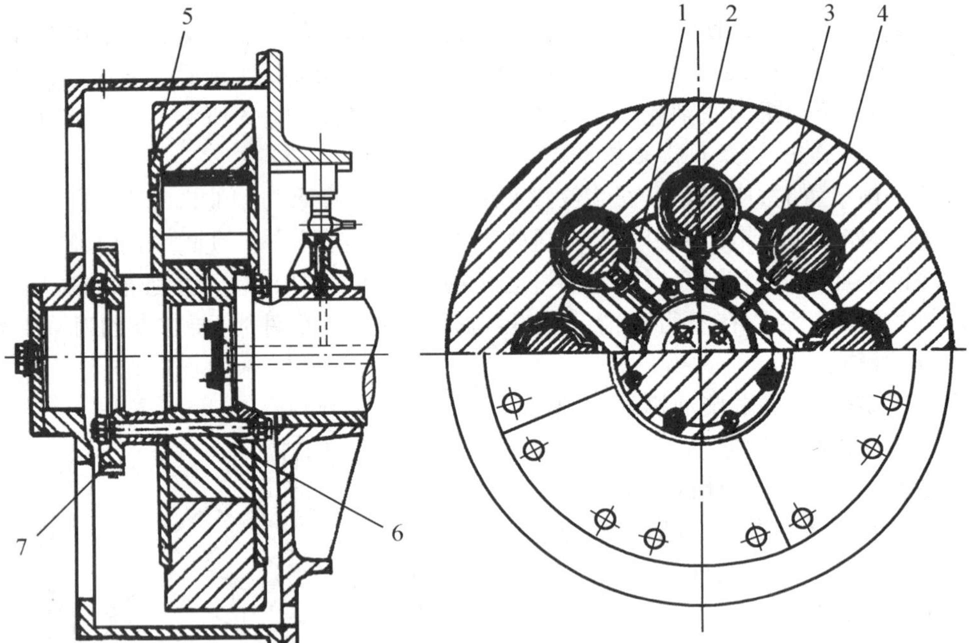


**图 11－7　套筒弹簧式减振器**

1—轮毂；2—飞轮圈；3—套筒弹簧；4—限制销；5—盖板；6—螺栓；7—齿轮

减振器与柴油机的滑油系统接通，在运转时使其中充满滑油。滑油通过一个节流孔，从曲轴的钻孔流入减振器，再通过轮毂的径向钻孔，流到各个弹簧组。

轮毂与曲轴刚性连接，飞轮圈与轮毂弹性连接，减振器随曲轴一起转动。曲轴在没有扭振的情况下，均匀转动时，外面的飞轮圈也一起均匀转动。曲轴在临界转速附近运转时，曲轴端部和轮毂发生激烈扭振。这时外面的飞轮圈，由于与轮毂弹性连接且具有一定惯性矩，也参加到这个扭振中，但滞后一定的相位。飞轮圈相对于轮毂产生扭动，压迫套筒弹簧，把弹簧间的滑油挤出，并使弹簧片之间发生摩擦，从而对扭振系统产生一种阻尼作用，使曲轴扭振的振幅减小到允许的范围内，保证机器的安全运转。

2. 弹性联轴器

弹性联轴器与一般减振器不同，它还是一个输出功率的传动部件。此传动装置可降低轴系对中性的要求。近年来,弹性联轴器在船舶柴油机动力装置中得到了广泛应用。

弹性联轴器在船舶柴油机动力装置中的作用,除了传递输出功率外,还有以下几个方面:弹性联轴器可大大降低轴系的自振频率,因而可使临界转速远远低于柴油机的最低稳定传速,可使柴油机无“转速禁区”,达到避振的目的;另外,它同时具有阻尼作用,因而可限制共振振幅和共振力,具有减振作用。通常,弹性联轴器只对单节点振动有显著的减振效果;在齿轮传动装置中,弹性联轴器可吸收脉冲冲击,防止齿轮敲击、点蚀和折断,减轻噪音;弹性联轴器可以减弱轴系的横向振动、纵向振动,消减机架与船轴的各种振动,特别是上层建筑尾部的振动;弹性联轴器还可以吸收螺旋桨传来的局部冲击。

弹性联轴器种类繁多,常用有橡胶弹性联轴器和板簧联轴器,分别如图 11 -8 和图11 -9 所示。

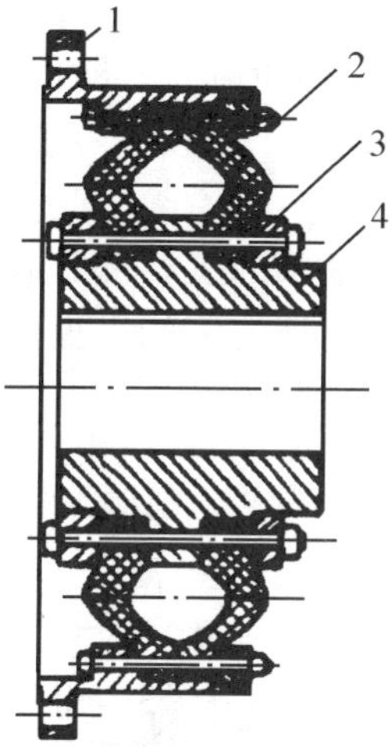


**图 11 -8　橡胶弹性联轴器**

1—主动法兰;2—橡胶环;
3—压紧环;4—从动法兰

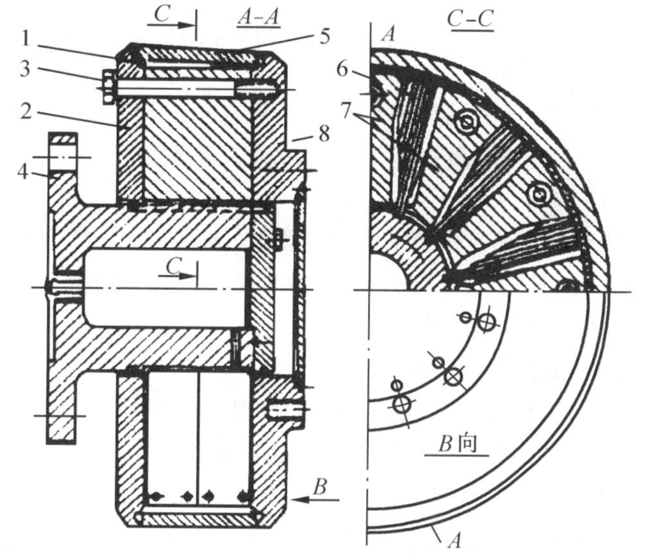


**图 11 -9　板簧联轴器**

1—花键轴;2—侧板;3—中间环压紧螺栓;4—锥形环;
5—外套圈;6—弹簧片;7—限位块;8—侧板

## 八、轴系纵向振动对柴油机的影响

船舶轴系装置在外力作用下运转时,沿着其轴线方向所产生的周期性变形现象,称之为轴系的纵向振动。柴油机推进轴系纵振力学模型系统,如图 11 -10 所示。为了便于轴系纵振的分析计算,必须将复杂的实际轴系转化为一个简单的力学模型来反映其实际的振动特性。通常处理为有限个集中质量 $m_i$ 和无质量弹簧刚度为 $k_i$ 所组成的离散程度。

船舶轴系纵振的激振力,主要来自螺旋桨做功时产生周期性的轴向振动、柴油机气缸内的燃烧气体压力、运动部件的惯性力以及轴系自身扭转振动。特别是当频率相近时,还会产生共振现象。

船舶的大型化和快速化,主机功率相应提高并且向长冲程柴油机方向发展,都将导致船舶纵向振动的危险增大,这已成为影响船舶安全航行的主要问题之一。

为了避免轴系的纵振产生的轴系故障、柴油机曲轴疲劳损坏,以及船体尾部结构和上层

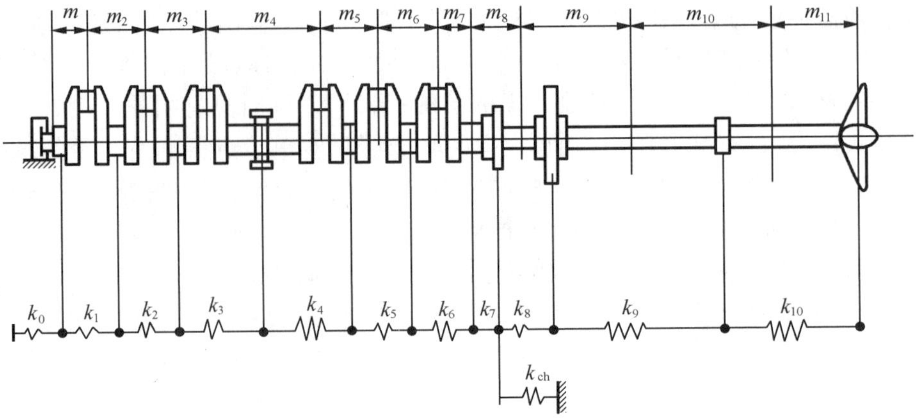


**图 11－10　柴油机推进轴系纵振力学模型**

建筑的振动，当主机和轴系的纵振振幅超过允许值时，则应进行消减和回避。一般而言，可以通过调频、减小激振能量和配置纵振减振器等几个主要措施来解决。

(1)调频

调整基本方法是改变轴段的纵向刚度、集中质量及分布。改变轴系的主要部件长度或直径，或调整主机飞轮的质量可以提高或降低轴系的纵振频率，从而把有害的纵振共振避开，起到减小振幅的作用。

(2)减小激振能量

可改变柴油机发火顺序，调整螺旋桨与柴油机曲轴的夹角，提高螺旋桨设计水平和加工精度。

(3)增设纵振减振器

安装纵向振动减振器，如图 11－11 所示，它是降低振动的有效方法。将其装在柴油机曲轴自由端，液压缸体固定在柴油机机架上，内部活塞直接与曲轴自由端连接，缸体内活塞的前后两端充满油液，使活塞可以在曲轴带动下在压力液缸内作旋转和纵向振动。

当柴油机曲轴与轴系遇到振动时，缸内的油液便通过节流阀从活塞的一端压向另一端，其间隙的大小根据所需的阻尼力由计算和试验来确定。由于其液压缸体固定在柴油机的机架上，可使曲轴自由端受到纵向作用约束，从而提高了整个轴承纵振固有频率。同时由于液压油的阻尼作用，使纵振振幅减弱，可达到减振目的。

如图 11－12 所示为某货轮主机安装纵振减振器前后的减振效果图。

我国船舶轴系纵向振动的衡量标准，以纵振引起的曲轴臂距差值来作为振动强烈程度的差别依据，在制造企业和船级社规范中都有明确的规定。

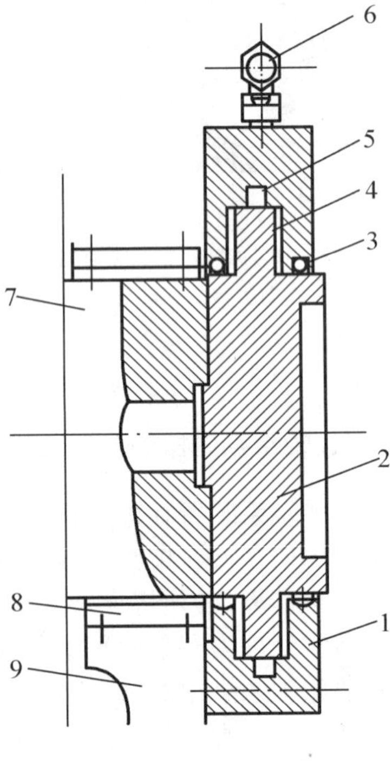


**图 11－11　纵振减速器**

1—缸体；2—活塞；3—密封环；4—油腔；5—密封环；6—油管接头；7—曲轴；8—轴承；9—轴承支撑

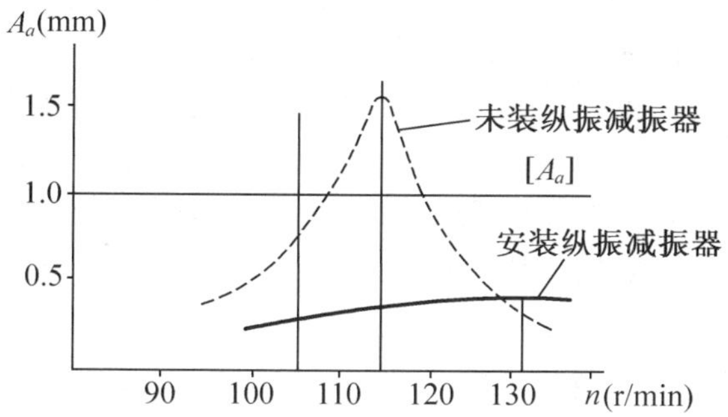


**图 11－12　纵振减振器的减振效果**

# 第二节　船舶柴油机试验

## 一、试验前的技术准备工作

船舶柴油机经安装修理完毕后，必须经各种规定的试验，以鉴定柴油机安装修理后的技术性能和施工质量。

一般柴油机发电机组需进行空载试验、负荷试验和并车试验，而主机柴油机需进行系泊试验和航行试验。

船舶柴油机试验的内容、顺序和要求必须严格遵照试验大纲进行，各方面技术指标达到规范要求后才能交付使用。试验大纲应由设计单位提出，并征得验船部门、工厂及船方的同意。

船舶柴油机试验的目的，是为了检验柴油机各部分装置的装配修理工作质量，检查各种装置、系统以及检测仪表的正确性、可靠性及经济性，从而对柴油机作一次全面的考核和鉴定，以满足航行的需要。

1. 柴油机发电机组试验前，应检查为机组服务的燃油、滑油、冷却水、压缩空气（或蓄电池）等系统是否具备条件，供负荷用的（试验时）水冷却电阻装置是否放妥。试验人员除了负责该机试验的钳工、铜工及验收人员之外，还应有电工配合进行，并由工程主管部门人员统一指挥。

（1）打开淡水箱截止阀或启动淡水泵，对柴油机进行补水，并检验各处是否漏水。

（2）启动备用滑油泵（或手摇泵），盘车向运动部件各配合面输送润滑油，并检查主轴承、连杆等处的出油情况。

（3）开启燃油进油阀，向燃油系统充油，并打开系统中的放气旋塞进行疏气，逐个扳动高压喷油泵柱塞向喷油器充油，同时打开泄气阀把高压喷油泵和喷油器中的空气排出。

（4）检查机上仪表、仪器工作是否正常。

（5）检查柴油机发电机组上面及周围有无不利于试验的异物，确认周围环境安全后，打开柴油机示动阀，冲车 2～3 次。

（6）关闭示动阀，试启动 2～3 次。

2. 作为主机的柴油机试验前的准备工作

（1）为主机服务的所有系统（油、水、气等）及设备均应完整验收。

(2)必须彻底清除滑油和燃油管系中的杂质，并认真检查。为确保柴油机的质量，船厂通常采用的办法是在主机燃滑油进口前，加上临时用细滤铜丝网，并加上临时油管予以旁通，使油类先不经过主机的油道而进行长达若干小时的循环，直到滤网上杂物极少。待验收后，方可接通管路，启动燃、滑油泵，使燃、滑油进入机内。对某些大中型柴油机的复杂的燃油或滑油管系，必须进行专门的投油清洁工作，并经严格验收后，才能将燃油、滑油通入机内。

(3)对于非整台吊运安装的主机，试车前应再次彻底检查安装质量。特别应复核主机的定时是否符合技术要求并查看各操纵机构是否处于正确、可靠、灵活等良好的工作状态。

(4)启动各水泵、油泵，并检查其滑油、燃油、冷却水、压缩空气等是否处于工作状态，各指示仪表值是否正常。还要对一些重要的系统，如滑油系统、活塞及缸套冷却水系统等的低压报警及自动停车进行模拟试验，以确保试验安全。

(5)检查盘车机装置及其连锁机构是否可靠，并盘车检查主机各运动部件是否正常可靠。

(6)将盘车机脱开，在不供燃油的情况下冲车，使主机运动，应检查启动机构和换向机构是否正常，并查看示功阀处有无油或水喷出，确认无误后关闭示功阀。

待上述准备工作完毕后，即可通知驾驶台和有关人员，正式进行主机试验。

主机试验要比发电机组试验的技术准备工作复杂得多，因为主机除了系泊试验之外，还必须进行海上航行试验，航行试验的环境条件比系泊试验恶劣得多，为了确保试验的安全及顺利进行，应做充分的准备工作。除了必须携带足够的燃油、滑油和淡水之外，还应根据需要，配备好必要的试验用仪表，如转速表、温度表、爆炸压力表、示功表、秒表、真空表、压力表等，还应配备柴油机的必要备件和易损品，以及相关的材料供急用。

## 二、试验前须知

系泊试验时，应尽可能使主机在系泊状态下进行最大的扭矩试验，以便发现主机的设备与系统的缺陷，予以及时消除，使船舶航行试验周期缩短。

由于主机的系泊试验是在船舶航速等于零的状态下的工况试验，螺旋桨的特性曲线要比船舶在稳定航行时的特性曲线陡，因此在主机相同转速下，系泊试验时螺旋桨的阻力矩和功率消耗将显著增大。另外，由于工厂码头水深及堤岸坚固性所限，主机系泊试验的最大转速应控制在额定转速的 60% ~80% 。因此，系泊试验尚不能全部验证主机性能和安装质量，故不能作为最终的验收。

对于不受航行状态限制的柴油机，如发电用的原动机、空气压缩机的原动机或水泵的原动机等各种柴油机，均可在系泊试验时进行全负荷工况试验，并向船东提交验收，以利于减少船舶航行试验时间。

系泊试验时，对于带动可调螺旋桨的船舶主机，在其作定转速运转的时候，可调螺旋桨的螺距角的角度改变表示柴油机负荷的增减，所以在主机系泊试验时，螺旋桨的桨叶转动试验，决不可以将正满角转到负满角位置。其转叶角度应小于柴油机系泊时允许负荷值所对应的螺距角，否则会损坏柴油机。

## 三、柴油发电机试验与要求

1. 空载和启动试验

柴油机空载运转 10 ~15 min 后，应停车检查各运动部件及轴承是否发热。然后，根据试验大纲要求再空载运转若干小时，并记录好燃滑油、海淡水压力和温度及各缸排气温度等参数。若参数差异较大，则要进行调整。滑油低压及冷却水高温报警试验可靠。

启动试验是在空气充至工作压力时，供柴油机从冷态开始连续启动至不能启动为止，并记录其启动次数和最低启动时空气压力值。要求启动次数不少于 6 次，对于用蓄电池启动的柴油机，当蓄电池充电至额定电压时，必须使柴油机连续启动次数不少于 10 次。

当柴油机的转速达到额定转速的 115% 时，柴油机上的极限调速器应发生效用，立即动作，切断燃油供应，使柴油机停车。

2. 负荷试验

柴油机发电机组的负荷试验工况及试验时间，必须按其试验大纲和文件的要求进行。负荷试验中，应仔细检查机组的运行情况，测量并记录燃油、滑油、冷却水的温度及压力、排气温度等运行参数。发电机组全负荷试验结束后，必须检查测量柴油机各部分的温升情况。

柴油发电机组负荷试验工况和时间要求由 GB3471—83 规定。

3. 突卸和突加额定负荷试验

突卸和突加额定负荷试验是在发电机组全负荷运转时，突然将负荷全部卸去，测量和检查柴油机转速的变化情况和稳定所需的时间；然后将 50% 的负荷加上并随即再加上 50% 的负荷，连续 3 次；或者突加 100% 的负荷试验，同时测量检查柴油机的发电机组的转速变化情况和达到稳定所需的时间。其调速灵敏性应符合验船部门认可的出厂指标或参照下列数值进行调整：

瞬时调速率≤10%

稳定调速率≤5%

稳定时间≤7 s

4. 关联运行试验

当船上安装有两台或两台以上发电机组时，应按设计需要对长期并联运行的台数分别予以组合，进行并联运行试验，试验的总负荷和时间按上述要求进行。

当负荷总功率在 20% ~100% 范围内变化时，柴油机应能稳定运行。

并联运行的柴油发电机组需进行负荷转换试验，将第二台柴油发电机并入已在额定负荷状态运行的柴油机并转移负荷，检查其负荷转移的可靠性。

## 四、柴油主机系泊试验与要求

1. 启动试验

作为主机用途的柴油机，启动试验目的主要是检查它的启动能力，同时要检查动力装置中压缩空气瓶的储气量（或蓄电池的容量）是否符合船舶规范要求。

柴油机的启动试验是保证船舶安全航行条件之一，故厂方和船方对该项目的试验都十分重视。

对于用压缩空气启动的柴油机主机，当空气瓶充至额定工作压力时，在中途不准充气的情况下，应能冷态启动柴油机，且连续启动的次数应不少于 12 次。对于可逆转的柴油机，启动次数应按正、倒车交替进行。

对于以电为动力启动的柴油主机，当供启动用蓄电池充至额定电压时，在中途不充电的情况下，冷机连续启动的次数应不少于 12 次。

当环境温度低于技术条件要求时，允许将滑油及冷却水加热到技术要求的温度后，再做启动试验。

2. 换向试验

柴油机换向试验的目的主要是检查可逆转主机的换向机构的可靠性和操纵性。一般要求经过三次换向试验，并记录主机在最低稳定工作转速下，从操纵开始到主机启动并能以反向运转（从燃油供油工作开始）为止所需要的时间，一般要求不超过 15 s。

3. 运转试验

系泊试验中的主机运转试验的目的是初步检查主机的安装质量以及为主机服务的各系统、各装置是否符合设计技术要求，并为航行试验作准备。

船舶柴油机的运转试验，应严格按船舶检验机构认可的试验大纲进行。由于柴油机种类繁多，结构也不尽相同，故各运行工况试验时间要求也不一样。

进行柴油主机运转试验时，应注意下列问题：

(1)柴油主机启动后，应密切注意操纵台上的各种热工仪表的指示值是否符合规定要求。对于不带自动停车装置的柴油主机，尤其要注意其滑油压力和冷却水压力的变化，一旦发现失压现象，应立即停车检查，排除故障。

(2)柴油主机在每一个工况运行过程中，都要注意记录并监视燃油、滑油、各冷却水、排气的温度和压力等热工参数。

(3)在柴油机各工况稳定运行的情况下，测试各缸示功图，如果各缸的功率相差悬殊，应调整后再做试验。

(4)船舶主机在船舶航行试验中，还需进行停缸试验和停止废气蜗轮增压器运转的试验。

(5)柴油主机运转试验结束时，应对个别重要部件检验，但是必须间隔一定时间，并合上盘车装置，以确保人身安全。

检验通常是在柴油机热态下，打开曲轴箱导门，用点温计或手感直接测量各活动部件、轴承和各配合面的温度，并按大纲要求和船方检验部门具体要求，拆下一或两组主轴承，或连杆上、下、大、小端轴承，以检查其轴瓦的磨合情况。

(6)检验工作结束后，应进行盘车，并使滑油及冷却水继续循环工作（指大型机），使柴油机内热量得以继续散发。

4. 遥控及自动化船舶的主机试验

柴油主机遥控操纵系统的效应试验，可根据其设计要求，分别从驾驶室或集控室直接操纵主机启动、调速、停车、换向和紧急停车等，试验各做 2 ~ 3 次。

操纵时，柴油主机的自动工作程序必须准确可靠，并对各项遥控所需时间作记录。

另外，还要进行驾驶室（或集控室）转换为机舱现场操纵的转换试验。同时应检查上述各项之间的连锁装置的功能是否符合规范的要求。

对自动化船舶中为柴油主机服务的各类油水泵、辅助装置及备用设备，还应做自动启动转换和运转试验。

5. 轴系及其传动装置的试验

柴油主机与其轴系是密切相关的，因此在柴油主机系泊试验的同时，也应检查其轴系的工作情况，并按大纲进行有关的试验。

首先应检查轴系的运转情况，轴系工作时，不应有异常振动和过热现象。进行柴油主机运转试验时，应由专人巡视轴系的运转，如有异常情况，应及时通知柴油主机操作人员停车。根据要求，对轴系校中，如采用滑动轴承，其温度不应超过 65 ℃；如采用滚动轴承，其温度不应超过 80 ℃。对于艉轴管，还应检查其润滑和轴封的漏泄情况。

对于用齿轮传动的轴系，还应进行齿轮装置的正、倒车试验。并要求在柴油机主机正常换向转速下，换向时间不大于15 s。

对于用离合器式液力偶力器的传动，在系泊试验时，应对其离合性能进行试验，检查操纵机构的可靠性。

## 五、柴油机航行试验与要求

动力装置的航行试验是在系泊试验的基础上进行的船舶处于航行状态的实效试验，其目的是全面检验动力装置，特别是柴油主机的安装质量、工作性能及可靠性，试验结果将作为交船的主要依据。

由于柴油主机的航行试验一般在规定的海域进行，试验的环境条件要比系泊试验困难得多。为了确保试验的安全及顺利进行，应作好充分的准备。

船舶出海试验之前，除按船舶的稳定性进行倾斜试验外，还应记录船舶的前后吃水并携带足够的燃料、滑油和淡水，以满足柴油机的耗损。对系泊试验中出现的各种缺陷，在试航前均应消除，保证柴油主机自身和各系统能正常工作。

航行试验中用的工具、测量仪表，应根据实际需要准备充分。

柴油主机航行试验项目的内容、方法和计划，均要按照其试验大纲进行。

航行试验根据航行中不同工况的具体要求，并配合船体完成船舶性能试验，同时测量柴油机主机的功率，以检验其运行稳性和可靠性的试验。

柴油主机的试验程序、工况和持续时间，应严格按大纲规定，也可按如表11－2所示的内容执行。

**表11－2　柴油主机航行试验工况及时间(GB3471—83)**

| 序号 | 工况特性 | | 试验时间/h | | | | |
|---|---|---|---|---|---|---|---|
| | 对设计值的% | | 高速机 | 中速机 | | 低速机 | |
| | 功率 | 转速 | | <413 kW | ≥413 kW | <1 471 kW | ≥1 471 kW |
| 1 | 50 | 相对应的设计转速 | $\frac{1}{2}$ | $\frac{1}{2}$ | $\frac{1}{2}$ | $\frac{1}{2}$ | $\frac{1}{2}$ |
| 2 | 75 | | 1 | 1 | 1 | 1 | 1 |
| 3 | 试验时满负荷功率及转速，按实际情况由设计部门会同有关单位确定并经验船部门同意 | | 2 | 4 | 6 | 4 | 6 |
| 4 | 倒车 | 为正车设计功率时转速的75%～85% | $\frac{1}{4}$ | $\frac{1}{4}$ | $\frac{1}{2}$ | $\frac{1}{2}$ | $\frac{1}{2}$ |

(1)柴油主机负荷试验前，首先在全负荷下对各缸作平衡调整。调整后的各缸负荷分配误差应符合下列要求。

压缩压力：±2.5%

爆发压力：±4%

指示功率：±2.5%

排气温度：±5%

（2）检查柴油主机在各工况下的运行情况，活动部件的发热情况，并检查有无漏水、油、气及不正常的杂声等现象。

（3）测定柴油主机在每个工况下各缸的单缸功率，并测绘其示功图。

（4）检查为柴油主机服务的燃、滑油和各种冷却水系统的工作可靠性。

（5）测量柴油主机的最低稳定转速。

（6）确定柴油主机的临界转速区域和船体振动情况。

（7）进行柴油主机的换向试验。

（8）进行柴油主机正车保护装置（限速器）的动作试验。

（9）航行试验时，应检查轴系各装置的工作情况。

（10）在航行试验过程中，应详细记录各工况下的柴油主机的工作参数及有关数据。

当柴油主机连续试验时，如因故障影响其正常进行，其停机超过 15 min 以上的，则该工况要重新进行试验。航行试验结束后，应按航行试验大纲或具体情况，拆检一至两组气缸的活动部件或认为可疑的任一零部件。

拆检项目主要有气缸盖、活塞与活塞环、主轴承和连杆大小端轴承等，检查其间隙和磨损情况，并作曲轴臂距差值的测量。上述项目一般要求在柴油机主机负荷试验结束时随即进行，而拉缸工作则可在以后船舶锚泊或靠码头系泊后进行，以确保船舶安全和正常航行。

## 第三节　船舶柴油机与螺旋桨的配合

船舶柴油机作为船用主机是与螺旋桨配合工作的。如果不计其传动损失，那么柴油机发出的功率就等于螺旋桨的吸收功率。对既定的船舶要选择一个合适的螺旋桨，同时必须要考虑有相适应的柴油机作为主机。柴油机与螺旋桨配合原则是：既要柴油机在功率范围内得到充分的利用，又要柴油机的功率在其运转时不超出允许值。

### 一、船舶柴油机与螺旋桨的匹配

为扩大柴油机的使用范围和能源的节省，为螺旋桨的配置提供较大的灵活性，近年来，MAN－B.&.W 和 NSD 国外两家主要船用柴油机公司都提供了柴油机的减额方案。

MAN－B.&.W 公司的 MC 系列柴油机的减额工作区是由两条等平均有效压力线 $L_1-L_3$（100% $P_b$）与 $L_2-L_4$（80% $P_b$），和两条等转速线 $L_1-L_2$（100% $n_b$）与 $L_3-L_4$（75% $n_b$）所组成的，如图 11－13（b）所示。在此工作区内，柴油机的最高燃烧压力是相同的。

NDS 公司推出的“苏而寿”RTA 系列柴油机的方案如图 11－13（a）所示，由 $R_1$，$R_2$，$R_3$，$R_4$ 四个点连线围成减额工作区，其中 $R_1$ 为柴油机 MCR 点（标定功率），$R_2$ 为 100% 标定转速与 55% 标定功率的交点，$R_3$ 为 72% 标定转速与 100% 平均有效压力的交点，$R_4$ 为 72% 标定转速与 55% 标定功率线的交点。

船舶柴油机在上述两个区域内，可由厂方和船车商定在船上实际使用的最大持续功率。采用约定的最大持续功率，实际上是寻求船－机－桨三方面经济效益最佳的匹配，它反映了柴油机的燃油消耗率，给定船速所需的最小推进动力、船体形状和螺旋桨效率等综合问题。

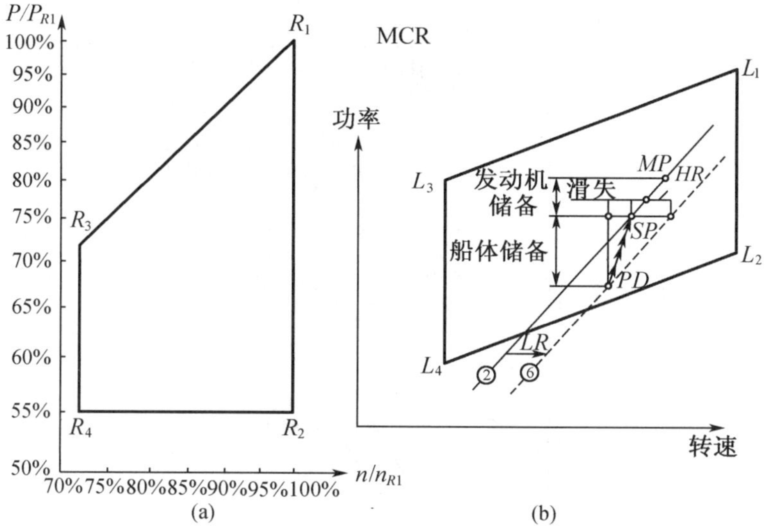


**图 11 - 13　柴油机的减额工作区**

(a) RTA 系列柴油机的方案图;(b) MC 系列柴油机的减额工作区

最大持续功率是由螺旋桨特性和功率储备两方面来确定的,可参见 MC 型柴油机的负荷图(如图 11 - 14 所示)。

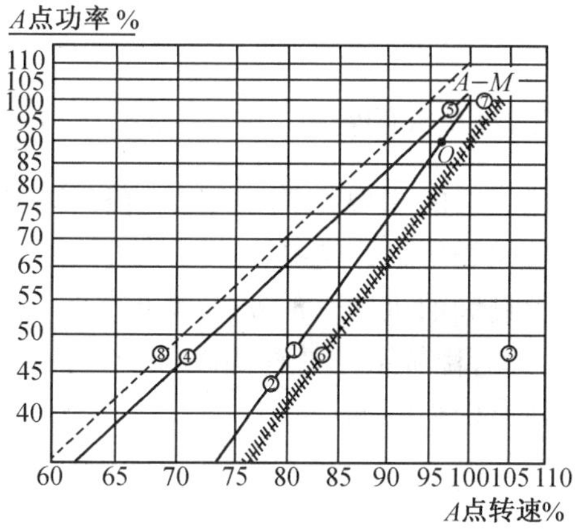


**图 11 - 14　MC 型柴油机和螺旋桨配合情况图**

## 二、柴油机的功率储备

船舶柴油机经长期使用后,其最大输出功率会降低。所以正确的方法是在低于柴油机标定功率时来选配螺旋桨,在选配时要留有一定的功率,使柴油机在各种条件下运转都不会产生超负荷的问题。对于现代船用柴油机,其增压程度提高会使超负荷能力降低。

功率储备的大小与采用的主机机型、船型、船的用途、船的作业航区等有关,它一般由船厂和船车具体商定并由造机厂对柴油机的配桨应用作出推荐。如图 11 - 15 所示为某机型功率储备确定的方案,根据此方案可知,功率储备由两部分组成。

1. 船舶柴油机工作储备

为确保柴油机安全可靠地运转,延长使用寿命,其持续功率比图中的标定功率要低。两者的差值约为 10% MCR。

2. 船体工作储备

由于船舶航行时受外界影响,使船体阻力增大,为避免柴油机处于长期超负荷状态,要求其进一步降低功率使用。在图中,船体工作储备约为 18% MCR,该螺旋桨特性曲线将在图中的 1 和 2 线之间变化。

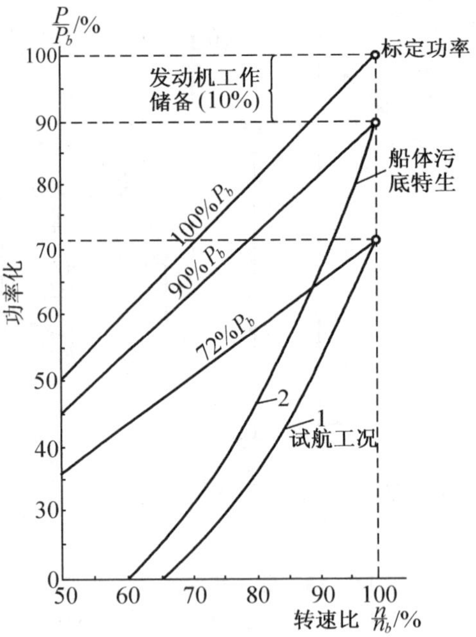


**图 11－15　功率储备确定方案**

1,2—螺旋桨特性曲线

**三、螺旋桨的特性**

螺旋桨的主要结构参数是直径 $D$ 及螺距比 $H/D$,其参数不同,螺旋桨特性也不相同。如果直径和螺旋比选择太大或太小,会产生柴油机与螺旋桨之间的配合过重或过轻的现象,从而影响柴油机功率的发挥和可靠性。

为此,螺旋桨的特性曲线即设计点是根据船舶所需的螺旋桨转速和功率,在水池试验和理论计算中得到的。

## 习　　题

1. 如何来确保船舶柴油机可靠运行,如何预防问题的发生?
2. 船舶柴油机日常管理内容主要有哪些?
3. 柴油机磨合运行的目的是什么?
4. 提高船用柴油机经济性的措施有哪些?
5. 有哪些因素会造成船舶柴油机的振动,有哪几种平衡装置可用来减振?
6. 如柴油机振动过大,可采取哪些办法予以消减或回避?
7. 船舶柴油机在试验前应做好哪些准备工作?
8. 熟悉柴油发电机组的试验内容与过程。
9. 熟悉柴油主机的系泊试验和海上航行试验内容和技术要求及过程。
10. 提高船舶柴油机功率的办法有哪些?